EPIDEMICS

THE IMPACT OF GERMS AND THEIR POWER OVER HUMANITY

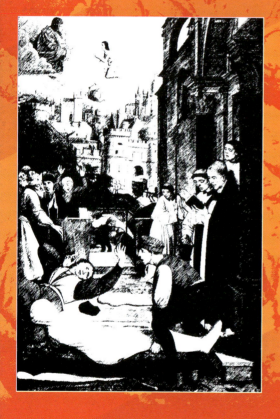

传染病与人类历史

JOSHUA S. LOOMIS

〔美〕约书亚·S.卢米斯 著

李珂 等 译

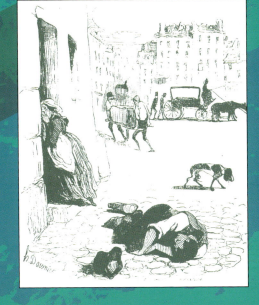

从文明起源到21世纪

社会科学文献出版社
SOCIAL SCIENCES ACADEMIC PRESS (CHINA)

中文版序

这本书（*Epidemics：The Impact of Germs and Their Power over Humanity*）的原著版于 2018 年 1 月出版，远远早于大家第一次听说新冠病毒的时间。随后，新冠肺炎疫情在全球范围内夺去了几百万人的生命，让 26 亿人陷入了各种形式的隔离状态。这个传播广泛的致命疾病造成的次生影响是巨大的：经济衰退、公共卫生系统崩塌、大规模游行、极端的社会问题（如种族隔离），甚至包括某些生态系统重建。这场流行病在仅仅几个月内，抹去了十年的经济增长，影响了世界上的每一个人。更可怕的是，这种新冠病毒可能会持续变异，再也不会离开我们人类。

有人认为，新冠肺炎疫情期间及之后，是一个多世纪以来最有影响力的时期，有些人甚至称它前无古人。这样说不无道理，因为我们中很少有人亲身经历灾难性传染病在人群中失控大流行。我们有幸生活在这样一个时代：大部分严重的疾病可以通过卫生条件改善、抗生素或疫苗得以预防或治疗。很少有人担忧自己暴露在病原体的环境中，所爱的人丧生于不治之症。人类，作为一个物种，不断地推动科学技术进步，我们甚至一度认为自己已豁免未来新型传染病带来的威胁。历史上很多事例表明，当人们认为受到一定的保护时，疾病不期而至，毁灭了一大群人，这个可能性让人不寒而栗。正因为这样，我们有必要回首看一看过去对人类影响最大的一些疾病，想一想这些疾病教会了我们什么，在 1918 年大流感之后这场最大的健康威胁中，我们该何去何从。

这本书的中文版《传染病与人类历史：从文明起源到 21 世纪》将在新冠肺炎疫情期间出版，届时疫情还在直接影响着我们的日常生活。在这个时期阅读这本书，会产生 2018 年的读者没有的视角。我们能更具象地想象 14 世纪黑死病时代人们被隔离时的感受，或者 1950 年代大家争相研发脊髓灰质炎疫苗的心情是多么迫切。我们不再质疑过去瘟疫中大家残酷相向的画面，因为 2020 年新冠肺炎疫情中，我们见证了同样的暴力场面。我们现在都知道流行病可能会无情地降临到我们每一个人以及我们爱的人身上。很明显，新冠肺炎疫情让我们对古老的传染病有了新的认识，同时也让我们书写了传染病漫长历史中属于我们自己的章节。

中国不幸地成为新冠肺炎疫情首先重击的国家，当时没有人知道如何控制疾病传播与治疗病发症状。他们在流行病发生早期快速的反应与有力的控制非常关键，减缓了疾病在中国乃至全世界的蔓延。通过一系列的科学措施和成果（如隔离、基因排序、研发核酸检测），中国有效且严格的应对措施为世界提供了应对传染病的模板。中国卓越的领导力，加上人民群众的自觉响应，大家佩戴口罩，保持社交距离，共克时艰，确保了让疫情趋缓，保障了民众的生命安全。这般牺牲表现出中国人民充分理解传染病及其快速传播的严重性。正因为如此，我相信，中国读者阅读这本《传染病与人类历史：从文明起源到 21 世纪》，了解灾难性传染病对人类历史的影响，会有更多感触。中国读者会把自己在过去一年中的抗疫经历与遥远的过去人类同可怕传染病抗争的故事联系起来。

这本书的出版离不开一大批人的支持。我想特别鸣谢我的经纪人安妮·德弗林（Anne Devlin）以及特纳出版社（Turner Publishing Company），中国的锐拓传媒有限公司、社会科学文献出版社，让这本书中文版出版梦想成真。我还想感谢这本书的译者们，他们完成了把这本专业书翻译成汉语的艰巨任务。另外，我还想对尊敬的张文宏主任及过去几年中阅读本书的同事、朋友与家人表示感谢。最后一份感谢献给克里斯蒂娜·霍洛韦（Christina Holloway），感谢她的支持和鼓励。

约书亚·S. 卢米斯博士

2021 年 4 月 2 日

献给金和索菲亚，感谢她们的爱和支持，

成就了本书。

目　录

前　言

　　自人类诞生以来，病原体就一直存在。尽管传染病曾以可怕的方式导致了数十亿人死亡，但大多数人对于传染病是什么、它们是如何影响人类的知之甚少。出现这种情况的主要原因是，我们很少有人经历过在人群中如此震惊且不受控制地传播的流行性疾病。值得庆幸的是，在我们所生活的这个时代，良好的卫生设施、抗生素和疫苗可以有效预防或治疗绝大多数严重疾病。因此，人们不太关注暴露于病原体的概率，也不太担心亲人会死于不治之症。虽然这是人类所取得的惊人进步，但不幸的是，这种进步使许多人误以为人类的技术已经可以使我们未来免受新的流行病的威胁。这种假设非常危险，历史上已有人们认为自己做了某些防护却依然被感染的例子。因此，回顾历史上那些对人类影响最深远的传染病，并从中吸取教训，认识自身，认清人类发展进程，是十分重要的。

　　本书的主要目的是从流行病发展的视角来解读人类自身的发展历史，理解流行病如何改变人类自我认识、改变历史进程、改变人类之间的互动方式。本书将带领我们走过几千年的人类历史，穿越人类活跃过的数十个国家及其每一片土地；在疾病症状和死亡数字之外，向人们讲述那些致命疾病背后深刻和容易被忘却的故事。

　　本书融合了科学、历史、社会学、宗教和其他学科，可为读者提供不同于以往流行病研究的独特视角。我们相信，如果不深入讨论传染病的影响，人们将无法准确地讲述人类历史的进程。

将哪 10 种传染病纳入本书是一个艰难的决定。首先，我们要做的是建立一套标准，并依据这些标准评价所有疾病。很明显，鉴于本书所描绘的是历史上影响最深远的传染病，被纳入本书的疾病一定导致了大量的死伤。但是，对于具体的人数标准我们并没有设定阈值。不过，低发病率和低死亡率的疾病一定是被排除在外的，因为它们通常不会引起大范围的恐慌。其次，这种疾病必须具有一定的历史意义或促使人类改变了生活、行为方式，包括改变战争结果、颠覆国家政权、引发重大技术飞跃，甚至改变人类基因组序列等。最后，这种疾病的影响范围必须很广，如持续时间较长或被感染人群较多。由于在特定地点暴发的小规模疫情通常不会在全球范围内产生持久的影响，因此不太适合出现在本书中。

在这些严格的筛选标准下，我列出了有史以来最严重的 10 种流行病。虽然麻疹、梅毒、麻风病、伤寒本身都具有很大的影响力，但它们并没有被选入本书中。实际上，用以上 4 种疾病中的任何一种代替入选的脊髓灰质炎或黄热病，都不会明显削弱本书的内容。但是，基于疾病的影响力和破坏程度，我最终决定不纳入以上 4 种疾病。我选择天花和鼠疫是因为它们对前人产生了深远影响，选择艾滋病和脊髓灰质炎是因为其在塑造现代社会中发挥了作用。总之，所有入选的 10 种疾病都有一个重要的故事告诉我们它对人类意味着什么。

在阅读本书时，读者可以很明显地发现，我并没有详尽介绍每一种已知病原体的历史。在过去的几十年里，出现了许多令人惊叹的学术成果，围绕其中任何一章都可以写出好几本著作。确实，最近有很多出版物都在讲述其中某一种传染病，甚至是某种传染病的某类分支。尽管这类书的内容比本书的某个章节更加深入，但它们在很大程度上并没有揭示流行病与人类之间的关系。因此，我选择扩大本书的视角，让读者对流行病有更全面的认识。

第一章
微生物：促变因素

尽管微生物（Microbes）比人类宿主小数万倍，但它们可
以对被感染的个体和整个人类种群产生深远而持久的影响。
人类一生都会被微生物影响，我们会流鼻涕，醒来时恶心，
还会承受支气管炎的痛苦。大多数情况下，我们会去看医生，
接受一周的药物治疗，最终免疫系统会战胜感染。由于我们
这代人是在抗生素、疫苗和现代医学的时代中长大的，大多
数人都没有经历过传播性极强、对人类具有巨大毁灭性的疾
病，也没有经历过其带来的恐惧和绝望。然而，在人类历史
的大部分时间里（在当今世界许多地方依然是这样），病原
体在人类中泛滥成灾，使人类彼此的互动方式发生了重大变
化。灾难性的流行病，如14世纪的黑死病或1918年的流感
疫情，总是会带来持久的变化，而这种变化在疫情结束后数
百年甚至数千年的时间内都能感受到。本书的以下章节将回
顾历史上最致命、最具影响力的10种流行病，并研究它们的
起因、传播和对人类的长期影响。

流行病通常被定义为，在一定时间、一定地点内，某一特
定疾病的发病率增加。在某些情况下，某一流行病在某一人群
中是完全不存在的，它们可能是第一次出现，也可能绝迹后再
次出现。在这种情况下，人群中没有人对这种病原体有天然免
疫，因此整个种群都对其易感。1518年，西班牙探险家将天花
带入新大陆，当地人因此首次接触这种疾病。一到美洲，天花

2 　就迅速在北美和南美蔓延开来，造成数千万人死亡。与此相反，还有一些疾病原本就小范围地存在于人群中，一旦环境发生改变就迅速暴发。例如，疟疾通常流行于强降雨和洪水之后，这是由于过量的水会导致蚊子数量暂时增加，进而导致当地疟疾发病增加（蚊子是疟疾的传播媒介）。

　　当一种流行病蔓延到多个大洲时，便被称为大流行病。例如，著名的 1918 年流感疫情很可能起源于美国，并迅速蔓延到所有有人类居住的大陆，在此过程中变为大流行病。在短短一年多的时间内，它就导致了 1 亿多人死亡，震惊了全世界。流感季结束后，这种疾病就从人群中消失了。许多流行病都遵循这种"震骇效应"，即在人群中造成严重破坏，而后在短时间内消失。然而，还有一些疾病，如天花和鼠疫，会感染某个群体，造成巨大破坏，然后在很长一段时间内继续小范围感染人群。其中一些长期流行病（如水痘、麻疹）变得司空见惯，几乎每个人在其一生中的某段时间都会接触到这类疾病。像这样的半永久性流行病通常被称为地方病。综上所述：如果流行病在全世界范围内传播，就可能演变成大流行；如果感染人群后不再消失，则会成为地方病。

　　在整个人类历史中，绝大多数流行病都是由病毒、细菌或原虫这三种病原体之一引起的。为了全面了解它们所引起的疾病及其影响，先对其特征做简单介绍。

病毒

　　在本书所讨论的三种人类病原体中，病毒（Viruses）是已知最小的，其平均大小约为人体细胞的千分之一。尽管其结构非常简单，但病毒是人类历史上最具破坏性疾病的罪魁祸首，包括天花、流感、麻疹、黄热病和艾滋病。微生物学家通常将病毒定义为专性细胞内寄生物，也就是说它们需要依赖另一种生物才能实现自我复制。病毒的局限性在于缺乏生产自身蛋白质或遗传物质所需的生化机制。没有这些组成成分，就无法组装新的病毒颗粒，感染也就基本上停止了。病毒通过进入宿主细胞并劫持其代谢以生产新病毒的方式来弥补这种缺陷。由于病毒依赖于活的宿主细胞进行复制，因此通常不认为病毒是生命体。

从结构上讲，病毒只不过是包裹了遗传物质（称为"基因组"）的蛋白质外壳（称为"衣壳"）。它们既不是由细胞构成的，也与细胞无任何相似之处。病毒就像微观传递媒介，其目标是保护基因组并将其成功传递到宿主细胞内部。一旦到达宿主细胞，病毒基因组就会指导宿主细胞生产数百万个新病毒颗粒。细胞中存在的大量病毒颗粒使细胞变得不健康，提前发生细胞死亡。随着宿主细胞的死亡，新产生的病毒就会被释放出来，自由感染邻近细胞。接下来便是病毒在细胞间的系统性扩散和随后发生的组织破坏。

除了介导细胞死亡外，某些病毒还能通过触发宿主对感染的过度免疫反应来诱导宿主受损。病毒侵入人体后，便会诱导宿主产生剧烈而广泛的炎症反应，损害宿主的自身组织。在这种情况下，通常病毒本身不会直接导致宿主组织损伤。例如，在狂犬病病毒感染中，病毒到达中枢神经系统（如大脑）后，会相对无害地位于神经元细胞中。当宿主检测到狂犬病病毒的存在时，便会发动一场持久而有力的炎症反应，以清除感染。但炎症性化学物质的逐渐积累对神经元是有毒的，可以杀死神经元。

细菌

细菌（Bacteria）引起了人类历史上最可怕、最具破坏性的流行病，包括鼠疫、肺结核、麻风病和霍乱。由于细菌比病毒大得多，在结构和生化方面比病毒复杂得多，因此细菌使人们生病的方式也更多。细菌不仅仅是包裹了基因组的蛋白质外壳（如病毒），它们还是富有生命的单细胞生物，通常可以独立于其他细胞自行复制，进行正常的新陈代谢。细菌细胞是人体细胞的 1/10，结构更简单。人体细胞中存在各种小的、由膜包裹的结构（称为"细胞器"），不同结构各自起着特定的作用。例如，细胞核存储了 DNA，线粒体帮助分解糖，溶酶体帮助消灭外来入侵者。细菌细胞没有这些内部细胞器。相反，它们的结构类似于充满液体的小气球，有一层外膜，被称为细胞质膜。其细胞内部只有一条染色体、水和少量营养物质。包裹着细菌细胞膜的是一种叫作细胞壁的结构。细胞壁为细菌提供了额外的保护层，阻挡来自其他有机体、有毒化学物质或人体免疫细胞的各种攻击。

就对宿主造成伤害的方式而言，细菌在很大程度上与病毒相似。例如，许多细菌可以通过直接杀死宿主细胞或诱导宿主产生破坏性炎症反应的方式，对宿主造成伤害。然而，细菌和病毒在致病机制上也存在一些关键区别。首先，病毒需要依靠宿主细胞的代谢和营养物质才能实现自我复制。相比之下，细菌通常能自给自足地获取营养。在大多数情况下，细菌会整体入侵宿主，但不一定会进入单个细胞的内部。值得注意的是，有一些细菌除外。例如：某些细菌，如伤寒的病原体，只能在人体细胞内复制；而另一些细菌，如结核分枝杆菌，只是更喜欢在人体细胞内复制。综上所述，病毒通常是由内而外地杀死人体细胞（通过耗尽营养物质并在内部制造有毒环境），而大多数细菌则是从外到内进行破坏。

细菌通常是通过产生和释放各种化学毒素，来实现在不进入人体细胞的情况下破坏和杀死细胞的。细菌细胞合成的毒素会以各种方式伤害宿主，包括（但不限于）穿透细胞膜、抑制重要酶的活性、阻止蛋白质生成、破坏将组织结合在一起的蛋白质、扰乱离子流、阻断神经冲动的正确传递、引发大量炎症等。例如，霍乱弧菌、肉毒杆菌、炭疽杆菌和葡萄球菌等导致的严重的细菌感染就是通过产生毒素，对宿主造成很大的损害。在大多数情况下，最终结果是宿主细胞死亡并释放出营养物质，被入侵的细菌细胞迅速吸收。

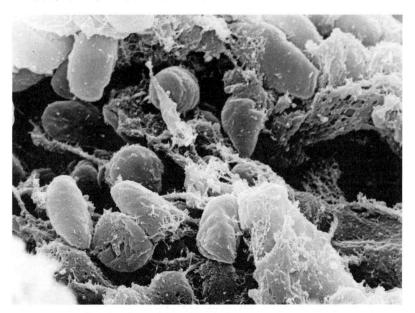

扫描电子显微照片展示了鼠疫耶尔森菌群——造成鼠疫的病因（落基山实验室，NIAID，NIH）

原虫

原虫（Protozoa）是单细胞生物，其生长环境和能感染的物种十分多样。在已确定的 50000 多种原虫中，已知能感染人类的只有极少数，具有一定致病性的就更少了。由原虫引起的一些值得注意的人类疾病包括疟疾、非洲昏睡病、阿米巴痢疾、弓形虫病和利什曼原虫病。尽管原虫像细菌一样由单个细胞组成，但实际上原虫在大小和复杂性上与人类细胞更为相似。此外，与细菌相比，原虫与人类的遗传关系更紧密。

原虫的致病机制也不同于病毒和细菌。它们通常不产生细胞外毒素，即使产生细胞外毒素，其毒素的效力也比细菌要低得多。另外，由于大多数原虫在宿主细胞外繁殖，因此它们通常不会通过耗尽宿主细胞营养的方式杀死细胞。但是疟疾是一个明显的例外，疟原虫可以直接感染人体的红细胞。在典型的

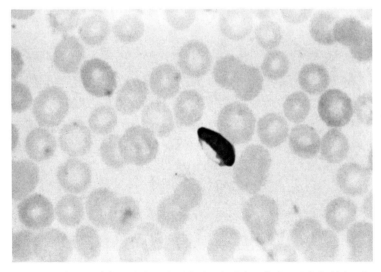

一个被人类红细胞包围的疟原虫（新月形）（美国疾病预防与控制中心）

原虫感染中，大多数宿主损伤是由宿主对病原体的免疫反应造成的。原虫的存在通常会引发严重的炎症反应，从而使宿主免疫系统陷入混乱，导致大量的组织损伤。

　　在回顾了微生物世界的多样性之后，很明显，我们的免疫系统有它自己的工作。实际上，据估计，人体免疫系统每天都会与数千万个病原体做斗争。在人类历史的大部分时间里（在当今世界的许多地方依然是这样），病原体都是占上风，在人群中肆虐。然而，在过去100多年里，随着卫生设施、疫苗、抗生素和现代诊断工具的出现，我们对自身健康有了更多的主动权，降低了流行病的发病率。尽管有时看起来人类似乎已经战胜了传染病，但我们与艾滋病、肺结核、流感、疟疾和麻疹的持续斗争提醒着我们，下一个疾病大流行可能就在眼前。因此，回顾和吸取以往人类与这些致命疾病做斗争所获取的经验至关重要，只有这样我们才能更好地为将来所面临的传染病暴发做好准备。

第二章

鼠疫

没有人为死亡而哭泣，因为所有的人都在等待死亡。
太多的人逝去，大家觉得这是世界末日。任何药物或其他
防御手段都不起作用。

　　　　——阿格诺罗·迪·图拉·德拉·戈拉索[1]写于

　　　　　　14世纪，埋葬了他5个孩子之后

　　人类历史上最具破坏性与影响力的一些流行病（疫情）是
由被称为鼠疫（Plague）的致命疾病引起的。这种传染病传播
范围广泛，据说在大约1500年的历史中夺去了2亿人的生命。[2]
它消灭了一些国家多达一半的人口，让很多人相信世界末日即
将来临。在有历史记录的三次主要鼠疫流行中，14世纪中期席
卷亚欧大陆的那次，是迄今为止范围最广、历史意义最重大的
一次。由于患者发病时的可怕症状，这种疾病也被称为黑死病
（Black Death）。它在整个欧亚大陆上传播，夺去了这个大陆近
一半的人口。众多人口的丧生让欧洲陷入了政治、经济、文化
上的混乱，这种混乱在疾病最严重的时期过去后依旧持续了数
十年。令人惊讶的是，大约650年后，黑死病的一些后果仍在
影响着现代的人们。

　　鼠疫的病原体是一种小细菌——耶尔森氏鼠疫杆菌（Yersinia
pestis），其通过两种渠道进入人体内。第一种也可能是最为大
家所熟知的方式是，通过被感染的鼠蚤叮咬。当跳蚤叮咬了感

染鼠疫杆菌的老鼠或者其他啮齿动物时，细菌进入跳蚤的肠道，并开始大量繁殖。一只被感染的跳蚤叮咬了人类，吸食人类的血，它的胃就会充满细菌和血液，它会吐出一部分内脏里的东西到人体的皮肤上。人抓破被咬伤的地方，就会有微小的伤口，细菌便经伤口透过皮肤，到达体液中。

8

一旦进入人体内，细菌就会迅速进入局部淋巴结中，即使那里有免疫细胞存在，它们仍可以毫无约束地大量复制。细菌在淋巴结中的增长会导致炎症和组织死亡，并最终导致淋巴结肿大变黑（这是坏死组织的常见症状）。淋巴结的膨胀、坏死被称为淋巴结炎，它形成的后果被称为淋巴腺鼠疫。细菌通常会溢出到血液中繁殖，引起全身的炎症。这种全身感染，被称为败血症型鼠疫，它会导致休克、四肢组织坏死，死亡率高达90%。[3] 细菌通过相互连接的血管系统，最终进入肺部，引发被称为肺鼠疫的致命肺炎。侵入肺部是鼠疫发病机制的重要一步，因为这样它就能通过咳嗽，让他人吸入受感染的呼吸道飞沫，进而传播给其他人类宿主。虽然蚤类通常是鼠疫进入新人群的媒介，但在黑死病等大规模流行病中，疾病引发的肺炎是造成高传播率与高死亡率的主要因素。

查士丁尼鼠疫及其对罗马帝国的影响

公元 540 年，拜占庭帝国查士丁尼一世统治期间，查士丁尼鼠疫（The Justinian Plague）第一次大暴发。遗传分析显示，这场鼠疫可能发源于亚洲某地，后来迅速传播到中东、北非与欧洲大部分地区。[4] 与之后的黑死病一样，第一轮鼠疫的暴发在所传播之处造成了破坏和恐慌。三个大陆上有数千万人死亡，还有数百万人饱受高烧与淋巴结坏死的折磨。据说，有一些地方的乡镇几周内就无人幸存。尽管它发生在现代交通与大规模城市化发展之前，但这次瘟疫仍然是有史以来人类最严重的流行病之一。

　　受查士丁尼鼠疫打击最严重的地方是东罗马帝国首都君士坦丁堡。罗马帝国于公元330年分裂成东、西罗马帝国，君士坦丁堡迅速成为欧洲最重要的城市之一。[5]它是一个人口密集的海滨小城市，是亚洲、北非与欧洲商人的主要贸易港口。每天都有船只从世界各国而来，装载着各种货物，偶尔还有偷渡来的老鼠。公元541年，一艘来自埃及的船上不幸载有感染了致死的耶尔森氏鼠疫杆菌的老鼠。在抵达君士坦丁堡的短短几个月后，鼠疫就在这个拥挤的城市传播开来，夺去了无数人的生命。当时目击者的描述表明，每天有上万人死亡，死亡人数多到幸存者只能被迫拆除教堂和塔楼的屋顶来安放死尸。[6]尽管第一场也是威力最大的传染病最终在公元550年结束，但在接下来的200年中，鼠疫一直折磨着人类，直到公元750年最终平息。查士丁尼鼠疫总共夺走了约40%君士坦丁堡人的生命，从世界范围来看，有2500万至1亿人丧命于这场鼠疫。

　　这一传染病暴发的早期死了很多人，对欧亚力量的平衡产生了深远的影响。尤其是在君士坦丁堡正欲巩固政权并收复前罗马失地的时候，这场鼠疫严重削弱了君士坦丁堡的统治。4世纪时，罗马帝国迅速扩张，君士坦丁大帝在行政上把土地分成了两部分——西部的一半由罗马一位皇帝统治，东部的一半由君士坦丁堡的一位共治皇帝控制。[7]分裂后，东部经历了扩张与繁荣，而西部渐渐衰弱。一些日耳曼民族（如哥特人和汪达尔人）开始入侵西部王朝的大片土地，476年，罗马沦陷。

没有了西部一半的土地，前罗马帝国的东部（后来成为拜占庭帝国）获得了更大的自治权。因此，君士坦丁堡成了整个欧洲名副其实的贸易、文化和权力中心。当查士丁尼一世于527 年登上权力的宝座时，他的目标之一就是组建军队，夺回西部失去的土地，重振罗马帝国昔日的辉煌。

查士丁尼一世首先派他的军队前往北非，以赶走在 5 世纪占领该地的汪达尔人。[8]534 年，军队很快取得了一系列决定性胜利。查士丁尼一世让他的拜占庭军队向北转移到西欧，企图从哥特人手中夺回地中海地区。这场战役打了 5 年时间，流血无数，最终查士丁尼一世胜利了，赶走了大部分哥特军队。这样一来，前罗马的大部分土地归拜占庭统治，查士丁尼一世似乎要开启帝国的新纪元。不幸的是，540 年，致命的鼠疫在几个月后降临，杀死了大批农民、士兵和匠人。鼠疫大大削弱了生产力，也极大地削弱了查士丁尼一世保卫刚刚征服的土地、养活士兵以及偿还外债的能力。刚刚拥有的一切可能面临着灰飞烟灭，查士丁尼一世不得不雇用外国士兵来重新充实自己的军队。[9]他还开始使用更强的武力向他的臣民征税，尽管当时的民众已对致命的鼠疫苦不堪言。这种行为很自然地引起了民众相当程度的怨愤，大家对他在非必需的军事力量上浪费资源表示不满。

接下来的 25 年中，拜占庭帝国成功地保持了对意大利、西班牙和北非的控制，然而在 565 年查士丁尼一世去世后不久，几乎所有的土地又逐渐被夺了回去。[10]此外，后来的几代人目睹了波斯和阿拉伯帝国的崛起，并渐渐侵占了拜占庭帝国更多的土地，最后拜占庭帝国的土地所剩无几了。这场鼠疫对拜占庭帝国的经济、军事以及民众的心理造成了负面影响，帝国已经没有力量去保卫自己的领土了。几百年后，罗马/拜占庭帝国几乎不复存在。

　　没有人知道如果没有 6 世纪的这场鼠疫，欧洲、亚洲和非洲会是什么样子。如果认为重新统一的罗马帝国，在外来入侵者的不断攻击下仍能保持对其先前失去土地的控制，那就过于简单化了。5 世纪时，帝国的西部因为一系列原因（如土地衰败、食物短缺、政治内斗等）解体，其中许多情况 100 年后依然未有改善。不过，想象一下如果是一个强大的罗马帝国在抵御伊斯兰教的崛起、盎格鲁－撒克逊人对不列颠群岛的入侵以及各种日耳曼部落的侵扰，那漫漫历史长河又将是什么样子呢？

黑死病的伊始

　　人类历史上最著名的传染病是鼠疫的第二轮暴发，1334 年黑死病（Black Death）始于亚洲某地，1347 年至 1351 年达到顶峰，在随后的 400 年中，导致几百万人死亡。与第一轮鼠疫相似，这轮暴发被认为夺走了 7500 万至 1 亿人的生命，消灭了相当于当时欧洲 1/3 与世界 1/5 的人口。[11]传染病阶段性地传播开来，在欧、亚、北非贸易与船只密集的港口间开始流行。在肆虐了蒙古帝国 10 年后，疾病向南传到克里米亚，最后到达君士坦丁堡。

　　和 6 世纪的鼠疫一样，君士坦丁堡作为一个繁忙的港口城市，也成了传染病朝西传向欧洲和北非的集结地。一旦到达一个新陆地，老鼠就会跳下船，与本地的老鼠交配，再把疾病传给新的人群。据信，疾病通过吸入受感染的呼吸道分泌物（肺鼠疫）在人与人之间迅速传播开来，直到没有新的宿主可

11

以传播，其间死亡无数，乔瓦尼·薄伽丘（Giovanni Boccaccio）在《十日谈》（Decameron）（1353 年）中很传神地描述了如此之多的死亡对人们造成的毁灭性社会影响，他写道："市民互相避之不及，无论亲疏远近，不见面或很少见面；在恐惧中，兄弟抛弃兄弟，叔叔抛弃侄子，姐妹抛弃兄弟，丈夫也经常被妻子抛弃；更难以置信的是，父母会遗弃自己的孩子，不予照顾，就好像是陌生人一样，任由他们被命运摆布。"[12]与 800 年前一样，黑死病对生活的方方面面造成了恶劣影响，改变了人类生活、思考、人际交流的方式。

大部分关于 14 世纪黑死病的历史分析主要聚焦在它对欧洲的影响，不过，黑死病从亚洲传到欧洲前可能已经杀死几百万人了。有意思的是，在 14 世纪中国人的记载中很少提到黑死病，而印度的记载更少。当时（宋元时期）的一些中国医学文献记录着一种疾病，它的特点是淋巴结肿大，伴有高烧，在 1331 年至 1351 年造成了大量死亡。[13]另外，在这段时间里进行的一次人口普查报告显示，14 世纪后半叶，中国人口几乎减少了一半，一些省份的人口锐减近 90%。由于当时蒙古人的大规模攻城略地，亚洲大部分地区持续受到饥荒、疾病、战乱的威胁，因此，我们很难断言，人口骤减是因为鼠疫还是各种因素的综合作用。很有可能黑死病在欧洲暴发前，在西亚已经杀死了几百万人，不过，由于历史记录的缺乏，我们很难弄清楚具体有多少人死亡，或者这场鼠疫对人口产生了什么影响。

对蒙古帝国这场传染病的记载之一来自一位叫加布里尔·德·穆西（Gabriele de' Mussi）的意大利律师，他在 1346 年写了蒙古人包围了克里米亚（现乌克兰）的卡法城的故事。[14]卡法城最初是由意大利商人建立并使用的，是蒙古国中部一个重要的贸易港口。虽然意大利人与他们的东道主之间一开始还礼尚往来，但他们的关系很快恶化了，两者之间的争斗导致1343 年蒙古人集结大部队攻击了这座城市。当意大利人快要落败的时候，德·穆西写道："整个军队染上了一种疾病，这种疾病在鞑靼人（蒙古人）中传播开来，每天有成千上万的人死去。"[15] 他继续描述这种疾病，具有典型的鼠疫症状。这场疾病彻底摧毁了攻击者，最终蒙古人不得不在卡法城认输。蒙古人意识到败局已定，"垂死挣扎的鞑靼人……下令把死尸放在弓弩上，射进城里，希望无法忍受的恶臭会杀死城里的所有人。这样一来，堆积如山的死尸被扔进了这座城市"。[16]

这是历史上最早记录的生物武器。德·穆西与其他一些记录者继续描述这个战略是多么成功。卡法城的许多居民在接下来几个月里死于鼠疫。不幸的是，那些设法逃离这个城市的人把疾病带到了君士坦丁堡和欧洲。虽然大多数历史学家认为鼠疫通过其他贸易之路传到了欧洲，但卡法城逃离的居民（和老鼠）很可能加速了鼠疫的传播。

这个事件是战争史上常常被人们遗忘的转折点。蒙古军队使用一种传染性病原体，以更快速、彻底又不费金钱的方式击败了敌人，这种做法非常高明。在随后的 600 年中，这个做法断断续续成了一个典范——首先用疾病对付敌人，当敌人的力量被削弱时，再出兵征讨。正如我们将在后续章节中讨论的那样，我们有证据说欧洲人可能使用了天花、麻疹和其他病原体有目的地消灭美洲和非洲的原住民。同样，间接证据表明，英国人用同样的办法杀死澳大利亚的土著。德国人被认为在第一次世界大战中使用炭疽病作为武器，日本人在第二次世界大战中使用了伤寒和鼻疽病作为武器。[17] 因此，把感染鼠疫的尸体当作武器，尽管残酷又危险，但确实是一个后世竞相模仿的有效战略。

欧洲封建制度的衰落与革命的根源

1347 年鼠疫传入欧洲，造成欧洲人口急剧减少，短短几年里，欧洲大部分地区的经济发生了巨大变化。由于 1315 年北欧的大规模饥荒，黑死病暴发前的 30 年，欧洲就进入衰退状态了。[18] 几百万农民死于饥饿与疾病，结束了之前几百年人口的爆炸式增长。后来，气候渐渐稳定好转，收成也改善了，不过饥荒造成的损失不可逆地腐蚀着人们的灵魂。人们展现出丑陋的一面，谋杀、强奸、遗弃孩子，甚至吃人肉的现象屡见不鲜。同时，管理土地的封建领主和耕作土地的农民的关系变得紧张起来。

13　　封建制度是一种组织人口的等级制度，自 9 世纪以来一直存在于整个中世纪的欧洲。它是土地管理体系下所诞生的等级关系。封建体系的顶端是国王，他拥有所在国家所有的土地。国王把一部分土地分封给贵族/领主，他们必须为国王尽忠，保护国王。领主又把一小部分土地分给骑士，换取骑士对自己的军事保护。骑士于是雇用一大群农奴/农民来耕种土地，而他们付租金给骑士，用辛勤的劳动换取人身保护、食物与住所。经营这些自给自足的庄园所产生的大部分钱财最后以赋税的形式献给了国王。这个体系中大部分负担都压在农民劳动者身上，而他们几乎没有机会向上流动和改善他们的社会经济地位。

由 1315 年大饥荒引发的对封建制度的冲击，在黑死病期间达到了顶点。[19] 封建社会的所有阶层都受到了影响，管理土地的人有了空缺，更重要的是，没有了耕作土地的劳动者。由于大量的农作物未被收割、大部分劳动力流失，幸存下来的农民现在可以争取更大的自由和更高的收入（高达他们之前收入的 5 倍）。骑士和领主，照旧得为国王履行义务，他们被迫服从，越来越多的财富最终落在了平民手中。

一些国家的地方政府对这种向上流动的反应是，通过颁布法律，限制劳动者的薪水，以及提高租地的费用。新中产阶级劳动者对此非常不满，许多人以反抗当权者作为回应（如 1381 年农民起义）。[20]劳动者起义陆续在欧洲很多地方展开，很多劳动者迁移到城镇寻求更好的机会。经济逐渐从农业转向工业生产和贸易，这让封建领主与骑士丧失了他们对下层阶级的统治权力。接下来的几年中，大部分欧洲国家开始转向资本主义经济体系，封建制度将永远消失。虽然黑死病显然不是封建制度衰落的唯一原因，但它的确是封建制度走向衰退的一个重要因素。

上帝的愤怒，教会和迫害

现代社会中，每当发现一种新疾病，科学家与医生会很快集结到疫区，收集病人样本，然后用一系列诊断工具去确定疾病的病因。一旦微生物病原体被确认，受感染的病人就能得到适当的治疗，其他民众就会得到如何预防疾病进一步传播的指导。疾病暴发通常会消退，人们在短时期内可以恢复健康。

黑死病肆虐而来的时候，生活在 14 世纪的民众还没有现代技术可用。因此，他们对传染病病因的解释往往是基于迷信与恐惧，而非理性。他们想要有人或事成为替罪羊，这样他们就可以摆脱自己任何"导致"这种流行病的干系。一些人认为是地震或彗星等自然现象把鼠疫带到地球上来，或者是行星排列的方式导致了灾难。对病灾降临最广为流传的解释是上帝对人类罪孽的惩罚。德·穆西在描述蒙古军队围攻卡法城时就清楚地说明了这一信仰："天堂如下雨般把箭射向人间，射灭了鞑靼人的傲气。"[21]蒙古人企图对信奉基督教的意大利人不利，上帝就用黑死病作为武器来制止他们。

上帝对不义者的惩罚是有意义的，直到鼠疫莫名其妙地把愤怒转向基督徒自己。人们来到教会寻求神的指示，神父向他们的"羊群"提供忏悔和预防疾病的指示。大家纷纷去祈祷、举办宗教仪式、在门柱上放十字架，朝觐圣人的神龛。一些人甚至用更极端的忏悔形式来安抚上帝，被称为"鞭笞者"的人在村子间穿梭，用铁链和带着钉子的鞭子鞭打自己，直到流血为止。[22]他们会带领公众游行，在游行中惩罚自己，试图亲自承担上帝对人类的惩罚（就像人们认为的耶稣所做的那样）。其实，鞭笞者并没有让鼠疫停止，反而加速了它的传播，因为感染的跳蚤跟着他们游街串巷。因此，尽管有形形色色的忏悔和赎罪的措施，虔诚的基督教徒们和他们的神职人员们仍以前所未有的速度死去。

由于神职人员在照顾病者方面承担重要角色，因此他们在鼠疫中的死亡率很高。一位同时代的观察者写道："在阿维尼翁的英国奥斯汀托钵僧中，无一人幸存……在玛格罗那，160 个修士中仅 7 人活了下来……在马赛，方济各会的修士无一幸存下来讲述这个故事。"[23]如果说上帝连他所挑选的祭司都不爱惜，那么对其他广大众生而言，又意味着什么呢？对很多人而言，这似乎是上帝放弃了人类，没有什么可以减轻他的愤怒。在威廉姆·朗格兰（William Langland）的诗句里："现在的上帝聋了，听不到我们的声音，祈祷也无力阻止鼠疫。"[24]人们普遍的反应是对教会失去了信任，因此离开教会的人数创下

一位教士为鼠疫受害者举行最后仪式的雕刻品。（美国国家医学图书馆）

了纪录。

从长远来看，鼠疫对天主教会的影响同样是灾难性的。首先且可能最重要的是，神职人员的大量减少导致了高级别教会人员的空缺。为了快速填补这个空缺，教会不得不降低标准，雇用比他们的前辈受教育程度低、奉献精神脆弱以及训练少的教士。结果是教会内部出现了滥用职权和腐败行为的增加。宗教改革者马丁·路德（Martin Luther）揭露了一种在接下来的一个世纪里更为常见的滥用权力行为，那就是出售赎罪券。赎罪券是一种赎罪的形式，是为了弥补已经被上帝宽恕的罪过。一般来说，忏悔可以是长时间的祈祷、斋戒、提供服务或帮助穷人。然而，一些腐败的神职人员开始利用这些赎罪券作为一种方式，向教区教民勒索大笔钱财，其想法是，让他们立刻为自己的罪孽付钱，不然就有下炼狱的可能。可以理解的是，教会中的许多人对鼠疫后神职人员的这种腐败行为和其他滥用职权行为感到厌恶。

神职人员并没有把民众从鼠疫的危难中解救出来，再加上随后的腐败，一些历史学家认为黑死病间接地推动了新教改革。虽然宗教改革是由多种因素的复杂相互作用而发起的，但在马丁·路德发表他的《九十五条论纲》之前，大家已无法否认鼠疫在显著削弱天主教会的权力和权威方面所起的独特作用。

黑死病同时还开启了反犹太主义与迫害犹太人的新时代。[25]人们不顾一切地想要为自己的苦难找到可以怪罪的人，而犹太人就成了完美的替罪羊。这不仅因为他们的信仰和习俗与基督教徒截然不同，还因为他们倾向于与其他人分开，过自己的日子。1347 年黑死病意外袭来的时候，很多基督教徒开始怀疑是这群与众不同、与世隔绝的异类把疾病传播出来的。随着基督教徒的死亡率不断攀升，这种怀疑上升为指责，指责最后演变成了暴力。

这场迫害始于 1348 年春天法国的纳博讷附近，一群犹太人被集中起来烧死了。此后不久，西欧的犹太人被公开指认在井水、湖里和河里投毒，企图毒死基督教徒。犹太人被捕之后，人们用各种形式的折磨，迫使他们认罪。《日内瓦犹太人阿吉美的忏悔》（ The Confession of Agimet the Jew of Geneva ）（1348 年 10 月）中有这样一段特别生动的记录：

> 犹太人阿吉美，生活于日内瓦，被捕于沙泰勒，在此受了一些刑罚，后来被释放，很长时间之后，再次受刑，他在很多可信的人面前忏悔……阿吉美带着一包满满的毒药，来到威尼斯，然后把一部分毒药洒向日耳曼人府邸旁的水井或蓄水池，想要毒死来蓄水池饮水的人。[26]

　　所以，在两次被捕和遭受酷刑后，阿吉美"主动"承认，他向威尼斯的供水系统中投入一些未知的毒液和毒药混合物。尽管这是明显的逼供，但这类新闻以及其他秘密投毒的消息在欧洲城镇间传播的速度几乎和黑死病本身的传播一样快。

　　公众对这些疑似中毒事件的反应很激烈。犹太人到处被围捕（经常是在来访的鞭笞者们的命令下），被火烧死或被刀剑杀害。在一些城市里，所有的犹太人在几天内就被消灭了。例如，1349 年 8 月的某天，基督教徒在德国美因茨一天内杀死了 6000 名犹太人。[27]类似规模的大屠杀也发生在意大利、法国、比利时、瑞士和大部分欧洲国家。在这些大屠杀的高潮时期，教皇克雷芒四世①企图阻止民众的暴力，用一个法令来保护犹太人："把一切归咎于犹太人似乎并不可信……因为几乎是普遍的瘟疫和上帝秘密审判一起，已经折磨并继续折磨着犹太人自身，以及世界各地其他和犹太人并无瓜葛的民族。"[28]不幸的是，天主教会的统治当时处于极度混乱中，有两个教皇号称自己是圣·彼得真正的后继者。最后，神职人员试图阻止杀戮的努力基本上被置若罔闻，而地方上的暴民不受阻碍地将杀戮持续了几十年。没有人知道 14 世纪大屠杀的具体死亡人数，不过保守估计也有上万人。

药物的失败及其后果

　　在黑死病之前的几年里，医学更多的是一种哲学，而不是临床科学。内科医生接受的医学理论教育基本上来自古代希波克拉底与盖伦的古老教义。大多数课程并不是通过解剖或检查

---

　　①　经与作者核实，此处应为克雷芒六世。

临床数据而获得的人体解剖学与生理学的系统知识，而是基于1000 年前对疾病的认知，没有任何实验证据支撑。内科医生知道体液失衡如何致病，以及疾病是如何通过被称为瘴气的受污染空气传播。他们经常给出现各种症状的病人采取放血、水蛭治疗、提供特殊食谱或新鲜空气的疗法。

14 世纪黑死病到来的时候，黑死病专科医生被征召来，治疗社区中的患病人员，并记录下黑死病的死亡人数。鼠疫医生们穿着很考究的衣服，有时还戴有装满芳香鲜花的鸟喙型面罩（以抵御瘴气），每天探访病人，并对他们进行几世纪以来一直使用的同样的放血和水蛭疗法。不幸的是，不管他们做了什么，鼠疫只会变得越来越糟糕。一个叫马尔基奥内·迪·科博·斯特凡尼（Marchione di Coppo Stefani）的人记录下当时内科医生明显的无助："几乎没有一个病患活过第四天。无论是内科医生还是药物都没有用。可能这个病是前所未有的，也可能内科医生从来没研究过这个病，它们似乎是无法治愈的。没人知道该怎么办了，这才是可怕的事。"[29] 内科医生和神职人员一样，对鼠疫无计可施，人们开始对他们也丧失了信心。

尽管不了解鼠疫的病因学，但一些治疗方法和预防措施确实在一定程度上起到了帮助。例如，有人建议离开城市，去寻找"新鲜空气"，避免致病的"瘴气"。虽说难闻的空气明显不是疾病的根源，不过逃离城市的想法却让一些人得以逃离那些传播鼠疫的人。遗憾的是，只有有钱人才有能力离开城市，逃到安全的地方。另一项减缓疾病传播的有效措施是当船只到港后，让船上的人员在港口隔离 40 天。通过这样做，人们希望有传染性的船员在上岸前隔离的阶段，病情已经暴发出来了，这样船员下船后就不会感染到其他人了。有意思的是，黑死病是人类历史上第一次用隔离的办法来减缓传播的疾病（"隔离"这个词"quarantine"就是意大利语中40天的意思）。[30]这项举措很可能在鼠疫或其他病原体的流行中挽救了无数生命。

内科医生和中世纪医学未能阻止黑死病的传播，这个事实引发了医药行业的重大变化。疾病让人们迫切地觉得内科医生需要更好的培训，医生这个行业普遍来说需要更严格的监管。[31]当时大部分医疗服务提供者都没有受过专业教育，既没有执照，也没有监管。很少有人接受过某种形式的学校教育，更少有人从经验丰富的从业者处接受过实践培训。鼠疫过后，很多城市开始出台法令，要求医学从业者在社会中进行医学实践前必须出示接受过培训教育的证明。而且，欧洲各地的医学院开始在医学学制中加入更多的解剖课程，一些学校开设了新的课程，使用更新的医学教科书。这场鼠疫也导致执业医生在治疗病人的过程中分享他们所学知识的方式有了显著的改善。很多医生把他们的实践经验作为书面医学论文发表，有点像现今的医学杂志。[32]还有一些人将从同事处收集的信息整理后，形成预防、治疗与手术的使用手册。总之，黑死病帮助医学走出了黑暗时代，从古代哲学家主导的医学走向了更基于理性和证据的时代。

黑死病对中世纪艺术的影响

一个关于黑死病普遍的误解是，它的高死亡率和彻底的破坏，帮助开创了一个以疾病、死亡和毁灭为主题的恐怖艺术的新时代。确实，有很多这样的鼠疫图像，不过，在鼠疫暴发的高峰时期（1347~1351年）和之后的时段，西欧大部分的艺术作品实际上呈现更多的是关于希望、拯救和虔诚的图片。另外，历史艺术学家认为 1347 年前的几十年，才是中世纪欧洲迷恋表达死亡和道德主题的时代。类似但丁（Dante）的《神曲》与波拉米欧·布法尔马克（Buonamico Buffalmacco）的壁画《死亡的胜利》（*Triumph of Death*）这样的作品，清晰地表明了 14 世纪早期人们已经开始在他们的艺术中表达关于死亡和来生的新见解。[33] 这个转变在很大程度上归功于天主教神学的转变（根据教皇本笃十二世在 1336 年发表的教皇诏书），更强调灵魂、来世和炼狱。[34] 因此，几年以后，袭击欧洲的黑死病，是进一步加深，而非开启当时在欧洲文化中已经存在的对死亡的看法。它的影响深远持久，因为绝望和巨大希望的图像将贯穿整个文艺复兴时期的欧洲艺术。

19

黑死病时期的艺术，常见绘画是受害者走向死亡的不同阶段，其他人、圣人或天使企图帮助他们。例如，利弗林克斯（Lieferinxe）的《圣塞巴斯蒂安在帕维亚瘟疫期间的调解》（*St. Sebastian Intercedes during the Plague in Pavia*），描绘了殉道者圣塞巴斯蒂安代表黑死病的受难者向上帝祈祷，在绘画的底部，我们能很明显地看到受难者们正经历着痛苦的挣扎。[35] 有趣的是，它既展现了正义的上帝能结束人民苦难的希望，也体现了仍受疾病影响的人们的巨大痛苦和绝望。诸如丁托列托（Tintoretto）的《圣洛克治愈鼠疫》（*Saint Roch Curing the Plague*），以及《托根堡圣经》（*Toggenburg Bible*）中著名的黑死病的插图都运用了相同的画风，而另一些作品则倾向于更多地关注上帝的审判和愤怒。后者的艺术表现手法较为典型的是箭从天堂射向人间，或者死神向人类挥舞着刀剑或镰刀。

圣塞巴斯蒂安被箭刺穿，跪在上帝面前为人类祈祷，同时天上一个天使在与一个魔鬼战斗。乔斯·利弗林克斯（法国人，活跃于1493～1505年，艺术家），绘于1497～1499年（文艺复兴时期）。（美国沃尔特艺术博物馆）

　　黑死病期间出现的其他常见艺术主题集中在鞭笞者的行动和对犹太人的迫害上。前文已提及，鞭笞者游行与犹太人大屠杀是很多年来在整个西欧相当普遍的公开场景。两者都历经巨大的苦难，有很强的宗教色彩，是理想的艺术主题。对鞭笞者尤为生动的描述，来自一本中世纪的手稿《贝里公爵时祷书》（*Belles Heures*）[36]中"鞭笞者的行进"（The Procession of the Flagellants）。画中几个戴着面具的人粗暴地鞭打两个跪在地上的男子，另一些背着十字架参加游行。而关于犹太人的大屠杀，很多画描绘的是巨大的火海吞噬一群面部扭曲的人，旁观者们往火焰中扔木头，或者露出满意的神情。

可能黑死病艺术中最持久的隐喻被统称为死神之舞。[37]大部分死神之舞的画作上，画的是不同社会阶层的尸体或骷髅在跳舞（或者丑陋地移动），试图表明黑死病对所有的人一视同仁。舞动的动作模仿了黑死病病人在患病晚期身体的坏死和剧痛导致的肌肉扭曲抽搐的动作。这种风格的一个典型例子是伯纳特·诺特克（Bernt Notke）在 1466 年的画作，它被恰如其分地命名为《死神之舞》（*Danse Macabre*），在这幅画的一个片段中可以清晰地看到，死神演奏着音乐，而其他形态的死神在愉快地跳着舞，紧紧抓着教皇和帝王，把他们带向他们的终极命运。在黑死病暴发高峰后的几百年中，西欧很多国家出现类似的绘画。这充分说明了传染病引起的心理伤害在 14 世纪中叶后延续了很久。

人类进化的原因？

当一种传染病在某一人群中暴发，人群中一些发生了基因突变的个体对感染具有更强的自然抵抗力。一旦暴露在病原体面前，这群人比正常的、非突变的同类更容易存活下来。如果一种传染病特别严重或者持续时间特别长（如黑死病），那么大量易感人群将会死亡，留下的幸存者在他们的社会重新繁衍。经过很多代人的"优胜劣汰"，存活下来的新人群比传染病发病前的那群人携带突变基因的频率高得多。在基因上，他们更能抵御随时会卷土重来的疾病。因此，传染病是一个选择机制，在一段时间内触发一个群体的遗传结构变化，换句话说，它能促进人类进化。

过去的 20 年中，人们关于 14 世纪黑死病对人类进化有无重要影响有很多种推论。这个问题很难回答，因为黑死病大流行发生在人类发明基因测试之前将近 650 年。因此，我们必须用已知死于黑死病的那些人的骨头和牙齿残片，对他们的基因进行回顾性分析。那些 DNA，虽然由于时间的原因已经部分分解了，但还是可以和现有人群（幸存者的后裔）进行 DNA 比对，来看看黑死病后有没有更高频的基因突变。换言之，将死于黑死病的人与存活的人进行 DNA 比对，能让我们识别出可能在 14 世纪为一些人提供了对耶尔森氏鼠疫杆菌感染的天然抵抗力的突变。

这些研究明显表明鼠疫帮助触发了人体免疫系统永久性的变化。[38]我们的免疫细胞表面，有一系列叫 Toll 样受体（Toll-like receptors，TLRs）的蛋白质，它能侦测到病菌的感染，引发炎症反应。对黑死病幸存的不同人群的基因分析揭示了他们的 TLR 基因都有相似的突变。独特的 TLR 基因序列变化的出现，加强了人类对鼠疫杆菌入侵的炎症反应，相比变异前的状态，给了 14 世纪人更强的战胜细菌感染的能力。中世纪时代，这些倾向于引发炎症的变化帮助了经常被致病菌轰炸的人类，而它们对 21 世纪生活在相对卫生环境的人们来说却是个问题。例如，临床数据表明，有这种 TLR 基因突变的人患自身免疫性疾病（如克罗恩病）的概率更高。所以，帮助我们祖先从人类历史上最糟糕的传染病中存活下来的基因突变，从某种程度上，让我们如今产生了混乱的免疫应答。

很多调查研究也关注一种叫 CCR5 的基因突变，因为人们发现这种叫 CCR5 Δ32 基因的突变存在于 15% ~20% 的欧洲人体内，而在非洲和东亚后裔中却几乎不存在。这个模式很有趣，因为黑死病肆虐了欧洲大部分地区，但没有波及撒哈拉以南的非洲或东亚地区。CCR5 Δ32 基因突变和黑死病发病地区的重合，可能代表这种突变帮助 14 世纪的欧洲人抵御黑死病。[39]他们存活了下来，并繁衍了受保护（基因突变）的后代。随着非突变体以更快的速度死亡，这种突变在人群中的频率会增加。因此，今天有 15% ~20% 的欧洲人具有这种突变基因，他们可能是当年黑死病幸存者的后代。

如果上述推断正确，那么理论上具有 CCR5 Δ32 突变基因的动物应比一般动物更有能力抵御耶尔森氏鼠疫杆菌。然而，研究结果表明并不尽然。实验似乎表明，这种突变对大老鼠有抵抗鼠疫杆菌的作用，而对小老鼠却没有。[40]由于研究结果的矛盾性，黑死病是不是欧洲人群中 CCR5 Δ32 基因突变的诱发因素，或者这种突变是否源于天花之类的其他疾病，我们无法得到定论。有趣并巧合的是，CCR5 Δ32 基因的突变可以影响另一个致命的病原体——艾滋病病毒的复制。我们知道，艾滋病病毒不可能是这种独特的基因突变模式的最初原因，因为它对人类的影响还只有仅仅 40 年（两代人），艾滋病病毒和 CCR5 Δ32 的关系在本书的后续章节会有论述。

最后一轮鼠疫

如果不提及 19 世纪 50 年代在中国暴发的第三次大流行，

关于鼠疫及其对全人类的影响的讨论将是不完整的。在接下来的100年中，第三次大流行夺去了1200万至1500万人的生命。与前两次不同，第三次大流行主要在亚洲而非欧洲，主要由老鼠传播，而且死亡率较低。死亡率降低的其中一个原因与隔离措施和其他防控措施的结合有关。另外，微生物学在19世纪的时候已经很发达了，1894年发现了鼠疫的病原体（由亚历山大·耶尔森医生发现）。1897年，人类研发出并接种了基础的鼠疫疫苗，并在1898年破译了跳蚤在传播过程中的作用。[41]关于这种疫苗的一个有趣的补充说明是，研制这种疫苗的科学家叫瓦尔德马尔·哈夫金（Waldemar Haffkine），他对自己的研发非常有信心，他首先在自己身上试验了疫苗的有效性。当他自己并没有死于活鼠疫细菌后，他又在印度囚犯身上做了下一轮试验。尽管其中有伦理问题，且仅具有部分保护作用，但疫苗的成功大大减缓了鼠疫在亚洲的传播，降低了鼠疫的破坏力。

第三轮鼠疫暴发引起的一项重要并长期的影响是它进一步恶化了大英帝国和它统辖地区人民的关系，特别是印度人民。为了控制鼠疫在印度的传播，英国军队和地区鼠疫防控特别委员会对民众采取了一系列非常严格的措施。[42]这些措施包括强制隔离疑似病例，没收和销毁"受感染"物件，疏散人群，以及摒弃传统治疗手段。可以想象，已经在英国暴虐统治下生活了几十年的受苦受难的人们，并不会遵守越来越严格的防疫措施。这导致越来越多的抗议和暴力行为的发生。1897年发生了一件非常著名的事件，它体现了日益加剧的紧张局势，印度鼠疫防控委员会中有一位恶毒的英国长官叫沃尔特·兰德（Walter Rand），达摩达·哈利（Damodar Hari）、巴克里斯纳·

23　哈利（Balkrishna Hari）和瓦苏德奥·哈利（Vasudeo Hari）三
　　兄弟在兰德从女皇钻石大庆典礼结束回家的路上伏击了他的马
　　车，并残忍地杀死了兰德和他的军队护卫。[43]三兄弟很快被捕、
　　定罪，并被处以绞刑。这个故事很快在国际媒体上登出，引起
　　了大家对不稳定的印度次大陆困境的关注。尽管印度在此后
　　50 年中没有取得独立，但 19 世纪的鼠疫暴发让其反对大英帝
　　国的民族主义抬头，并持续了很多年。

第三章
天花

天花始终盘桓，将墓地填满尸体。用无尽的恐惧折磨那些幸免之人，给劫后余生的人留下累累的疮痕。残疾畸形的婴孩，饮泪悲泣的母亲，失去明眸和美貌的待嫁新娘，成了爱人午夜的梦魇。[1]

——T. B. 麦考莱（T. B. Macaulay）

于 1948 年[1][2]

天花（Smallpox）是人类有史以来最严重的灾害之一，在其存在的 3000 年时间里，致使数十亿人死亡和毁容。据统计，天花致死总人数超过 10 亿人，仅在 20 世纪，它就夺走了 3 亿 ~ 5 亿人的生命。而那些从天花中幸存的人，约有 1/3 永久失明，3/4 的人脸上和四肢有明显的伤疤。[2]这种疾病对 5 岁以下儿童的危害性尤其大，在一些地方死亡率高达 95%，这就导致了一种糟糕的现象：父母通常会等到孩子活过天花后才给他们取名。此外，天花与鼠疫不同，鼠疫在迅速夺去了很多人的生命之后，随着时间的推移逐渐消失，而天花在第一次暴发时会造成大量人口死亡，然后会作为一种地方病永久存活，每年会固定导致大约 30% 的新感染者死亡，年复一年。随着时间的推

---

[1] 该段译文出自苏静静，北京大学医学史中心副教授，研究方向：全球健康史和医学社会文化史。

[2] 经与作者核实，该时间为 1848 年。

移，它在人群中变得非常普遍，几乎每个人都会在其一生中的某个时刻接触到它。这种模式从古代一直延续到 20 世纪中期，当时全世界疫苗接种的努力带来了可以说是人类历史上最伟大的成就之一——人类彻底消除了天花。天花在自然界中已经不复存在了，所以在这一章的剩余部分，我们讲的都是过去。

26 　　绝大多数天花病例（超过 90%）是由于感染了高传染性的大天花病毒，而少数较轻的天花病例是由小天花病毒引起的。这些病毒最常见的人际传播方式是直接吸入受污染的呼吸道分泌物，较少通过皮肤接触受污染的体液或无生命物体。有一些证据表明，在极少数情况下，它还可能通过眼睛接触受感染的液体而获得，或者通过胎盘从受感染的母亲传播给胎儿。重要的是，人类天花病毒从未在任何动物载体中发现，也没有出现在水或土壤中，因此天花只能从其他感染者身上获得。

　　天花病毒一旦进入体内，就会被一种叫作巨噬细胞的局部免疫细胞吞噬，并转移到最近的淋巴结，病毒首先会在那里缓慢复制，有条不紊地从一个细胞转移到另一个细胞，然后在感染 6~10 天后，受感染细胞数量会大幅增加。这种病毒进入血液后引起的症状，称为病毒血症，会给予病毒进入其他组织和器官的机会。在此期间，感染者会出现类似流感的症状，发烧、肌肉疼痛、恶心，以及皮肤和眼睛特有的皮疹，大多数人会出现大脓疱，主要出现在面部和四肢，而其他人则会出现扁平的出血性皮疹。病毒的进一步复制和传播通常会在感染后 16 天内导致内出血、肺炎、休克和死亡。由于天花病毒在现代分子生物学技术发展之前，就已经从人群中被有效地清除，因此它们引起这些症状的机制以及感染导致死亡的原因尚不清楚。

　　目前尚不清楚天花病毒从何而来，何时进入人类群体，然而遗传学研究表明，它们可能是由一种小型啮齿动物或骆驼身上的痘病毒引起的。也有观点认为，当人类开始普遍与所养殖的牲畜共同生活之后（约公元前 10000 年），天花病毒第一次侵袭中东的阿拉伯人。[3]古代天花感染的第一个明确的实物证据是在埃及木乃伊上发现的，比如法老拉美西斯五世（Pharaoh Ramses V）的木乃伊，拉美西斯五世死于公元前 1157 年，他的脸上有典型的脓疱。此外，公元前 1274 年埃及－赫梯战争期间刻凿的古代石碑上描述了一种神秘的流行病，它从埃及囚犯传播到赫梯军队，并持续了 20 年，虽然对这种疾病的描述表明它应该是天花，但历史记录非常模糊，不排除它可能是由其他传染病引起的。

在公元纪元最初的几个世纪里有很多很可能是天花的例子。例如，安东尼瘟疫（Antoinine Plague，公元 165～180 年）和居普良瘟疫（Cyprian Plague，公元 251～266 年）席卷了罗马帝国，造成 1000 万人死亡，被描述为引起了与天花相似的皮疹。[4]同样，公元 310 年在中国北方暴发的一场流行病产生了"侵袭头部、面部和躯干的季节性流行病疮"，在很短的时间里，它们就遍布全身。它们看起来像红色的疖子，都含有一些白质，同时出现的还有脓疱，并在差不多的时间变干。如果严重的病例不立即治疗，许多人将会死亡，康复的病人也会留下深紫色的伤疤，需要 1 年多的时间才能褪去。[5]在接下来的几个世纪里，亚洲、欧洲和中东对天花都有了更明确的描述，正是从这些描述中，我们开始看到天花对我们人口的长期影响。

罗马帝国的衰落和基督教的兴起

如第二章所述，6 世纪中叶，由耶尔森鼠疫杆菌引起的查士丁尼鼠疫阻止了罗马帝国东、西两部分的统一，并最终阻止了它重获昔日的辉煌。在鼠疫暴发前的几百年里，由于各种原因，包括政治内斗、经济衰退、强大的日耳曼部落的崛起以及疾病等因素，罗马帝国一直处于衰落状态。结果很明显，查士丁尼鼠疫不是引发罗马帝国衰落的原因，而是让已经在恶化的罗马帝国进一步削弱。

要了解罗马帝国是如何开始衰落的，就必须追溯到查士丁尼鼠疫暴发前近 400 年的公元 166 年。此时罗马帝国取得了前所未有的成功，被当时的人们视为世界上最强大、最繁荣、文化最丰富的帝国之一。公元 161 年，马可·奥勒留（Marcus Aurelius）皇帝接管了罗马帝国，并继续加强帝国的实力，当时的罗马帝国包括几乎整个西欧、北非、不列颠群岛的一部分以及中东的大部分地区。[6]健康的自由市场经济、强大的企业精神和鼓励贸易的法律，造就了庞大的中产阶级，并允许相对较高的经济流动性。帝国的军队是有史以来训练最有素、成本效益最高的军队之一，35 万多名士兵的军队在维持这个影响深远的帝国的和平方面做得非常出色，以至于塔西佗（Tacitus）等一些历史学家抱怨他们没有什么伟大的战争可写。当时的普遍和平与繁荣也促进了艺术、医学、法律和科学的巨大进步，那是一个令人惊奇的时代，作为罗马帝国的公民，没有人想象过这种情况可能会发生改变。

28　　　不幸的是，公元 162 年爆发的一场小冲突改变了一切，其引发了罗马帝国长达一个世纪的衰落，从此再也无法恢复。当一群被称为帕提亚人（来自今天的伊朗）的人入侵罗马人控制的叙利亚和伊拉克时，问题就开始了。[7]这促使马可·奥勒留在他的兄弟同时也是共同皇帝卢修斯·维鲁斯（Lucius Verus）

的指挥下，派出了罗马军队的全部军事力量。经过 3 年的战斗，罗马人最终占领了帕提亚的首都塞琉西亚，罗马士兵洗劫了这座城市和附近的城市，袭击了寺庙，并掠走了各种各样的珍宝。除了劫掠，士兵还从帕提亚人那里带回了一种不同的"礼物"——一种新的、特别具有侵略性的流行病。著名的罗马医生盖伦对这种疾病的描述如下：

在第 9 天，一个年轻人全身都是皮疹，几乎所有的幸存者都是如此。在他身上涂上干燥药物……第 12 天，他能从床上起来了。那些能活下来的腹泻者，全身都出现了黑色的突起，大多数情况下，它是溃烂而完全干燥的。皮肤变黑是因为发烧时残留的血在皮肤上起了水泡，就像自然沉积在皮肤上的灰烬一样。其中一些已经溃烂，表面那部分叫作痂的地方脱落了，然后附近的其余部分恢复了健康，一到两天之后疤痕就消失了。[8]

在第 9 天出现皮疹、出血热、结痂水泡和疤痕，这让大多数历史学家认为，盖伦描述的是出血性天花的流行，但也有少数人提出，它可能是由斑疹伤寒甚至炭疽引起的。

天花一进入罗马帝国，就沿着贸易路线迅速传播，不分青红皂白地杀死了社会各阶层的人。事实上，有一些证据表明它对马可·奥勒留（公元 180 年）和卢修斯·维鲁斯（公元 169 年）的死亡负有责任。在接下来的 100 年左右的时间里，这种天花流行病（称为"安东尼瘟疫"或"盖伦瘟疫"）可能导致多达 700 万人死亡。[9]有人估计，仅在罗马城，每天就有 2000 人死于这场灾难。

这么多人的死亡对帝国的生产、安全和士气都产生了巨大而长期的影响。[10]例如，随着人口开始减少，军队很难找到合格的新兵保卫边界，结果，他们开始更多地依赖雇佣军来充实自己的队伍。有趣的是，这些雇佣军中的许多人实际上是日耳曼部落的成员，这些部落已经对罗马帝国发动了多年的进攻。军队构成发生如此剧烈的变化，导致了军力的逐渐削弱而无力保卫帝国的边界。随着时间的推移，当地日耳曼部落被授权结盟，他们对帝国西半部的攻击更加频繁而猛烈。逐渐衰弱的罗马帝国最终分裂，而帝国的西半部则永远地输给了这些入侵者。

如此多人死于天花的另一个主要影响是对经济的毁灭性打击。[11]大城市和居住在其中的人们每天都需要大量的食物，这些食物来自帝国各地的农场（最著名的是埃及），负责种植、养护和收获农作物的农民大量缺失，导致了粮食短缺和大范围的饥饿。此外，死亡的人不再纳税，这也影响了罗马支付其大部分民事工程和军事经费的能力。这种流行病引发的财政危机十分可怕，以至于马可·奥勒留不得不拍卖帝国珠宝来偿还他的债务，其结果导致了一场严重的经济衰退，再次削弱了帝国的力量，让其他更加繁荣和强大的军队更容易入侵和掌握控制权。

安东尼瘟疫流行的一个更有趣的副作用是它对基督教的影响，这个宗教在 2 世纪中期还处于萌芽阶段，对当时仍信奉多神论的罗马人来说，基督教被认为是罗马人厌恶的宗教。基督教徒在很多方面都像帝国的外来者一样生活，因为他们完全拒绝崇拜罗马诸神，他们既不向诸神祈祷、献祭，也不参加任何其他庆祝诸神的仪式。此外，他们尤其鄙视罗马政治领袖的神化，并强烈拒绝向恺撒效忠。这种对皇帝和罗马宗教的普遍蔑视在新约启示录中得到了说明，许多神学家相信使徒约翰写这句话并不是对末日的预言，而是对罗马的一种讽喻批判，他将罗马描述为"伟大的妓女"，将罗马的统治者［如尼禄（Nero）］描述为迫害上帝的儿女并注定要被毁灭的多头"野兽"。

在繁荣和崇尚民族主义的罗马帝国，公民通常不喜欢对他们领导人和神的任何类型的批评。因此，当公元166年天花疫情暴发时，当地政府迅速将其归咎于基督教徒和他们对罗马神灵的侮辱。[12]类似于基督教徒后来在14世纪黑死病期间迫害犹太人的情形，罗马教徒围捕基督教徒并杀害了他们中的许多人，希望以此安抚他们的神，阻止瘟疫的蔓延。尽管对这种迫害的通俗描述常常是基督教徒在罗马斗兽场被狮子吃掉，但大多数时候它实际上是由无组织的当地暴徒进行的计划外袭击。这种暴力持续了许多年，当帝国在公元251年遭受另一场致命的流行病（被称为"居普良瘟疫"）时，情况变得更糟。由于目击者对症状的描述比较模糊，因此第二次流行的原因尚不清楚，然而，许多人认为它也是由天花引起的。

人们可能会认为，在2世纪和3世纪，针对基督教徒的大规模暴力会对基督教产生有害的影响。与直觉相反的是，这段时期经常被历史学家提起，因为这是宗教迅速崛起的时期，基督教从一个小的、不为人知的邪教变成了罗马帝国的主要力量。人们提出了一些有趣的理论来解释这个明显的悖论。[13]首先，有充分的证据表明，新的宗教通常是在普遍的苦难时期出现的，人们试图弄清楚像流行病或战争这样的悲剧是如何以及为什么会降临到他们头上，当他们在目前的宗教中找不到满意的答案时，他们往往会去寻找新的答案。其次，他

30

们形成了一种"草总是更绿"的心态，并利用一种新的意识形态所提供的希望来从情感上审视他们周围的灾难。他们以前崇拜错误的神，信仰错误的思想，进行错误的仪式；然而，由于他们已经纠正了自己的错误，他们将得到回报，从痛苦获得拯救。

早期基督教是特别吸引罗马人的一个选择，因为它倾向于把苦难看作救赎和净化的工具，上帝用它来拉近自己与人类的距离。因此，瘟疫并不是罗马神传下来的惩罚，而是基督教神可以用来做好事的东西。此外，基督教徒死后仍能在天堂里生活的信仰，也给那些垂死的人或看着所爱之人死于疾病的人提供了极大的安慰。当时罗马人的宗教既没有提供这样的安慰，也没有令人满意地解释他们受苦的原因，结果大批罗马人在这两次瘟疫之后改信了基督教。

罗马教徒和基督教徒对待病人的方式也有显著不同，罗马教徒和基督教徒观察家都注意到，基督教徒愿意将自己置于危险之中来照顾病人，而罗马教徒，比如盖伦医生，更有可能逃离这种流行病。罗马皇帝朱利安（Julian）曾写道，基督教徒"不仅供养他们的穷人，也供养我们的穷人；每个人都可以看到，我们的人民缺乏我们的援助"。[14] 兰迪·斯塔克（Randy Stark）在他的书《基督教的崛起》（*The Rise of Christianity*）中指出，早期天花流行期间这种罕见的善行可能在吸引其他人加入这个新宗教中起到了重要作用。[15] 随着皈依者的不断增加，基督教从一个邪教变成了与罗马教相抗衡的宗教，成为帝国的主导宗教。公元 313 年，君士坦丁（Constantine）和李锡尼（Licinius）皇帝在《米兰敕令》（*Edict of Milan*）中正式宣布基督教无罪，仅仅 67 年后，基督教就被宣布为罗马帝国的官方宗教。

31

探险造成流行病

在 1000 年的时间里，天花多次流行，到 15 世纪，天花已经成为欧亚大陆大部分地区的地方病。由于天花在人群中广泛传播，人们通常在童年的某个时候接触到天花，那些幸运存活下来的人可以享受一生完全的保护，免受天花病毒的任何未来感染，他们可以在天花患者之间走动，处理被污染的物品，而不用担心再次感染天花。当欧洲人开始探索遥远的土地，并与从未接触过天花或没有任何预防措施的土著居民互动时，这种免疫力将被证明是很有价值的。

15 世纪，奥斯曼帝国占领了欧亚大陆的几个重要港口城市，这直接导致了欧洲人探险时代的开始，第一个是君士坦丁堡，1453 年春天被奥斯曼帝国的首领苏丹穆罕默德二世（Sultan Mehmed Ⅱ）征服。

此后不久，奥斯曼人向东移动①，对威尼斯共和国和热那亚共和国发动了一系列代价高昂的战争。[16]除了拜占庭（东罗马）帝国的正式终结外，世界上最重要的港口城市之一的丧失和其他城市的严重衰落，对亚洲和欧洲之间的贸易造成了巨大的破坏。欧洲的君主们为了寻找不在奥斯曼帝国控制下的商品和原材料的新来源，资助了一系列海上探险，这些探险有的围绕非洲大陆，有的进入开阔的大西洋，以寻找外国土地作为他们扩张的殖民地。

这是一场赌博，最终在接下来的几个世纪里为欧洲人带来了丰厚的回报。他们在美洲、加勒比、非洲和澳大利亚的大片

---

①　经与作者核实，此处应为向西移动。

土地上定居，获得了几乎无穷无尽的宝贵自然资源，并比以往任何时候都更加富有和强大。不幸的是，在他们想要殖民的土地上，他们也接触到了长居于此的数百万土著人，接下来发生的也许是有史以来最严重的种族灭绝——欧洲人用先进武器和流行病的致命结合，系统性地屠杀了整个土著文明。特别是天花，对这些人口产生了灾难性的影响。因为土著人以前没有接触过天花，与欧洲早期的安东尼瘟疫和居普良瘟疫一样，天花在一些地方消灭了 90% 的土著人口，并在社会各阶层造成了大规模的混乱。

非洲

最早、最具影响力的欧洲外探险之一是葡萄牙水手沿非洲西海岸向下航行，寻找通往印度的捷径。[17] 在航海家亨利王子（Prince Henry）的鼓励下，葡萄牙水手驾驶着一种轻型帆船起航了，这种新设计的船只可操作性很高。1434 年，他们在西撒哈拉北部海岸附近成功到达非洲大陆，然后继续向南航行，到达了今天的塞内加尔、冈比亚和几内亚。到 1480 年，葡萄牙人已经探索了非洲西海岸的大部分地区，在一些国家建立了半永久性的定居点。这样做可以让他们与当地部落交换货物，以换取奴隶、矿产和黄金，从这些交换中获得巨大财富鼓励着葡萄牙进一步探索非洲南部和东部海岸。在 1488 年到达非洲的最南端好望角时，葡萄牙人沿着非洲东海岸在莫桑比克、坦桑尼亚和肯尼亚等地建立了一些贸易站和殖民地，随着利润的飙升以及对奴隶和黄金需求的增加，商人和商队从沿海地区深入非洲内陆。

尽管葡萄牙人显然对与其交往的非洲部落和文明造成了全面的有害影响，但由于 15 世纪和 16 世纪早期缺乏可靠的历史记录，很难解释在葡萄牙殖民统治早期，天花所造成的具体影响。例如，天花和其他欧洲疾病，如流感及麻疹，是否使葡萄牙人更容易超过非洲本土人口？我们确实知道，撒哈拉以南非洲人口居住的许多城市与15世纪欧洲的城市一样大、人口一样稠密、环境一样复杂，这使它们成为天花这类传染病的绝佳传播地。此外，虽然有一些有限的证据表明，天花可能在1100年后的某个时候通过穆斯林商人间歇性地穿越撒哈拉沙漠，但大多数历史学家认为，在葡萄牙人到达的时候，撒哈拉以南的绝大多数人口从未接触过天花。[18]作为一个"处女"群体，他们极容易受到大规模流行病的袭击，考虑到这一点，天花在15世纪和16世纪在非洲肆虐的唯一确凿证据就是，到达新大陆的奴隶船经常被发现携带天花病毒。[19]虽然这一点能清楚表明，天花一定存在于船只离开的城市，但天花在多大程度上夺走了当地非洲人的生命，以及它对当地人口的影响仍是一个谜。

天花在19世纪对非洲人的影响更大。多位欧洲观察员的详细记录显示，天花在苏丹、乌干达、安哥拉和莫桑比克等国大范围暴发，某些情况下，死亡率高达80%以上。例如，一位1864年安哥拉天花疫情的目击者写道："到1864年中期，天花疫情达到了疯狂的程度。它随着许多贸易商队向东向内陆传播，通过与港口的船只接触，沿着海岸向南传播……黑人向四面八方逃窜以避免这场流行病……全部居民将从他们的村庄迁移……罗安达处在无政府状态的边缘，大量的人死亡。"[20]沿海城镇因其在大西洋奴隶贸易和中非奴隶商队路线中扮演的角色而闻名，这些城镇也描述了类似的疫情暴发。总而言之，天花很可能产生巨大影响的方面包括：使非洲易感人群患病、虚弱、被奴役，以及无法对欧洲殖民统治者进行任何抵抗。

虽然葡萄牙是第一个在撒哈拉以南的非洲进行殖民的国

家，并引入了各种致命疾病，但其他欧洲强国也在用暴力和疾病征服非洲大陆方面产生了重要影响。关于天花的讨论中，值得注意的是 1652 年荷兰人对南非的殖民，开普敦第一次暴发天花是在 1713 年，当时一艘从印度驶来的船载着被天花污染的亚麻织品。[21] 虽然天花也杀死了大量在南非定居的荷兰殖民者，但对居住在该地区易受影响的科伊科伊人和班图人来说，它尤其致命。随后，1755 年暴发了更严重的疫情，1763 年又暴发了第三次。这三种情况的累积效应是，南非土著民族几乎被消灭，剩下的幸存者也相对容易被奴役。荷兰人最终在 1806 年将权力割让给了英国人，英国人随后带着他们的移民重新殖民了这片土地，并制定了一系列歧视性法律，旨在让当地人处于从属地位。尽管这些被屠杀的南非本土人口的后代最终逃脱了奴隶制的控制，但他们将继续面临合法的暴力和迫害，直到 1994 年种族隔离正式结束。

总体来说，如果不是因为天花和其他在殖民统治早期由欧洲人带来的疾病，我们今天谈论非洲的方式有可能完全不同。例如，没有被疾病毁灭的、更健康的非洲人可能会更有效地抵御欧洲人的入侵，至少减缓或阻碍欧洲人对其土地的占领，这可能会降低殖民国家征服当地居民并利用他们从非洲窃取大量财富的效率，因而这些财富的大部分可能仍留在非洲大陆上，这将大大改善非洲在其后几百年的经济状况。

34

美洲

天花第一次出现在新大陆是在 1518 年，当时一艘来自西班牙的船在伊斯帕尼奥拉岛登陆，船上载有一名受感染的奴隶或西班牙人。[22] 在接下来的几个月里，这种疾病在于金矿工作的非洲奴隶中迅速传播，然后传播到整个岛上的土著人口中。据 1519～1520 年的一些目击者称，这场瘟疫是"上天的审判"，让岛上的印第安人"不见人烟"。尽管这些说法无疑是夸张的，但在仅仅一年多的时间里，伊斯帕尼奥拉岛就有 1/3 的非欧洲居民死于这场流行病。[23]在劳动力减少的情况下，为了继续他们利润丰厚的采矿活动，西班牙殖民者从非洲带来更多的奴隶，并强制将剩余的土著居民安置到定居营地，以便控制。由于天花病毒容易在拥挤的环境中繁殖，这样做只会加剧天花在岛上的传播。到 1519 年，这种流行病已经蔓延到附近的古巴和波多黎各群岛，造成当地 50% 的土著居民死亡，并使他们受到西班牙人的支配。[24]在接下来的几百年里，西班牙从其加勒比海殖民地提取了价值数百万美元的黄金，并利用其种植园种植甘蔗、咖啡和生姜。

虽然西班牙人从他们在加勒比海的成功征服中获得了巨大的利益，但他们把目光投向了一个更大的目标——墨西哥。为了获得更多关于大陆和居住在大陆上的土著人的信息，古巴总督迭戈·委拉斯奎兹（Diego Velázquez）于 1518 年委托了两个不同的探险队去探索墨西哥。[25]第一个由西班牙征服者弗朗西斯科·埃尔南德斯·德·科尔多瓦（Francisco Hernández de Córdoba）率领，包括 100 多人和 3 艘船。1518 年 3 月初，德·科尔多瓦的船队在波涛汹涌的海面上航行了大约 3 周后，在尤卡坦半岛附近登陆。西班牙探险者很快就遇到了大量的玛雅当地人，一开始这些人对他们的游客表现得很友好，然而没过几天，西班牙人就遭到了玛雅人长矛和石块的伏击，除了在战斗中损失几个士兵外，西班牙人还被迫退回到船上，并且面临没有新鲜饮用水的问题。他们围绕尤卡坦半岛又航行了几个星期，寻找可能的水源，并再尝试了两次登陆。在今天的尚波顿市附近寻找水源的过程中，西班牙人遭到了几千名玛雅战士的袭击，几乎被消灭，只有一小部分西班牙士兵安全地回到了他们的船上，活着回到古巴的人更少，德·科尔多瓦回家几天后就因伤势过重死亡。

尽管从很多方面来看，埃尔南德斯·德·科尔多瓦探险队是一次彻底的失败，但它确实成功地帮助委拉斯奎兹收集了关于这片新土地及其居民的情报。一些幸存者报告说，他们看到了金和铜制成的物品，其中一个甚至在他们上岸的短短时间里成功地从一座玛雅神庙偷走了一些珍贵的文物。这促使委拉斯奎兹在 1518 年向墨西哥派遣第二支稍大的远征军，在他的侄子胡安·德·格利尔巴（Juan de Grijalba）的带领下，第二支远征军取得了比第一支更大的成功。[26]他们不仅发现了科苏梅尔岛，还成功地绘制出了不同的河流，并进入了墨西哥内陆，在此过程中，他们遇到了生活在尤卡坦半岛北部的另一个文明的代表。西班牙人和伟大的阿兹特克帝国的第一次会面是友好的，最后双方交换了礼物。此后不久，格利尔巴返回古巴，并向他叔叔报告了他在大陆探险期间的经历。有趣的是，委拉斯奎兹在听到他侄子的报告后并不满意，他对格利尔巴感到尤其愤怒的是，格利尔巴没有抓住机会在墨西哥建立一个正式的西班牙殖民地。因此，委拉斯奎兹在 1519 年开始计划他的第三次墨西哥探险时，决定寻找一个更大胆的领导者。

经过深思熟虑，委拉斯奎兹选择了一位名叫赫尔南·科尔特斯（Hernan Cortes）的当地政客来领导下一次美洲大陆的探险。[27]虽然科尔特斯以前没有任何探险或武装冲突的经验，但委拉斯奎兹一开始就非常信任他，也钦佩他的精力和野心。然而，当旅行开始准备时，委拉斯奎兹逐渐怀疑科尔特斯会欺骗他，将墨西哥占为己有，所以他决定解除科尔特斯的指挥权，让一个名叫路易斯·德·麦地那（Luis de Medina）的人代替他。任命麦地那为新船长的文件被截获，并被带给了科尔特斯，科尔特斯随即决定立刻起航前往墨西哥，他召集了大约530人，装载了 11 艘船，在没有委拉斯奎兹和西班牙皇室许可的情况下起航前往墨西哥。

科尔特斯于 1519 年 2 月抵达墨西哥，并开始驾驶他的船只向北绕过尤卡坦半岛的尖端。[28] 最终，他于当年 4 月在今天的维拉克鲁斯州附近永久登陆，建立了一个名为维拉里卡维拉克鲁斯（La Villa Rica de La Vera Cruz）的沿海定居点，并与当地的托托纳克部落结成联盟。之后，科尔特斯与他的军队（现在包括几百名托托纳克战士）向内陆进发，前往阿兹特克人的首都特诺奇蒂特兰。接下来的几个月里，科尔特斯和几个与阿兹特克人为敌的大土著部落结成了联盟，军队不断壮大。为了安抚科尔特斯，防止他对自己的人民采取任何侵略行动，阿兹特克统治者蒙特祖玛二世（Montezuma Ⅱ）曾多次向科尔特斯赠送黄金和其他珍宝作为礼物，尽管蒙特祖玛二世尽了最大的外交努力，科尔特斯还是继续向首都进军，并于 1519 年 11 月初率领一支由数千名西班牙人和当地士兵组成的军队抵达首都。蒙特祖玛二世知道战争很可能爆发，他以盛大的场面和更多的黄金礼物欢迎科尔特斯来到特诺奇蒂特兰，试图以此来缓和局势。然而，科尔特斯在到达的两周内（1519 年 11 月 14 日），突袭了宫殿并逮捕了蒙特祖玛二世，迫使蒙特祖玛二世向帝国下达命令，使自己成为阿兹特克人事实上的统治者。

这些行动的消息传回古巴总督委拉斯奎兹那里，他派遣了一支庞大的部队到墨西哥，以叛国罪逮捕科尔特斯。[29] 作为回应，科尔特斯带领一群士兵与由潘菲洛·德·纳尔瓦埃斯（Pánfilo de Narváez）领导的新西班牙分遣队作战，尽管科尔特斯寡不敌众，但他在夜间突袭了潘菲洛·德·纳尔瓦埃斯的部队，赢得了战斗。科尔特斯并没有杀死被俘的西班牙士兵，而是说服他们加入自己的战斗队伍。回到特诺奇蒂特兰后，科尔特斯了解到阿兹特克人已经暴力地反抗了在科尔特斯不在时掌权的西班牙领导人。阿兹特克人在与西班牙人的战斗中取得了胜利，他们将西班牙人赶出了这座城市，并对他们进行了追击，直到西班牙人最终在其盟友的城市中找到了安全的避难所。虽然从阿兹特克人的角度来看，这似乎是一个美好的结局，但实际上，这却是他们帝国真正麻烦的开始。

一名从古巴来的非洲奴隶感染了天花，在和科尔特斯一起战斗和前往特诺奇蒂特兰时，这个奴隶无意中把天花传染给了首都附近的当地居民。1520 年 10 月暴发了大规模的天花疫情，重创了特诺奇蒂特兰及其周边城市的阿兹特克人。这一切发生时，科尔特斯正在重建他的军队，获取给养，为再一次进攻做准备，一位目睹了这场大屠杀的西班牙修士在他的《新西班牙印第安人历史》（History of the Indians of New Spain）一书中写道：

> 当潘菲洛·德·纳尔瓦埃斯船长登陆这个国家时，他的一艘船上有一个患了天花的黑人，这种病在这里从未出现过。这个时候，新西班牙的人口非常多，当天花开始侵袭印第安人的时候，它在印第安人中间成为一场大瘟疫，在大多数省份，死亡人口超过一半，而在其他国家这一比

例稍低……因为印第安人不知道疾病的应对办法；并且不论是健康还是生病，他们都有经常洗澡的习惯，即使患有天花也继续这样做。他们像臭虫一样成堆地死亡，其他人则死于饥饿，因为所有人都生病后，他们就无法彼此照顾，没有人给他们面包或其他食物。在许多地方，同一户人家都死了，因为无法埋葬这么多死人，就干脆把房子推倒，让尸体散发出臭味，让房子变成他们的坟墓。[30]

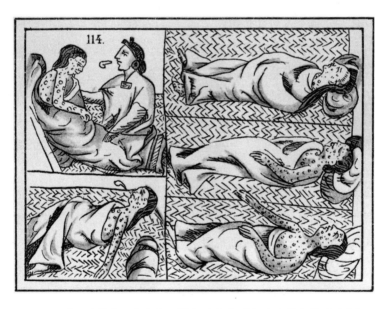

16世纪的阿兹特克天花患者。摘自西班牙《新西班牙事物的历史》（Historia De Las Cosas de Nueva Espana），第四册，第12卷，Lam. cliii，板114。（哈佛大学皮博迪考古与人种学博物馆，2004. 24. 29636 PM）

这一生动的描述说明了天花对阿兹特克人造成了彻底破坏，以及大量的死亡使他们的社会陷入悲哀和混乱。阿兹特克 37

人发现西班牙侵略者似乎在很大程度上免受疾病的侵害，这进一步挫伤了阿兹特克人的士气，甚至开始质疑自己的宗教传统。更糟糕的是，蒙特祖玛二世的继承者和许多领袖、贵族、农民和工匠都死于天花。

当科尔特斯 1521 年回到首都的时候，曾经强大而人口众多的特诺奇蒂特兰几乎变成了一座空城。由于将近一半的人口死亡，还有相当一部分人又病又饿，科尔特斯没有遇到什么困难就打败了阿兹特克人。[31]1521 年 8 月 13 日，阿兹特克帝国投降，正式成为西班牙帝国的一部分，在到达大陆仅仅 2 年的时间里，西班牙人就接管了这个号称世界第二大城市的地方。这样，他们就能获得大量黄金。特诺奇蒂特兰陷落后，天花在接下来的 100 年里继续侵袭着墨西哥的土著居民。一些保守估计认为，从 1500 年到 1600 年，墨西哥的本土人口从 1000 万人下降到略高于 100 万人（减少了 90%），虽然这种减少很可能是由于其他疾病、战争和饥荒，但天花无疑造成了最严重的身体和精神伤害。除了经历巨大的人口损失之外，墨西哥的原住民被迫目睹他们的文化、语言、宗教和整个生活方式被西班牙人和他们带来的疾病永远摧毁。

中美洲和南美洲的土著居民对天花的抵抗力也没有强多少。摧毁了墨西哥之后，天花迅速穿过中美洲向南传播，并沿着南美洲的西海岸传入印加帝国。就像对待阿兹特克人一样，天花对印加人造成了巨大的破坏，在相对较短的时间内杀死了 20 万名印加人，[32]死亡的人中包括印加皇帝和他选择的继承人，这给帝国留下了领袖空缺，引发了各继承人之间的残酷内战。大约在这个时候，西班牙人知道了印加帝国的巨大财富，于是组织了由弗朗西斯科·皮萨罗（Francisco Pizarro）率领的新探险队。战争和天花引起的动荡使得皮萨罗和他的土著盟友在其到达后不久就推翻了印加人四分五裂的领导层。经过一些相对较小的冲突，西班牙人在 1533 年 8 月获得了对印加帝国的完全控制。[33] 在接下来的几年里，天花继续在印加人之间迅速传播，夺去了当地超过 60% 的生命，由于包括斑疹伤寒、麻疹和流感在内的一系列疾病的连续暴发，印加的人口数量进一步减少。印加帝国疆域之外的其他国家也将面临类似的命运，由西班牙征服者带来的天花会杀死委内瑞拉、智利和哥伦比亚等国的大部分土著居民。此外，葡萄牙人将继续在巴西殖民，并通过从非洲进口感染天花的奴隶将天花引入巴西。[34] 1560 年的一场流行病以及 17 世纪的几场更大的流行病使居住在巴西的土著人口数量大幅度下降，并使葡萄牙人毫无疑问地控制了整个地区。

天花对今天美国和加拿大地区的土著人民产生了类似的灾难性影响；然而，它在整个美洲大陆的传播方式与它在其他新世界地区的传播方式大不相同。在伟大的阿兹特克和印加帝国，人们生活在人口密集的城市，天花等传染病易于传播，而墨西哥北部的土著美洲人则不同，他们通常生活在更小、更孤立的狩猎采集群体中。因此，天花无法像在更大的新世界帝国那样迅速传播并带来死亡。在大约两个世纪的时间里，它稳定而缓慢地穿越大陆，从一个部落跳到另一个部落。

虽然缺乏对当地人口死亡率的准确估计，但据欧洲移民中的目击者描述，天花消灭了多达 2/3 的部落或国家，如切诺基人、易洛魁人、卡托巴人、奥马哈人和苏人。[35] 随之而来的是各种其他欧洲疾病、普遍的营养不良和多年战争，最终的结果是，北美的土著居民几乎被消灭，整个大陆向欧洲人和美国人

39

开放定居。

对殖民者来说，天花是上帝赐予他们的神圣礼物，是一种"神奇的"工具，用来对付那些令他们讨厌的非基督教徒本地人。科顿·马瑟（Cotton Mather）的父亲、哈佛大学的前校长、清教徒牧师英克里斯·马瑟（Increase Mather）曾经表达过这种观点，他写道："印第安人开始为他们卖给英国人的土地边界而争吵；但上帝在索格斯的印第安人中传播了天花，结束了这场争论，在此之前，印第安人的数量非常多。他们的整个城镇都被毁掉，有的甚至连一个人都没有幸免。"[36]马瑟基本上表达了许多美国人在这段时间里已经开始相信的东西，上帝希望"文明"的人定居在墨西哥北部的所有土地上，并且愿意用天花来执行这个计划。然而，当殖民者认为上帝行动不够快时，有一些证据表明，他们可能自己动手，试图故意让附近的土著居民感染上天花。

其中一个比较著名的疑似天花生物战的案例涉及杰弗里·阿默斯特（Jeffrey Amherst）勋爵，他在庞蒂亚克战争期间指挥驻美英军。1763 年 7 月，他写信给宾夕法尼亚州皮特堡的指挥官，建议说："难道不能把天花传播给心怀不满的印第安部落吗？在这种情况下，我们必须使用我们力所能及的一切战略来减少他们的数量。"[37]大约一个星期后，他写道："你可以试着把携带天花的毯子给印第安人，也可以尝试用其他任何可以消灭这个可恶种族的方法。"谁也不知道收信人亨利·布凯（Henry Bouquet）上校是否执行了其所建议的行动，然而，大约在这个时候，一场天花流行病在俄亥俄河谷的部落中暴发，导致多达 50 万名土著居民死亡。在这段时间里，其他人也表达了类似的种族灭绝情绪，也被指控故意将天花传染给当地居民。虽然一些历史学家质疑这些说法的真实性，但高级军事领导人提出了这个建议，而美洲原住民实际上几乎从大陆上消灭，这些事实表明这些指控可能有些道理。

大洋洲

由于远离欧洲，澳大利亚、新西兰、巴布亚新几内亚和波利尼西亚直到18世纪晚期才接触到天花。因为直到在独立战争中战败，失去对美国的统治，英国才寻找新的土地来流放对政府不满者以及罪犯。1768~1771年，英国已经对澳大利亚进行了一些初步测绘；20年后，英国派遣了两支更大的舰队到这个岛上，目的是在这里建立殖民地。1789年，在殖民统治仅仅一年之后，一场大规模的天花暴发了。据报道，这场疾病暴发大约消灭了50%的土著居民。[38]没有人确切知道天花是如何传到这个岛上的。从英国出发的航船要4个月才能抵达澳大利亚，在航程中被感染的人，在抵达之前要么已经死亡，要么已经康复，因此不太可能是由被感染的旅行者带来的。最可能的解释是，第一批船上的主治医师携带了几瓶天花的原材料，为了在必要时用于天花接种（免疫接种的早期形式）。这种物质可能是无意中释放到当地居民中的，也可能是故意这样做的。不论是什么原因，这种流行病，以及1828年的其他疫情和19世纪60年代的几次疫情，都导致土著人口灾难性地减少，而这几次疫情对白人入侵者的影响却微乎其微。[39]当天花第一次到达新西兰、巴布亚新几内亚和太平洋上的一些孤岛时，也发生了类似的灾难。例如，天花（连同肺结核）使曾经繁荣的复活节岛减少到只剩110人。

到18世纪末，天花已经从欧亚大陆传播到了地球上每一个有人居住的大陆。无论它走到哪里，在每一个未接触过天花的群体中，天花都造成了巨大的破坏，并使侵略性的帝国主义欧洲国家在没有遇到太多抵抗的情况下夺取了大量的土地和财富。非洲、南美、北美和澳大利亚等地区，尽管在人口统计、文化规范、宗教和环境方面存在很大差异，但在殖民者和他们的天花到来后，当地土著居民的遭遇却惊人地相似。有趣的是，如果没有天花，这些大陆的历史会有什么不同，西班牙征服者有足够的人力或火力（以武器和其他疾病的形式）来征服像阿兹特克和印加这样强大的帝国吗？如果不是像易洛魁人和切诺基人这样强大的土著部落遭到屠杀，美国军队和殖民者还能在北美大陆的广大土地上定居下来吗？如果某些国家不能从美洲和非洲榨取如此巨大的财富，欧洲的权力平衡会有什么不同呢？虽然没有人知道这些问题的答案，但有一点是很清楚的，军事力量和外交手段需要花很多年才能完成的事情，天花只花了一小部分时间和成本就实现了。

圣人和神的创造者

关于天花在全世界范围内彻底影响人类心灵的一个最明显的标志就是，许多宗教都创造了专门针对天花的神、女神和圣人。[40] 有些神和圣人被认为能治疗受天花折磨的人，或能够保护害怕的人免受天花的侵袭，而另一些则被认为故意将天花传染给邪恶的人。因此，追随者的反应包括祈祷和祭祀，广泛建造寺庙和神龛，并举行仪式吓跑那些特别刻薄或愤怒的神灵。

最早与天花密切相关的宗教人物是一位名叫尼凯斯（Nicaise）的天主教主教，他生活在5世纪的法国。在被入侵的匈人或汪达尔人斩首之前，他曾感染严重的天花，但他奇迹般地从天花中康复，这使他在死后不久成为天花的守护神。害怕天花的欧洲人和那些遭受天花折磨的人在接下来的 900 年里继续祈祷获得他的保护和治愈（直到黑死病成为一个更大的问题）。有一段被认为写于 10 世纪且最为常见的向圣·尼凯斯祈祷的祷文，其目的是为修女们祈祷："以我们主耶稣基督的名义，愿主保护这些人，愿这些修女的工作远离天花。"圣·尼凯斯患有天花，他请求上帝"保护"那些刻着他名字的人："啊！圣·尼凯斯！你这杰出的主教和殉道者，为我这个罪人祈祷，用你的代祷来保护我，使我远离这疾病。阿门。"[41]

　　随着天花在整个亚洲蔓延，最终传播到非洲和新大陆，在各种多神宗教中出现了一些新的神和女神。例如，在 18 世纪，印度女神湿陀罗·玛塔（Sītalā mata）与天花有着密切的联系。[42]她被描绘成一个骑着驴的美丽年轻女子，她可能有些急躁和不可预测，根据她的情绪来施加或治愈疾病。鉴于此，她在全印度既受爱戴，又遭鄙视，人们对她既崇拜又恐惧。同样，几百年来，中国的女神痘神娘娘是中国三大宗教（佛教、道教和儒教）中最受欢迎也最令人敬畏的神之一。传说，痘神娘娘特别喜欢把天花传给漂亮的孩子，为的是在他们身上留下疤痕，因此，孩子们通常会在脸上戴上纸面具来吓跑她。如果孩子得了天花，人们会在家中设立神龛，祭拜这位女神，并劝说她医治他们。如果这些措施不能保护儿童免受天花的毁灭性影响，家庭成员往往会拆除神龛并诅咒女神。在日本，人们经常会把 12 世纪的英雄镇西八郎（Chinsei Hachiro，本名源为朝）的照片放在天花患者的房间里，为朝（Tametomo）被他的敌人俘虏，并被流放到伊豆大岛，据说在那里他击退了试图入侵该岛的天花恶魔。

42

西非天花之神索波纳（Sopona/Shapona）的雕像。（美国疾病预防控制中心）

西非的许多部落都为索波纳（Sopona）神建造了神龛，索波纳神为世界各地的人们提供食物和其他礼物，并在人们做坏事时用天花惩罚他们。[43] 被称为"拜祭师"的当地牧师会在这些神龛进行祭祀，有时会为此收取高昂的费用，为了保持生意兴隆，他们可能会故意让人们感染天花。总而言之，大量与天花有关的神被创造出来，这不仅证明了这种疾病的严重性和普遍性，也说明了在现代医学出现之前，其为完全无助的人们的主要防御机制。

从天花到接种疫苗——新的希望

医学史上最重要的观察之一是天花的幸存者对随后的感染具有免疫力。这一事实促使一些人寻找可以模拟天花感染的方法，并在不对接受者造成任何严重损害的情况下激发这种免疫力。最早记载的尝试之一是 15 世纪的中国人，他们从患有相对轻微疾病的病人身上取出干痂，把它们磨成粉末，然后用吹管吹到接受者的鼻孔里。[44] 在印度和土耳其，人们从天花脓疱中提取脓液或其他物质，将其植入接受者的皮肤中。通常情况下，人们会划出一些小的划痕和伤口，然后把脓小心地滴到伤口里，以便产生更好的接种效果。在非洲一些地区（例如苏丹），人们会拿走患天花后康复的人的衣物，并让健康的人穿上。如预期所想的那样，每一种故意让人接触天花病毒的方法，其最终结果都是，接触者会发展出天花。不过，由于通常使用的是危害性较小的毒株，而且人们是通过皮肤接种，而不是通过自然感染的方式，当时接受这种治疗的人中，约98%的人可以存活，并在以后的生活中免受天花的伤害。

43

　　尽管这种被称为天花接种的技术听起来像是天赐之物，并且成功地减少了流行病的发病率和持续时间，但它并非没有缺点。首先，接受治疗的人具有完全的传染性，如果接触易感人群，可能会引发新的流行病。为了防止这种情况发生，接受天花接种的个体通常被隔离，直到所有症状消退。其次，这种疗法的接受者存在1%～2%的死亡率，虽然比自然感染观察到的30%低得多，但对那些考虑治疗的人来说，仍然是一个可怕的问题。[45] 此外，由于天花接种产生了实际的感染，它有可能造成天花幸存者中常常出现的疤痕和失明。许多人选择抓住机会，试图避免感染，而许多城市则将隔离作为其减缓天花传播的首选措施。

　　到18世纪早期，在欧洲和美国的大部分地区，天花接种已经成为一种广为人知但仍存在较多争议的预防性治疗方法。在目睹了土耳其和中东地区天花接种的相对成功后，一些著名的欧洲政治家和医生开始倡导广泛接种天花，包括查尔斯·梅特兰（Charles Maitland）、萨顿夫妇（the Suttons）和爱德华·

蒙塔古（Edward Montague）大使。结果，皇室的几个孩子都接种了疫苗。在美国，看到天花接种成功治疗了他的一个名叫阿尼西姆（Onesimus）的非洲奴隶后，清教徒牧师科顿·马瑟认识到了这种疗法的益处，他建议波士顿当地居民接受天花接种，以阻止当时席卷全城的疫情（1720 年代）。[46] 这些口口相传的成功故事，加上几项科学测试的数据，使得天花接种于18 世纪中期在医学界和民众中获得了更大的认可。例如，本杰明·富兰克林（Benjamin Franklin）的一个儿子死于天花，他在 1759 年进行了一项统计分析，以评估天花接种在预防死亡方面的有效性。[47] 他的结论是，天花接种确实大大降低了天花患者的死亡率，这促使他热情地建议广泛实施天花接种。

天花接种（以及天花）在塑造历史进程中发挥重要作用的一个特别有趣的例子是，天花在美国独立战争期间对大陆军的影响。[48] 尽管天花在战争前一个世纪就被带到北美，但它没有像几个世纪前在欧亚大陆那样在人群中广泛流行。结果是，大多数 18 世纪中期在北美出生和生活的殖民者，在孩童时期都没有接触过天花，因此，他们很容易感染天花。大量易感染的士兵很快就会住在离那些儿童时期接触过天花的军队非常近的地方，并与之作战，因此天花成为大陆军必须考虑的一个重要问题。乔治·华盛顿（George Washington）将军和其他开国元勋深知这一点，他们非常担心如果大规模的流行病在军队中暴发会带来什么后果。约翰·亚当斯（John Adams）曾表露过这样的担忧："天花比英国人、加拿大人和印第安人加在一起还要可怕 10 倍。"[49]

1775 年，一场流行病在英国控制的波士顿暴发，许多人逃离这座城市，到美国后方避难，他们的噩梦成为现实。[50] 因为这直接使大陆军感染了天花，并威胁到整个美国的战争努力。华盛顿对这种威胁的反应是，对任何有疾病迹象的士兵或最近接种过天花的人采取非常严格的隔离措施。他的行动很成功，大陆军在没有发生任何大的疫情的情况下将英国人赶出了波士顿。然而，向北进军魁北克的那个部队就没那么幸运了。在 1775 ~ 1776 年的冬天，天花侵袭了他们的营地，消灭了将近一半的人，第二年春天，健康的英国人带着新的增援部队击退了美国人，并摧毁了将加拿大的一部分并入美国的可能性。

加拿大的灾难使华盛顿重新考虑将隔离作为保护军队的手段这一选择。另一种选择同样危险，他可以通过天花接种的方式给每个士兵接种疫苗，但冒着在军队中引发一场大范围的流行病，或者在士兵们两周的恢复期里遭到英国人袭击的风险。华盛顿最终选择给每个士兵接种疫苗，并在 1777 年和 1778 年的胜利期间秘密地进行（在英国人不太可能发动进攻的时候）。[51]这种强制性的天花接种获得了广泛的成功，因为它让华盛顿终于忘记了天花，把他所有的注意力、精力和资源都投入与英国人的战斗中。许多历史学家认为，这一决定最终帮助大陆军挽救了战争，因为天花在主要作战部队中的流行很可能会不可逆转地削弱大陆军的力量，直至战败。[52]

尽管接种疫苗是一个巨大的突破，在 18 世纪的使用过程中很可能拯救了数百万人的生命，但由于之前讨论过的缺点，它从未获得人群的广泛接受。很多人知道活天花接种会带来 2% ~ 3% 的死亡风险，因此认为这是一种比简单地试图避免天花感染存在更大风险的选择。不幸的是，在历史的大部分时间里，预防和隔离措施都未能充分遏制天花。因此，它每年继续威胁和杀害全世界数百万人。

45　　　这一切在 19 世纪初发生了改变，一位名叫爱德华·詹纳（Edward Jenner）的英国乡村医生进行的实验永远地改变了预防医学的面貌。詹纳十几岁时在当学徒，后来成为一名医生。故事的起源是，他和当地几名挤奶女工交谈，谈到天花时，她们告诉他，她们不再需要担心这种疾病，因为她们已经感染了一种叫作牛痘的相对温和的疾病，并且已经痊愈。她们告诉他，那些和牛打交道的工人都知道，感染牛痘可以终身预防天花。詹纳对开发一种无害而有效的接种替代方法很感兴趣，决定进行一项科学试验，以确定这些观察结果的有效性。1796 年 5 月，他付给园丁一小笔钱，请求园丁允许他用牛痘脓疱的液体给他 8 岁的健康儿子詹姆斯·菲普斯（James Phipps）接种疫苗。牛痘脓疱是从一个名叫萨拉·奈姆斯（Sarah Nelmes）的挤奶女工手上取下来的。在接种 7 ~ 9 天后，詹姆斯出现了类似流感的轻微症状，但两周内就完全康复了。如果今天这么做，詹纳很可能会被逮捕。他在 6 周后用活天花对詹姆斯进行了测试。詹姆斯在超过 20 次的接触后都没有出现任何症状，并保持了免疫力。詹纳又在另外 9 个人身上做了同样的实验，结果是一样的。[53]

　　尽管他的发现被著名科学期刊反对，并被警告不要再继续他的实验，但是詹纳自己花钱，在一篇题为"关于牛痘疫苗的原因和影响的调查：一种发现于英国西部郡县，特别是格洛斯特郡，被称为牛痘的疾病"（"An Inquiry into the Causes and Effects of the Variolae Vaccinae, a Disease Discovered in Some of the Western Counties of England, Particularly Gloucestershire, and Known by the Name of the Cow Pox"）的文章中公布了他的发现。[54]詹纳描述的接种过程后来被称为"接种疫苗"

（vaccination），以纪念它的来源——奶牛（vaca 在拉丁语中是"奶牛"的意思）。伦敦和英格兰其他地方的医生在这一年开始重复詹纳的实验，不久，医学界开始把疫苗接种看作结束天花灾害的一种方法。托马斯·杰斐逊（Thomas Jefferson）在给詹纳的信中描述了这种情绪："医学从来没有产生过任何一种如此有用的进步，就好像你从人类苦难的日历上将其中最大的苦难之一抹去了一样。你是一种舒适生活的反映，人类永远不会忘记你曾经生活过；后人只会从历史上知道，可恶的天花曾经存在过，而你消灭了它。"[55]

　　詹纳疫苗对天花的历史产生了巨大的影响。到 1800 年，大多数欧洲国家已经接受了将疫苗接种作为预防天花的最佳方法，美国和世界其他地区也迅速效仿。到 1810 年，一些国家和许多地方政府强制所有公民接种疫苗。其结果是，死于天花的人数逐渐下降。到 20 世纪初，天花在大多数工业化国家都是罕见的。然而，由于为民众生产和管理天花疫苗的成本过高，非洲、拉丁美洲和亚洲的发展中国家继续遭受着天花流行的反复侵袭。总体来看，天花疫苗不仅为人类提供了抵御病原微生物的第一件武器，也帮助消除了困扰人类几千年的对天花的恐惧，降低了天花的破坏力量。

　　除去与天花有关的原因，詹纳在开发世界上第一种疫苗方面的开创性工作，在其他方面也有重大意义。它提供了一个经过验证可以对付所有传染病的模型：找到能模拟自然感染的无害物质，并故意将其注射到人体中，作为人体免疫系统有可能接触到真正的病原体的一种启动手段。牛痘–天花模型的唯一问题是，大多数人类传染病（例如麻疹、流感、炭疽、狂犬病、伤寒、疟疾）都没有无害的动物版本，不能为人类版本

46

这是一幅在圣潘克拉斯（St. Pancras）的天花和疫苗接种医院接种疫苗的漫画，展示了詹纳医生为一名受惊吓的年轻女子接种疫苗，女子想象牛从身体的不同部位冒出来。（美国国会图书馆）

的传染病提供交叉保护。因此，在天花疫苗取得成功之后，又过了 80 年才成功研制出另一种疫苗。之后，路易斯·巴斯德（Louis Pasteur）、亨利·图森特（Henri Toussaint）和埃米尔·鲁（Emile Roux）等科学家发明了人为削弱危险传染因子的方法（称为"减毒"），使它们成为安全又有效的疫苗，这就是下一轮的疫苗进步。他们的创新使得 19 世纪 80 年代出现了炭疽和狂犬病等疾病的疫苗，在接下来的 50 年里又出现了白喉、破伤风和百日咳等疾病的疫苗。20 世纪 50 年代和 60 年代见证了生化、遗传学和分子生物学技术的重大进步，这为脊髓灰质炎、麻疹、腮腺炎和风疹疫苗的开发提供了条件。到了 20 世纪 80 年代，疫苗技术已经发展到可以只注射一些特定数量的感染病原体的纯化部分，例如，乙型肝炎病毒（HBV）疫苗仅由一种蛋白质（HBV 表面蛋白）的数百万个拷贝组成，而肺炎球菌疫苗仅由少量纯化糖组成。

18 世纪末，一位乡村医生的有趣观察演变成了一场医学革命，每年大约能挽救 900 万至 1000 万人的生命。詹纳的工作是不朽的，因为他第一次展示了阻止这些流行病是有可能的，我们不再完全受传染病的摆布，我们可以主动保护自己。事实上，从詹纳第一次给詹姆斯·菲普斯注射疫苗开始，不到 200 年，世界就宣布了天花已经从人类中根除。

天花根除和冷战

由于天花疫苗的大规模生产、分配和管理的改进，到 1950 年，大多数工业化国家实际上已经消灭了天花。例如，德国在 1922 年消灭了天花，法国在 1936 年，美国在 1949 年。[56]这些国家拥有必要的财政和中央政府资源，鼓励并在有需要时迫使其人民接种疫苗。相比之下，印度、印度尼西亚、巴西和非洲大部分国家每年仍有数万例天花病例，原因是缺乏资源，无法向贫困、偏远和人口稀少的地区分发疫苗。类似的情况今天同样存在，黑死病、麻疹和小儿麻痹症等疾病仍在较贫穷国家出现，而在发达国家几乎闻所未闻。天花在某些地区持续存在的结果是世界上其他地区不得不继续他们昂贵的疫苗接种计划，因为国际旅行可能会重新引入天花，如果能在世界各地消灭天花，各国每年就能节省数百万美元，这个问题也就一劳永逸地解决了。

1958 年，苏联卫生部部长维克托·日丹诺夫（Viktor Zhdanov）向世界卫生组织（World Health Organization，WHO）

48   大会提出了一项建议，即制订一项根除天花重点优先计划。[57]
虽然这项计划没有遭遇太多异议就被接受了，但实际上并没有
为该计划分配新的资源，而且在接下来的 9 年里几乎没有取得
什么进展。对于根除天花的承诺乏善可陈，这可以从年度预
算不足 20 万美元（美国）和只有少数全职员工从事这项工
作中看出。这种敷衍态度的原因是，WHO 正把大量的资源用
于支持美国的疟疾根除计划。到 1967 年，美国和苏联的科学
家都意识到疟疾根除计划是注定要失败的，必须做更多的工
作来消灭天花。因此，WHO 总干事起草了一份提案，将
WHO 预算的很大一部分用于天花根除计划，该提案以微弱优
势在大会上通过。[58]这一新的承诺带来了一个大胆的目标：进
入世界上最偏远、最贫穷和最暴力的地区，并在 10 年内根除
天花。

　　天花根除计划的首要任务之一，也是最重要的任务，就是
确定美国和苏联如何合作，如何集中资源，在冷战的高峰时期
抗击共同的敌人。第二次世界大战结束后，苏联试图扩大其影
响力，并将共产主义思想传播到东欧、亚洲和拉丁美洲，而美
国则尽其所能限制这种扩张。美国的遏制政策（被称为"杜
鲁门主义"）包括一系列切实措施：大规模制造核武器，向饱
受战争蹂躏的欧洲弱国提供国家经济援助（马歇尔计划），以
及向任何积极对抗共产主义的反叛组织或政府提供经济和军事
援助等。作为回应，苏联建立了自己的核武器库，并向任何积
极促进共产主义的反叛组织或政府提供经济和军事援助。最终
的结果是两个超级大国之间长达 45 年的紧张对峙，这两个超
级大国都有能力歼灭对方。尽管它们从未向对方发射过一颗
子弹，但在 20 世纪一些最血腥的冲突中（例如东南亚、索马

里－埃塞俄比亚、危地马拉），它们几乎总是站在对立的一方，这两个国家之间的仇恨和恐惧蔓延到了社会和政府的各个阶层。

当修改后的天花根除计划提案在 1967 年被提出时，真正的担心是美国和苏联的政治紧张局势会蔓延到 WHO，天花根除计划也将因此而注定失败。在这一点上，WHO 的管理面临着许多至关重要的问题。应该选择美国或苏联的科学家来领导这个项目吗？每个国家将提供多少资金和疫苗？这些国家是否有收集天花样本以供日后用作生物武器的风险？如果项目成功了，是谁的荣誉？如果失败了，谁来承担责任？

在任命该项目主任的时候，一位德高望重的美国科学家唐 49 纳德·亨德森（Donald Henderson）被选中担任这一职位。[59] 苏联最初对这一选择感到不满，因为是他们首先提出这个计划，并提供了大部分疫苗（超过总数的80%）。然而，在这个项目的实施过程中，苏联科学家们对亨德森博士越来越尊重，并且许多人成为他一生的朋友。虽然他们的同胞们陷入彼此之间激烈的，有时甚至是暴力的冲突，但这些科学家和许多来自其他国家的科学家（最著名的是瑞典）一起，抛开政治，作为一个团结的队伍无私地工作，克服了许多有关财政和后勤问题的困难。在大多数多余资金都用于国防的情况下，他们面临着要筹集近 1 亿美元的艰难任务，还必须处理生产、质量检测和向 30 多个不同国家分发数十亿剂疫苗的工作。功夫不负有心人，他们的专注、耐心和辛勤工作得到了回报。1980 年 5 月 8 日，世界卫生组织代表正式宣布天花已经从地球上的每一个人身上被消灭，我们人类所知的最大灾难，每个世纪都造成亿万人死亡的灾难，已经消失了。

随着天花根除计划接近完成，几个迫在眉睫的问题仍然存在。第一个问题是世界各地的实验室和医院的冰箱里都储藏着成千上万的天花样本，[60]这显然对维持根除天花的工作造成了巨大的威胁，因为任何愤怒或不称职的实验室技术人员都可以轻易地将天花样本卖给出价最高的人，或意外地将其释放到人群中。因此，查明天花样本的所有实验室来源并确保天花样本按照 WHO 已制定的协议予以销毁，这是至关重要的。第二个问题是一旦所有的样本都被处理掉了，最后几管天花标本应该怎么办？它们应该被保存在一个秘密而安全的地方以备不时之需，还是应该被销毁？在此之前，人类从来没有故意造成过一种生物的灭绝，因此这对科学家和管理者来说都是一个重大的伦理困境。最后，WHO 决定在两个机构中保留天花储备，一个是位于佐治亚州亚特兰大的疾病预防控制中心（CDC），[61]另一个是位于莫斯科的病毒制剂研究所（这些样本后来被转移到俄罗斯科尔措沃的病媒研究所）。自做出这一初步决定以来，WHO 定期对病毒学专家进行调查，设定最后期限，并举行投票，重新讨论是否销毁所有现存的已知天花样本库存的问题。期限不断地过去，却没有任何新的行动发生。天花样本最近的一次被暂缓处理的决定发生在 2014 年，当时 WHO 官员和科学家们再次未能就最后一批已知的天花主要病毒样本储备的未来达成共识。一些人认为，仍需要进行研究，以更好地了解其发病机制，并允许生产更新和更有效的抗病毒药物。另一些人认为应该摧毁它，因为它的继续存在会给人们带来不必要的风险。

他们的担忧或许是有道理的。20 世纪 60 年代，天花在世界上仍大量存在，这很有可能使一些国家或较小的群体在

WHO 要求消灭天花样本之前秘密储存了天花样本，也没有办法确保 WHO 调查人员在 1980 年以前在世界上每个国家发现所有病毒。更令人担忧的是，现代天花疫苗只能起到10 ~ 20年的保护作用，而大多数国家在 20 世纪 70 年代末就停止了疫苗接种。虽然储存了一些疫苗，但远远不够 70 亿人使用。这将意味着，目前世界上几乎所有人口都是易感者，如果天花再次暴发，在当局行动和控制它的传播之前，它可能会杀死数百万人。

我们可以从根除天花计划中学到一些非常重要的教训。首先，由于恐怖主义和过去 20 年来技术的进步，从地球上完全根除一种病原体或许是不可能的。只要生物制剂继续被用作武器，只要有钱的人能在黑市上买到科学设备，就永远存在致命病原体被储藏在世界某些偏远地区冰柜里的风险。其次，从实际意义上讲，根除天花是一个巨大的成功。尽管重新引入天花的风险仍然存在，但必须指出，自 1977 年以来，世界上任何地方都没有出现过天花病例。也就是说，在 40 年的时间里，没有一人死于天花病毒，而这种病毒曾经每个世纪都会造成3 亿 ~ 4 亿人死亡。这本身就是一项惊人的成就，但它也表明根除是一个可能的终点。天花根除计划是 WHO 第五个此类计划，前四个计划均以失败告终。每个项目失败都有各种原因，包括疫苗/抗生素/药剂无效或不稳定、缺乏资金、缺乏区域支持以及无法查明或控制感染者（或病媒）。公共卫生领域的一些人开始质疑大规模消灭传染病的可行性。

其他计划失败了，但天花计划成功了，因为它的疫苗在一次注射后就稳定有效，也因为当地卫生官员参与了决策和实施。因此，它提供了一个成功的模式，可供未来的根除计划借

51

鉴。在 1980 年这一里程碑式的宣布之后不久，WHO 的科学家们开始寻找下一个根除目标，一些可根除的疾病包括小儿麻痹症、麦地那龙线虫病、麻疹、腮腺炎、风疹和淋巴丝虫病。尽管永久消除世界上每年感染 2 亿人的疾病是有可能的，但WHO 或任何其他机构或国家都没有实现这一目标。一些疾病已在区域范围内被消灭，而一些像脊髓灰质炎和麦地那龙线虫病的疾病也即将在全球范围内被根除。然而，上面提到的这些疾病在许多发展中国家仍然顽固地存在，人们仍然因此而遭受不必要的痛苦。

第四章

疟疾

如果你觉得自己太渺小了，不能有所作为，
那就试着和蚊子睡在一个封闭的房间里吧。

——非洲谚语

当人们被问及世界上最致命的动物是什么时，大多数答案都是那些长相可怕的巨型动物，如鲨鱼、短吻鳄、蛇、狮子等。因此，当人们听到蚊子是世界上最致命的动物这一说法时，通常都会感到震惊，毕竟蚊子的身长只有不到 2 厘米，体重仅有 2.5 毫克。迄今为止，由雌性蚊子导致的死亡人数比其他任何动物都要多，而这是因为它能够传播致命传染病，如登革热、黄热病、丝虫病、病毒性脑炎（如西尼罗河病毒），以及最重要的疟疾（Malaria）。实际上，由蚊子致死的病例中超过 90% 都是疟疾。

WHO 数据显示，疟疾是世界上致死率最高的疾病之一，每年有多达 3 亿人感染疟疾，其中约 43 万人死亡。[1] 大多数病例和死亡（90% 以上）发生在撒哈拉以南非洲地区，其中死亡的大多是 5 岁以下的儿童。此外，疟疾在其他许多温暖的热带地区也很流行，这些地区雨水充沛，是蚊子的滋生地，包括亚洲的大部分地区（中国、印度、东南亚）、中美洲和南美洲的北部。虽然疟疾的死亡率不像鼠疫或天花那样高，但它在贫穷的热带地区几乎无处不在，使劳动力衰弱，大大限制了生产力、经济、个体和社会的发展。疟疾使个人生产力下降，学生从学校辍学，给家庭带来了巨大的经济负担，迫使人们将有限的资源用于医疗保健。许多公共卫生专家认为，疟疾是发展中国家打破无休止的贫困循环最大的障碍之一。[2]

疟疾是由四种疟原虫（恶性疟原虫、三日疟原虫、卵形疟原虫和间日疟原虫）之一引起的。疟原虫不是细菌或病毒，而是一种单细胞原生生物，具有复杂的细胞结构（像人类细胞一样），其生命周期既涉及蚊虫病媒，也涉及人类宿主。30 ~ 40 种蚊子可以传播疟原虫，均属于按蚊属。

在蚊子叮咬已感染者、吸食血液后，疟原虫便会在蚊子的肠道中进行有性生殖，继而入侵肠道细胞。[3] 疟原虫在肠道细胞中进一步复制后，便会产生新的疟原虫，导致肠道细胞破裂，释放疟原虫子孢子。子孢子会扩散到蚊子的唾液腺中，等待蚊子去叮咬下一个人。一旦落到新宿主身上，蚊子就会把它的下颚和上颚插入皮肤，迅速注入唾液，唾液具有强大的抗凝血和促炎特性（促进血液自由流动）。此时，在蚊子唾液中的疟原虫子孢子便会进入新宿主的血液，并迅速转移到肝脏，入侵宿主肝细胞。

在许多情况下，子孢子会在肝细胞内休眠数天、数周甚至数月，然后才进入其生命周期的下一阶段。[4] 四种疟原虫的无症状潜伏期不同。一旦疟原虫被激活，就会在肝细胞内进行繁殖，导致肝细胞破裂，并释放出被称为裂殖子的寄生虫细胞。这些裂殖子会进入宿主的血液，并入侵红细胞（RBCs）。一旦进入红细胞，这种寄生虫就会急剧扩大自己的体积，吸收红细胞的血红蛋白，并进行多轮繁殖。被感染的红细胞会最终爆裂，释放出大量新的裂殖子，这些裂殖子能够感染更多的红细胞。这种感染、生长、繁殖和释放的循环每 2~3 天重复一次（取决于疟原虫种类），直到患者死亡或得到治疗。

红细胞每隔几天就会被大规模消灭的特征，引发了疟疾感染的主要症状。[5] 大多数疟疾患者都有流感样症状，如高烧、肌肉疼痛、疲劳、发冷、头痛、恶心和无法控制的颤抖。但是，疟疾的症状具有周期性和阵发性，较为独特，即患者开始会觉得很难受，然后会感到明显恢复，2~3 天后再次觉得难受，如此循环往复。一些感染恶性疟原虫的患者可能会出现更严重的并发症，如贫血、呼吸窘迫、肾衰竭、流产和各种中枢神经系统问题（如抽搐、癫痫和昏迷）。如果没有得到恰当的治疗，症状可能会迁延 6 个多月，患者会变得虚弱。此外，即使在康复后，患者也可能会由于肝脏内潜伏感染，在后续 50 多年的时间里频繁复发。例如，在 20 世纪 60 年代末越战期间感染疟疾的美国士兵中，有相当一部分人即使在军队医院接受了治疗，也会在此后的近 40 年中经常突发疟疾。

更不幸的是，疟原虫感染不会使人产生完全免疫，这使疟疾复发和重新感染成为可能。实际上，生活在疟疾流行地区（如非洲）的人们几乎每年都会再次感染疟疾。由于人们对疟疾的免疫反应相对较差，因此研发有效的疫苗非常困难，彻底根除疟疾的尝试也只能以失败告终。

近年来，疟疾的起源和全球传播是流行病学中比较有趣和争论较为激烈的话题之一。尽管许多人倾向于把蚊子（和疟疾）与炎热潮湿的环境（如非洲或南美的丛林）联系在一起，但有些按蚊属也能在温带甚至寒冷的气候中茁壮生长。因此，疟疾得以传播到全球各个角落，甚至包括靠近北极圈的地区。

强有力的遗传学证据表明，引发人类疟疾的大部分疟原虫

55

起源于约 1 亿年前非洲撒哈拉以南的某个地方，它们原本是旧世界灵长类动物的寄生虫。[6] 疟原虫寄生到人类身上很可能发生在早期原始人出现后不久的时间里。然而，原始人狩猎－采集的低密度生活方式阻止了疾病的广泛分布或传播。换句话说，不同群体往往生活在距离彼此很远的地方，因此，刚叮咬过感染者的蚊子很难马上再去叮咬其他人。大约 1 万年前，随着新月沃地农业革命（新石器时期）的到来，情况发生了改变。[7] 人们不仅开始在人口密度高得多的地方定居，还极大地改变了周围的土地环境，促进了昆虫媒介的繁殖和传播。随着农业技术逐渐进入撒哈拉以南非洲地区，生活在那里的按蚊得到了爆炸式的增长，使疟原虫能够传播到非洲以外的地区。例如，大约在公元前 4700 年①，中国的医学史料中就记载了疟疾的特征——阵发性发热。随后，在大约公元前 3500 年，埃及、苏美尔和印度的史料中也提到了疟疾。

在人类历史的早期，疟疾就已经席卷了整个欧亚大陆，但直到 16 世纪，欧洲探险家和非洲奴隶将疟疾带到新大陆后，它才传播到了美洲。[8] 有研究者认为，三日疟原虫和间日疟原虫早在欧洲人到达美洲之前就已经存在了，这是因为其基因与新大陆猴子身上的疟原虫较为相似。该假说认为，人类疟原虫是从新世界猴子身上的疟原虫进化而来，就像之前它们在非洲分别进化的一样。然而，对印第安人的基因分析表明，他们缺乏长期（数百年或数千年）接触疟疾人群的特征基因标记。[9] 这些"疟疾"特征基因标记的缺失表明，美洲人很可能只是在最近才接触到疟疾，是欧洲人在到达美洲时把疟原虫传给了

---

① 经与作者确认，该数据可能有误。

美洲原住民和新大陆的猴子。

尽管疟疾不像本书中讨论的其他疾病那样具有极高的致死性，但不可否认的是，疟疾与其他病原体一样，对人类的历史、发展和基因组产生了深远而长久的影响。疟疾的破坏力很大程度上在于，它能够在很长一段时间内反复感染并使人丧失行动能力。它可以使军队陷入瘫痪，改变重大公共工程项目，阻止殖民，使整个大陆处于贫困状态。此外，它对人类基因组造成的永久性改变比人类历史上任何病原体都要多。实际上，正是由于人类长期接触疟疾，一些致命性遗传疾病如镰状细胞贫血和地中海贫血，才在今天仍然存在。

古老的杀手

约 5000 年前，中国、苏美尔和印度的文献中就出现了类似于疟疾发烧症状的记载。约公元前 400 年，著名的希腊医生希波克拉底就在其著作《论空气、水和环境》（*Airs, Waters, and Places*）中第一次对疟疾进行了临床描述。[10]他清楚描述了疟疾特有的阵发性发热以及每年疟疾最易发的时间。其他的古代作家还将疟疾描述为与潮湿环境（如泥潭和沼泽）相关的发烧，罗马作家马库斯·特伦提乌斯·瓦罗（Marcus Terentius Varro）甚至提出，与潮湿环境相关的微小昆虫可能在疾病传播中发挥了作用。[11]虽然古代作家对疟疾的临床表现进行了准确描述，并敏锐地确定了疟疾的环境相关因素，但他们对疾病的真正病因并不了解。当时流行的理论是，人们是因为吸入了臭沼泽中散发的有毒蒸气，而感染了"沼泽热"。在数千年中，这种沼气理论（污染空气）都是被普遍接受的疟疾成因。有趣的是，该理论还影响了疟疾的命名。在中世纪的意大利语中，疟疾的字面意思就是"空气不好"。

尽管历史记录清楚地表明，疟疾在古代帝国如罗马、希腊、中国和蒙古国非常普遍，但依然很难确定疟疾对这些文明的确切影响。这是由于其中一些文明留存下来的记录不全，并且大多无法有效区分出疟疾和其他疾病（如伤寒）引起的发热。尽管有这些限制，但一些尚存的记录确实表明，疟疾在塑造古代世界历史上发挥了重要作用。例如，罗马帝国位于意大利半岛中心的沼泽区域，不得不经常应对疟疾的暴发。疟疾导致了诸多人死亡，并迫使其他人逃往更高、更干燥的地区。[12]罗马暴发疟疾的部分原因是其引水渠系不断将大量淡水供应到罗马主要城市的喷泉和浴池中，从而产生了蚊子滋生所需的积水。同样，土地的清理和开垦使该地区积水面积进一步增大。此外，贯穿罗马市的台伯河每年都会泛滥成灾，将这座城市的大部分地区变成无法居住的沼泽地。

罗马官员意识到积水过多会对城市居民的健康造成有害影响，于是下令开发了大型地下水道系统，将洪水和废水从罗马排出。这个下水道被称为马克西姆下水道（Cloaca Maxima），是当时世界上最具革命性和先进性的公共工程项目之一。[13]建成后，这座城市立即开始变干，疟疾暴发的次数和严重程度也随之下降。

尽管无法彻底消除疟疾，但罗马人可以更长久地保持健康，城市人口也逐渐增加。相反，古意大利等其他人口密集的地区因缺乏这样的排水系统（如奥斯蒂亚安提卡和蓬蒂内沼泽），而不得不继续与疟疾做斗争。由于沼泽给定居居民带来固有危险，一些城市被废弃了。[14]因此，可以说，马克西姆下水道至少帮助遏制了罗马的疟疾，使罗马更加繁荣。如果没有马克西姆下水道，罗马可能会像其他几个邻国一样，因疟疾而永久丧失能力。如此一来，整个罗马帝国的历史可能也会大不相同。

多年后，罗马城将面临一个完全不同的敌人，再次威胁到它的存在。匈人王阿提拉（Attila the Hun）被罗马人称为"上帝之鞭"，其于公元434年掌权，指挥军队有计划地掠夺并摧毁了整个东欧、高卢（现在的法国、比利时、瑞士和卢森堡）和意大利北部的城市。到了公元452年，阿提拉到达了意大利中部，将目光聚焦在了罗马帝国的王冠上。当教皇利奥一世听说匈人军队正在接近罗马时，他亲自率领一队人与阿提拉会晤，讨论和平条约的条件。[15] 随后举行的会议仍是历史上最有趣、最神秘的外交讨论之一。阿提拉令人费解地整理了军队装备，命令军队离开了意大利，而不是像以前那样推进进攻计划。教皇对阿提拉说了什么或做了什么，我们无从得知。一些学者认为，教皇给了阿提拉一大笔钱让他离开，另一些学者则表示，教皇用武力威胁了阿提拉。最近，一些学者提出，阿提拉在意大利时可能就已经领教到了疟疾对其军队所造成的破坏，并担心长期入侵意大利会导致他丧失全部战斗力量。教皇有没有可能警告阿提拉，如果他入侵罗马，上帝便会用这个无形的敌人惩罚他的军队？考虑到当时疟疾在意大利中部已经非常普遍，且阿提拉的大多数士兵很可能对地中海发现的这种疟原虫易感，这无疑是一个可行的理论。

其他的古代军队和领导人也面临着类似的危机。例如，许多学者认为，疟疾在马其顿帝国鼎盛时期（公元前323年），夺走了其指挥官亚历山大大帝的性命。古代文献记载，亚历山大死前几周出现了发烧、虚弱和疼痛的症状，而这些都是疟疾和当时亚洲流行的其他几种传染病的特征。[16] 虽然没有人知道疟疾是否就是导致亚历山大死亡的真正原因，但亚历山大死亡

58

的影响却显而易见。在亚历山大死后的短短 20 年中，其建立的整个帝国就被其他政权摧毁并接管了。学者认为，13 世纪著名的蒙古皇帝成吉思汗（Genghis Khan），这个开拓了世界历史上最大帝国版图的皇帝，也是死于类似的原因。[17] 尽管成吉思汗在死前数月就感染了疟疾，但疟疾是否为其真正死因我们仍不得而知。

白人的坟墓与非洲争夺战

回顾 15 世纪及以后欧洲入侵远方的历史，可以发现一个非常明显的特征：直到 19 世纪后期，非洲绝大多数地区才开始被殖民。实际上，截至 1870 年，广袤的非洲大陆只有约 10% 的土地受到欧洲的控制（其中大多数是被用作奴隶贸易的沿海城市）。[18] 然而，在 19 世纪初，几乎所有的北美和南美大陆、澳大利亚以及亚洲的大部分地区（例如印度和印度尼西亚）就已被法国、英国、葡萄牙和西班牙控制。考虑到商人和探险者早在几个世纪以前就发现了非洲大陆，欧洲殖民者毫无理由不染指非洲。非洲居民与其他大陆的土著居民一样容易受到欧洲疾病的感染，而且非洲还拥有丰富的原材料和财富。因此，很难从逻辑上解释，为什么在可攫取许多利益的情况下，欧洲殖民者会故意克制对非洲土地及其居民的控制。

事实上，自 15 世纪末欧洲探险家登陆非洲后，他们就曾尝试深入非洲大陆。阻止他们的主要因素之一就是各种致命疾病的广泛存在，包括黄热病、昏睡病、痢疾和最重要的疟疾。一般来说，非洲原住民对疟疾具有某种遗传的抵抗力，而入侵的欧洲白人则不同，他们几乎对疟疾完全易感（请参阅本章后文）。尤其是在西非地区，西非是冈比亚疟蚊（Anopheles gambiae）和不吉按蚊（Anopheles funestus）极为有利的繁殖地，它们有效传播了由恶性疟原虫引起的最致命的疟疾。蚊子和疟原虫在此地非常普遍，以至于居住在西非的一个人每年可能会被感染的蚊子叮咬 100 次。也就是说，欧洲人进入撒哈拉以南非洲地区后，其死亡率可接近 50% ~ 70%。[19]

由于非洲疟疾和其他疾病的致死率如此之高，因此，欧洲人将非洲称为"白人的坟墓"。如此高的死亡率排除了欧洲军队或平民大规模入侵的可能性，也使探险变得困难。实际上，直到 19 世纪中叶，非洲的大部分内陆地区甚至都没有被绘制成地图。非洲有着如此重的疾病负担（如疟疾），因此，殖民者在其他危险程度较低的地区似乎更加有利可图。从某种意义上说，尽管疟疾（和黄热病）每年造成了大量非洲原住民死亡，但在大约 300 年的时间里，疟疾帮助了非洲大陆及其人民免受欧洲帝国主义的侵害。这种保护在 19 世纪后期戛然而止，这在很大程度上是因为奎宁这种救命药的大规模生产和销售。

奎宁是在金鸡纳树（quina quina）树皮中产生的天然生物碱化合物，金鸡纳树是一种常绿植物，最初被发现于安第斯山脉高处。早在 16 世纪中期，当地一个叫克丘亚（Quechua）的部落就偶然发现了金鸡纳树树皮对治疗疟疾和其他发热疾病的有效性。[20]他们把红色树皮烘干，磨成粉，再与含有甜味剂的水混合（掩盖苦味）制成药品。在那个时期，一些耶稣会（天主教）的传教士会前往南美洲进行传教，试图转化当地部落宗教信仰，并学习当地的习俗和草药疗法。这些传教士中有几位观察并记录了金鸡纳树树皮在治疗疟疾中的用途。奥古斯丁修士安东尼奥·德拉·卡兰查（Antonio de la Calancha）最早在其书中记录了金鸡纳树树皮的功效。他在 1633 年写道："在洛萨（Loxa）生长着一棵被称为'发烧树'的植物，其肉桂色的树皮可被制成粉末，两个小银币重量的粉末可以作为饮料饮用，治疗发烧和间日热。它在利马产生了奇迹般的效果。"[21]

金鸡纳树树皮是如何以及何时进入欧洲的，在学者之间仍是一个争论不休的话题。有些人称，一名耶稣会药剂师安戈斯蒂诺·萨鲁布里诺（Agostino Salumbrin）在 17 世纪 30 年代初将金鸡纳树树皮样本运到了罗马。也有些人称，是一名耶稣会传教士伯纳贝·德·科伯（Bernabé de Cobo）在穿越秘鲁时得到了树皮的样本，亲自送到了西班牙，并在 1632 年运往罗马。[22]第三种解释是塞巴斯蒂亚诺·巴多（Sebastiano Bado）军医在其 1663 年的著作《在秘鲁树皮上的体液逆流或中国防御》（*Anastasis Corticis Peruviae seu Chinae China Defensio*）中首次提出。书中写道，西班牙秘鲁总督钦琼伯爵的妻子患有严重的疟疾，但是她被神奇的金鸡纳树树皮治愈了。[23]据称，她在 1638 年回到西班牙时，把金鸡纳树树皮带到了欧洲。但是，1930 年发现的钦琼伯爵日记显示，后面这个故事的演绎性远大于其真实性。大多数证据表明，金鸡纳树树皮是在 17 世纪 30 年代通过耶稣会传教士带到欧洲的。

这种新的奇迹疗法到达欧洲后，金鸡纳树树皮即被称为"耶稣树皮"、"秘鲁树皮"或"发烧树皮"，并引发了一场引起争议的医学革命，在世界范围内产生了广泛而长期的影响。欧洲最早的金鸡纳树树皮倡导者之一是天主教的红衣主教胡安·德·卢戈（Juan de Lugo）。他在教皇英诺森十世私人医生的帮助下，用金鸡纳树树皮治疗当地一些患有疟疾的罗马人。他们的研究结果令人鼓舞，他们便将有关剂量和给药途径的建议发表在了《罗马药典》（*Schedula Romana*）上——一本由罗马学院药房在 1649 年发行的说明书。[24]德·卢戈确信金鸡纳树树皮具有治疗疟疾的能力，因此他从宫殿再到当地的罗马医院，亲自将《罗马药典》分发给穷人。他还建议欧洲各地的天主教使团将此书发向欧洲，这一举措大大增加了人们对金鸡纳树树皮的需求。

不同于天主教世界对"耶稣树皮"疗法的接受性，新教徒统治的国家（例如英国）及其医生对其持有怀疑态度。当时，许多新教徒对天主教会所支持的任何东西都不信任，他们认为苦味的树皮粉是教皇的潜在阴谋。[25]此外，新教国家许多接受过经典训练的医师都遵循盖伦疗法的医疗规范，要求对疟疾病例进行放血和净化，以平衡体液。在当时，胆敢暗示盖伦及其传承 1400 年的医疗教育是错误的，而天主教徒是正确的行为，无异于亵渎。在"耶稣树皮"成功治疗了一些新教贵族，包括英格兰的查理二世国王和法国路易十四国王的儿子后，"耶稣树皮"才慢慢被接受，人们的不信任感开始逐渐消退。从最初被认为是一种潜在的疟疾治疗方法以来，金鸡纳树树皮花了一个多世纪的时间才被整个欧洲普遍接受。

61

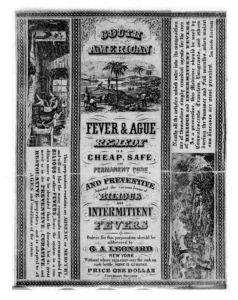

南美疟疾治疗药物的标签。（美国国会图书馆）

到了 19 世纪初，由于疟疾在主要城市中心区的持续存在以及越来越多的欧洲人在国外热带环境中生活，人们对金鸡纳树树皮的需求达到了历史最高水平。不幸的是，在当时，金鸡纳树仅在安第斯山脉生长，因此树皮的供应有限，成本也很高。另外，树皮收割和运输过程既耗时又昂贵，西班牙完全垄断了该产品。其他欧洲大国对于这种限制很不满意，开始尝试将金鸡纳树种子偷偷带出秘鲁，并在其他地方种植树木获取树皮。为了防止这种行为对秘鲁出口利润造成损害，秘鲁当局采取了明智措施，禁止外国人进入金鸡纳森林。尽管秘鲁和西班牙做出了最大的努力，一位名叫查尔斯·莱杰（Charles Ledger）的英国人仍然成功地向荷兰人运送了一磅金鸡纳树种子，他们在爪哇（现代印度尼西亚）的人工林种植出了大量金鸡纳树。因此在 1865 年后，西班牙和秘鲁最终失去了对金鸡纳树树皮的垄断。[26]除了金鸡纳树木的增产，化学和工业化领域的重大进展也进一步增加了金鸡纳树树皮的市场供应。例如，两名法国药剂师约瑟夫·佩尔蒂埃（Joseph Pelletier）和约瑟夫·佩雷·卡旺图（Joseph Bienaimé Caventou）在 1820 年成功提纯了树皮的活性抗疟成分，并将其命名为奎宁，以纪念金鸡纳树树皮在秘鲁的本地名称。[27]他们公布了提纯过程，并拒绝为其申请专利，使得其他人可以开始大量生产和销售提纯的奎宁提取物及药丸。此外，19 世纪 60 年代的植物学家采用了选择性培育和嫁接方法使树木变得更硬，进一步增加了树皮的奎宁产量。19 世纪 60 年代的临床试验证实了奎宁提纯物用于治疗疟疾的功效，其他研究也表明了奎宁还可以用于预防疟疾。[28]到了 19 世纪 70 年代和 80 年代，奎宁提纯物已遍布世界各地，生活在疟疾高发地区的人们经常服用奎宁丸预防疾病。奎宁通常以碳酸奎宁水的形式服用，将其与糖和酒精混合，以抵消苦味。有趣的是，由于人们经常用饮料来递送苦味奎宁，软饮料、杜松子酒和滋补剂等也变得流行起来（如居住在印度的英国人中）。

在 19 世纪 70 年代和 80 年代，由于奎宁的大规模生产、销售和预防性使用，人们对非洲的兴趣大大增加。有了不限量供应的奎宁的保护，欧洲领导人意识到，他们现在可以渗透到非洲内部，而不必担心被疟疾消灭。他们资助了许多探险活动，以便画出地图，了解当地资源和潜在的障碍。大卫·利文斯通博士（Dr. David Livingstone）和亨利·斯坦利爵士（Sir Henry Stanley）等探险家成功进入非洲深处，进一步印证了奎宁已将"白人的坟墓"转变为了富含机遇与财富之地。

新发现的抗疟疾药物与其他几项重大的政治、经济变革同时发生，创造了世界历史上规模最大、破坏性最强的土地掠夺。首先，8 个欧洲国家在非洲大规模殖民，在短短 30 多年时间里（1881～1914 年）占领了大约 90% 的非洲大陆。造成土地争夺的一个主要因素是欧洲宣布了奴隶贸易非法。几个世纪以来，奴隶贸易都是非常有利可图的产业，宣布奴隶贸易非法导致了严重的经济损失，因此，欧洲国家迫切需要新的市场和原材料。其次，在这个时间段内，几个新的欧洲大国产生了。例如，1871 年，德国在普鲁士的控制下得到统一。[29]在奥托·冯·俾斯麦（Otto von Bismarck）最初的统治下，德国只是简单地使用权力维持其在欧洲大陆的地位。然而，1890 年，威廉二世（Kaiser Wilhelm Ⅱ）解职了俾斯麦，采用了更具侵略性的外交政策（被称为"世界政策"），逐渐掠夺外国领土。同样地，在经历了 50 多年的内战之后，意大利终于统一为一个王国，并于 1871 年迁都罗马。[30]这两个新国家的建立进一步加剧了欧洲列强之间日益扩大的权力之争，如英国、法国、西班牙、俄罗斯、比利时和葡萄牙。当他们认识到疟疾已经"被征服"时，非洲坐而待取，每个人都想冲进去分一杯羹。促成非洲迅速殖民化的第三个主要因素是工业革命。更坚硬的钢铁机械、更可靠的船只以及更强大的新武器的出现，使欧洲可以派遣大量人员击败非洲原住民。当时，整个欧洲正在研发新产品，新产品的爆炸性增长也引发了对原材料需求的暴涨。

当几个欧洲大国都对永久性占领非洲流露出兴趣时，人们开始担心相互争夺的几个国家间爆发世界大战。出于这些担忧，葡萄牙和德国于 1884～1885 年在柏林召集了十四国会议，讨论如何对非洲进行公平划分。[31]这次会议被称为柏林会议，制定了占领非洲的规则，拉开了"争夺非洲"的序幕。柏林会议不仅定义了"占领"的含义（例如，一个国家对他们没有涉足的土地没有所有权），还制定了政策，允许殖民地之间进行有效贸易，并为每个国家的领土划定了边界。会议的代表们还同意在非洲大陆上禁止一切形式的奴隶制。鉴于在随后的 30 年间，这里发生了历史上最严酷的人类剥削，这种禁止颇具讽刺意味。会议结束后，欧洲殖民大国迅速进入非洲，声索自己的领地。

欧洲入侵和随后的殖民化对非洲大陆来说绝对是灾难性的。随着军队进驻、镇压当地抵抗，数百万非洲人被杀害。大量幸存者被迫在恶劣的工作条件下劳作，如开矿、清理种植园土地以及收割橡胶和象牙之类的产品。那些幸存者也常常因未达到收割标准配额而被致残。学者们认为，在比利时控制的刚果自由国中，共有 1000 万至 2000 万非洲人被杀，在非洲其他地区则有 2000 万至 3000 万人被杀。在此期间犯下的暴行，并不比纳粹在第二次世界大战或 20 世纪任何其他大规模种族灭绝的暴行更仁慈。

殖民时期最终在 1970 年前后结束。由于柏林会议最初建立的国家边界相当武断，新独立的非洲国家面临着多年的暴力和内乱。国家大多是根据经度和纬度，而不是人们的共同宗教信仰或种族来划分的。结果，背景迥异的人被迫在这些人为创造的国家中共存。许多人不能很好地处理这些分歧，导致了诸多持久而血腥的内战，使数百万人丧生、伤残，父母双亡，流离失所。掠夺自然资源同样对非洲的长期稳定产生了破坏性。价值数十亿美元的黄金、钻石、石油和其他原材料被有计划地从非洲土地上运送到欧洲。这些国家获得独立后，资源几乎被耗尽，没有什么可以出口的，导致了广泛的贫困和经济瘫痪。

总而言之，可以说奎宁的发展给非洲带来了至今尚未恢复的、充满破坏性的连锁反应。一旦疟疾不再对易感的欧洲人产生威胁，非洲便遭到残酷对待，被掠夺大部分财富。毫不奇怪，非洲是目前地球上最贫穷的大陆，有着最高的婴儿死亡率、最低的预期寿命和最差的生活质量。极具讽刺的是，在疟疾造成的死亡人数上，非洲仍居世界首位。实际上，一些经济学家认为，疟疾的广泛存在不仅是非洲贫穷的表现，还是造成贫困的可衡量原因。疟疾会使人的生产力和收入降低，使儿童无法接受教育，消耗大量的国家资源用于预防和治疗。在非洲某些地区，疟疾患者占所有住院人数的 50%，占公共卫生支出的 40%。[32] 据估计，疟疾本身会使国内生产总值（GDP）降低 1.3%，使这些国家无法实现经济增长。

奎宁的发现和生产除了对疟疾和非洲产生影响外，还有其他诸多意义。最重要的是，奎宁是第一种用于治疗特定传染病的药物。它证明了，人类可以在自然环境中找到、分离并大量生产救命药。这也激发了化工产业（例如德国的拜耳公司）尝试合成其他化学药品，杀死细菌等其他病原体。[33]这项研究直接使人类发现了早期形式的抗生素（例如撒尔佛散和磺胺类药物），促进了各种化学染料的研发，这些化学染料在组织学和微生物学的早期领域发挥了重要作用。这些发现促使越来越多的人继续寻找新药，形成良性循环。因此，可以说奎宁是一系列化学发现中的第一环，其最终结果是促使产生了大量安全有效的抗生素和抗病毒药物。

蚊子和巴拿马运河

历史上最伟大的公共工程项目之一就是在巴拿马地峡中部修建的一条 48 英里长的运河。运河连接了大西洋和太平洋，当船只在南美洲南端行驶时，可节省约 8000 英里的航程。法国政府曾成功承建过连接红海和地中海的苏伊士运河，因此得到了哥伦比亚（当时控制巴拿马）的许可，在美洲创建类似的水路。巴拿马运河的建设始于 1881 年 1 月，当时有数千名员工，预算约为 1.2 亿美元。[34]当时，法国最顶尖的人在从事该项目，他们预计这项工程要比苏伊士运河更容易、更便宜，速度也更快，但是这项工程从一开始就注定了失败。巴拿马山区多石，难以开挖，大量降雨带来了致命的泥石流和洪水。[35]此外，痢疾、黄热病和疟疾等传染病猖獗肆虐，导致了无数工人生病、死亡。当时居住在巴拿马的一位法国人总结了对该项目的看法，他说："如果您试图建造这条运河，那地峡上将没有足够的树木来为您工人的坟墓做十字架。"[36]不幸的是，他的预言十分准确。由于泥石流、事故、暴力以及（最主要的）疟疾和黄热病，超过 20000 名工人丧生。成千上万的人长期患病或受伤，极大减缓了该项目的进度。经过 8 年的挫败和超过 2.5 亿美元的支出，法国人仅完成了约 40% 的挖掘工作就退出了该项目。此后 15 年，运河项目再没有任何进展。[37]

1901 年，在西奥多·罗斯福（Theodore Roosevelt）的就职典礼后，美国表达了在巴拿马完成法国未竟事业的兴趣。[38] 1903 年初，美国向哥伦比亚提出了一项条约，愿耗资 4000 万美元购买巴拿马土地和运河的使用权。但是，哥伦比亚参议院拒绝接受该条款。作为回应，美国决定向巴拿马的武装叛乱分子提供资金和军事支持，并鼓励他们从哥伦比亚独立。巴拿马的武装叛乱分子在 1903 年底成功做到了，并迅速以 1000 万美元的低价将运河控制权卖给了美国。到 1904 年中，美国已进入巴拿马运河区，雇用大量劳动力，改善基础设施，最终恢复建设。但是，该项目的早期领导人担心，导致法国失败的原因也同样会使美国的运河项目走上相似的道路。所以，当务之急是解决使法国劳动力锐减的传染病问题。例如，截至 1906 年，已有超过 85% 的工人因疟疾、黄热病或痢疾在某个时间住院。在这些疾病中，黄热病由于其高死亡率和严重症状成为最令人恐惧的疾病。但是，由于疟疾更加普遍，其对于政府而言是更大的问题。

为了遏制疾病对整个项目日益增长的威胁，美国高级官员 66 设立了独立的卫生部门，专门处理工人的健康问题。新部门的负责人威廉·高加斯（William Gorgas）博士是西奥多·罗斯福总统亲自挑选的，因为他成功地控制了热带古巴的传染病。[39]罗斯福总统的私人医生表示，这一决定非常重要："您正面临着职业生涯中最重要的决定。如果您仍采用旧方法，那么您会像法国人一样失败。但如果您支持高加斯，您将会得到一条运河。"[40]高加斯医生最初因官僚主义的繁文缛节而颇受限制，他在 1905 年 2 月终于可以开始处理疟疾问题，之后就出现了历史上最成功的公共卫生案例之一。

19 世纪后期一些非常重要的科学发现，对高加斯在巴拿马运河地区成功控制疾病至关重要。[41]第一个发现是蚊子是黄热病的携带者。这是卡洛斯·芬莱（Carlos Finlay）在 1882 年首次提出的假设，后来在 1900 年由美国陆军医学博士沃尔特·里德（Walter Reed）领导的科研组确认。1880 年，查尔斯·拉韦兰（Charles Laveran）细致观察了疟疾患者的血液样本，总是会发现一种原虫，他将其命名为疟原虫（*Oscillaria malariae*），这首次证明了原生生物会导致人类患病。然后，在 1897 年，罗纳德·罗斯（Ronald Ross）博士在 4 天前吸食过疟疾患者血液的按蚊肠道中发现了疟原虫。他进行了精密的研究，确认了蚊子是疟疾的主要传播媒介，并随后描述了疟原虫的生命周期。罗斯博士还是一位经验丰富的诗人和作家，在发现疟原虫后，他写道："伴随着泪水和辛劳，我发现了你，你这狡猾的种子，万恶的凶手。"[42]

毫不夸张地说，这些发现对热带医学领域产生了巨大影响。鉴于其对全人类健康的重要意义，一位科学家将其与詹纳（Jenner）研发的天花疫苗媲美。人们不再认为疟疾和黄热病是由沼泽散发出的恶臭空气所引起。疾病的真正起因终于被描述和刻画出来，这使像高加斯这样的科学家终于能以一种明智、科学的方式消灭疾病。如今，通过系统性控制蚊子的种群数量来消灭热带环境中的疟疾和黄热病成为可能。

在巴拿马工作之前，威廉·高加斯曾被派往古巴担任首席卫生官，负责控制自18世纪以来肆虐该岛的黄热病和疟疾。67 在了解到蚊子对黄热病和疟疾传播的重要性后，高加斯将他的工作重点放在杀死蚊子、防止蚊子繁殖以及用蚊帐隔离被感染者上。他下令排掉不必要的死水，并在其他水源的表面上喷油以杀死蚊子幼虫。他甚至对不盖住屋外水桶的当地居民处以罚 68 款。最终，他与蚊子的斗争非常有效，成功地从古巴根除了黄热病，并在此过程中大大降低了疟疾的发病率。这是流行病学史上的分水岭，因为它标志着人类可以通过定向消除昆虫媒介从而成功地从环境中消除病原体。这为发现其他病媒昆虫奠定了基础，开启了疾病控制的新阶段。在这一阶段，人类更多地关注病媒而不是实际的病原体。例如，1898年我们发现跳蚤是鼠疫的媒介，这使公共卫生人员可以对鼠类及其携带的跳蚤采取措施，进而更有效地减缓鼠疫的流行。

在古巴获得了成功和赞誉之后，高加斯博士于1904年在巴拿马运河区接受了相似的职位。[43]抵达后，高加斯意识到疟疾在当地是比黄热病更为普遍和频发的问题，具有周期性暴发的特点，而不是持续存在。在运河区的一些城市中，每周都有多达1/6的人患上疟疾。高加斯表达了对疟疾的担忧，他说："如果我们能够控制疟疾，那我对其他疾病的担心就会少很多。"[44]在得到100万美元预算、4000多名员工和总统的全力支持后，高加斯便对蚊子及其繁殖条件进行了多管齐下的攻击。在整整1年的时间里，他们排干了所有死水或给其铺上油，割掉了高高的草丛和灌木丛，用硫磺和菊花制成的天然杀虫剂反

在巴拿马蚊子的繁殖地点喷油，1890 ~ 1925 年。（美国国
会图书馆）

复熏蒸房屋，发放奎宁来预防，对房屋和政府建筑物进行排
查，喷洒碳酸制成的幼虫杀虫剂，杀死在工人帐篷中看到的所
有成年蚊子。尽管有些当地人和运河官员对他颇具侵略性的战
术感到愤怒，但不得不说，高加斯的工作颇有成效。

　　到 1906 年，巴拿马运河区已完全消除了黄热病，疟疾感
染也逐渐开始减少。尽管疟疾不会从该地区彻底消失，但由于
高加斯的卫生政策，因疟疾而住院的人数减少到之前的 1/10。

工人比以往任何时候都更加健康，这使他们在挖掘工作上取得了长足的进步。经过 18 年的建设，巴拿马运河于 1914 年 1 月 7 日正式开放。它仍是世界上最重要的船舶运输航域之一，每年有超过 3 亿吨的货物从此处通过。许多人提出，如果没有高加斯博士及其对热带蚊子数量一丝不苟的控制，运河是否还会完工？他战胜了当时人类已知的两种最致命的疾病，这对两大洲未来的经济增长至关重要。他的成功还表明了疟疾再也不能阻碍人类进步。有了适当的卫生设施和奎宁，我们可以大幅降低疟疾对我们的影响。

69

20 世纪军队的瘫痪

如本章前文所述，通过使军队丧失作战能力、夺取世界主要领导人的生命、使欧亚某些国家（如罗马、希腊、印度）不适于外邦侵略者居住，疟疾对塑造古代帝国产生了巨大影响。即使是像美国独立战争、南北战争和拿破仑战争等更现代的战争，也并没有更加顺利地进行，它们同样受到了疟疾暴发的影响。英国军队的一位著名上校目睹了 19 世纪武装冲突中疟疾的影响，并写道："战争中的疟疾史几乎可以被视为战争史本身，当然也可以看作是基督教时代的战争史。"[45]疟疾是每位军事领导人都担心并必须为此制订计划的事情。例如，新组建的美国国会的第一笔支出之一就是为华盛顿军队购买大量奎宁，以使他们足够健康，可以与英军作战。事实证明，这种远见卓识对于确保美国在疟疾肆虐的南部地区取得胜利至关重要。[46]疟疾可能不像伤寒或瘟疫等疾病那样杀死许多士兵，但它仍然可以影响战争结果。

从逻辑上可以推断，随着 19 世纪末奎宁的提纯和大量生产，疟疾对 20 世纪以后战争的影响将大大减少。确实，整个欧洲的疟疾感染率都在下降。在 20 世纪初期，疟疾似乎已经被彻底战胜了。但不幸的是，诸如疟疾之类的流行病通常不按符合逻辑和预期的方式行事。更可悲的是，这一事实在 20 世纪第一次世界大战开始时便得到了证实。

战争开始时，竞争最激烈、疟疾最流行的欧洲地区是巴尔干半岛。[47]在德军进驻巴尔干半岛并开始在整个地区迅速推进后，英法联军联手支持其塞尔维亚盟友，并于 1915 年 10 月在希腊萨洛尼卡建立了基地。不幸的是，大量感染疟疾的希腊难民大约在同一时间内移民到那里，为那里的按蚊带来了理想的疟原虫来源。随后便爆发了一场军事运动，但这场运动被 3 年来无休止的疟疾感染破坏了。例如，英国约 16 万名士兵中报告了超过 16.2 万人次因疟疾入院，法国部队中约有 80% 士兵也被感染。这个数字意味着许多士兵不止一次染上疟疾，且有数千人死于疟疾。此次战争中有许多因双方都缺乏健康士兵而取消作战的例子。著名的英国医生罗纳德·罗斯（Ronald Ross）甚至也被带到了巴尔干地区，试图控制那里的疟疾流行。但是，即使他尝试使用奎宁和蚊帐，也未能阻止甚至是减缓疟疾感染。第一次世界大战期间，疟疾在其他几个战场也造成了类似的问题，包括非洲、意大利和中东。不幸的是，在这段时间内许多感染者最终都会在战争结束后回到祖国，疟疾也由此被带了回去。这就为第二次世界大战爆发前整个欧洲和亚洲的疟疾大流行奠定了基础。

第二次世界大战受到了太平洋和非洲等战区持续存在的疟疾的严重影响，从而引发了疟疾预防和治疗策略的持久变革。1941 年 12 月珍珠港事件后，大批盟军被派往太平洋岛国（如菲律宾和现在的印度尼西亚），帮助它们摆脱日本的控制。尽管官员们试图为士兵将要面对的疟疾流行做预防计划，但很明显，他们大大低估了疟疾问题，之前的准备并不足以与之抗衡。一些人估计，盟军带来的奎宁数量不到他们保持士兵健康所需数量的一半。太平洋盟军司令道格拉斯·麦克阿瑟（Douglas MacArthur）将军对这种情况感到沮丧，并留下了一句名言："如果我和敌人对战的每个师都需要依靠因疟疾而入院的另一个师，和正在恢复的第三个师，那这场战争将非常持久。"[48]使情况如此严峻的是，到1942年，日本控制了世界上90%的金鸡纳树供应（在菲律宾和爪哇岛），而德国则控制了从树皮中提纯奎宁的荷兰工厂。[49]这造成了奎宁的灾难性短缺，使整个太平洋地区的部队都有被歼灭的危险。

美国军方对这种日益增长的威胁有着诸多对策。首先，盟国派遣队伍到中美洲和南美洲，购买了大量金鸡纳树皮，并达成了建立新金鸡纳树种植园的协议（尤其是在哥斯达黎加）。[50]这些努力为盟军生产了超过1200万磅的金鸡纳树树皮，但从中提纯奎宁的时间和成本不足以补全盟军在太平洋地区的严重短缺。最终，军方被迫依靠其他控制方法，包括排干当地水源、喷洒幼虫杀虫剂、为士兵提供蚊帐、提供健康教育。士兵学习了蚊子的生活周期以及它们如何繁殖并传播疟疾的相关知识。[51]士兵必须在一天的特定时间内洗澡、游泳，避免接触任何不必要的死水源。一位特别有艺术气息的陆军上尉西奥多·盖塞尔（Theodor Geisel）制作了一系列关于疟疾的教育性卡通小册子，这些小册子在整个太平洋地区被广泛分发。后来他以化名苏斯（Dr. Suuss）撰写了46本广受欢迎的儿童读物。

71

1942 年 6 月，在亚拉巴马州的疟疾控制区收集蚊子。（美国国会图书馆）

1942 年，美国战争部呼吁建立新的公共卫生计划，以控制美国南部和加勒比海军事基地周围的疟疾，使接受训练的士兵免受感染，保持健康，接受军事部署。为此，美国建立了战区疟疾控制（MCWA）计划，该计划在减少疟疾感染方面非常有效，以至于战争结束后，战争部将其目标定为在美国完全消灭疟疾。[52] MCWA 计划于 1946 年结束，并被一所更永久的公共卫生机构所取代，该机构名为传染病中心（Communicable Diseases Center，CDC），位于佐治亚州亚特兰大。CDC 的首要任务是继续完成 MCWA 的工作，消除国内疟疾。1951 年，美国宣布疟疾被彻底消灭，这促使 CDC（现称为疾病预防与控制中心）将工作重点转移到其他传染病和健康威胁的监测上。从那时起，疾病预防与控制中心已发展成为世界上主要的公共卫生机构之一，并向美国和其他 25 个国家派驻了人员。

在第二次世界大战期间，尽管军事领导人尽了最大努力控制疟疾在太平洋和非洲地区的传播，但奎宁的短缺以及无法控制的蚊子数量仍导致了 6 万名美军死亡。如果不是在战争快结束时研发出了一种新型且非常有效的杀虫剂 DDT，死亡人数将更加惨重。DDT 是在 19 世纪 70 年代首次生产的，但直到 1939 年，一位名叫保罗·穆勒（Paul Müller）的瑞士化学家才意识到它可以抑制蚊子和体虱（携带致命的斑疹伤寒）的潜在活性。经过初步的安全性检验，军方下令在战区森林中直接向士兵皮肤喷洒 DDT。[53] 因此，疟疾和斑疹伤寒感染率急剧下降。此次成功使得在战争结束后很长一段时间内，人们仍继续使用 DDT 来控制昆虫数量。实际上，DDT 是世界卫生组织在 1955 年发起从地球上消灭疟疾运动时使用的主要武器。但是在 20 世纪 60 年代初，在蕾切尔·卡森（Rachel Carson）出版《寂静的春天》（Silent Spring）一书后，人们对 DDT 的主流观点发生了巨大变化。该书详细说明了 DDT 和其他农药如何破坏环境、杀死大量鸟类并给人类健康带来了巨大风险。政府和环境组织的进一步研究证实了这些担忧，最终在 1972 年，美国环境保护署宣布 DDT 非法。除了对生态系统造成破坏外，2014 年发表的最新研究还表明 DDT 暴露可增加迟发性老年痴呆症的患病风险。[54] 在迟发性老年痴呆症患者的组织内，DDT 副产物的含量是未患病人群的 4 倍。因此，第二次世界大战（及随后的越南战争）控制疟疾的迫切需求，最终对人类健康和环境产生了永久性的负面影响。

基因组和血液的永久变化

进入人体并在肝脏中短暂复制后，疟原虫会迅速扩散到血液中，感染并杀死大量红细胞。红细胞破坏引发了大多数疟疾相关症状，疟原虫在红细胞中可达到最高的复制水平。因此，一个人的红细胞数量及健康状况决定了其对疟原虫的易感程度以及发展为疟疾的可能性。具有正常功能红细胞的个体因具有可供疟原虫复制的健康靶细胞而容易被疟原虫感染。相比之下，有些人的自然基因突变会使其红细胞改变形状、数量或生化组分。虽然这些人最初可能被疟原虫感染，但其突变后的红细胞却是裂殖子复制的不良宿主，因而使其具有一定程度的疟疾抵抗力，容易在大规模疟疾流行中幸存下来。有趣的是，我们已经在不同地区的许多人体内发现了各种各样的"抗疟疾"基因突变，这表明疟疾已成为塑造人类进化的强大力量。换句话说，疟疾的广泛流行及其毁灭性影响已确确实实改变了人类基因组（Genome）的序列。

73

产生抗疟疾能力的大多数突变是在编码血红蛋白的基因中被发现的。血红蛋白是一种大而丰富的蛋白质，由 4 个不同的亚基组成——两个 α 链，两个 β 链。人类红细胞利用血红蛋白将氧气运送到身体的各个细胞，使其能够从我们摄入的营养物质中有效地提取能量。当疟原虫裂殖子感染红细胞时，它们会分解大量的血红蛋白，然后利用其氨基酸制造自己的蛋白质。被感染细胞血红蛋白的损失和含氧量的降低导致了细胞形态和生化的显著变化，进而引发了细胞死亡。新产生的疟原虫裂殖子从垂死的细胞中释放出来，立即去寻找新的红细胞继续感染。

在产生抗疟疾能力的血红蛋白突变中，引起 β 链结构变化的突变是最常见的。有一种 β 链突变被称为血红蛋白 S（Hemoglobin S），因其与氧的结合能力非常差，红细胞的形状发生了改变。这些红细胞不再是两面凹的圆饼状，而是镰刀形，它们无法像正常红细胞一样轻松穿过小血管，而是凝结在一起，造成血液循环不良。从父母双方处遗传血红蛋白 S 突变的人（因此携带两个突变体拷贝）携带了大量镰刀形红细胞，进而发展为镰刀型细胞贫血症。镰刀型细胞贫血症令人痛苦、衰弱，并常常致人死亡，尤其是对那些缺乏基本医疗卫生服务的发展中国家患者而言。相比之下，携带一个正常 β 链和一个 S 型突变的人，其循环系统问题较小，同时还具有疟疾抵抗力。实际上，镰刀形细胞特征基因的携带者对致命性疟疾（由恶性疟原虫引起）的抵抗力比具有两个正常 β 链的人群要高 90%。[55] 在恶性疟原虫流行的地区，如非洲大部、中东和印度，多达 30% 的人口具有镰刀形细胞特征。相似的，西非的某些人群携带了另一种被称为血红蛋白 C 的 β 链突变体，可提供相似水平的抗疟疾能力。[56] 该突变与镰刀型细胞突变有些不同，因为个体需要遗传两个拷贝的血红蛋白 C 才能获得对疟疾的抵抗力。β 链的第三种变体是血红蛋白 E，在东南亚人群中可见。携带血红蛋白 E 的人对间日疟原虫的抵抗力较强。鉴于间日疟原虫在该地区已经流行了数千年，这非常有道理。总而言之，尽管血红蛋白 β 链异常给宿主带来了一些循环问题，但其对个体也提供了巨大的疟疾保护优势。

有抗疟疾能力的第二组血红蛋白突变是降低两个亚基之一的产量，而不是改变其形状。[57] 例如，当突变使红细胞中的 α 链数量减少时，血红蛋白仅能使用 β 链进行自我组装。不幸的是，仅由 β 链组成的血红蛋白非常不稳定，在其能够运输氧气之前就被降解了。这种突变导致了一种严重的贫血，被称为 α 地中海贫血。此外，还存在使 β 链产量下降、α 链产量增加的突变。正如预期的那样，这种情况下稳定的血红蛋白产量非常低，循环的红细胞几乎没有任何用处。这种疾病被称为 β 地中海贫血，非常凶险，如果不进行骨髓移植治疗，通常会导致死亡。在两种类型的地中海贫血中，红细胞的畸形程度非常高，任何额外的压力（如疟原虫感染）都会触发免疫系统

74

迅速消灭它。因此，疟原虫没有足够的时间来完成其生命周期，感染也就被迅速制止了。与具有镰刀形细胞特征的情况相似，仅从父母一方遗传地中海贫血基因突变的人具有抗疟疾优势，而且仅有轻度贫血症状。从父母双方那里继承地中海贫血突变的人经常死于贫血，这使其抗疟疾优势在某种程度上变得没有意义。几乎在每个疟疾长期存在的地域中，都会发现地中海贫血患者，其中包括非洲、中东、印度、东南亚和地中海大部分地区。实际上，地中海贫血突变是人类中最常见的突变，再次说明了疟疾对人类进化的重要影响。

除了血红蛋白的变化外，红细胞外表面的改变也可以提供一定水平的抗疟疾能力。[58]我们体内的大多数细胞（包括红细胞）都具有数千种嵌入细胞外层的蛋白质，被称为质膜。这些质膜为我们的细胞提供了多种功能，如酶、转运通道、黏附蛋白和受体。与疟疾相关的三种蛋白质有两个受体和一个转运通道，分别为达菲（Duffy）抗原、盖比希（Gerbich）抗原和条带 3（Band 3）转运通道。这三种蛋白质都存在于红细胞的表面，起着重要作用。达菲抗原通常帮助红细胞与其他血细胞传递信息，而条带 3 转运通道和盖比希抗原分别起到转运营养和维持红细胞刚性结构的作用。尽管它们的功能和结构截然不

75 同，但疟原虫在感染的附着阶段却可以利用以上三种蛋白。裂殖子一旦进入血液，就需要特地寻找、附着并侵入红细胞，以完成其整个生命周期。它们黏附红细胞膜的几种主要方式就是与达菲抗原、盖比希抗原或条带 3 蛋白结合。没有这种附着，这些寄生虫就无法进入红细胞，而是在血液中漂浮直到被免疫细胞破坏。有趣的是，科学家们发现，某些人有一个或多个相关的自然基因突变，使其对特定形式的疟疾具有抵抗力。例

如，很多非洲人后裔（在某些地方高达95%）的达菲抗原基因就存在突变，几乎完全可以抵抗间日疟原虫感染。同样地，美拉尼西亚血统的人（如巴布亚新几内亚）经常携带条带3基因或盖比希抗原基因突变，这就使他们对恶性疟原虫感染和严重的脑疟疾有一定的抵抗力。

具有抗疟疾能力的人通常还可能会发生第三类红细胞基因突变——编码酶蛋白的基因突变。我们的细胞中有数以千计的化学反应，每一个反应都需要酶。没有酶，我们的细胞将无法消化营养、生长、分裂、交流或保护自己免受毒素侵害。酶如此重要，以至于单一酶的缺失往往也会带来致命的影响。例如，家族黑蒙性白痴病（Tay-Sachs disease）、苯丙酮尿症、戈谢病（Gaucher's disease）、肾上腺脑白质营养不良和 $\alpha-1-$ 抗胰蛋白酶缺乏症都是由单一酶缺失引起的。

两种酶缺陷对红细胞的生命和健康尤为危险。[59]缺少葡萄糖-6-磷酸脱氢酶（G6PD）或丙酮酸激酶（PK）的人在遇到任何类型的细胞应激时，通常都会发生严重的溶血性贫血。换句话说，由于酶的缺少，红细胞更容易受到低氧、各种化学物质和感染等压力的破坏。例如，如果一个有上述遗传缺陷的人感染了疟原虫，感染的红细胞就会承受压力，以至于其形状发生变化并被宿主脾脏迅速杀死。由于消灭得迅速，裂殖子没有足够的时间复制，该人也就不会发展为疟疾患者。如果某人上述两种酶中仅有一种是缺陷的，那么他通常会是健康的，同时还会对最严重的疟疾（由恶性疟原虫引起）具有一定水平的抵抗力。有趣的是，上述两种酶缺乏症是地球上最常见的，影响了地中海、东南亚、非洲和印度的4亿多人。

疟疾为人类基因组选择的永久性基因突变比历史上其他病

76 原体都多。尽管疟疾没有引起这些突变，但遗传上"正常"个体的死亡率和红细胞缺陷者死亡率的差异，恰恰增加了后者在人群中的比例。由于疟原虫的影响，在很大比例的人群中，红细胞的结构和功能已经发生了永久性改变。人类对疟疾产生抵抗力的故事是一个非凡的例子，它描绘了人类如何能在抗生素、疫苗和现代医学出现之前抵御具有毁灭性的流行病。它显示了人类基因组惊人的可塑性，表明人类像地球上的所有其他生物一样，能够在威胁人类物种生存的环境中进化。

第五章

肺结核

如果一种疾病对人类的重要性是用其造成的死亡人数来衡量的话，那么肺结核比诸如鼠疫、疟疾那些最可怕的传染病更严重。1/7 的人死于肺结核。如果单从具有生产力的中年群体来看，肺结核夺去了 1/3 的生命，甚至更多。

——罗伯特·科赫（Robert Koch）医生
于 1882 年关于发现肺结核（肺痨）
病原体演讲时提及[1]

肺结核（Tuberculosis，TB）可以说是人类历史中最古老、最可怕、最致命的疾病。肺结核早在至少 17000 年前就从牛科动物（家牛、野牛等）传到了人类身上，[2] 此后几乎一直是人类的头号杀手之一。肺结核可以从距今 9000 年前的新石器时代的残留物中找到，也发现于古埃及木乃伊身上。[3]《旧约》和神圣的印度教文本《阿闼婆吠陀》中，至少有两个地方提到了肺结核。尽管鼠疫、天花、大流感这些疾病在媒体上更"享有盛名"，因为它们是极具破坏性的周期性传染病，但肺结核是一直持续存在的无情杀手，在历史上杀害了 20 亿人。从其似乎永无休止的持久性和残酷性来看，唯一能和肺结核匹敌的疾病只有天花（Smallpox）了，不过有些人评估死于肺结核的人数是死于天花的 2 倍。

　　出人意料的是，目前大约 1/3 的地球人口（超过 20 亿人）被认为感染了肺结核的病原体———一种叫作结核分枝杆菌（Mycobacterium tuberculosis）的小细菌。它每年持续杀死100 万～200 万人，目前是世界上传染病致死的主要原因。20亿被传染的人中，大部分人一开始症状很少，因为防止细菌大肆传播的免疫系统做出了快速应答。这常常被称作肺结核潜伏期。然而，营养不良，或者患有其他削弱免疫系统疾病（如人体免疫缺陷病毒 HIV）的人往往会发展成使人衰弱的肺炎和/或慢性消耗性疾病，最终走向死亡。体重和体力会慢慢耗损殆尽，毫不夸张地说，这个疾病从里到外掏空了人类。因此，活动性肺结核（active TB）在历史上被称为肺痨、白死病或白色瘟疫（由于伴随着消瘦的苍白肤色）。它之所以被认为是当今世界上最大的健康威胁之一，在很大程度是因为最近出现了抗药的结核菌株以及结核分枝杆菌和人体免疫缺陷病毒合并感染的流行。

　　肺结核是通过吸入感染人员呼吸道分泌物而得的。阳性肺结核患者每次咳嗽、打喷嚏、吐痰甚至讲话的时候能通过微小的气溶胶（也叫作飞沫核）释放出数百万个病原体。奇特的是，有些较小的飞沫在感染者离开房间或飞机后，仍然能在空气中悬浮数小时（而且细菌存活时间更长）。也就是说，一个肺结核患者早上在一个房间里咳嗽，一个不知情者下午走进这个房间，也会吸入细菌。这种在密闭空间"悬浮"的能力特别可怕，因为足以感染肺结核的细菌剂量相对比较小。科学家做出评估，10 个病毒细胞就足以感染易感的人。所幸的是，大部分人的免疫系统足够强健，在短时间内接触少量细菌通常不会造成什么实际伤害。然而，当一个人不断地与活动性肺结核病患者接触，加上自身免疫系统薄弱或者肺部有损伤，这类人患病的风险便大大提升了。因此，肺结核常常在家庭成员之间，或者在监狱、流浪汉收容所，甚至医院等封闭场所传播。

一旦进入人体的肺部后，大部分细菌很快就会被称为肺泡巨噬细胞的免疫细胞吞噬掉，被吞噬后形成一种叫内体或吞噬小体的膜封闭结构。吞噬小体像是一个监狱，把细菌和细胞中营养丰富的部分隔离开来。然后，巨噬细胞把叫溶酶体的膜封闭结构与吞噬小体融合在一起。溶酶体中含有剧毒物质，如强酸、过氧化氢、自由基以及若干不同的消化酶（例如蛋白酶）。这个融合的行为直接把致命的有毒物质送到了病原体处，大部分情况下，能把病原体消灭掉。然后，巨噬细胞把已经死掉的病原体送回细胞表面，把它们释放到外面的体液中。

当结核分枝杆菌进入人体肺部，它们很快被肺泡巨噬细胞 79 吞噬了，并暴露在溶酶体的毒素中。不过，与大多数其他细菌不同，肺结核杆菌的表面有一层像蜡一样的物质，叫分枝菌酸，大多数化学物质无法从这层表面通过。这样说来，细菌细胞表面有一种蜡状"力场"的保护，能抵御溶酶体的强大攻击。肺结核杆菌不仅能存活，它们甚至在吞噬小体中就开始复制。被感染的巨噬细胞意识到无法在内部摧毁这种细菌，发出化学遇险信号，吸引更多的巨噬细胞和其他免疫细胞（如T细胞和B细胞）来到这个感染区域。"增援部队"围绕在被感染的巨噬细胞周围，试图遏制感染。大部分情况下，这一过程是有用的，肺结核杆菌被大规模的免疫细胞困住了，不会对肺部造成任何明显的损伤。这种大规模的集结可以在X光片上看到，被称为结节或肉芽肿。

在大约90％的情况下，孤立的结节一直留在人体内，不会有可见的疾病征兆。这就是潜伏性肺结核。然而，对于因为其他疾病（如人体免疫缺陷病毒）、药物或者营养不良而受到免疫抑制的人来说，结核杆菌就会冲破这道免疫屏障，开始不受控制地复制。这种状况可能会发生在感染初期，也可能发生在多年后，即潜伏结核病患者经历了一段免疫抑制时期。两种情况下，在活跃的细菌复制过程中引发的炎症会引起持续的肺炎、咳嗽、盗汗、胸痛和疲惫。一些情况下，复制中的细菌离开了肺部，流入了淋巴管或血液中。然后，它们就可以传播到其他较远的器官，如肾脏、脾脏、胰腺等，导致全身感染。这种广泛传播的结核病，通常被称为粟粒性结核，这种病如果不及时治疗，几乎必死无疑，即使前往就医，也有 20% 的死亡率。粟粒性结核病导致大范围和持续的炎症以及组织损伤。患病者生活能力变得越来越差，逐渐消瘦，直到死于肺炎或者器官衰竭。

　　肺结核病情发展缓慢，有时候患者从发病到死亡历时几年。其原因一是之前阐述的宿主本身保护性的免疫应答，二是肺结核杆菌本身生长极其缓慢。葡萄球菌或大肠杆菌这样的细菌在有足够营养和空间的前提下，可以每 18 ~ 20 分钟复制一次，而结核分枝杆菌每 16 ~ 20 小时分裂一次。虽然这种缓慢可能看起来是病原体的一个缺点，但实际上是有益的，它在杀死宿主细胞之前，给了自己大量复制和传播到新宿主的时间。不过，对被感染的受害者来讲，疾病进程的缓慢很残酷，延长了以慢性疾病和绝望为特征的生命。几年时间里，在最终结束感染者的痛苦之前，疾病慢慢消耗着他们的身体、情感和精神健康。他们已经知道了自己被判死刑，却对之无能为力。

工业革命和白色瘟疫

尽管肺结核病在几千年中感染并杀死了 10 亿多人，但令人惊讶的是，18 世纪以前很少有历史记载提到肺结核。与这本书上介绍的所有其他疾病不同的是，肺结核从未被认为是任何重大历史事件中的一个重要因素，也从未被认为以任何有意义的方式影响了社会，其中一个原因是肺结核在人类中流行了太长时间，以至于大家都把它当成正常生活的一部分了。它持续缓慢地杀害着所有不同阶级和种族的人，人们已经无从追溯。人死于肺结核是很正常的事，几乎没有历史学家认为有必要记录下过多细节。因此，在历史上的大部分时间里，结核病就成了一种被遗忘的瘟疫，躲过了人们的注意。

18 世纪席卷西欧和美国的工业革命是肺结核病的一个重要转折点。在这之前，大部分人在乡村地区生活和工作，彼此相对隔绝。自然的隔离有助于限制肺结核的传播，因为感染通常需要反复并长时间与病人接触。生活在农村的普通人根本没有旅行、工作或与陌生人同居到足以从他们那里感染疾病的程度。因此，结核病是一种很少有人患的人群疾病。然而，18 世纪 50 年代，这个现象开始转变了。因为炼铁、发电和机械化的创新，城市大型工厂中生产商品的利润要比小型手工作坊高得多；由于农村地区的工作机会越来越少，大量的劳动人员和他们的家人被迫背井离乡，搬迁到紧邻主要制造中心的城市。遗憾的是，在城市中工作的工资、公平性并非承诺的那样；这些人要想在日益拥挤和肮脏的贫民窟中建造或买得起住房，也并非想象的那么简单。以前在乡下时，住在自己家里且挣高薪的人现在别无选择，只能与处境相同的其他家庭合租小的单间公寓。有时候，多达 20 ~ 30 人睡在一间简陋的小房间里。1844 年，一位英国牧师对他拥挤的教区是这样描述的："1400 栋房子里住着 2795 户人家，大约有 12000 个人，而这一庞大群体居住的空间不足 400 码（1200 平方尺）。"[4]换句话说，大约 12000 个人住在相当于 4 个足球场面积的空间中。

81

即使在今天，过度拥挤也是很危险的，而在现代卫生系统诞生之前，它的危害尤其严重。这些城市几乎没有采取措施来安全地控制或丢弃每天产生的大量人类排泄物和家庭垃圾。结果，城市的街道经常变成可怕的污水坑，堆满了腐烂的垃圾、啮齿动物和恶臭的粪便。除了造成极其恶劣的居住环境外，大面积的污染滋生了诸如疟疾和伤寒等水传播疾病。在拥挤且通风环境恶劣的公寓大楼和工厂中，不断发生各种呼吸道疾病伴随着慢性胃肠道疾病。肺结核尤其擅长在这些建筑中传播，因为分枝杆菌能够长时间悬浮在空气中而不会死亡。结果是，一个长期咳嗽的人能把肺结核传染给每天碰巧在他附近一起睡觉和工作的人们。非常不幸，这是 18 世纪与 19 世纪工业化城市中非常普遍发生的状况。

据保守估计，工业革命期间，肺结核导致的死亡增加了 2 ~ 3 倍，它成了城市中的头号杀手，并造成了西欧约 1/4 的人口死亡。[5]肺结核对长期营养不良或者患有其他疾病的人尤其致命，因为这两类人的免疫系统功能很弱，更容易染上肺结核。事实上，在漫长的历史中，肺结核是第一个成为"穷人病"的疾病。有钱人能住在城市外面宽敞的大房子里，不太可能与肺结核病人接触。而穷人几乎没有其他选择：要么与其他家庭一起缩在拥挤的公寓里，要么睡在政府安排的更拥挤的、监狱似的济贫院里。[6]罗伯特·科赫（Robert Koch）曾经对城市中穷人的悲惨生活感言道："我们必须把穷人过于拥挤的住所视作肺痨真正的滋生地，发病率正是在这群人中居高不下，如果我们要从根源上祛除这恶毒的疾病，并用有效的武器与其作战，我们首先必须把注意力集中在废除这种生活条件上。"[7]遗憾的是，几乎没有政府遵照科赫的建议采取措施改善穷人在贫民窟的生活条件。最终的结果是，肺结核从一种通常只影响农村地区一小部分人的疾病，变成了一种世界上感染最严重的疾病，甚至超越了鼠疫、天花和疟疾。

浪漫的死亡方式

82

18世纪至19世纪，肺结核重新流行的一个有趣副产品是社会对肺结核患者的态度发生了重大转变。工业革命以前，肺结核在很大程度上被看作一种超自然的惩罚。譬如，在法国，有人认为感染肺结核的人是夜间被恶魔袭击了，或者被死后变成吸血鬼回来的家人咬了。[8]在大众文化中，对吸血鬼的普遍描述是红眼睛，对人血非常渴望的苍白、憔悴形象。得了肺结核的人通常体重骤减，面色惨白，眼睛发红，对光很敏感，常常咳嗽并咳出很多血。咳血被认为是他们急需要补充新的血液，他们会因此去咬其他人。也有一些人认为肺结核源自个人道德的沦丧，诸如过度饮酒或卖淫。[9]这种近乎清教徒式的信念，认为不健康的灵魂更易使人罹患身体上的疾病，如肺结核。肺结核给了这些罪人机会来净化自己、为自己的罪行忏悔，从而把他们向上帝拉进一步，而不是直接把人杀死作为惩罚。因此，肺结核患者会被轻视、嘲弄和孤立。

18世纪晚期，浪漫主义运动的兴起引发了社会对肺结核及其感染者看法的巨大转变。其中一个主要原因是，这一时期许多闻名遐迩的诗人、艺术家、作曲家及作家死于肺结核（很可能因为他们中的大多数人很穷，并住在城市里）。[10]其中小部分死于肺结核的人中包括约翰·济慈（John Keats）、伊丽莎白·巴雷特·布朗宁（Elizabeth Barrett Browning）、弗雷德里克·肖邦（Frederic Chopin，可能是）、艾米莉·勃朗特（Emily Bronte）、沃尔特·惠特曼（Walt Whitman）和罗伯特·路易斯·史蒂文森（Robert Louis Stevenson）。因此，肺结核被看作一种只针对真正有艺术天分的天赋异禀者的疾病。染上肺结核代表着患者卓尔不群，是被选中的标志。马克·考德维尔（Mark Caldwell）在《最后的十字军东征：1862 ~ 1954 年肺痨之战》（*The Last Crusade：The War on Consumption, 1862 – 1954*）一书中写道：结核病"是优雅的象征……它使你的朋友们不再为你的英年早逝而感到悲哀，而应该崇拜你的脱颖而出、与众不同"。[11]像拜伦（Byron）伯爵、巴西诗人及剧作家卡西米罗·德·阿布鲁（Casimiro de Abreu）这样的人甚至还渴望患上肺结核，如此才能显得自己更有趣、更有艺术感。

肺结核同时被看作能促使人们更接近自己的情感，摒弃世俗的物质主义，达到创作天才的高度。确实，一些最伟大的文学和音乐作品是自身患有肺结核的创作者，或者看着亲人死于肺结核的创作者成就的。[12]例如，济慈在他两个兄弟死于肺结核后，自己也患了肺结核，在此期间他写了很多关于病痛和死亡主题的诗。同样地，埃德加·爱伦·坡（Edgar Allan Poe）的父母和爱妻弗吉尼亚（Virginia）死于肺结核，夏洛蒂·勃朗特（Charlotte Bronte）目睹了自己三个姐妹（包括艾米莉）和一个兄弟死于肺结核。这种与肺结核紧密相连的个人经历让很多作家和作曲家把令人同情又有些许英雄色彩的肺结核患者融入自己的故事和作品中，为这种病进一步增添了浪漫主义色彩。例如，《波希米亚人》（*La Bohéme*）中的咪咪（Mimi），《红磨坊》（*Moulin Rouge*）中的莎婷（Satine），《茶花女》（*La Traviata*）、《悲惨世界》（*Les Misérables*）、《伊甸园之东》（*East of Eden*）、《魔山》（*Magic Mountain*）和《呼啸山庄》（*Wuthering Heights*）中的人物都与肺结核有关。用这种方式把结核病浪漫化的最终结果是，广大群众开始强烈地把肺结核与忧伤和几乎超凡脱俗的状态联结在了一起。

19 世纪，肺结核病变"时髦"的另一个原因与肺结核患者自身的外貌有关。当时在欧洲和亚洲大部分地区，理想的美丽是身材苗条，皮肤白皙，脸颊红润，以及一双大眼睛。自古罗马开始，浅色皮肤是财富和高贵的象征，代表着室内闲适的生活，不用暴露在大太阳的户外。维多利亚时代的女性会涂诸如散粉和面霜的化妆品，让自己的肤色变成象牙白。大家普遍会穿紧身内衣，让自己显得更瘦，有时候内衣勒得很紧，肋骨都快被勒断了。由于在脸颊和嘴唇涂上颜色鲜亮的化妆品，常常会与道德败坏和卖淫联系在一起，于是这些女士们会捏自己的脸颊，咬自己的嘴唇，以产生自然的红润。肺结核患者被认为是很幸运的，因为这种疾病的自然病程为病人带来了这些美丽的特征。由于长期耗损，他们身材瘦削，眼睛也因此显得更大了，夜里反复发热让他们脸颊变红了，咳血导致了贫血以及苍白的脸色。尽管他们在痛苦中奄奄一息，但许多人认为他们十分美丽，几乎像天使一样。

19 世纪末，现代科学揭示了结核病是由于感染了一种小型杆状细菌而引起的，社会对肺结核的看法再次改变了。一个人染上肺结核是因为他/她接触了微小的病原体，并不是因为此人拥有任何特殊的人格特质、艺术天赋或才智。这一里程碑式的发现使科学和医学取代了 19 世纪神秘的浪漫主义。曾经一度被认为楚楚动人的病患，再次遭遇了同情和蔑视。其结果是，他们遭到了更大程度的孤立，这使得他们很难获得工作、结婚或者和健康的人接触。这种转变甚至导致整个社会对疾病看法的改变。19 世纪与 20 世纪之交，越来越多的医学和新闻报道用更专业的组织学术语 tuberculosis（肺结核），而不是 consumption（消耗病）或 phthisis（痨病）来称呼。得到科学解释后，上层社会也像看城市里的穷人们一样看待结核病了——一种可怕、痛苦、漫长的死刑判决。

康复疗法被普及

综观历史，肺结核病人接受过很多治疗方法，包括特殊食谱、放血、鸦片、汞化合物、水蛭。19 世纪 30 年代早期，一位叫乔治·伯丁顿（George Bodington）的年轻的英国全科医生针对广泛使用的结核病疗法写了几篇犀利的文章，批评这些疗法经常对患者造成伤害。[13]他也不赞同在拥挤、卫生条件糟糕、闷热的城市医院医治肺结核的做法。基于他自己的临床观察，他开发了另一种治疗模式：凉爽新鲜的空气、适量的运动、健康的饮食和放松的精神状态。在几年的时间里，他亲自在自己乡下的家中照料了 6 个肺结核病人，来测试自己的理论。1840 年，他企图发表相关的研究文章，介绍自己疗法的部分成功之处，他相信为肺结核病人在气候适宜的地方建设户外设施，对肺结核有治疗作用。遗憾的是，包括著名的《柳叶刀》（Lancet）在内的一些医学杂志的审稿人，不仅退回了他的文章，还直接蔑视他的想法和医学资格。虽然他的文章最终还是被发表了，但是同行们的负面批评让他不得不转了行，开始研究精神疾病。[14]

伯丁顿的论文发表约 15 年以后（1854 年），一位叫赫尔曼·布雷默（Hermann Brehmer）的德国医生对这种自然的整体治疗策略很有兴趣，他在如今隶属波兰的一个村子里建起了第一座专门治疗肺结核的机构。[15]这种机构叫作疗养院，相比医院，更偏重健康疗养。它和之前伯丁顿文中提议的概念很相似，让病人吸取健康剂量的新鲜空气，做少量的运动，多多卧床休息，持有积极的生活态度，摄入有营养的食物。几年中，这种疗养院非常受欢迎，数量激增，在欧洲和北美乡村地区开设了数千家类似的机构。一些是私人疗养院，专为富人服务，另一些是国家运营的，面向穷人和少数族裔。时隔近 20 年，

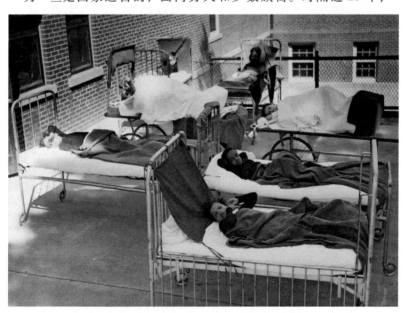

走廊里的疗养院病人，摄于 1920 年。（美国国家档案记录组 69 - PWA）

伯丁顿因在该领域的开创性工作而获得了广泛认可，他当时的文章成为医学史上最具有影响力的出版物之一而被流传了下来。

85 　　在疗养院里，人们实际的生活质量很矛盾。一方面，这种地方宣扬放松、心灵的平和与乐观，而另一方面，其中依旧有很高的死亡率、病痛和孤独。[16]进入疗养院的人知道他们很可能有一天会躺在棺材里离开。事实上，典型的登记流程中，会有关于如何进行尸体解剖，以及如果尸体要被送回家下葬，需要支付运送尸体回家安葬的运输费的讨论。进入疗养院之后，很大一部分人并没有恢复健康，他们会在疗养院中居住8～10年之久，从未离开。他们长期与外部世界隔离，加上无尽的单调生活，与监狱没什么两样，这些因素敲响了居住者心理情感上的丧钟。虽然在病友逝去时，考虑到对精神的负面影响，工作人员会劝阻病人谈论死亡话题，以避免悲伤外露，但死亡一直存在，遍及整个疗养院。面对他们自己的死亡命运，人们经常从性爱和其他娱乐活动上寻求慰藉，来最大限度地度过自己有限的时间。

　　在接近百年的时间里，长期待在疗养院中是肺结核最常见的治疗方法。然而，很多人质疑，这到底是不是有效的救命方法。《英国结核杂志》（*British Journal of Tuberculosis*）的编辑于 1909 年总结这两派立场："关于所谓的'露天'治疗，已
86 经聚集了各种各样的潮流和幻想，一些经验不足的人不可能对疗养院的神奇疗效言之凿凿。尽管有很多夸张的说法和失败经历，但毫无疑问，保持严格卫生的生活方式是现代医学有效治疗结核病的最佳手段。"[17]20 世纪初的一些研究也得到了同样的结论。[18]人们从统计上发现，疗养院的病人仅仅比城市医院的

病人存活率高一点点，这个优势仅限于在疾病早期进入疗养院的病人。研究发现，肺结核晚期的病人不管在哪里，无论他们怎么生活，死亡率是一样的。1956 年进行的著名的马德拉斯（Madras）试验令人信服地证明了这些发现：健康的饮食、充足的休息、新鲜的空气对已经感染肺结核病的患者的治疗并没有好处。[19] 这些研究，加上 20 世纪 40 年代中期有效抗生素疗法的发明，让疗养院的运动走向下坡。20 世纪 60 年代，全球范围内的、昂贵却无效的疗养院开始关闭。这个趋势一致持续到 2012 年 7 月 2 日，当时，位于南佛罗里达州的世界上最后一家肺结核疗养院正式关闭。

尽管疗养院并没有给肺结核病人带来很多可衡量的健康益处，不过它在历史记载中肺结核暴发最糟糕的时代起到一些重要作用。首先，疗养院通过把病人隔离起来，有效减缓了疾病在当地人群中的传播。居住在与世隔绝的疗养院中，相比住在家里或城市医院中，病人把疾病传染给朋友、家人和同事的可能性低得多。因此无数人可以免于面临患上漫长的肺结核病和死亡的恐惧。其次，它大大提升了晚期病人的生活质量。住在疗养院的人最后没有死在肮脏拥挤的城市医院，而是在平静和平的环境中有尊严地死去。这样说来，它是现代临终关怀概念的先驱，其发生在临终姑息治疗被确认为是一种主动选择的100 年前。

医学微生物学诞生了

在其历史发展的大部分时间里，肺结核的发病被归咎为吸入了污秽有毒的气体（瘴气），而不是由于接触某种特定的病原体引起的。直到 19 世纪中期，显微镜与染色技术进步了，德国一位年轻的内科医生罗伯特·科赫推翻了这个陈旧的理论。凭借着韧劲和聪明才智，科赫睿智地指出所谓致死的白色瘟疫——肺痨，实则源自一种生长缓慢的小细菌，而不是瘴气。路易斯·巴斯德（Louis Pasteur）与约翰·斯诺（John Snow）等在自己的文章中对科赫的理论做了补充，这项发现在医学史上掀起了一场无与伦比的科学革命。它永远地改变了传染病的研究方法，最终产生了现在被广泛接受的观点，即微观的细菌能导致人类疾病（被称为疾病的细菌理论）。

1866 年从医学院毕业后，科赫参加了普法战争，最后在德国南部的一个小镇安顿下来做了外科医生。他对微生物有着与生俱来的好奇心，他在自己的医务室里建立起了一个小实验室，里面有一个自制的恒温箱和妻子作为生日礼物送他的显微镜。他的微生物生涯从研究海藻开始；然而，在当地炭疽病暴发后，他开始研究引起人类疾病的微生物。在几乎没有资金支持，也没有得到专业训练的情况下，科赫分毫不差地精确描述了引发炭疽病的细菌（被称为"炭疽杆菌"）的生命周期。[20]他开发了在显微镜载玻片上培植和观察细菌的新技术，阐述了细菌细胞如何产生可以在泥土里存活很久的受保护的小孢子，还展示了当把细菌单独注射到实验动物的身上，是如何造成炭疽病的。1876 年，他发表了里程碑式的作品，收到了很好的反响，当时一位卓越的病理学家写道："我认为这是细菌史上最伟大的发现，我相信这不是这位年轻的罗伯特·科赫最后一次让我们惊喜又惊讶的聪敏研究。"[21]科赫不仅为未来的炭疽研究打下了基础，他的论文也为他赢得了国际认可、新的政府职位以及永久的研究支持。正是在这个时候，科赫把研究目标转向了比炭疽病更可怕的杀手——肺结核。

　　当科赫和他的团队决定寻找肺结核的病原体时，他还不知道这项任务有多难。如之前提及，肺结核分枝杆菌生长缓慢，它有一层蜡状外壳，不仅能保护自己不被免疫细胞伤害，还能抵御几乎一切已知的染色剂。一般的细菌（如大肠杆菌、金黄色葡萄球菌）快速复制 18～24 小时，就可以在培养皿中形成可见的细胞堆（称为"菌落"）；而肺结核分枝杆菌需要一个月才能形成菌落。同样，大部分人类细菌病原体能用常规染料染色，并且不需要花费太多的努力或多少次培养，就能看见它们；而肺结核分枝杆菌必须用多种染料，经过一系列步骤复杂的染色，即使是训练有素的微生物学家也很难掌握这种方法。在科赫之前，所有企图尝试这项看似不可能完成的任务的人都失败了。

　　1882 年 3 月 24 日，罗伯特·科赫站在了柏林生理学会年会的讲台前。[22]他的演讲从肺结核给社会造成的破坏讲起，接着描述了他和他的团队如何在历史上第一次成功地分离、染色，并肉眼观察到杆状的结核病分枝杆菌。在他精彩的演讲结束后，科赫邀请观众上台通过显微镜亲自观看结果。所有观众都目瞪口呆地坐着。科赫安静地走下讲台的时候，没有人提问，也很少有掌声。后来获得诺贝尔奖的保罗·埃尔利希（Paul Ehrlich）也出席了会议，他后来说："我认为那个傍晚是我整个科学生涯中最重要的经历。"[23]科赫的演讲和随后发表的文章被认为是医学史上最具影响力的演讲之一，不仅因其确定了人类最大的杀手，还因其提供了识别其他人类病原体的路径和多种新工具。

　　这项工作中一个重要的创新是，在实验室里培养细菌的方

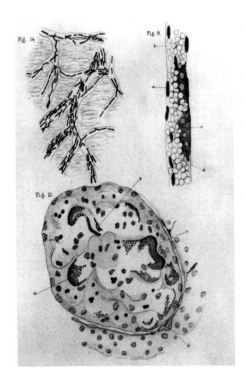

罗伯特·科赫的《创伤感染病的病因学调查》中的细菌插图，1880 年。（美国国会图书馆）

法有了巨大改进。[24] 当科赫开始研究炭疽和肺结核时，细菌只能在液体环境里培养。大家典型的做法是从受感染的动物和人身上取下样本，放到营养丰富的肉汤培养基中。细菌在液体中生长和复制一段固定的时间（通常是 24 ~ 48 小时）后，人们可以从培养而成的高密度混合液体中取出一些，放在显微镜下观察，或者用它去感染其他动物。虽然这种培养方法仍被广泛使用，但它有一个主要的缺

89

陷：从受感染的动物或人类身上取出的大多数样本是细菌混合物，即导致疾病的细菌和正常在个体体内生长的细菌的混合物。若在肉汤培养基中培养这种样本，多种细菌会一起生长，最终成为混合培养。对任何想要证明某一种特定的细菌造成了某种特定疾病的人（包括科赫）来说，这都是一个难题。

科赫和他的团队解决了这个问题，他们将临床标本铺在一个固体培养基表面，让细菌生长成独立的菌落。[25] 这样操作的

话，他们就能将每一种类型的细菌分离成不同的细胞堆，把研究的细菌挑选出来放入上述的肉汤培养基中扩增。该团队一开始的尝试包括在薄土豆片上或试管里凝固的血清表面培养菌落。当这两种尝试都不能产生可重复的结果时，他们转而尝试向培养基中加入明胶，试图使其凝固（有点像制作细菌果冻）。遗憾的是，明胶会在大多数细菌生长所需的温度下熔化，而且很多细菌分泌的酶会毁坏明胶。因此他们确定，明胶相对来说不适合此类研究目的。正在这个时候，范妮（Fanny）和沃尔特·黑塞（Walter Hesse）加入了科赫的实验室，改变了医学史的进程。[26]范妮告诉科赫，她曾经用一种不同的固化剂来制作果冻和布丁，这种固化剂从海藻中获取，叫作琼脂。经过实验室的测试，它比明胶的熔点高，并且不会受细菌消化酶的影响。从这一点出发，固体琼脂培养基成为培养细菌单菌落的首选方式。有了这些新型的培养基，科赫就能在临床样本中分离不同种类的细菌了。他能确凿地显示，肺结核分枝杆菌是肺结核唯一的病原体。

这项工作也让科赫描述了他用来证明"结核病分枝杆菌是人类肺结核直接原因"的一系列标准。这四个原则，统称为科赫法则，后来成了想要"排除合理怀疑"的科学家们常用来证明"X微生物会导致Y疾病"的标准。尽管科赫法则有局限性（例如，它们不能用来确认病毒性疾病），但被证明是至关重要的，全世界的科学家纷纷利用其来确认其他致病细菌。在科赫里程碑式演讲后的15年里，几乎所有其他人类细菌病原体都通过科赫的琼脂板和法则被分离出来，并得到确认。

科赫的工作显示出的另一项重大进展是使用染料染色和在

显微镜下观察细菌方法的改进。绝大部分的细菌在自然状态下是透明的，若不使用染色剂使细菌和显微镜载玻片有颜色上的强烈对比，细菌是很难被观察到的。细菌的第一次成功染色是于 1871 年由卡尔·魏格特（Carl Weigert）意外地操作成功。[27]在检查天花病人（天花由一种病毒造成）活检皮肤切片时，他注意到病变组织中有大量细菌聚集。它们吸收和保留所用染料的方式与周边的人体细胞不同，这使得它们很容易与混合组织的其他成分区分开来。熟悉了魏格特的数据后，科赫和他的团队开始有条不紊地测试不同的方案和染料，以对众所周知的耐药结核杆菌进行染色。虽然有内在的困难，但科赫在 1882 年完成了这项目标，彻底改写了临床微生物学、组织学和病理学的未来。科赫成功地对地球上最难渗透的细胞之一进行了染色，他证明了任何细胞（细菌的或人类的细胞）都可以通过足够的努力和独创的方法来染色。这项成功启发了其他科学家，如保罗·埃尔利希（之前提到的诺贝尔奖得主，同时是魏格特的表亲）、汉斯·克里斯蒂安·革兰（Hans Christian Gram）、弗兰兹·齐尔（Franz Ziehl）、弗里德里希·尼尔森（Friedrich Neelsen）以及魏格特，他们不断完善已有的染色方案，并开发出新的方案，如革兰氏染色法及 H&E 染色法。

巴氏消毒法、X 光胸片和其他预防与诊断肺结核的工具

在 19 世纪和 20 世纪，控制肺结核传播的尝试，导致了几种预防和诊断工具的实施和普及，这些至今仍被广泛使用。最早的此类措施之一是快速地加热与冷却牛奶（巴氏消毒法），以防止食源性结核病的传播。[28]尽管大部分肺结核的病例是吸

入了受感染的呼吸道飞沫造成的，不过，摄入被感染的食物
（如牛奶）也会传播疾病。其实，有三种不同种类的分枝杆
菌（肺结核分枝杆菌，副结核分枝杆菌，牛分枝杆菌）可以
引起结核食物中毒。当路易斯·巴斯德（Louis Pasteur）在
19世纪60年代发展他的巴氏消毒法时，他这么做的初衷是
为了拯救当时因细菌广泛污染而衰落的法国红酒产业。由于
当时肺结核通过食物传播导致很多人生病，有人把巴斯德加
热的方法运用在牛奶上，让人们喝到更安全的牛奶。在19世
纪末20世纪初，大多数牛奶生产厂商开始用巴氏消毒法消毒
他们的牛奶，食源性肺结核的发病率直线下降。此外，肺结
核推动了早期的牛奶巴氏消毒，同时这个举措也使通过牛奶
传播的其他疾病（如伤寒、口蹄疫、炭疽病）的发生率急剧
下降。因此，预防肺结核的斗争最终导致了食物安全的广泛
进步。

　　在此期间实施的第二个预防措施是肺结核疫苗。最早的疫
苗出现于19世纪晚期，用与天花疫苗相同的办法制造。一种　91
能导致牛型结核病的细菌（牛分枝杆菌）被注入人体体内，
人们认为它对人型结核病起到的交叉保护作用，与注射牛痘预
防天花是同样的原理。不幸的是，意大利首批进行临床试验的
人并不知道高浓度的牛分枝杆菌几乎和结核分枝杆菌一样能让
人患上肺结核。结果，很多接种了这种"疫苗"的人最终得
上了肺结核，其中几个人死了。这时，两位法国科学家，阿尔
伯特·卡米特（Albert Calmette）与卡米尔·介林（Camille
Guérin）在巴斯德研究所一起研究一种新型的弱化版的牛分枝
杆菌疫苗。[29]他们将致病牛分枝杆菌菌株，在一个不利于细菌
生长的培养基中培养很长一段时间。这导致了突变的逐渐积

累，使牛分枝杆菌变弱，不能在人体中茁壮生长。这种安全的
新型疫苗，被叫作卡介苗（Calmette-Guérin，BCG），① 于 1921
年第一次在人体上使用，它马上成为世界上更广泛接种的疫苗
之一。

到 20 世纪 30 年代初期，研究人员开始正式评估卡介苗的
长期效果。[30]有趣的是，试验显示出了充满矛盾的数据，这些
数据似乎与试验在哪里进行以及使用哪些品种的疫苗密切相
关。一些案例中，它能为超过 80% 的疫苗接种者提供保护，
而另一些试验显示有效性不足 10%。同样的，一些试验表明
疫苗的保护作用能持续 50 年以上，而也有一些试验显示免疫
效果只有短短的几年。虽然调查的结果很不一致，但卡介苗在
第二次世界大战后越来越受欢迎，如今所有高危国家的幼儿都
被建议接种该疫苗。事实上，只有少数几个国家（包括美国）
仍然没有定期给本国人民接种这个疫苗。毫无疑问，疫苗的广
泛接种挽救了无数生命，并在 20 世纪和 21 世纪阻止了传染病
的进一步蔓延。

在此期间开发的一些重要的诊断工具也有益于降低肺结核
的感染率。大部分病史中，肺结核病的诊断是在出现肺炎、咳
出鲜红的血以及持续的减重等症状后诊断的。这种方法是有问
题的，因为病人在出现上述严重症状前已经传播了数月的细
菌，也就是说，在大家毫不知晓的情况下，病人已经将病菌传
播给了他的家人、朋友与同事了。能够在人群中找出谁是肺结
核分枝杆菌的携带者是至关重要的，这样就能及早进行医疗干

① 译者注：卡米特·介林是研发预防结核病疫苗的两位医生，卡介二氏发
明的疫苗被称为卡介苗。

预和治疗。

其中最早发明的工具之一是听诊器。[31]一位名叫雷内·雷奈克（Rene Laënnec）的法国年轻内科医生被叫去看一位可能 92 有心脏问题的女病人。他意识到把耳朵贴在年轻女士的胸部（内科医生通常如此来倾听人体体内的声音）听诊很不合适，他用一张很厚的纸卷成一个空心管，一端放在病人的胸部，用另一端听她的心跳。他很震惊地听到空管中如此完美的回音，并立刻开始思考如何改进他的新发明。他用了 3 年时间测试不同材质，最终决定用一根固定直径的空心木管，在它的一端放一个听筒。有了这个新工具，雷奈克开始研究疾病的不同阶段以及不同心肺状况所产生的声音。他特别痴迷于研究肺结核，因为他的母亲、兄弟、叔叔和两位导师都死于这个病。他的听诊器让他能够把垂死病人的肺部听到的声音与尸体解剖后观察到的肺部组织的病理变化联系起来。它提供了一种在疾病早期听到肺结核病人肺功能微妙变化的方法，这样的话，就能提前干预，提早治疗。具有讽刺意味的是，雷奈克在发明了后来用于诊断肺结核的仪器 10 年后，自己却死于肺结核。

有意思的是，用于肺结核诊断的最伟大的工具，来自肺结核研究历史中最重大的失败之一。[32]1882 年分离并鉴定出肺结核细菌之后，罗伯特·科赫开始研究这种疾病的治疗方法。他从若干种分枝杆菌（肺结核分枝杆菌、牛分枝杆菌、鸟分枝杆菌）中提取了各种蛋白质，然后把这种蛋白质注入感染疾病的动物体内，看能不能刺激它们的免疫系统开始抵抗这种疾病。根据对他实验室笔记的现代解读，他早期的试验未能证明注射提取物有任何可测量的益处。然后在 1890 年，科赫出人意料地宣布，他成功地找到了一种治愈肺结核的方法，他称之为结核菌素。他声称一旦把结核菌素注射到受感染的病人体内，结核菌素的一些成分能自动附着在结核肉芽肿上，并启动宿主免疫系统对肉芽肿的破坏。在这个过程中，肉芽肿中的结核杆菌也顺便被杀死了。经过大量的庆贺和宣传，科赫开始在欧洲和美国营销他的灵丹妙药。遗憾的是，几个月之后，医学文献上清楚记载着结核菌素对肺结核带来的已有损伤没有疗效，更严重的是，在某些情况下，它还会引起严重的炎症反应。当被要求出具原始试验的数据或公布结核菌素的成分时，科赫有所遮掩，他的行为接近于欺骗。他最后不得不承认，他一开始的结核菌素提取物对治疗无效，后期几个改良版本也是如此。罗伯特·科赫，1905 年的诺贝尔奖得主，医学史上最辉煌的人物之一，于 1910 年在有关结核菌素的一片争议中去世。一些历史学家甚至质疑科赫是否有意利用自己的名望在医药界进行诈骗牟利。对科赫研究记录的调查充分说明他曾经确实相信结核菌素有效，他用了 10～15 年的时间企图去证明这个观点。科赫或许犯有自欺欺人和从事不良科学的罪行，但他不是骗子。

　　如果不是 20 世纪头 10 年三位内科医生的杰出工作，结核菌素可能成为医药史上又一失败案例，如沙利度胺、芬 - 芬、万络等一样。结核菌素在人类身上试验的早期，科赫发现被注射结核菌素的结核病感染者比被同样注射结核菌素的健康人（未感染者）更容易产生非常强烈的局部和全身炎症反应。这与 1906 年克莱门斯·冯·皮尔凯（Clemens von Pirquet）发现常常接种马血清或天花疫苗的人会有不正常的炎症反应很相似。冯·皮尔凯与他的匈牙利同事贝拉·希克（Béla Schick）

首先把这种反应称为过敏反应。冯·皮尔凯开始研究结核菌素，想要更好地描述为什么它会导致人的过敏反应，以及确定能否把它作为诊断肺结核感染的某种指标。[33]有趣的是，他发现，在皮下注射一点点结核菌素只会让肺结核感染者产生局部的过敏反应，即便这些感染者还没有出现症状。这是很重要的发现，这样内科医生就能在病人发病之前，辨别出体内有结核病菌且可能将其传播给他人的人。接下来的几年中，另外两位科学家，查尔斯·芒图（Charles Mantoux）与菲力克斯·孟德尔（Felix Mendel）在冯·皮尔凯研究成果的基础上，改进了他测试的成分和方法。[34]后来这种测试就被称为芒图试验，后来又得到了改善（通过部分提纯结核菌素的提取物），变成了现代的 PPD 试验（结核菌素试验）。自 1907 年开始，芒图/PPD 试验已在全世界范围内进行，甄别出几百万例肺结核病人，减缓了肺结核的传播，挽救了无数人的生命。因此，在罗伯特·科赫辉煌的职业生涯中曾经被视为最大的失误，却催生了一种有价值的救命诊断工具。

任何先前接触过结核病分枝杆菌的人进行了 PPD 皮肤测试后，都会呈阳性反应。测试不仅能检测出那些自然感染结核分枝杆菌的人，而且能检测出之前接种过减毒卡介苗的人。由于世界上大部分国家都要求接种这种有些许效果的疫苗，因此很大一部分人会自动检测出阳性。这意味着在肺结核暴发期间，当地政府很难找到新的肺结核患者。这也是诸如美国和英国这样的国家没有将卡介苗纳入常规免疫接种计划的主要原因。这类问题让大家迫切需要另一种可以完全甄别出肺结核感染者，并将那些由于免疫接种而似乎被感染的人区分开来的诊断方式。

94

1895 年，德国物理学家，后来的诺贝尔奖得主威廉·伦琴（Wilhelm Röntgen）制造并探测到了一种独特的电磁辐射波长，他称之为 X 射线。内科医生对这种新形式的强大的能量很感兴趣，因为它能轻易地穿透人的软组织（皮肤、脂肪、内脏），并让密集的内部结构（如骨骼、牙齿）和异物（如炸弹弹片）形成图像。早期的机器很难提供心、肺、胃肠道等内部器官的清晰影像，因此，很少有人相信这些设备能被用作这些部位的疾病检测。20 世纪早期，X 射线管得到了改进，这使得弗朗西斯·威廉姆斯（Francis Williams）这样的科学家们窥探到肺部潜伏和活动性的结核感染，并检测出特征性的病理异常（如结节、肉芽肿等）。[35]到 20 世纪 20 年代，国家结核病协会和其他类似组织发起了公共卫生运动，主张对全员进行 PPD 试验与 X 光胸片检查，普查范围包括那些没有表现出任何症状的人。后来人们还发明了可移动 X 光机，便于在城市搬运，为任何感兴趣的人提供免费检查。X 光胸片检查变得十分普遍，它们甚至出现在一些著名的文学作品中。例如，托马斯·曼（Thomas Mann）影响深远的作品《魔山》中，主角汉斯·卡斯托普（Hans Castorp）住在一个疗养院中，他生动描述了第一次看到自己身体内部的动人经历：

汉斯·卡斯托普所看到的，正是他所期待、人们几乎不需要看到而他从未想过自己会看到的：他看到了自己躯体的内部，眼见为实，让科学大放异彩。霍夫拉特人看到肺部新老阴影点。"线"从支气管延伸到器官本身相当远的地方——"线"上有结节。[36]

伍德罗·威尔逊（Woodrow Wilson）从日常行程中停下来，于塞尔维亚·苏特（Sylvia Suter）处购买肺结核印章，一枚小小的十字架，1923。（美国国会图书馆）

这是历史上首次能同时听到（听诊器）和看到（X光片）得病的肺内部。这些诊断工具，加上芒图试验（PPD试验）以及巴氏消毒、卡介苗等预防措施，大大降低了20世纪肺结核在人群中的传播。然而，对那些已经感染肺结核的人，这些工具和措施几乎没有什么价值。20世纪50年代中期，有效的抗生素发现以前，几乎没有任何办法阻止甚至减缓这种疾病的发病进程，与若干世纪前一样，诊断出肺结核依旧等于宣判了死刑。

抗生素的探索与失败

在第四章中我们已提及，在疟疾治疗上，对奎宁的发现与使用证明了微生物疾病可以从已经感染的人身上消除。这个事实让化学家们开始有意地合成新的化合物，他们希望找到一些可能杀死细菌的化合物。1909年，德国化学家保罗·埃尔利希和他的助手羽田佐八城（Sahachiro Hata）发现他们测试的第 606 个砷类化合物——砷凡纳明，能有效地杀死导致梅毒的病原体（梅毒螺旋体）。[37] 经历大量动物实验和许多人体临床试验后，埃尔利希发明的神奇的化合物于次年上市了，取名为撒尔佛散（Salvarsan），这个英语词是由"拯救"（salvation）和"砷"（arsenic）两个词合成的。撒尔佛散与比它略好一些的衍生品新砷凡纳明很快在全球流行开来，并在将近 40 年间，一直是治疗梅毒和非洲昏睡病的首选药物。遗憾的是，撒尔佛散对人类的毒性相对较强，对包括肺结核在内的人类的大部分细菌性疾病无效。这是研究细菌疗法的伟大的第一步，但显然不是最佳的解决之道。

埃尔利希发明撒尔佛散约 20 年后，一名叫亚历山大·弗莱明（Alexander Fleming）的苏格兰科学家无意中发现了一种可能是医药史上最好的救命化合物。他把一些葡萄球菌涂在培养皿上，忘了盖盖子，时间一长，上面落上了霉菌孢子。几天后，他检查时发现了一些奇怪的东西。有一个霉菌菌群污染了他的培养皿，它似乎产生了一种能杀死周围葡萄球菌的化学物质。弗莱明用产生它的这种霉菌（青霉菌）的名字给这种化合物命名，称之为青霉素，它对人体来说很安全，对很多人体细菌病原体都非常有效。化学家霍华德·弗洛里（Howard Florey）与恩斯特·钱恩（Ernst Chain）成功地把弗莱明的青霉素提纯，批量生产，并投入临床试验。1942 年，青霉素上市，很快它被冠以有可能终结一切细菌性疾病的"特效药"。这个崇高的目标很快就消失了，因为短短几个月以后，就发现了耐青霉素的葡萄球菌及其他细菌。此外，令所有肺结核患者大失所望的是，青霉素和其他所有在 20 世纪 30 年代到 40 年代分离出来的抗生素（如磺胺类药品）对治疗肺结核全然无效。这个事实刺激了全球去探究可以对抗顽固的结核杆菌的自然抗生素。一场抗生素革命开始了，而"圣杯"就是一种能够杀死看似无法杀死的结核杆菌的化学物质。

有趣的是，这种难找的化学物质来源于新泽西乡下罗格斯大学附近的小片农田。[38]赛尔曼·瓦克斯曼（Selman Waksman）教授和他的团队长期以来都对泥土里的霉菌，以及霉菌产生的对抗泥土中其他细菌的化学物质感兴趣。尤其引起他兴趣的是，他观察到当把结核分枝杆菌植入泥土中时，它们死得特别快，这引起了他的兴趣。在美国国家结核病协会的资助下，瓦克斯曼开始在不同的泥土中寻找能产生抗生素的霉菌。在这个项目最初的 10 年中，他已经成功地分离出了一些新的霉菌品种，甚至发现了一些能产生抗生素的霉菌。事实上，抗生素这个词就是瓦克斯曼在这项工作中创造的。遗憾的是，他最先发现的两种抗生素（放线菌素和链霉素）在动物试验中表现出很大的毒性，因此不能用于人类。在 1943 年，瓦克斯曼的实验室录用了一名叫艾伯特·沙茨（Albert Schatz）的年轻研究生，3 个月后就实现了突破。仅仅在沙茨的第 11 个样本中，他就在新泽西乡下罗格斯大学大楼旁的堆肥里分离出一种新型的灰色霉菌品种，叫灰色链霉菌。令他惊喜的是，新发现的这个品种能产生一种化学物质（链霉素），它不仅能抑制他的试验菌大肠杆菌的生长，也能抑制结核分枝杆菌的生长。在妙佑诊所同事们进行了大量的动物和临床试验后，链霉素被证实在人体上使用是安全的，并于 1946 年获得专利。世界上第一次有了肺结核的治疗方法。讽刺的是，肺结核这个人类历史上最强杀手的克星竟是在农场的堆肥中产生的，而且是被一个刚来实验室三个月的研究生所发现。

链霉素的发现引发了很多重要事件——一些是科学上的，另一些是法律上的。[39]当沙茨和瓦克斯曼共同为链霉素申请专利时，两人都书面同意放弃专利权以及这项发明带来的所有利润，这样世界人民就能以低廉的价格使用这项药物了。当时沙茨不知道的是，瓦克斯曼和罗格斯大学已与一些化学公司（如默克）秘密协定给予他们链霉素销售所得全部利润的20%。在意识到自己被误导后，沙茨把他的前导师和雇主告上了法庭，要求获得科学荣誉和税收。他赢得了诉讼，不过丑陋的法庭程序和对他人格的诽谤使他在某种程度上成为科学界的弃民。赛尔曼·瓦克斯曼于 1952 年获得诺贝尔奖的演讲中，甚至没有提到沙茨的名字，多年后也拒绝给予他应有的荣誉。1949 年瓦克斯曼给沙茨的信中写道："因此，你必须充分意识到，在链霉素问题的解决过程中，你的贡献只是很小一部分。你仅仅是实验室对抗生素研究的一个大轮子上的一颗螺丝钉。在这项工作中，有很多研究生与助手帮助我完成这项工作，他们是我的工具，我的手，你也是。"[40]时间最终弥合了这个裂痕。沙茨的科研生涯非常成功，罗格斯大学最终于 1994 年为他颁发了荣誉奖章，以表彰他对这一历史性的发现所做出的贡献。沙茨与瓦克斯曼的法律诉讼意义重大，因为它头一次提出了学生在资深导师的领导下取得重大发现的知识产权问题。[41]从那以后，又发生过一些类似的法律诉讼，而这个问题直到现在，仍在全球的实验中时常发生。

从科学上讲，链霉素的发现也很重要，因为它证明了对治疗肺结核有效的抗生素能够且确实存在。这促使化学家与土壤微生物学家们掀起了一场寻求其他对抗肺结核的化学物质的热潮。[42]第二个被发现的药物是一种名为 4 - 氨基水杨酸的阿司匹林衍生物（也被称为"PAS"），它没有链霉素有效，制造成本也稍高一些。1951 年，一种叫异烟肼（INH）的化学物质被证明对肺结核的治疗安全有效，价格低廉，且消除肺结核分枝杆菌的效果相当于链霉素的 10 倍。1957 年发现的抗生素利福霉素有类似的效用。在很短一段时间内，肺结核似乎终于遇到了这些新抗生素对手，并即将成为一种过去的疾病。不幸的是，肺结核分枝杆菌还有另外一招，让全世界的临床医生感到恐惧。

有趣的是，服用这些不同抗生素"治愈"的患者依然会死于肺结核，尽管死亡率低了很多。原因是结核病细菌的基因产生了随机变异，这使它们能够对每种抗生素产生抗药性。譬如，20 世纪 50 年代中期进行了一项调查估计，多达 5% 的接受测试的结核菌株对三种主要的结核病药物之一有抗药性。[43]结果是医生开始指导病人同时服用多种抗生素，有时达到 3 种或 4 种，因为他们认为这些抗生素对细菌有累加作用。[44]此外，任何一种结核分枝杆菌能耐多种抗生素的概率在当时都很小，所以开具多种抗生素给病人服用其实是种揣测，而不是探索疗效最好的药。这种"震慑"的肺结核治疗方法似乎在一段时间内有效，死亡人数与新感染人数都创下了新低。一些政府机构，如美国疾病预防控制中心（Centers for Disease Control and Prevention）甚至在 20 世纪 70 年代的大部分时间里，削减了结核病研究的基金。然而，20 世纪 80 年代中期，医生发现越来越多的人感染了对几种抗生素具有耐药性的结核病分枝杆菌菌株。更令人担忧的是，已有的药物对分离出来的多重耐药结核杆菌都无效。这些发现促使世界卫生组织于 1993 年宣布肺结核为"全球紧急事件"。2014 年公布的报告证实了这些担忧，多重耐药结核杆菌被发现于 35% 的新发病人员体内与

98

76% 的曾接受过抗生素治疗的病人体内。[45] 这些受试者中，14% 的病人产生了广泛的多重耐药结核杆菌（称为广泛耐药肺结核），这意味着他们没有任何可用的治疗办法，几乎没有可能康复。

到底是什么原因导致耐抗生素结核分枝杆菌增多了？一个因素是过去 30 年里人体免疫缺陷病毒（艾滋病病毒）的迅速传播。[46] 人体免疫缺陷病毒通过攻击和杀死通常保护我们不被细菌感染的细胞（T 细胞）来削弱人的免疫系统。由于免疫系统受到抑制，艾滋病患者更容易被包括肺结核菌在内的各种其他病毒、真菌或细菌病原体感染。如果一个人不走运同时患上了结核病和艾滋病，他们的免疫系统就会被削弱到结核病细菌能够在他们的全身不受控制地复制的程度。当结核病感染的人服用抗生素时，这些药物会杀死身体里大部分细菌，但因为免疫系统不起作用而无法消灭干净。细菌躲过了抗生素的攻击，会长时间地存活，产生耐药变异，变异的细菌会代代相传。用不了多久，感染艾滋病的患者体内会充满抗生素耐药的结核病细菌，并有更大可能会把结核病传染给别人。

造成这一问题的另一个主要因素是正在接受治疗的人滥用抗生素。对大部分细菌感染的病人而言，他们仅被要求连续 5～10 天居家服用抗生素药片。而患肺结核的人却必须每天服用抗生素持续数月之久，这样才能杀死生长缓慢且自我保护良好的结核菌细胞。在一些特殊的情况下，病人需要持续服用抗生素长达 1 年。长期的治疗会带来许多问题，因为长期服用抗生素是非常昂贵的，病人很难严格遵守，尤其是那些贫穷和没有稳定居住环境的人（如流浪汉）。病人会发生几天不吃药或忘记重新配药的情况，结核菌有机可乘地存活了下来，然后产

生了耐药的变异。为了解决这个问题，很多医院和公共卫生管 99
理人员要求病人每天到当地的诊所，在医务人员面前服药。这
种特殊的治疗方法被称为直接督导下短程化疗（DOTS），该
策略已被证明确实在经济欠发达和乡村地区有效地降低了一些
多重耐药结核病和广泛耐药结核病的发病率。例如，21世纪
初，在秘鲁的利马开展的 DOTS 项目被发现治愈率超过了
80%。[47]

　　尽管现代卫生设施、疫苗、多种诊断工具与若干种抗生素
应运而生，肺结核依然是世界上第二大致死的传染病。科学的
发展进步在短时间内减缓了肺结核的传播，不过要想消除这种
疾病，仍旧任重而道远。事实上，一些研究表明，肺结核病例
再度增多，疫情可能只会继续恶化。结核病的故事显然没有结
束，而且可能永远也不会结束。它在人类这个物种起源之初就
与我们相伴，可能会伴随我们直到人类的终结。

第六章
斑疹伤寒

士兵们很少在战争中获胜，他们常常在传染病的肆虐中死去。与恺撒（Caeser）、汉尼拔（Hannibal）、拿破仑（Napoleon）等历史上的将军领袖相比，斑疹伤寒以及它的兄弟姐妹们——鼠疫、霍乱、伤寒和痢疾——更多地决定了战争的胜败。传染病因战争失败而受到指责，而将领们领受获胜的勋章。其实，这一切应该反过来。

——汉斯·辛瑟尔，1935 年，
《老鼠、虱子和历史》[1]

在超过 4 个半世纪的时间里，流行性斑疹伤寒（Typhus）几乎对欧洲和亚洲大陆的所有主要战争都产生了重大影响。几乎在每场战争中，都有大量士兵被迫集中到一个特定的地方，在拥挤肮脏的帐篷和军营里居住数月甚至数年。在这种情况下，他们整天穿着从不清洗的脏制服，和别人共用被褥和毛毯，在敌人的攻击下或寒冷的冬天里挤作一团。同样，残酷的战争常常造成大量平民流离失所，他们只能蜷缩在异常拥挤的难民营或集中营里。战地和集中营的食物供应非常有限，造成了普遍的营养不良以及免疫系统减弱。这些因素综合起来，几乎所有战争都会导致拥挤不健康的生活环境，给传染病及携带病菌的寄生虫创造了绝佳的滋生温床。其中一种寄生虫——体虱，特别适应在战区的环境中繁殖。通过身体接触或共用衣服/

床具，它能轻易地从一个宿主跳到另一个宿主身上。由于其传
播流行性斑疹伤寒的能力巨大，小小的体虱戏剧性地影响了历
史上数场战争的成败，折损了很多伟大的军事人物（如拿破
仑·波拿巴）。

　　流行性斑疹伤寒（Epidemic typhus）是由普氏立克次体细
菌感染引起的。不同于其他的人类斑疹伤寒病，如鼠性斑疹伤
寒症或丛林性斑疹伤寒（恙虫病），流行性斑疹伤寒具有很高的
死亡率，并且它由虱子传染，而不是蜱虫、跳蚤或螨虫。当携
带普氏立克次体的体虱叮咬了人类，它常常会在吸血时在人的
皮肤上排泄。体虱唾液中的化学物质会引起炎症性瘙痒，人就
会去抓挠被叮咬的部位。抓挠给皮肤造成微小擦伤，也给细菌打
开了一扇能钻入体内的门。普氏立克次体进入人体后，会迅速到
达血流中，并附着在构成血管的细胞上（称作血管内皮细胞）。

　　大部分细菌性病原体会在细胞之外对人体产生危害，普氏
立克次体不同，它会进入血管内皮细胞内部，在里面进行繁
殖。被感染细胞内部充满了细菌，不堪重负，进入病态，最终
爆裂。爆裂中释放出来的新普氏立克次体与邻近的血管内皮细
胞结合，又感染了它们。不久，大量血管内皮细胞的死亡导致
大面积的炎症和血管穿孔。病人会起疹子（由于内部出血），
持续高烧，可达 105 华氏度（约 40.5 摄氏度），以及血压的
急剧下降。血流的减少会导致内部器官损伤和四肢的局部组织
坏死。这种高烧是感染引发的最高发热类型之一，会引起精神
错乱。如果不进行治疗，流行性斑疹伤寒的死亡率高达 40%。

关于流行性斑疹伤寒的早期描述

　　没有人确切地知道流行性斑疹伤寒从何时开始在人类中引

发疾病。最早疑似流行性斑疹伤寒的描述是对公元前 430 年至公元前 426 年，在雅典人对抗斯巴达的伯罗奔尼撒战争中，袭击希腊人的流行病的描述。[2]这种疾病被称为雅典瘟疫（Athenian plague），古希腊历史学家修昔底德与古罗马哲学家提图斯·卢克莱修将其描述为能产生传播性脓疱疹的疾病，病人会发高烧，"身体发热，即使是最轻症状的患者也无法穿上任何衣服或者亚麻布"，[3]还有吐血和血样腹泻。鉴于后者是消化道内出血的症状，并不是现代流行性斑疹伤寒的典型特征，很多传染病学家指出了该疾病的其他可能原因。一些人认为雅典瘟疫实际上是由伤寒引起的，这是一种与斑疹伤寒无关的经水传播疾病，会引发高烧和肠胃不适。爱尔兰移民"伤寒玛丽"（原名玛丽·梅伦）对伤寒的传播十分著名，这种疾病由沙门氏菌感染引起，在水源污染地区（如大多数古代战场）传播迅速。然而，修昔底德观察到小动物也会死于这种疾病，这意味着它可能根本不是伤寒。还有一些人认为病毒性出血热或腺鼠疫可能是雅典瘟疫的原因。

103

尽管整个黑暗年代都贯穿着对这种疑似斑疹伤寒的模糊记录，但直到 15 世纪晚期，我们才看到对这种疾病第一次进行了清晰而明确的描述。对这种传染病的首次记录发生在西班牙南部，当时的西班牙君主试图强行驱逐国内的穆斯林摩尔人、改变他们的信仰或杀光他们（这个过程被称为收复失地运动，The Reconquista）。基督徒十字军与摩尔人之间数百年的战争削弱了摩尔人对西班牙的控制，摩尔人不得不退到西班牙南部的格拉纳达（Granada）寻求庇护。[4]摩尔人在那里占据了 14 座城市，与西班牙北部的基督教统治者达成了不稳定的休战状态。然而，1481 年，格拉纳达的摩尔人国王穆利·阿布勒·哈桑（Muley Abul Hassan）突然袭击了附近的基督教城镇扎哈拉，随后拒绝向阿拉贡的西班牙国王费迪南二世（Ferdinand Ⅱ）进贡每年的黄金贡品，费迪南二世发誓要把所有的摩尔人彻底赶出西班牙。他的原话是"他要走进格拉纳达（西班牙语中是'石榴'的意思），把石榴籽一粒粒挖出来"。[5]

1489 年，一支约有 25000 名士兵的基督教军队在格拉纳达的一座城市包围了摩尔人，对他们进行不间断的炮攻。在基督教军队似乎胜利在望的时候，流行性斑疹伤寒在军队里暴发了，在短短几个月之内杀死了 17000 多名战士。[6]这场灾难对西班牙军队集中火力进攻摩尔人最后一个据点的行动产生了巨大的负面影响。结果是，战斗力被削弱的基督教军队用了 3 年时间才取得这座城市的统治权，而穆斯林的零星抵抗还将持续百年之久。战胜的士兵带着流行性斑疹伤寒回到了他们的故土，导致这个疾病在欧洲的大面积暴发，并成为今后欧亚大陆所有传染病的基础。与 1343 年黑死病在卡法城的流行（见第二章）相似，基督教徒和穆斯林的一场战争给一种罕见疾病提供了一个进入新人群的绝佳机会，并成为常态化疾病。结果，在随后的 500 年中，这片大陆上的几乎每场战争都会被流行性斑疹伤寒以某种方式所左右。

104

斑疹伤寒与新教改革

在祖父西班牙国王斐迪南二世和神圣罗马帝国皇帝马克西姆连一世（Maximilian Ⅰ）分别于 1516 年和 1519 年去世后，年轻人查理五世（Charles Ⅴ）无可争议地成了西班牙王与天主教的政治领袖。这些头衔让他掌控了欧洲和美洲的大量土地，以及大批随时可以为其开战的基督教战士。即位后几年里，查理五世展开了一系列的大规模军事行动，对抗他的三个主要对手：法国人、奥斯曼土耳其人以及新成立的新教教徒。伴随着流行性斑疹伤寒的困扰，这些战争最终决定了查理五世的统治，并永久改变了欧亚大陆的历史以及世界几个主要宗教的历史。

1519 年，当查理五世宣布成为神圣罗马帝国皇帝时，他立刻引来了无数强大的敌人，这些人认为查理五世越俎代庖了。其中一位劲敌就是时任法兰西国王弗朗西斯一世（Francis I）。1521 年，弗朗西斯一世与威尼斯共和国结盟，在西班牙北部对查理五世的军队展开攻击。战争很快蔓延到法国、低地国家（如比利时、荷兰）和意大利，又持续了 4 年时间。[7]当法国军队进入意大利北部，朝罗马进军时（1525 年），他们在一座叫帕维亚的小镇中遭到了查理五世军队的伏击。短短 4 小时内，法国军队就被冲散，被彻底歼灭了。在场的很多法国贵族被杀死，弗朗西斯一世也被俘。被迫签署了耻辱的《马德里条约》，交出意大利以及其他地方的土地后，弗朗西斯一世被释放了，并于 1526 年被允许返回法国。

被西班牙俘虏者释放后的几周内，弗朗西斯一世立刻重组军队，与新教皇（克莱芒七世）、英国的亨利八世、许多独立的意大利共和政体以及奥斯曼帝国的苏莱曼国王形成联盟。查理五世得知克莱芒七世背叛了自己，还和自己最憎恶的死敌（以及奥斯曼土耳其人）联合在一起，他派遣了一支军队前往罗马，正式占领了这座城市。[8]不幸的是，他的军队没有遵守不准掠劫城市的命令，并于 1527 年 3 月洗劫了罗马。他们偷走了梵蒂冈的大部分宝藏，教皇也被迫逃命了。对西方"圣地"神圣性的公然蔑视，让法国联盟再次对意大利城池发起进攻，对抗查理五世。法国人带着 3 万名士兵，以压倒性的优势在那不勒斯包围了 1.1 万名西班牙士兵组成的军队，并且控制了为他们提供补给的港口。同时，腺鼠疫袭击了那不勒斯，被包围的大部分西班牙士兵病倒或死亡。当时西班牙军队在那不勒斯的总指挥是奥兰治亲王，他溜出城并给查理五世递信，说他打算放弃意大利了。

当所有人觉得西班牙输定了，"斑疹伤寒将军"介入并改变了战争的进程。[9]仅在约 1 个月内，就有 2 万多名法国士兵死于这种病，剩下的病员逃走了。这让西班牙军队重生，轻松战胜了法国人。流行性斑疹伤寒带来了西班牙的枪炮和刀剑都无法取得的成就。它被视作上帝赐予西班牙的礼物，是西班牙和查理五世的救星。这样一来，查理五世保持着对神圣罗马帝国、大部分意大利领土以及教皇克雷芒七世的绝对控制。教皇最终从圣天使堡的监禁中走了出来，并被允许恢复天主教领袖的位置。他的余生都在教皇的宝座上，但始终担忧查理五世随时会杀了自己。

英格兰国王亨利八世，是另一个受到流行性斑疹伤寒和随之而来的 1527 年西班牙胜利的巨大影响的人。在意大利战争（1521～1526 年）早期，他是查理五世的重要支持者，甚至几次帮助查理五世对抗弗朗西斯一世。1526 年，他背叛了查理五世，加入了教皇和从西班牙被释放的弗朗西斯一世的军队。这个背叛很有趣，因为当时亨利八世的妻子阿拉贡的凯瑟琳是查理五世的姨妈。[10]1530 年 7 月，亨利八世正式要求教皇克雷芒七世取消他和凯瑟琳的婚姻，情况变得更糟。亨利八世声称这一要求的根据是《旧约全书－利未记》的一段话，其中指出与已故兄弟的妻子结婚是"不洁净"的（凯瑟琳曾经嫁给了亨利的哥哥亚瑟）。但事实上，他这么做是因为凯瑟琳5次怀孕，却没能为他诞下男性继承人，他想和他的情妇安妮·博林结婚。

教皇进退两难。他到底是冒着激怒凯瑟琳的侄子查理五世的风险，和政治盟友亨利八世站在同一边，还是为了自己的性命安危而拒绝这个请求？经过繁复的程序，教皇决定做安全的选择，他拒绝了亨利八世的请求。这给亨利八世带来了一个大难题。1532 年末，他得知安妮怀孕了，如果非婚生子，他的继承人将不合法。面对不断上升的压力，加上感觉自己被教皇的拒绝羞辱了，亨利八世脱离了罗马教廷，并在自己的直接管辖下，建立了一个新教会。[11] 这样他就能在英国的法律下自由地与凯瑟琳离婚，然后与安妮结婚了。这个新的宗教，英国教会（英国国教），一开始保留了天主教的大部分教义和礼拜形式，但在亨利八世的最终继承人爱德华六世的统治下，越来越贴近新教。如果 1527 年没有斑疹伤寒帮助查理五世保住王位，教皇很有可能会同意他的盟友亨利八世解除与凯瑟琳的婚姻，英国的宗教改革可能永远不会发生。

16 世纪，新教在欧洲其他国家的崛起同样受到了斑疹伤寒的影响。为了控制这种新宗教的传播，查理五世和他的继承者制定了法律来限制异教徒传教，组建了名为"宗教裁断所"的地方特别法庭来辨别、排除异教徒，并建立了规模化的军队来保卫天主教。例如，在 1521 年的沃尔姆斯会议上，查理五世公开谴责马丁·路德（Martin Luther），他下令"从现在起，禁止任何人接受、捍卫、认可或支持马丁·路德，无论是口头上还是行动上。相反，我们希望马丁·路德作为臭名昭著的异教徒被逮捕和惩罚"。[12] 德国、斯堪的纳维亚、东欧

106

国家的新教首领建立起自己的政治军事联盟，来应对查理五世的专制。像托尔高联盟和施马尔卡尔登联盟这样的正式联盟，能让不同的新教团体联合起来，以更加统一的力量对抗强大的天主教军队。

新教与天主教早期的许多战斗中，看上去天主教似乎能成功地清除新教日益强大的威胁。例如，查理五世的天主教军队于 1547 年在德国米尔贝格歼灭了新教军队，导致施马尔卡尔登联盟的瓦解。[13] 这场败仗几乎摧毁了新教改革，德国只剩下两个城市公然反对神圣罗马帝国的统治。5 年后，一支强大的天主教军队再次打算在法国梅斯攻击一支新教力量，眼看新教运动就要灰飞烟灭了。[14] 然而，战斗开始几个月之后，查理五世被迫取消了围攻，因为他的军队中多达 3 万名士兵死于斑疹伤寒。撤退的记录上描述着死尸成堆以及患病的天主教士兵们排长队撤离的场面。这使得新教在法国梅斯得以继续存在，并且在政治和军事力量都非常薄弱的情况下能够继续在欧洲传播。接下来的 65 年内，两股势力打打停停，直到欧洲历史上最长、最血腥的战争——三十年战争（1618～1648 年）拉开序幕。由此可见，让新教得以留存下来的这场斑疹伤寒的重要性不言而喻。在三十年战争期间（下文将讨论），斑疹伤寒在整个欧洲大陆大肆传播。而让斑疹伤寒得以横行并成为一场"流行噩梦"的，正是近乎病态的"为宗教而战"的信念。

综上所述，很显然，谈到宗教改革，我们无法忽略斑疹伤寒在这场运动早期的几次关键战役中起到的重要作用。纵然是极有影响力的几位领袖，如查理五世、弗朗西斯一世、亨利八世，以及德国的多名王公们，他们在流行性斑疹伤寒面前也无能为力。他们殚精竭虑地制定策略，却不得不让疾病随机决定了重要战役的胜利者。最终，双方都在不同时期成也斑疹伤寒，败也斑疹伤寒。这是个一视同仁的杀手，它既不信天主教，也不信新教。

三十年战争

17世纪早期，神圣罗马帝国由政治上半自治的国家构成，它们享有一定程度的宗教自由。自1555年《奥格斯堡和约》签署以来，德国各省的领袖们被允许接受路德教作为事实上的国家宗教，生活在天主教区域的路德教教民可以自由地信奉路德教，不用担心遭到帝国的报复。[15]这一切从1617年开始发生变化，斐迪南二世（Ferdinand Ⅱ）———一位忠实虔诚的天主教徒，反新教人士，成为新教地区波希米亚（现在的匈牙利和捷克共和国）的国王。作为反对宗教改革运动以及天主教联盟的领袖，斐迪南二世打算在波希米亚贯彻宗教的统一性，希望把新教从这片土地上铲除。在执政早期，他制定了一系列针对新教徒的限制政策，这在波西米亚人中造成了极大的怨愤与恐惧。[16]1618年5月，斐迪南二世派代表们去布拉格（波希米亚）商讨这些政策，新教成员联合起来把几名代表从三楼窗户扔了出去（神奇的是，他们都没死于坠楼）。这次反对斐迪南二世的抗议，被称为"第二次布拉格掷出窗外事件"，标志着三十年战争的开端。

接下来的一年里发生了若干事件，导致一场相对较小的局部冲突，最终上升为恶性的跨洲战争。[17]其中一件重大事件是斐迪南二世于1618年被选为匈牙利国王，随后在1619年他的表兄马蒂亚斯死后，他又成了神圣罗马帝国的皇帝。这使他获得了大量土地、臣民的实际控制权，以及把反对新教的意愿付诸实践的资源。同时，波西米亚的新教贵族结成了联盟，决定断绝与斐迪南二世和神圣罗马帝国的一切关系。1619 年 8 月，他们把新教立为波西米亚的国教，把斐迪南二世驱逐出波希米亚，选举腓特烈五世为新国王。可想而知，斐迪南二世被激怒了，他依靠天主教联盟的军事支持，对波希米亚发动了一系列进攻。斐迪南二世的军队以 3∶1 的兵力击败了波希米亚人，粉碎了 1620 年 11 月的叛乱。然而，他这样的做法引发了全欧洲新教徒的恐慌，他们担心天主教军队会开始进攻其他新教土地。结果，由新教国家组成的联军——新教联盟——直接参与到战争中。接下来的 25 年里，瑞典、英国、法国、丹麦和萨克森等国向神圣罗马帝国、西班牙、奥地利和匈牙利宣战。尽管大部分战争集中在德国境内，但几乎整个欧洲都卷入了这场战争，这被认为是第一次真正的世界大战。

　　三十年战争对中欧的土地和人口造成了破坏。有人估计近 1000 万人死于战争，其中只约 40 万人直接死于战斗。[18]士兵在欧洲大规模流动，居民家园被大肆破坏，两者叠加，为斑疹伤寒和腺鼠疫在军队和平民中的蔓延创造了完美的环境。事实上，这场战争是斑疹伤寒第一次从战场和营地转向城镇和住宅传播。斑疹伤寒在这场战争中真正达到了大流行的程度，并在欧洲的普通民众中蔓延。在《老鼠、虱子和历史》（*Rats, Lice and History*）这本书中，辛瑟尔（Zinsser）优雅地写道："三十年战争是人类所经历的最大规模的流行病自然实验。"[19]斑疹伤寒以前所未有的速度传播，成为整个欧洲的监狱、学校以及其他拥挤环境的地方病。这样，在接下来的 3 个世纪里，它成了更加致命的几种斑疹伤寒的源头。

拿破仑的一根刺

法国皇帝拿破仑·波拿巴（Napoleon Bonaparte），他的统治和声誉都被流行性斑疹伤寒所摧毁了，他受到的影响恐怕比现代历史上任何一位领袖都要大。在对大革命之后的法国、意大利和埃及完成了一系列军事征服后，拿破仑于 1799 年回到法国，推翻执政的督政府，取得了国家的政治掌控权。作为第一执政官，他带领法国取得了对抗奥地利的一系列军事胜利，并对法国政府、法律体系和经济推行改革措施，以恢复国内的秩序。1802 年，拿破仑参与修订了宪法，把他自己变成法国的终身领袖，2 年后加冕为皇帝。接下来的 8 年中，他持续发动代价昂贵的战争，震慑着大部分欧洲和俄国地区。1810 年，拿破仑帝国到达了巅峰，法国通过直接占领或利用臣服于拿破仑的傀儡政府组成的联盟，控制了欧洲大陆的大部分地区（除了巴尔干半岛）。1812 年，当拿破仑决定途经波兰进军俄国时，似乎将要大势所趋地征服欧亚大陆了。

自 1807 年 7 月《提尔西特条约》签订以来，法国和俄国的伙伴关系一直不稳定。[20] 条约里规定，沙俄只能与大陆体系内的国家（与法国友好的欧洲国家）进行贸易，法国反过来允许沙俄保留其几乎所有的土地。双方还达成协议在军事上互相支持，因为彼时法国还在与英国作战，而俄国在与奥斯曼土耳其作战。然而，几年后，随着法国不断涉足沙俄邻国波兰，而俄罗斯商人持续与法国的敌人英国往来贸易，两国之间的紧张关系加剧。另外，拿破仑觊觎英国所控制的印度。强大的英国海军阻止了拿破仑从海上入侵印度，迫使他只能从陆路上想方设法穿越俄国。形势很清晰，拿破仑必须出兵攻打沙俄，才

109

能让沙俄为他所用。他组建了一支 69 万人的庞大军队，包含
27 万名法国士兵，以及其他法国控制地区（意大利、波兰、
奥地利与今天的德国）的士兵。[21]1812 年 6 月 24 日，拿破仑带
领他的军队来到尼曼河畔，正式宣布他计划越过边境进入沙俄
控制的领土。[22]他们用几天时间穿越河流，进军波兰，没有受
到沙俄军队的抵抗。

当法国大集团军向波兰内地推进时，他们不得不面临一系
列昂贵的后勤问题。[23]首先，波兰乡村的路不适宜重型设备或大
批军队，大大阻碍了为大集团军供应食物、净水与干净衣物的
补给车通行。加上拿破仑坚持骑兵与陆军尽快推进到莫斯科，
进一步加剧了这个障碍。结果是，几周内军队完全脱离了可靠的
物资供应，各项物资的库存都处于危险的低水平。波兰乡村正逢
干旱，几乎找不到救援，军队被命令去当地村庄寻找物资。拿破
仑的首席医生多米尼克·让·拉瑞警告大家觅食的时候要减少与
当地农民的接触，担心可能从当地人身上染上危险的疾病。遗憾
的是，大集团军中大部分从其他国家来的士兵没有以这种方式获
取物资供应的经验，而且很多人缺乏对纪律的执行度。很多士兵
掠劫了波兰乡村，大肆偷盗，与当地居民发生了短暂却至为重要
的接触。这些行为的后果远比多米尼克·让·拉瑞想象得更糟糕。

当时波兰流行的疾病之一就是斑疹伤寒。从乡村回来的士
兵不知晓自己衣服里带回了感染了斑疹伤寒的虱子，虱子传到
了军队其他人身上。[24]军营里居住条件拥挤肮脏，士兵们不能经
常换洗衣服，导致虱子在军队里失控地传播。身上有虱子的士
兵日夜不断被叮咬，让他们在劳累、生病和饥饿中无法入睡。
在到达波兰的第一个月末，大约 80000 人（和几千匹马）死亡
或病倒，大多是因为斑疹伤寒和痢疾。拿破仑并没有放慢军队的

110

进程，他要求军队继续向沙俄行进，同时安排多米尼克·让·拉瑞建立野战医院。秋天到来，又有几千人死亡，很多人病倒或逃走了。事实上，一些人估计拿破仑到达俄国博罗季诺战场前已经损失了一半的兵力，战争又折损了另外的30000人的军队。[25]

法国军队在博罗季诺打了个无意义的胜仗，几乎消耗殆尽的大集团军只剩10万名士兵了，他们继续行进75公里，于9月14日到达莫斯科。[26]对于军队中尽显病态与疲惫的士兵来说，眼前的景象令人沮丧：莫斯科成了一座被烧毁废弃的城市，食物、水和其他生活物资都荡然无存。这些士兵在几百公里的崎岖地形中连续作战了3个月，必须与无尽的饥渴、疲惫、虱子侵扰和传染病作战，看着数十万战友因斑疹伤寒和痢疾而奄奄一息。他们以胜者的身份站在一座全世界伟大的城市的城门前——这是沙俄帝国皇冠上的宝石，但他们只能感受到挫败。3个月折损了80%的兵力，为的只是征服一座没用的城市，他们仍旧很饿，还生着病。

大集团军在莫斯科又驻扎了1个月，急切地等待着新物资和军队的到来，徒劳地等着亚历山大正式投降。对拿破仑来说不幸的是，9月、10月新加入的15000名士兵，与那段时间死于斑疹伤寒的军人数量大致相等。[27]而亚历山大利用这段时间加强兵力，部署军队，企图阻碍法军的撤退。列夫·托尔斯泰在他的经典著作《战争与和平》中激情昂扬地描述了法国军队在莫斯科遇到的坎坷："军队像一群狂奔的牛群，践踏着本可使自己免于饥饿的饲料，在莫斯科的每一天都见证着军队的瓦解和死亡。"[28]10月中旬，拿破仑意识到如果继续留在莫斯科，他将会失去整个军队，便下令全军撤退。1812年10月19日，拿破仑扔下了1万多名感染了斑疹伤寒的士兵，正式放弃了莫

111

斯科，带着残余的大集团军朝西南方向的巴黎踏上归程。[29]

  法军撤退的时候比进军莫斯科的时候更加糟糕，因为又多了两个敌人：寒冷和重振兵力的俄军。士兵在荒凉且疾病肆虐的沙俄乡村缓慢地行进，数以千计的士兵死去。俄军不断攻击撤退大军的后翼，当地居民拒绝提供帮助。有记录表明，无助垂死的士兵饿到啃食皮革或倒下同伴的肉体。那年冬天晚期，他们终于到达德国边境的时候，只剩下 3 万 ~ 4 万名战斗人员了。这些人几个月后一路回到了巴黎，其中能再次作战的健康兵力只有 1000 人左右。[30]

  一项关于 1812 年拿破仑进攻沙俄造成悲剧的全面分析显示，失败的原因是许多不同因素相互作用的结果，而不仅仅是因为斑疹伤寒。糟糕的领导决策、傲慢、干旱、疾病、极度寒冷的冬天、坚韧的沙俄军队，这些因素共同注定了拿破仑向亚洲大陆扩张的美梦破灭。然而，不可否认的是，因为斑疹伤寒死去的约 20 万人对军队的力量和士气产生了深远影响，比在沙俄子弹和极寒中丧生的人多了不止 5 倍。大集团军在战场上遭遇到任何重要的军事行动或在冷酷的寒冬里穿越俄国之前，就已经被斑疹伤寒击溃了。这个疾病在 6 个月内做到了之前 20 年里任何一位军事领袖都无法完成的任务：它给了拿破仑的军事才能重重一击，毁灭了他战无不胜的神话。1812 年这场灾难性的战役几年后，拿破仑逐渐失去了对欧洲的控制，最终于 1815 年在滑铁卢战败。

爱尔兰马铃薯饥荒与移民

  爱尔兰大饥荒（也被称为爱尔兰马铃薯饥荒）开始于 1845 年，持续了 7 年多时间，它夺取了 100 万人的生命，迫使 150 万 ~ 200 万人离开这个国家。[31]饥荒发生的几年前，可耕种土地的所有权从地主手上转移到了土地中间商手上，中间商把土地分成非常小的地块，租给佃农。而农民必须好好耕作这片庄稼，让它的收成不仅能支付田地的租金，还能养家糊口。不幸的是，土地面积过小以及过度耕种导致的土壤营养不良，严重限制了可以耕种的作物种类。到 19 世纪 40 年代初，大部分佃农开始依赖单一品种的马铃薯（爱尔兰马铃薯）作为食物和收入来源，因为马铃薯具有很好的营养价值，在相对贫瘠的土地上也能长得不错。1844 年，对基因一致的单一作物过度依赖的灾难性显现出来，一种新的植物疾病从美洲传来，开始在整个欧洲大量摧毁马铃薯。这种马铃薯枯萎病的病原体，是一种叫致病疫霉（Phytophthora infestans）的水生真菌，被感染的马铃薯会变黑而无法食用。到 1847 年，致病疫霉肆虐了爱尔兰的马铃薯产业，使马铃薯年产量骤然减少了 80%。

112

最主要种植物的几乎颗粒无收，这立刻对爱尔兰人民造成了严重影响。没有了收入来源，大量苦苦挣扎的佃农家庭被无情的地主驱逐。有些人估计，在饥荒的最初几年，大约有 50 万人被赶出了耕作的土地，很多人只能眼睁睁地看着自己的家被夷为平地。[32]大批人流离失所，导致很多家庭不得不挤在很小的房子里，共享有限的资源以避免挨饿。不幸的是，越来越多的贫穷和营养不良的人们簇拥在一起，为斑疹伤寒、痢疾、霍乱等传染病的蔓延提供了完美的条件。大饥荒期间，爱尔兰有大约 100 万人死去，斑疹伤寒造成了几十万人的死亡，而其他疾病与饥饿共同导致了其余的大部分人死亡。[33]事实上，1851 年的人口普查数据表明，在饥荒最严重的几年中，疾病导致的人口死亡大约是饿死的人的 20 倍。

　　饥病交加的人们面临的是一个生存问题：在这前所未有的苦难中留下来重建自己的生活，还是离开前往欧洲或美洲的其他地方寻找新的机会？不幸的是，约 100 万名爱尔兰人决定移民北美，肆虐爱尔兰的疾病跟随着他们踏上了拥挤又肮脏的跨洋航船。

　　离开西爱尔兰港口的船只一般有三个目的地：欧洲（如英国）、美国或加拿大。前往美国和大部分欧洲地区的票价刻意高于前往加拿大的船只，这样就能把贫困移民引入英国控制下的加拿大。不幸的是，船费收得少代表着船主一般无视那些保护乘客的法律（如 1842 年的《乘客法案》），只给乘客提供非常少的食物、水和空间。[34] 一些船只的乘客数量几乎达到了核定载客量的 2 倍，大部分船不提供食物，每天只为每位乘客提供 2 品脱不洁净的水。如此恶劣的条件让斑疹伤寒（"船热"）和痢疾在 40 天的行程中暴发了。行船记录表明，大饥荒期间乘船去美洲的人，约有 30% 在海上死于疾病。行程中病死的人常常被无情地丢下甲板，扔给一路跟随的饥饿鲨鱼。一位 1847 年 5 月乘船前往魁北克的乘客描述了在这种"棺材船"上的无助：

　　　　我们本以为上了船不会比之前的状况更糟糕，但我们现在痛苦地意识到这是不一样的恶劣境况。当然，我们不上船的话，可能会死于饥饿或疾病，但我们仍有机会去看医生；如果医生帮不了我们，牧师会为我们的灵魂做些什么，然后我们会和我们的同伴葬在一起，在教堂的院子里，青草覆盖着我们。不像现在，仿佛是一只腐烂的羊被扔进坑里，我们吐出最后一口气，然后被扔进海里喂可怕的鲨鱼。[35]

人们大举逃离大饥荒的几年中，这样的情绪和故事比比皆是。

到达美洲后，并不像很多人所希望的那样，从饥饿和斑疹伤寒的恐怖中解放出来。加拿大和美国的港口城市没有准备好应对载着大批感染斑疹伤寒移民的船只。1847 年中，格罗斯岛（魁北克）、多伦多、蒙特利尔和纽约这些城市的医院被斑疹伤寒患者淹没了，人们不得不在医院外面撑起临时帐篷来隔离病人。[36]大部分"发烧帐篷"拥挤、肮脏、设备不全，和他们刚刚逃离的"棺材船"几乎没有区别。结果是，斑疹伤寒继续以流行病的规模在移民中传播，几个月时间内（1847～1848 年）就夺去了成千上万名被隔离的爱尔兰人的生命。

很多港口城市的情况变得很糟糕，当地政府开始要求移民们下船前至少在受感染的船上待 15 天，这样斑疹伤寒病例就无从遁形了。对于船上健康的人而言，这意味着继续被污秽和病态的环境包围 15 天。不难预料，这个政策让很多到达美洲时还健康的人最终感染了斑疹伤寒，并在等待下船时死亡。这种噩梦的一个典型例子是加拿大魁北克格罗斯岛的主要移民港口。[37]1847 年夏日的某时，40 多艘满载生病乘客的船只在圣劳伦斯河排了 2 英里的队。一些乘客拼命想清除船上的斑疹伤寒，他们开始把死尸扔到河里，另一些人把病人放在小船上，让他们漂向岸边。当地居民描述道：他们看到死尸漫无目的地漂浮在交通繁忙的圣劳伦斯河中，就像没有生命的木头；病人从淤泥与岩石中艰难地爬到岸上。这种恐怖的场面一直延续到格罗斯岛的医务人员决定取消这种无效也不可持续的隔离政策。

114

虽然斑疹伤寒并没有直接在爱尔兰造成破坏，但它确实加剧了当地人面临的无法想象的痛苦，也折磨着那些试图逃离疫区并在另一个地方重新开始生活的人。它是一个机会主义杀手，等待着像大饥荒这样的完美事件在无助的人群中暴发。

第一次世界大战

1904 年至 1905 年的日俄战争是第一场死于战斗的士兵多于死于疾病的士兵的大规模战争。[38] 医学科学长足的进步让大家相信，我们现在有足够的知识和技能来帮助抵御战争期间的斑疹伤寒和痢疾等疾病。很多人希望这标志着斑疹伤寒不会再大规模肆虐军队，破坏伟大军事战略家们的军事计划。然而，世界上最大也是死亡人数最多的战争之一即将爆发。第一次世界大战向世界证明了斑疹伤寒的危险程度并没有减弱。事实上，这场战争以及由此引发的政治动荡为人类历史上两次最糟糕的斑疹伤寒大流行提供了完美背景。

一个塞尔维亚民族主义者暗杀了奥匈帝国的王位继承人，于是，第一次世界大战于 1914 年 7 月 28 日在东欧爆发。奥匈帝国将这一事件作为战争挑衅，大举进攻塞尔维亚。塞尔维亚的政治盟友（如俄罗斯）快速地做出反应，进行军事防御，促使奥匈帝国的盟友（如德国）也加入了战争。不久，来自 20 多个国家的将近 7000 万名战士卷入了这场持续 4 年的残酷战壕战争。这场战争分为两条战线：一条战线在东欧，接近俄罗斯和巴尔干半岛；另一条在西部，靠近意大利、法国和比利时。两个地点的战士都持续数日，甚至数周在潮湿且不卫生的战壕里作战，寒冷和拥挤导致体虱快速传播，体虱传播的疾病（斑疹伤寒和其他战壕热）也很快蔓延起来。

虽然斑疹伤寒没有对第一次世界大战重要战役的结果产生正式影响，但它对其中某些战争何时发生起了重要作用。在塞尔维亚的东部战线尤其明显，1914年秋天，斑疹伤寒对该地区的影响很严重。[39]那年11月，奥匈军队对塞尔维亚发动进攻并随后撤退，流行性斑疹伤寒在6万名奥匈战俘和塞尔维亚的俘获者中暴发。疾病迅速向塞尔维亚军队扩散，并向南扩展到其他周边城市。随着气温的降低，斑疹伤寒疫情越来越糟糕，每天让6000多人病倒，杀死了近1/4的塞尔维亚军队。据估计，本次疫情导致20多万人丧生，称为历史上最严重的一次流行性斑疹伤寒大暴发。

115

美国红十字会工作人员正在给挤满难民和"斑疹伤寒病菌"的军营消毒。（美国国会图书馆）

可参与作战的健康士兵数量骤减，如果奥匈军队和德军同盟在1914～1915年冬天决定再次进攻的话，塞尔维亚人将会束手无策。然而，同盟国的领导人看到斑疹伤寒给塞尔维亚军事力量造成的破坏后，决定不让自己的军队在流行病暴发的高峰去冒险。他们等了 6 个多月，才于 1915 年 10 月穿越多瑙河。进入塞尔维亚的两天后，奥匈德军队控制了贝尔格莱德，迫使塞尔维亚人逃向南方。1 周后，保加利亚军队开始攻击塞尔维亚南部，轻而易举地获胜了。同盟国眼看要大获全胜了，但他们等待流行性斑疹伤寒疫情趋缓后再进攻塞尔维亚，后面会证明这一决策会对战争的结果产生重大影响。

116　　1918 年 3 月初，随着《布列斯特－立托夫斯克和约》的签订，俄罗斯正式向同盟国投降，东线漫长的战争结束了。德国胜利后，开始了把大量兵力转移到西欧的艰难工作，以加强计划在那年春天晚些时候向西线进攻的军事力量。不幸的是，大部分东欧战线的士兵在拥挤肮脏战壕里作战的时候，染上了体虱与斑疹伤寒。结果，来自 50 多个师的数十万名德国军队在被派往千里之外的法国前，不得不进行严密的驱除体虱工作。德军的西行速度放缓了，给了协约国缓冲时间，等到了来自美国、英国与法国的数百万名援军。后来证明，这批新军队是协约国成功击退西线德国的 4 次进攻并最终于 1918 年 11 月打败同盟国的关键。

　　长期以来，历史学家与科学家一直在争论，斑疹伤寒在决定上述战事的结果中所起的作用。一些人推测，如果同盟国能在 1914 年斑疹伤寒大流行前进军并击败塞尔维亚，那么他们就有能力调遣军队从北面和南面夹击俄军。[40] 这样的话，他们就能让俄军更早地签订投降协议，然后集中兵力在美国加入战争前攻打西线。然而，事实是，斑疹伤寒延长了东线战争，迫使同盟国长期在两条战线展开代价高昂的战争。尽管斑疹伤寒没有影响一战中任何一场战争的结果，但对斑疹伤寒的恐惧时刻影响着军事领袖，让他们放弃了原本可能会改变整场战争结果的作战计划。

战后出现了一个有趣的矛盾，尽管西线战争的生活条件也很可怕，东、西线士兵感染体虱的情况相当，但斑疹伤寒在西线几乎不存在。虽然确切的原因仍是个谜，但大多流行病学家认为，西方的士兵具有一定的免疫能力，可能因为之前被体虱携带的一种叫"五日热巴尔通体"（Bartonella quintana）的细菌感染过。[41]一开始，它被误认为是立克次体的一种，导致非致命性的回归热（被认为是战壕热），患者伴有皮肤损伤，运动后会出现使人虚弱的腿痛。虽然两条战线的士兵都有可能患上战壕热，但在气候温暖的法国战场，患病概率更高。例如，1915 年到 1918 年，估计有 1/4 的英国军队得了战壕热。从战壕热中恢复的士兵对之后的"五日热巴尔通体"细菌感染有了免疫反应，神奇的是，这种免疫反应也能对相似的细菌产生反应，包括要命的斑疹伤寒细菌普氏立克次体。因此，"五日热巴尔通体"（战壕热）似乎像天然疫苗一样对普氏立克次体有效，其确切的运作机制至今还有待研究说明。

117

俄国革命

第一次世界大战结束后，几百万名染了体虱的军人回家，斑疹伤寒在东欧快速暴发。战后受打击最严重的地方是俄国，它在一战中遭受巨大损失，1917 年经历了两次暴力政治革命，1918 年暴发了伤亡惨重的内战以及大流感（见第九章）。总而言之，以上事件导致了现代历史中少见的贫穷、痛苦与混乱，人类历史中最糟糕的流行性斑疹伤寒就在这个"完美"条件下暴发了。

一战中，650 万名俄国士兵死伤。如此惊人的损失使民众对沙皇尼古拉二世（Nicholas Ⅱ）的统治和他无视全国贫穷饥饿的无情愈加不满。1917 年，越来越多的士兵开始叛逃，工人（有男有女）走上首都彼得格勒（圣彼得堡）的街头组织大规模抗议，要求增加收入与改善工作环境。[42]当这些示威游行在当年 2 月演变成暴乱时，尼古拉二世集结了 10 万人的军队，命令他们采取一切必要的手段镇压抗议。由于不想向暴乱的人群开火，军队们离心四散，拒绝执行镇压，躲了起来，甚至加入抗议的队伍。1917 年 3 月，当尼古拉二世回到彼得格勒的时候，他的行政大楼大多被暴乱者毁坏了，他的政府陷入混乱。尼古拉二世遵守了他最高官员的建议，于 3 月 15 日退位，想以此保护他和家人的性命。他很快被新的临时政府软禁在家，直到 16 个月后被处决。

在俄国正遭遇巨大的经济和社会动荡的时期，君主制的瓦解造成了权力真空。[43]尘埃落定后，二月革命中的两个团体共享国家的政治统治权。尼古拉二世退位后第二天成立的临时政府是由温和贵族组成的，他们原本计划重建社会秩序，在当年晚些时候进行民主选举。和他们对立的是由工厂工人和前士兵组成的大型委员会，后来被称为彼得格勒苏维埃。他们一开始像一个政治游说组织，试图给临时政府施压，以实施社会改革，提高贫苦劳动者的生活质量，但他们与临时政府在关于战争与其他内务问题上的意见有重大分歧，他们便想争取更大的决策权。

从 1917 年夏天开始，苏维埃和由弗拉基米尔·列宁与列夫·托洛茨基领导的新兴左翼政党布尔什维克党结盟。[44]和当时俄国很多受欢迎的左翼团体一样，布尔什维克坚信政府的权力应该掌握在工人和农民的手里，而不是富裕的资产阶级手里。他们看到了君主制解体、与德国战争结束后工农的生活条件没有显著改善，布尔什维克领导的左翼团体于 1917 年推翻了临时政府。这第二场革命使布尔什维克派控制了所有政府机构，他们的意识形态在整个俄国传播。然而，他们并没有得到大部分人的支持。例如，右翼、中上层阶级、君主制主义者、哥萨克人以及一些不服布尔什维克统治、要求重组政府的左翼团体，联合起来反对布尔什维克，组成了很多所谓的白军（与布尔什维克的红军相对）。接下来的 5 年发生的是欧亚历史上最血腥的内战之一。

俄国内战夺去了大约 800 万人的生命，国家战火纷飞，一片狼藉。双方为了镇压他们所认为的国家叛乱，互相折磨、恐吓。

除了杀戮，还有数百万间房屋被烧毁，数千亩肥沃的农田被毁坏。这些问题导致了大范围的食物短缺与数千万人流离失所，其中包括 700 多万名儿童成了街头孤儿。大部分俄国人生活在如此恶劣的环境中，患上大流感、痢疾与斑疹伤寒几乎是难以逃脱的命运。

据估算，1918 年到 1922 年，约有 2500 万名俄国人（占总人口的 1/4）感染了斑疹伤寒，300 万人死于这个疾病。[45] 尽管传染病肆虐的影响无法想象，但大部分历史学家并不认为疾病对内战的结果具有重大影响。很可能是因为斑疹伤寒对双方并没有偏颇。它同时袭击了红军和白军，城市与乡村的人，以及社会的各个阶层。它无处不在，几百万名绝望的人逃离危险的城市，疾病通过拥挤的火车快速传播。尽管两军的领导人都担心斑疹伤寒可能会导致自己输掉战争，但最终都没有。列宁曾经说过一句有名的话："同志们，请对这个问题引起高度重视。不是虱子打败社会主义，就是社会主义征服虱子！"[46]斑疹伤寒没有打败社会主义，但其在社会主义制度刚刚诞生的时候给民众造成了无法估量的痛苦。看上去社会主义同样没能打败斑疹伤寒。不过，很多人提出，俄国人认为这个疾病让他们更趋向于接受1922 年获胜的布尔什维克（共产主义）政府。俄国人经历了 8 年连续不断的战争、饥饿、混乱与疾病，他们迫切地想要结束这一切痛苦，远离战争的残暴与病痛的折磨。共产主义政府提供的社会秩序很可能让民众相信，这是终结他们苦难的最佳希望。

第二次世界大战

第一次世界大战后制定的一些预防措施限制了斑疹伤寒在第二次世界大战军队中的传播。首先，流行病学家发现了体虱是斑疹伤寒的传播媒介，并于 1916 年确认普氏立克次体是斑疹伤寒的病原体，这些发现引导了流行病学家控制疾病的方式。[47]早期的措施包括除虱或沸水煮有污渍的衣物和被褥，频繁沐浴，防止人群聚集，以及抑制其他导致体虱滋生的条件。这些方式对斑疹伤寒的小规模暴发（如 1910 年代末期塞尔维亚和北非的暴发）有效；不过这些预防措施昂贵又费时，对大规模人口使用并不实际。很多被除虱的人回到贫困的环境中，与仍有体虱的人接触后很快又被感染。1939 年这个局面发生了根本的改变，灭虫剂 DDT 不仅对杀死体虱有效，使用后几周还能预防再次感染。20 世纪 40 年代初，美国军队发明了一种动力撒粉机，保证了战乱中的军队和难民能有效除虱。

有效的斑疹伤寒疫苗也有助于抑制二战中斑疹伤寒的传

播。20 世纪 30 年代中期，波兰科学家鲁道夫·魏格尔（Rudolf Stefan Weigl）发明了这个疫苗。[48]二战开始前，这个疫苗已成功地在中国和埃塞俄比亚这类地方做了试验，并开始大规模生产。魏格尔通过让实验室上百万只活虱感染普氏立克次体，在它们复制普氏立克次体后，从它们身上收集细菌，大批量生产疫苗。在这个非常危险的方案中，受感染的体虱被碾压，释放出细菌，这些细菌在被有毒的苯酚灭活后，被注射到人体内。这个疫苗大获成功，所有见证了它奇迹般效果的人都赞扬了它。一位 20 世纪 30 年代在中国工作的比利时传教士写道：

> 斑疹伤寒是人类最大的敌人之一，当时杀死的受害者比其他所有流行病加起来还多。1908 年到 1931 年，在中国活跃的 130 个神父，有 70% 死于斑疹伤寒。当我们得知一位波兰教授发明了疫苗，一开始我们半信半疑，因为我们买过很多"治疗"药物，它们都没有效果。无论如何，我们打算试一试波兰人的疫苗，结果很神奇。从我们开始使用魏格尔的疫苗，在过去的 7 年里，没有一位传教士或被接种的中国病人死于斑疹伤寒。波兰人的疫苗不仅拯救了传教士，更是拯救了成千上万的中国人。[49]

遗憾的是，由于纳粹在 1939 年入侵并随后占领波兰，大家并没有意识到魏格尔疫苗的惊人潜力。纳粹并不想接手魏格尔的生产工作，也不想把自己暴露在斑疹伤寒的风险中，纳粹让魏格尔在他们的监视下继续进行疫苗研发，前提是要向德国军队提供救命的疫苗。[50]魏格尔被允许带自己的工人进行大规模的生产，这样就给了他机会招募当地的知识分子，让他们免于纳粹的杀害。整个波兰最杰出的数学家、艺术家、科学家都曾为魏格尔培育体虱。一盒盒饥饿的体虱（未感染）被放到他们的腿上，直到它们肚子里充满了人类的鲜血。魏格尔说服了当地的党卫军，说需要更多健康的人来制造疫苗供应给纳粹，于是魏格尔招募了更多工人，设计了特定的任务，让这些人免于前往集中营的命运。此外，一些目击者表示，他们看见魏格尔偷偷地从实验室中运出成千上万剂斑疹伤寒疫苗，给了华沙犹太人区生活的犹太人注射。魏格尔知道，如果自己被发现，会因此被捕，甚至被杀害。他依旧冒着生命危险，拯救了不计其数的犹太人。因此，魏格尔医生被以色列大屠杀纪念馆誉为"国际正义"人士。

当魏格尔秘密地用斑疹伤寒疫苗拯救犹太人之际，他之前的一个学生路德维奇·弗莱克（Ludwig Fleck）在犹太人集中营服刑期间，开始生产一种略微不同的斑疹伤寒疫苗。[51] 他从暴露在斑疹伤寒细菌的人的尿液中纯化抗原，进行生产。这个效果神奇的疫苗很快被当地党卫军发现了，他于是被送到了布痕瓦尔德集中营，这样他就能为纳粹大规模地生产疫苗了。当弗莱克到达布痕瓦尔德集中营时，他立刻意识到此处处理斑疹伤寒的工作人员对微生物或免疫学知之甚少。事实上，当地的工人在不知情的情况下用错误的细菌生产疫苗，导致疫苗全然无效。于是就发生了现代历史中著名的微生物阴谋，弗莱克故意允许生产上吨的坏疫苗，给毫无戒心的纳粹精英们注射。同时，弗莱克生产了小批量的有效疫苗，大部分都给了集中营的俘虏和被送来测试疫苗的人。神奇的是，这件事持续了 16 个月，并没有被纳粹发现。然而，弗莱克很多年来一直为他战争中的决定备受煎熬，因为他违背了作为医生不伤害"病人"

的誓言。最后，他意识到接受假疫苗的纳粹是逮捕他的人，不是他的病人，而他的病人们都没有因此受到伤害。

尽管有了魏格尔的疫苗和强大的杀虫剂来控制斑疹伤寒的传播，但在第二次世界大战期间，一些人群仍然遭遇了疫情大肆暴发。尤其是犹太人贫民窟、运输列车和集中营中过度拥挤不卫生的环境，给了体虱和斑疹伤寒完美的滋生条件。[52]例如，在1943年被纳粹军队消灭之前，仅仅1.2平方英里的华沙大型犹太区里关押了约40万名严重营养不良的犹太人。斑疹伤寒在那里非常普遍，据统计，3年内约10万人死于该病。面对这种紧急公共卫生事件，当地的纳粹医生与行政长官拒绝干预，并射杀企图逃离犹太区去寻找食物与其他物资的人。他们认为在封闭的集中营里，斑疹伤寒消灭犹太人未尝不可，只要对他们自己或周围的人群没有危险就行。

与犹太人贫民区相似，尽管纳粹官员努力控制疫情，但斑疹伤寒仍在集中营中传播得很快。被监禁的人在进入集中营的时候被扒光了衣服、剃体毛、去虱，集中营也有常规例行检查，以降低斑疹伤寒对在集中营工作的党卫军官员的风险。不过，这些微不足道的措施根本无法抵消集中营恶劣的条件，成千上万名被囚禁的犹太人死于斑疹伤寒，包括安妮·弗兰克和她的姐姐玛格特，她们于1945年死于贝尔根·贝尔森集中营。[53]集中营的一些幸存者回忆弗兰克姐妹于2月初出现了明显的斑疹伤寒症状，2周后，她们就病死了。

当斑疹伤寒在敌对方中肆虐时，纳粹领导人似乎视而不见，但他们非常担忧传染病在德国人口和军队中的传播。除了强迫士兵接受严格的人员筛查与预防措施（如疫苗接种与DDT喷洒）外，纳粹经常利用媒体提醒本国民众保持个人卫生，如出现与斑疹伤寒相似的症状，要立刻就医。另外，纳粹对有疑似疫情暴发的乡镇进行严格隔离。一旦地方卫生官员报告新病例，他们在对附近街区实行隔离之前，就会发送血液样本进行测试与确认。

一位特别机敏的波兰医生尤金·拉佐夫斯基（Eugene Lazowski）了解了这些政策，打算利用纳粹对斑疹伤寒的恐惧来对付他们。[54]他和他的医生朋友斯坦尼斯拉夫·马图列维奇（Stanislaw Matulewicz）一起，把热灭活斑疹伤寒细菌注射到波兰附近洛兹瓦多和兹比特洛贫民区12位居民身上。这些人接种后出现了轻微的斑疹伤寒感染症状，纳粹官员拿他们的血液去测试。测试报告呈现阳性（因为他们被注射了斑疹伤寒蛋白质），纳粹官员害怕斑疹伤寒大暴发，把整个村镇严密地隔离起来。这样一来，没有一个居民（包括其中的犹太人）被带去集中营，也没有人被杀死。据说这种假性流行性斑疹伤寒至少拯救了8000名犹太人免于遭受"最终处决"。

二战中，另一个关于斑疹伤寒有趣的事是，这种疾病及其传播媒介与德国人针对犹太人的纳粹意识形态十分吻合。纳粹早期和晚期的文章显示，他们认为犹太人是向所有国家传播"疾病"的非人寄生虫。这种信念在1944年纳粹的《犹太人：世界的寄生虫》宣传册中写得很明白：

> 德国人已经认识到，犹太人像寄生虫一样潜入我们的人群中，也在地球上所有的人群中蔓延，他们想要破坏大家原有的种族特征，以此来毁灭种族和国家，最后统治一切……犹太人是全人类的寄生虫。他们能单一地成为个体的寄生虫，也是整个民族的社会寄生虫，更是全人类的寄生虫。[55]

一开始德国人对犹太人问题的控制在于剥夺他们的权利和财产，通过重新安置和驱逐把他们赶出德国社会。当纳粹领导意识到这些措施不能达到他们预期的效果后，他们便开始启用一个更为持久的方法来解决"寄生虫"问题。1941年，希特勒（Hitler）和他的党卫军首领大屠杀策划者海因里希·希姆莱（Heinrich Himmler），设计了一套方案要彻底消灭德国和欧亚大陆的"寄生虫"。新型的集中营被称为死亡集中营，它唯一的目的是大规模杀死犹太人和其他不受欢迎的"寄生虫"（如吉卜赛人、同性恋者、残疾人等）。1943年，海因里希·希姆莱在党卫军大会中做了一个演说，他说"摆脱体虱不是一个意识形态问题。它是一个卫生问题。同样，反对犹太人，对我们而言，也不是意识形态问题，而是卫生问题，必须马上被解决。我们很快就会完成去虱。我们只剩2万只虱子了，然后德国就彻底解决这个问题了。"[56]

由于在犹太人贫民区和集中营的犹太人患斑疹伤寒的概率很高，纳粹便把体虱和疾病与犹太人等同了起来。于是，纳粹用不同形式的有效宣传让大众相信了这种联结。一张海报上展示出典型的犹太人形状的头骨，旁边是一只爬行的体虱，标题是"犹太人－斑疹伤寒－体虱"，这样宣传的目的是让大家把犹太人和斑疹伤寒等同起来，这样大家会像长久以来害怕斑疹伤寒一样害怕犹太人，大家看到犹太人受到歧视和伤害的同情心就会减弱。鉴于普通公民能面不改色地接受纳粹对他们的犹太人邻居实施暴行，而没有引起公愤，在纳粹看来他们利用斑疹伤寒来激发自然恐惧的战略非常有效。

第七章
黄热病

在这里工作的人要冒着生命危险，我难以在这里坚持
6个月以上。我的健康状况太糟糕了，能活下来就是万幸。死亡率还在继续上升，空气中弥漫着恐怖的气氛，你可以看到原来估计有26000人的军队，到这个时候只剩下12000人。

——法国将军

查尔斯·勒克莱尔（拿破仑的妹夫）

1802年写于海地[1]

尽管黄热病（Yellow Fever）导致的死亡人数比本书中讨论的其他疾病要少得多，但由于黄热病会使患者产生特别可怕的症状，它也是历史上最令人恐惧的疾病之一。大多数感染者会在几天内出现严重的流感样症状（发烧、肌肉酸痛、恶心），虽然最终会恢复，但是会存在长期的轻微隐性感染。有15%~20%的人会在病情好转后突然恶化，最常见的是严重的肝衰竭，往往伴随着黄疸（皮肤发黄）、腹部疼痛和肿胀以及高烧。像埃博拉和马尔堡病等其他出血热一样，黄热病通常会发展为内出血，血液会从患者的眼、口、鼻流出；胃部过度出血将导致患者呕出大量黑色的、不完全被消化的血液。这种令人震惊的景象给了黄热病一个最臭名昭著的绰号——"黑色呕吐"。大量失血还会引起低血压，进而引起严重的疲劳、多

器官功能衰竭、谵妄，最终导致死亡。这无疑是一种令人十分恐惧和痛苦的死亡方式，给所有目击者带来了巨大恐惧。

126　　黄热病由一种小病毒引起，这种病毒通过伊蚊属类的雌性蚊子传播给人类。该病毒被命名为黄热病病毒（YFV），是一组病毒（黄病毒属）的成员之一，其中还包括寨卡病毒（Zika）、登革热病毒和西尼罗河病毒。黄病毒通过节肢动物（蚊子或壁虱）在脊椎动物宿主之间传播，常常会引起严重的内出血和脑炎。就 YFV 而言，其大规模流行期间的主要传播蚊种是埃及伊蚊。

病毒进入蚊子后，会在其肠道上皮细胞中复制，最终扩散到血液和唾液腺。当被感染的蚊子叮咬人类时，病毒便会从蚊子的唾液传播到咬伤伤口附近的宿主组织中。该病毒会被局部免疫细胞——树突细胞迅速吞噬，然后被转移到最近的淋巴结。YFV 并不会被淋巴结中的免疫细胞破坏，实际上 YFV 具有在免疫细胞中自我复制并杀死这些细胞的能力。免疫细胞被杀死后，会有大量病毒扩散到血液中，并转移到肝脏、脾脏、心脏、肾脏和其他器官。到达这些部位后，YFV 会感染局部组织，再次开始复制过程。宿主免疫系统检测到这种情况后，会将免疫细胞增援部队输送到感染区域。为了阻止或减缓病毒的传播，到达的免疫细胞会向被感染的组织释放大量有毒的炎症化学物质，称为细胞因子。尽管这种反应通常能对病毒感染起到保护作用，但其释放出的大量炎症介质会给宿主细胞带来毒性环境，意外地杀死宿主细胞。垂死的宿主细胞会释放出更多的炎症化学物质，进一步加强了免疫反应。最终结果是，YFV 和宿主免疫反应同时杀死了大量组织中的宿主细胞。这类损害会导致患者发烧、肝脏破坏、休克以及前文提到的其他症状。

自 17 世纪 40 年代人类首次描述黄热病以来，已有数百万人因此丧生。尽管目前采取的蚊虫控制措施和有效的疫苗限制了 YFV 的传播，但黄热病每年仍可感染 20 多万人，杀死 3 万多人。大多数黄热病病例都发生在中非和南美的热带地区，这是由于该地区有大量的降雨和丰富的温水源，是埃及伊蚊的繁殖地。不幸的是，对于生活在这些地区的人们而言，埃及伊蚊在城市和乡村环境中也可以生存下来。

只要蚊子有足够的开放水源来产卵，黄热病就会在人口稠密的城市中迅速传播。雨水过多或城市服务中断或基础设施破坏，都很容易使蚊子数量剧增并引起黄热病暴发。这样的情况就发生在 2016 年的安哥拉首都罗安达。² 尽管 30 多年都没有出现过黄热病病例，但由于该市垃圾收集工作的中断，安哥拉再次出现了这种疾病。过多的垃圾堆和雨水汇集在一起，为埃及伊蚊幼虫的生长提供了理想的环境。在短短几个月内，整座城市有数百人死亡，数千人生病。这提醒人们，黄热病仍然是一种极为危险的疾病，一旦我们忽略过去的经验教训，黄热病就会继续困扰人类。

127

美国大瘟疫的到来

在过去的 50 年中，黄热病的起源一直是流行病学上最热门的话题之一。原因之一是欧洲、亚洲或中东的任何古代记录都没有提到过类似于黄热病的疾病。著名的希波克拉底医生和盖伦医生也没有在其文集或古希腊其他综合医学文献中提及黄热病。同样，土耳其人、中国人或罗马人的历史著作中也没有对黄热病的临床描述。所以，当大家试图创建理论模型来解释黄热病是如何产生并传播到世界两端的两片大陆时，几乎没有什么可以借鉴的信息。关于黄热病起源的另一个问题是，它怎么能在两个大陆板块上同样流行？许多人提出，葡萄牙探险家和奴隶贩子的记录中都没有提到过黄热病，而这些人殖民了非洲西海岸的大部，因此这可作为黄热病并非起源于此的证据。此外，还有人认为黄热病起源于美洲，他们指出，到 18 世纪，黄热病已广泛分布在亚马孙河流域的丛林中，这表明黄热病可能已经在此存在了多个世纪。

尽管这样的解释听起来完全合乎逻辑，但在 21 世纪初进行的 130 多种 YFV 毒株遗传分析强烈表明，黄热病确实起源于非洲，而后传播到了美洲。[3] 这些研究比较了来自非洲和南美各 YFV 毒株的基因组序列，以确定更早出现的毒株。有趣的是，来自东非的毒株似乎更加古老，并且在遗传上不同于从西非或南美分离出的毒株。总体而言，以上数据表明黄热病可能是从东非的其他病毒演变而来，传播到西非，然后随着 500 年前的跨大西洋奴隶贸易传播到美洲。

一些人推测，黄热病于 1495 年 3 月在美洲首次出现，当时克里斯托弗·哥伦布（Christopher Columbus）袭击并奴役了加勒比海伊斯帕尼奥拉岛上的本土泰诺人。[4] 对维加战役的模糊描述表明，许多泰诺人和一些西班牙殖民者在战争期间和战争结束后均死于同一种疾病。但是，那些描述都只提到了发烧这一症状，很难根据这些描述来确定其是由黄热病引起的，还是麻疹、天花、流感或许多其他欧洲疾病之一。

黄热病很可能是由 16 世纪初穿越大西洋前往美洲的奴隶船传播的。这些船可能携带了感染 YFV 的埃及伊蚊。由于奴隶营养不良，且都被塞在了通风不良的货仓，这些蚊子可以肆无忌惮地进行繁殖。到达热带的各个加勒比海岛后，蚊子便从船上逃离，发现其气候与西非非常相似。不久之后，埃及伊蚊在加勒比地区建立了自己的据点，并开始定期以当地美洲印第安人和欧洲殖民者的血液为食。这使 YFV 有了第一个可以在人类中确立自己牢固地位的机会，开始变成大规模流行病。

对黄热病的第一个确凿描述出现在 1647 年巴巴多斯岛黄热病暴发期间。[5] 一位名叫杜特尔特（Detertre）神父的耶稣会牧师是这种新"瘟疫"的目击者，他描述了一种引发极度头痛、肌肉疼痛、发烧和"持续呕吐"的疾病。持续呕吐的呕吐物是黑色的，这与以前提到的所有由欧洲人带到新世界（例如 1643 年瓜德罗普岛的未知发烧）的发热疾病都不同。他的叙述得到了其他人的佐证，这些人要么亲身经历过，要么收到了殖民者的报告。例如，当时的马萨诸塞州州长约翰·温思罗普（John Winthrop）在 1647 年的日记中写道，在洗劫附近其他岛屿（如圣·克里斯托弗和瓜德罗普岛）前，一种"致死性死亡"和"致死性发烧"就已经导致了 6000 多名巴巴多斯人丧生。[6]

黄热病迅速在加勒比海的其他岛屿中传播，并于 1648 年最终进入北美大陆（尤卡坦州）。古巴在 1649 年暴发了极具破坏性的黄热病。根据历史学家 Pezuela 的说法，"从美洲大陆传入的未知而可怕的流行病无情袭击了古巴，1/3 的人口都被腐败热吞噬了。"[7] 黄热病现在在美洲依然存在。在过去的 200 多年中，它持续从加勒比海岛屿跃迁到美洲的各个港口城市，所到之处均造成了严重破坏。在那时，黄热病很容易通过货船传播，以至于如果有船员在海上因黄热病病倒，船上就必须悬挂一面特殊的黄旗，随风飞扬。那面旗帜和黄热病很快就被称作了"黄杰克"。

129　　　尽管黄热病起源于非洲，在整个非洲历史上造成了数百万人死亡，但从历史上看，黄热病一直被认为是"美国瘟疫"。这在很大程度上是因为自 17 世纪以来，黄热病一直在撒哈拉以南非洲流行。持续暴露于 YFV 为非洲人提供了足够的免疫力，限制黄热病大规模流行。相反，大多数在美洲殖民的欧洲人却很少接触 YFV。他们是未经过病毒选择的种群，极易被病毒消灭。结果，在欧洲对美洲殖民的历史中，黄热病扮演了举足轻重的角色，极大地影响了年轻美国的成长与发展。

1793 年的费城流行病

　　费城是 18 世纪后期美国最重要的城市之一。它曾是 1787 年制宪会议的所在地，并于 1790 年 12 月成为新国家的临时首都。在此期间，这里是许多开国元勋的住所，包括华盛顿、亚当斯、杰斐逊、富兰克林和汉密尔顿，这里也是美国第一届国会、最高法院和造币厂的所在地。作为商业中心，费城拥有该国最活跃的港口之一，与美国、欧洲和西印度群岛的城市进行商品贸易。它具有非同寻常的宗教包容性，接纳恢复自由的奴隶，因此成为难民的热门目的地。到 1790 年，费城（及其郊区）已成为美国人口最多的城市，这是一个文化多样的繁荣胜地，是未来新美国的光辉典范。然而令人无法想象的是，仅仅一只蚊子就可以使这个新国家的政治、经济中心陷入衰退？但在 1793 年，悲剧就这样发生了。

　　1793 年，载有大约 2000 名殖民地难民和奴隶的船只从加勒比海的圣多明格（海地）岛抵达费城。[8]1791 年，那里爆发了奴隶起义，随后整个殖民地陷入内战。奴隶为独立而战，而当地的几个殖民大国（如英国、法国、西班牙）则相互为战。

这种危险的环境导致许多欧洲白人殖民者逃离到了费城、查尔斯顿和新奥尔良等城市避难。费城人刚开始很欢迎这些难民，甚至筹集了 16000 美元支持他们。但是，随着出现黄热病流行的新闻传出，他们的热情便减弱了，因为黄热病很可能来自从圣多明各运送难民的船只。

随着黄热病于 8 月初开始在整个城市蔓延，由本杰明·拉什（Benjamin Rush）领导的一群著名医师会面了，讨论如何能控制或至少遏制黄热病的传播。[9]他们提出了一系列建议措施并在当地报纸上发表，建议有能力的人立即离开城市。到 9 月初，这一流行病尚未显示出放缓的迹象，恐慌便到来了。数以千计的人逃离了这座城市，其中包括乔治·华盛顿（George Washington）和联邦政府大多数成员。托马斯·杰斐逊（Thomas Jefferson）在 1793 年 9 月 1 日写给詹姆斯·麦迪逊（James Madison）的一封信中，准确描述了这座城市的恐慌，他说：

> 水街的污物导致了恶性发热，引起了极大恐慌。两天前，约有 70 人死于该病，生病的人则更多。现在，它已经渗入了城市的大部分地区，相当具有传染性。起初，有 3/4 的人死亡，现在则是 1/3 了。从染病的第 2 天到第 8 天，人们会接连出现头痛和胃部不适，有点发冷、发烧，还有黑色呕吐物和粪便，最后便是死亡。有能力的人都逃离这座城市了，农民的恐慌还可能会带来饥荒。尽管死亡率在降低，但它仍在蔓延，炎热的天气条件非常不利。我已经让女儿离开这座城市了，我自己却不得不每天都去。[10]

那个夏天，将近 2 万名费城居民离开了（占人口的

40%），有 4000 多人死于黄热病（约占总人口的 10%）。由于秋天的凉爽温度降低了蚊子的数量，该病终于在 11 月初消退。居民逐渐返回城市，联邦政府恢复了其正常功能。但是，这座城市乃至整个国家的精神都因 1793 年的黄热病而受了伤。这明显暴露了新国家无力有效应对危机的问题。美国首都在短短几个月内就被抛弃了，领导人逃跑了，卫生官员争吵不休，公民反目。

1793 年黄热病流行的更有趣的另一个长期影响是，它影响了费城的种族关系。在美国独立战争后的几年里，这座城市已成为非裔美国人的目的地。许多人因支持大陆军而赢得了自由，一些人被受革命主义打动的奴隶主释放，还有一些人则逃脱了奴隶制逃往北方。到 1793 年这一流行病暴发时，费城已有 2000 多名自由的非裔美国人居住。[11]许多人召集起民间组织，为成长中的非裔美国人社区提供社会服务和就业服务。这些组织中最具影响力之一的是自由非洲协会，该协会成立于 1787 年，由部长理查德·艾伦（Richard Allen）和押沙龙·琼斯（Absalom Jones）领导。他们以小组的形式定期开会，决定如何更好地教育子女，为失业者找到工作，照顾寡妇和孤儿，并赋予社区成员真正独立的权利。几十年来，他们一直是费城非裔美国人社区的核心。

黄热病流行时，人们普遍认为非裔人对黄热病感染具有"与生俱来"的抵抗力。[12]这个想法来自 1742 年南卡罗来纳州查尔斯顿暴发黄热病时的观察结果，生活在受灾地区的非洲奴隶似乎很少感染这种疾病。这可能由于很多奴隶是在黄热病流行的非洲地区出生、长大，因此，他们很可能早就接触了 YFV，并获得了一定程度的免疫力。距此 50 年后费城的情况则大不相同。那时，大多数居住在美国的非裔美国人都出生在美国。他们很少或根本没有接触过 YFV，因此其对 YFV 的易感性并没有低于其他人。当时医学界认为，所有非裔美国人都对黄热病具有遗传抵抗力，但事实并非如此。这对 1793 年居住在费城的非裔美国人社区产生了重大影响。

当城市暴发黄热病时，本杰明·拉什和其他医师公开与非洲自由学会的领导人联系，让其帮忙照顾成千上万的病人。[13] 押沙龙·琼斯和理查德·艾伦与其他人讨论了此事，最终决定："尽我们所能，对遭受苦难的人提供一切可能的帮助。我们去看看我们能做什么。"[14] 由于他们错误地相信自己具有黄热病抵抗力，数百名非裔美国人开始在城市各处工作，担任急诊护士，运输病人。尽管该市大多数居民都选择了逃离或与他们认为被感染的患者（包括他们的家人）隔离开，但非裔美国人留了下来，竭力为病人服务。本杰明·拉什曾经观察到："在你进入的每个房间中，都看不到任何人，只有一个孤独的黑人或妇女在病人身边。"[15] 即使越来越多的非裔美国人生病、身故，尽管工作环境令人难以置信地可怕，也几乎得不到什么回报，但他们仍然留下来继续照顾受苦的人。[16] 当流行病结束时，将近 250 名非裔美国人死于黄热病。这相当于费城非裔人口的 10%，与居住在那里的白人的死亡率大致相同。

有人可能会认为，非裔美国人在 1793 年黄热病流行期间所做的英勇牺牲可以使他们获得费城白人的接纳。不幸的是，它最终却产生了相反的效果。1793 年 11 月出版的一本非常受欢迎且广泛传播的、名为《恶性热病简介》（*A Short Account of the Malignant*）的小册子说，非裔美国看护者在经济上占了黄热病受害者的便宜。作者是一位名叫马修·凯里（Mathew

Carey）的著名出版商，他在流行病初期就逃离了这座城市。他在这本小册子中写道："对护士的巨大需求为某些人提供了不合理的机会，一些白人和黑人急切地抓住了这个机会，他们竟为一夜的看护服务索取 2~4 美元，甚至是 5 美元，而这本可以用 1 美元来支付。甚至还有些人抢劫了病人的房屋。"[17]勒索和盗窃的指控引起了公众对自由非洲协会及其在流行病期间所雇用人员的不满。尽管几乎没有实际证据表明非裔美国人从他们的服务中获得了不诚实的利润，但凯里的《恶性热病简介》却给整个群体的声誉造成了无法弥补的损失。这本小册子成功地摧毁了这 5 个月内种族之间发展起来的所有善意，并使费城的非裔美国人在疫情后受到了更多谴责。

作为回应，琼斯和艾伦发表了自己对这一流行病的描述，试图驳斥凯里的卑鄙主张。[18]在书中，他们对凯里提出了严厉的批评，因为他错误地报道了他从未目睹的事件，甚至暗示，凯里从这场流行病中的获利超过了所有"勒索者"收益的总和。他们有力地继续驳斥了凯里对护士哄抬价格的指责，并说"他们埋葬了数百名穷人和陌生人，但他们从未为此收取或索取补偿"。[19]不幸的是，他们充满逻辑性和合理性的解释在很大程度上被置若罔闻，部分原因是在他们的辩解发表前，凯里的书已经出版了 4 版，伤害已经造成。费城的许多人开始鄙视那些几个月前照料他们的非裔美国人。

1793 年的黄热病流行也引发了关于其起因的广泛辩论。在像本杰明·拉什这样的医疗专业人员中，一种流行的理论是，这种流行病是由随处可见的污物引起的，这种污物污染了城市的空气和水。人们认为，污水和垃圾汇集所产生的恶臭，再加上那个夏天费城因炎热而停滞的空气，产生了有毒的瘴气,导致了疾病暴发。建筑师本杰明·拉特罗布(Benjamin Latrobe)附和了这些观点,他说:"我们有证据表明,城市的供水方式确实催生了非常丰富的疾病源,与狭窄、肮脏小巷里的有害气体无关。"[20]与城市的不卫生状态相反,费城一些著名的宗教领袖指出,道德污秽是造成这种流行病的主要原因。贵格会等团体认为,宾夕法尼亚州拒绝正式废除奴隶制或禁止"不道德"的戏剧表演,导致这座城市的精神健康被污染,并引发了上帝审判,降下黄热病。蓄奴州或支持法国大革命极端暴力的殖民难民来到费城,则进一步加剧了他们眼中的道德沦丧。黄热病袭击港口城市的速度似乎更快,这一事实进一步强化了这种观念,即黄热病是由道德低下的难民在 1793 年带到费城的。

这些理论提出的共同解决措施是在疫情暴发后大力清理费城。由市长马修·克拉克森(Matthew Clarkson)领导的委员会首先呼吁对公共卫生进行重大改善,其中包括从城市外部引入清洁水,改善下水道系统以及为穷人的房屋消毒。由于黄热病是通过蚊子传播的,而不是卫生条件差,此类措施对黄热病暴发没有影响。但是,它们却间接帮助控制了伤寒和霍乱等其他疾病。

当黄热病于 1797 年、1798 年和 1799 年重返费城时,市政官员们便开始寻找方法来监控大量涌入该市、被认为携带这种疾病的移民。正常的船舶检疫显然无法阻止黄热病的发生,因此费城卫生局决定在特拉华河沿岸建立 10 英亩的永久性检疫医院来解决这一问题。[21]这家叫作 Lazaretto 的传染病医院由有资质的医务人员经营,医院设有宿舍,可供大量人居住。它的设计目的是接待所有进入费城的移民,检查他们本人及其货

133

134

物是否有隐患，仅在确定其"无病"后才将让其进入城市。它是这座城市实实在在的看门人，对来自世界各地的数百万名移民进行了多种传染病筛查。Lazaretto 于 1799 年开业，是美国的第一家此类机构。它彻底改变了美国接待和处理移民的方式，其创建的模式最终被其他更著名的检疫医院，如埃利斯岛（纽约）和安吉尔岛（加州）沿用。我们难以估计 Lazaretto 和其他类似的检疫医院避免了多少流行病、挽救了多少生命。尽管 Lazaretto 是直接针对多种黄热病而建立的，但它也挽救了数以百万计费城和美国其他城市可能丧生于伤寒、霍乱、天花和鼠疫等疾病患者的生命。

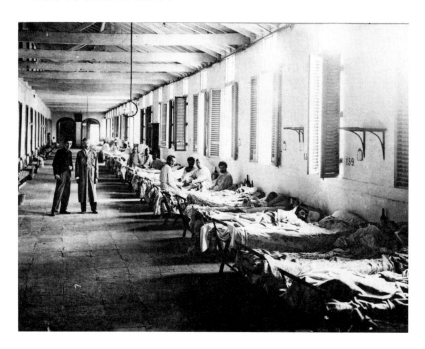

古巴哈瓦那黄热病医院的患者，1899 年。（美国国会图书馆）

海地革命和路易斯安那购买案

探险家于 17 世纪初在圣劳伦斯河沿岸建立了多个城市，从而在美洲建立了法国殖民帝国。此后不久，皮草贸易商赶到，与许多已经居住在新法国殖民地的土著部落建立了商业伙伴关系。这种关系使法国人可以对其人口稀少的加拿大领土保持某种程度的行政控制，同时也为法国人提供了西向五大湖区和密西西比河扩展业务的手段。到 17 世纪 80 年代，法国人已在密西西比河沿岸建立了贸易站和堡垒，并在南部正式建立了一个新的殖民地，即路易斯安那州。算上北部的加拿大、纽芬兰和阿卡迪亚，新建立的南部殖民地使法国在北美的土地扩张到了 300 万平方英里。在 18 世纪初期，这个广袤的领土被称为"新法兰西"，其北部延伸到了现代加拿大的一半领土以上，西至洛基山脉，南至墨西哥湾。

像西班牙和英国一样，法国在这段时间内也占领了西印度群岛的几个小岛。[22]抵达马提尼克岛、瓜德罗普岛、圣基茨岛、圣卢西亚岛和西班牙圣多明各岛之后（在海地），法国定居者奴役或杀害了大多数土著居民（例如加勒比人），然后运来了大量非洲奴隶在新建的种植园工作。尽管与新法兰西相比规模较小，但这些岛屿殖民地对于法国来说利润相当可观。例如，当时整个欧洲大陆售出的近 40% 的糖和 75% 的咖啡，都是由西印度群岛法属种植园生产的。这些西印度种植园和在北美利润丰厚的皮草业，使法国成为 17 世纪和 18 世纪世界上最富有的国家之一。

由于 18 世纪中叶发生的几次战争，法国在美洲的大多数殖民地都输给了英国和西班牙。大约在同一时间，法国人在距离英国人控制的领土很近的地方建造据点，与此同时，大量新的英国定居者涌入美洲，法国和英国殖民者之间的紧张局势开始加剧。1754 年 5 月，由乔治·华盛顿率领的当地英国民兵因惧怕法国人或其美州原住民盟军最终采取军事行动，便在宾夕法尼亚州匹兹堡附近伏击了一个法国小营地，引发了法国和印第安战争。[23] 法国当地军队进行了强烈的军事反击，导致华盛顿迅速投降。欧洲的英国和法国当局意识到两国可能正处于美洲战争全面爆发的边缘，于是不久后便相互联系，讨论了这些边界冲突的潜在和平解决方案。双方未能达成协议，便从欧洲派遣了大批部队，为其自认为在北美的合法主张而战。这场战争持续了大约 9 年，直到法国签署《巴黎条约》投降后才结束。这样，法国就放弃对包括加拿大和路易斯安那州在内的整个新法兰西以及大部分西印度群岛殖民地的领土权利。大不列颠控制了密西西比河以东的大部分土地，而大不列颠的军事同盟西班牙则控制了西部的土地。法国最终通过参与美国独立战争重新夺回了西印度群岛的少量领土。

在动荡的 18 世纪期间，法国拥有的最重要的殖民地是位于伊斯帕尼奥拉岛西部的圣多明各岛（海地）。可以说，圣多明各是当时世界上最富有的欧洲殖民地，向美洲、欧洲和亚洲供应了大量的糖和咖啡。在 18 世纪 80 年代的鼎盛时期，它拥有大约 800 个独立的种植园，46.5 万名奴隶。[24] 令人惊讶的是，圣多明各岛和其他两个法属岛屿殖民地（马提尼克岛和瓜德罗普岛）拥有的奴隶数量，与美国最初建国时 13 个州加在一起（约 70 万人）的差不多。每年成千上万的西非新奴隶被送到圣多明各岛，每年岛上又有成千上万的奴隶出生。到 1789 年法国大革命开始时，圣多明各已成为非洲和加勒比裔奴隶、白人殖民者、在山上逃亡的自由生活的奴隶以及 2.5 万名有色自由人的熔炉。后者主要由法国奴隶主及其女奴的混血后裔所组成。他们通常受过教育，有些还从法国父亲那里继承了巨大的财富。

136

法国大革命在圣多明各居民中引起了极大的轰动。[25] 对于白人种植园主来说，这场革命提供了一个机会，让他们可以逃脱法国政府的行政控制，在与其他国家进行商品贸易时有更多的自治权。他们认为这是提高利润率、增强对奴隶和产品控制的可喜机会。相反，岛上的奴隶和自由的有色人种则阅读了革命性的《人权宣言》及"人生而自由平等"的主张，期望自己的自由和平等。[26] 他们在新成立的法国大会上得到了许多人的支持，他们看到了奴隶制的恐怖，并认为应该在整个帝国范围内废除奴隶制。几位既富有又自由的有色人种（如朱利安·莱蒙德和文森特·奥热）也从圣多明各前往巴黎，出席大会并代表岛上所有受歧视的人发言。返回圣多明各后，他们发现殖民地总督和种植园主不愿放弃免费的劳动力或拒绝赋予任何可能威胁其在岛上权力的人更多权利。圣多明各岛上有钱的白人少，而有色人种多（10∶1），二者不统一的意见直接导致了美洲历史上最重要的事件之一——海地革命。

海地革命始于 1791 年 8 月，当时该岛北部省份的奴隶对白人种植园主发动了武装起义。他们烧毁了数百个种植园，杀死了数千名白人殖民者，并没收了数百万美元的财产。[27] 在几个月内，超过 10 万名奴隶参与了起义，共控制了 1/3 的殖民地。当奴隶在北部起义时，有色人种开始向西部的白人种植园主发起进攻。为了安抚革命者、平息叛乱，法国（立法）大会在 1792 年赋予有色人种全部政治权利。尽管伸出了橄榄枝，但暴力在 1793 年进一步激化了。种植园主与英国建立了同盟，而奴隶则加入了入侵的西班牙人以迫使法国人撤离该岛。这使英国军队几乎控制了圣多明各的大部分地区。由于担心发生多方战争可能会使该岛完全丧失，法国当地行政官员单方面宣布结束圣多明各的奴隶制。结果，在才华横溢的军事将领（前奴隶）杜桑·卢维杜尔（Toussaint L'Ouverture）的带领下，许多新获释的奴隶转而结盟法国。在接下来的 5 年中，法国、英国、西班牙、获得自由的奴隶以及白人殖民者进行了长期的流血战争，造成数十万人死亡。

137 历史记录表明，英方的许多死亡都是由 18 世纪 90 年代西印度群岛发生的黄热病暴发造成的。实际上，有人估计在 1793 年至 1798 年，近 70% 的英国军队、约 10 万名士兵因黄热病而病倒。[28]由于慢性病的困扰以及与卢维杜尔军队的不断战斗，英国最终同意于 1798 年离开圣多明各。在这次胜利之后，卢维杜尔于 1800 年入侵并征服了西班牙控制的伊斯帕尼奥拉东部。尽管此时卢维杜尔获得了对该岛的政治控制，但他还需从法国处取得该岛的完全主权和完全独立。对卢维杜尔而言，不幸的是，一个名叫拿破仑·波拿巴（Napoleon Bonaparte）的新统治者刚刚在法国上台，并渴望在美洲重新建立一个殖民帝国。

  1802 年初，拿破仑向圣多明各派遣了约 6 万名士兵，以重获对该岛及利润丰厚的糖种植园的行政控制。[29]拿破仑不仅计划接管圣多明各的土地，还计划镇压叛乱并恢复奴隶制（他在其他西印度群岛上就是这样做的）。抵达圣多明各后，由拿破仑的妹夫查尔斯·勒克莱尔（Charles Leclerc）率领的庞大的法国部队迅速接管了该岛上的大多数港口城市，并秘密逮捕了首领卢维杜尔，将其驱逐至欧洲（后来他在监狱死于结核病）。卢维杜尔的垮台使许多领导者放弃了反抗，与法国人联合。已经进行了11年之久的奴隶起义似乎已处于彻底崩溃的边缘。那些长期作为自由人生活和战斗的人现在正面临再次被奴役的可能性。当圣多明各的居民看上去一团糟时，天气发生了变化，从根本上挽救了他们，并改变了历史进程。

1802年的初春，降雨急剧增加，伊蚊数量激增。[30]当年5月，该岛黄热病全面暴发。正如以前英国侵略者所遭遇的那样，由于法国人以前几乎从来没有接触过黄热病，黄热病伤害了大量法国人。在接下来1年半的时间里，多达5万名法国士兵死于黄热病，使他们丧失了近80%的战斗力。勒克莱尔及其5名将军也在1802年至1803年这一流行病中丧生。[31]由于失去领袖、士兵生病和死亡，当地军队越来越强大、抵抗越来越激烈，大多数剩下的法国士兵开始在1803年秋季撤离该岛。最后一批法国军队在此后不久被卢维杜尔的继任者让-雅克·德萨林（Jean-Jacques Dessalines）击败，新的主权国家海地于1804年1月1日正式宣布独立。没有黄热病作为盟友，海地人民本可能会被压倒一切的法国军队击败，然后重返奴隶制。相反，他们成立了历史上唯一由奴隶起义建立起的新主权国家。

圣多明各奴隶起义的成功在美洲还产生了其他非常重要的长期影响。历史学家们普遍认为，拿破仑派兵到西印度群岛是为了实现对北美大陆的终极入侵。[32]1801年，法国秘密地从西班牙那里夺取了因法国-印第安战争丧失的全部路易斯安那州领土。拿破仑这样做的目的是使他的军队重获对新奥尔良和利润丰厚的密西西比河谷的控制，这两个地方已经有了越来越多的美国商人。拿破仑在与他的一位国防部长的信件中明确表

138

示，入侵圣多明各只是他恢复北美帝国这一真正目标的掩护。他在这封信中写道："国防部长，我的意图是以最快的速度占领路易斯安那，这一计划一定要高度保密，让其看起来像是针对圣多明各的。"[33]美国政府的托马斯·杰斐逊等人将拿破仑入侵西印度群岛和路易斯安那州视为对自己主权的威胁。根据拿破仑在欧洲的举动，有理由相信他最终会试图将自己的帝国扩展到路易斯安那州以外。对于他来说不幸的是，圣多明各空前的黄热病流行摧毁了其入侵北美的任何可能性。拿破仑需要该岛利润丰厚的糖种植园，以资助其计划中的后续步骤。没有那笔钱，就不可能入侵北美。拿破仑意识到他没有办法胜过、制服或压制黄热病，因此决定减少在美洲的损失。在 1803 年疫情最严重的时候，拿破仑同意以 1500 万美元的低价将整个路易斯安那州的土地卖给美国。这样一来，美国的规模大约增加了 1 倍，而法国则永远退出了美洲。此后不久，托马斯·杰斐逊派遣梅里韦瑟·路易斯（Meriwether Lewis）和威廉·克拉克（William Clark）进行探险，以探索这一新的西方领土。

美国南部的瘟疫

随着 19 世纪初期路易斯安那州领土的开放，发展中的南部城市与西印度群岛以及墨西哥湾和密西西比河沿岸港口的贸易显著增加了。尽管这种海上贸易对南部经济的增长至关重要，但它却使居民反复遭受黄热病的侵袭。如前文所述，由于热带气候和大西洋奴隶贸易的影响，到 18 世纪时黄热病已在整个西印度群岛流行。来自西印度群岛的船只经常载有感染黄热病的患者或带有病蚊的货物。结果，密西西比河沿岸、墨西哥湾沿岸和南部大西洋沿岸地区几乎每年都会暴发黄热病。与费城和纽约等北方城市零星地流行不同，美国南部地区持续温暖潮湿的气候为黄热病的流行提供了理想的温床。受灾最严重的城市之一——新奥尔良，在美国南北战争之前的几年中经历了12次黄热病流行。据称，1853年的黄热病流行感染了该市近40%的人口，并夺走了约7800人的生命。[34]25年后，又一次重大黄热病流行席卷了新奥尔良，并逐渐沿汽船驶向密西西比河。1878年，下密西西比河谷的流行病使200多个城市的12万人患病，多达20000人丧生。[35]同样，在19世纪中叶，破坏性较小的黄热病流行也出现在了查尔斯顿、诺曼底、孟菲斯、萨凡纳、加尔维斯顿和南部许多其他城市。尽管与本书中讨论的斑疹伤寒、天花和其他疾病相比，这些黄热病流行的死亡率要低得多，但它们却引起了广泛恐慌，并对南部生活的各个方面产生了深远影响。

在美国南部持续出现的黄热病最有趣的副产物之一就是它影响了社会

象征佛罗里达州的女子躺在地上，被称为"黄杰克"的怪物抓住。（美国国会图书馆）

对该地居民的态度。内战爆发前的几年里，南部暴发了黄热病，而当时美国正在进行关于奴隶制的激烈辩论。与此同时，10 年前废除了奴隶制的北部各州黄热病暴发则在持续下降，这使得许多废奴主义者得出结论，黄热病是上帝对南方及其邪恶居民进行惩罚的媒介。对他们来说，广泛传播的黄热病证明了奴隶制是错误的，南方的生活方式是更低等的。当时，在许多南部城市发现的纵情酒色和堕落则加剧了这种罪恶感。黄热病通常被归咎于酒吧、妓院、赌场和狂欢节庆祝活动。南方主教列奥尼达斯·波尔克（Leonidas Polk）在 1853 年写的祈祷文很好地说明了这种情绪，他说："我们的罪过正激起您对我们的愤怒和愤慨……并慈悲地赐予……这种父亲般的矫正可以教会我们……谨以此来铭记您的正义审判。"[36]北方媒体越来越多地把新奥尔良这样的城市描绘成罪恶的污水池，充满了疾病、混乱和污秽。全国各地的报纸上也开始出现一些耸人听闻的文章和插图，描绘在黄热病中痛苦挣扎的人。这种报道的结果是，许多北部人以一种自视正义的愤慨和厌恶来看待这些南方的受害者。

对于南方白人来说，黄热病的流行加强了他们既定的看法，即非洲奴隶比白人更适合在户外工作，因为他们死于这种疾病的概率似乎更低。就像 1793 年的费城疫情一样，当时许多人错误地认为非裔对黄热病具有某种天然的抵抗力。尽管黄热病的相关数据表明情况恰恰相反，但许多人仍然断言，经过数千年的进化和暴露，非洲人天生就比其他种族更能耐受黄热病。[37]人们观察到非洲人通常对疟疾具有先天的抵抗力，而疟疾和黄热病都是在非洲出现的，因此推断他们对黄热病也一定具有抵抗力。这些想法使南方人有正当理由在黄热病频繁暴发的地区（也就是南部大部分地区）继续使用非洲奴隶。对于奴隶制拥护者来说，在户外工作对白人来说实在是太危险了，因此他们别无选择，只能继续使用奴隶。因此，由于黄热病，奴隶制被认为是必要的制度。实际上，奴隶制和黄热病有着相反的关系。黄热病仅因奴隶贸易而存在于美洲。如果停止将奴隶非法进口到西印度群岛和美国，南部地区的黄热病流行将大大减少。

　　1853 年和 1878 年的黄热病流行对南部城市的经济也造成了破坏性影响，彼时他们正试图将南部建设为商业中心。[38]在主要农业地区，劳动力的大量丧失和死亡导致了数百万美元的损失，大量农产品和经济作物未经收割、出售或腐烂在地里。这造成了严重的粮食短缺，进一步加剧了已经耗尽的市政和州预算。在此期间，由于北方人对南方人的负面评价越来越多，以及检疫对人们去被感染城市旅游的限制，南方的旅游业也出现了急剧下降。尽管检疫在减缓黄热病的传播方面有效果，对南方的贸易和商业却造成了毁灭性打击。许多城市迫使当地企业关闭，直到流行病消退；商人在将商品卖给未受灾地区时也常常会遇到很大困难。结果，检疫常常遭到本地企业及其忠实政客的强烈反对。当城市领导人需要团结一致，对抗"美国历史上最严重的城市灾难"时，他们之间却产生了不必要的派系紧张。没有人知道 19 世纪黄热病多次流行对南方造成的真实经济损失。但是，1879 年发表的一份报告估计，仅 1878 年流行病带来的损失就超过了 2 亿美元（折合到 21 世纪 20 年代，约为 40 亿美元）。鉴于南方经济在 13 年前就受到了内战的严重打击，对挣扎着进行重建和工业化的南方而言，这一代价更加惊人。

　　这些流行病所带来的最重要的长期影响可能就是重新评估

141

谁应该对人们的健康负责。到那时为止，所有有关卫生、检疫和公共卫生的决定都是由城市官员在地方一级做出的。州和联邦政府几乎无权制定或施行与公共卫生相关的政策，对地方应对流行病的方式也没有监管。这使城市间有着较大差异，甚至同一城市的不同执政者间也会有较大差异。如果一个城市对疫情的应对不好，常常会使黄热病蔓延到附近的城镇，为该病在全国的流行创造更多机会。例如，在 1878 年的流行中，黄热病随着一艘来自古巴的船来到美国，船只停靠在新奥尔良，载着一名被感染的船员。[39] 该病迅速蔓延到城市中的其他人群，并在夏季全面暴发。尽管市政府采取了检疫措施，但仍有数千人在没有经过任何实际筛查前就逃到了周围的密西西比河流域。不幸的是，几名被感染者登上了前往密西西比州维克斯堡的拖船，并把疾病传播到了那里。从那里，它又到了孟菲斯（另一条船上），并最终通过铁路和内河运输传播到了整个南方的 200 多个城市。一些城市设置了武装路障，以阻止病区的人进入他们的城镇，而其他城市则摧毁了铁路线或阻止船只停靠在其港口。最后，事实证明，这种局部措施极为无效，疾病可以随风传播。更糟的是，很多市政领导人在疾病控制的紧要关头都逃离了城市。这使任何形式的卫生或检疫措施都不可能得到执行。

在 19 世纪中叶，由于城市无法有效预防或管理黄热病（和霍乱），许多地区、州和联邦卫生局便诞生了。这些委员会独立于当地企业的利益，负责收集和传播当地疫情相关数据，决定适当的检疫措施。它们还试图阻止城市掩盖黄热病的存在（以免损害其自身的商业利益），并迫使当地的卫生机构相互合作。其中最重要的委员会便是成立于 1879 年的国家卫生局，它是在 1878 年灾难后公众呼吁下成立的。[40]在谈到需要建立起一个负责监督公共卫生的联邦委员会时，一位议员说，"过去告诉我们，没有一个商业性海港城镇会采用或遵守影响其商业利益的检疫规定"。[41]当时的海军医院服务部部长约翰·伍德沃思（John Woodworth）补充道，"应将黄热病视作威胁生命、摧毁工商业的敌人。世界上任何一个伟大的国家都没有像美国这样因黄热病而产生如此灾难性的损失"。[42]

经过对细节的仔细推敲后，美国国会于 1879 年 3 月 3 日通过了一项法案，该法案成立了一个由军事和平民专家组成的全国委员会，负责监督和建议当地的卫生委员会，调查公共卫生问题，向经历公共卫生危机的地区分配资金，规范检疫程序。人们希望该委员会能发现 1878 年流行病期间发生的所有错误，加以纠正以防止未来流行病的暴发。尽管美国国家卫生局仅获得了 4 年的资助，也从未完全实现其所有目标，但它确实在全国范围内改善了公共卫生条件，从而减少了霍乱和伤寒的暴发。[43]它还创造了一种模式，后来被更永久性的机构所沿用，如美国公共卫生署。

国家卫生局的成立是一个重要的转折点，因为它代表着美国迈出了第一步，在内战之后的几年中，美国开始作为一个国家而不是分散的城市或州与流行病做斗争。从某种意义上说，黄热病使美国团结一致面对同一个敌人，使美国人认识到个体的健康与全人群的健康息息相关。

确定传播媒介

19 世纪控制黄热病的最主要障碍是不知道其传播途径。当时，大多数医生和卫生官员都认为疾病是由不良的卫生条件

143

和由此产生的毒气所传播的。由于黄热病、疟疾和登革热等蚊媒疾病相对不受环境污秽的影响，卫生委员会通过改善卫生条件来预防或限制 YFV 传播的努力几乎没有效果。因此，在1878 年大流行之后，黄热病依旧在美国南部、拉丁美洲、加勒比海地区和西非的许多地区泛滥。但是，由于 19 世纪末微生物学方法的改善以及美国卷入了一场被黄热病所阻碍的战争，科学家和政界人士重新推动了对黄热病的研究，以明确这种疾病的传播方式。

在此期间，黄热病的研究中心是加勒比海的古巴岛，该岛距离美国仅 90 英里，是美国糖、烟草、咖啡和其他各种经济作物的主要供应地之一。19 世纪，美国与古巴之间的关系很复杂。一方面，两国的经济繁荣相互依存。[44]在 19 世纪 90 年代，古巴 90% 的出口都运到了美国，大约 38% 的进口来自美国。价值约 5000 万美元的美国资本投资到了古巴，用于购买那里失败的矿山和制糖厂并使之现代化，美国工人也正以前所未有的速度涌入古巴。尽管这似乎是理想的商业伙伴关系，但由于古巴在 19 世纪仍处于西班牙帝国的政治控制之下，情况变得复杂。西班牙有权更改贸易法，征收关税并控制其他国家在古巴开展业务的方式。所以，美国人总是不得不像走钢丝一样，一边要让西班牙政客满意，另一边要与被西班牙征服的古巴人保持良好的商业关系。

美国、古巴和西班牙之间微妙的关系在 1895 年变得十分紧张，当时古巴叛军正在为争取独立而对西班牙政府发动攻击。[45]最开始，美国担心古巴起义成功可能会为其他没那么友好的欧洲国家铺路，因此美国政府最初拒绝援助叛乱分子，甚至使用海军来阻止向该岛非法运送物资和武器。但是，随着反

叛活动的加剧以及美国媒体对西班牙在古巴暴行的不间断报
道，美国公众的情绪开始转向支持革命者。许多美国人，包括
那些商业利益被持续暴力所影响的人，开始敦促美国政府在冲
突不能迅速解决的情况下进行军事干预。到1898年初，居住
在古巴变得越来越危险。尽管此时叛军已完全控制了该岛并建
立了自治政府，但留在该岛的西班牙拥护者仍在继续煽动暴
乱、破坏财产。居住在哈瓦那的美国总领事看到不断升级的暴
力事件，便向华盛顿表示美国公民的生命正处于严重危险之
中。这促使美国政府于1898年1月向哈瓦那派出一艘缅因号
战舰，以保护其在政局不稳定岛屿上的利益。到达古巴仅3周
后，停靠在哈瓦那港口的缅因号就被爆炸击中了，船只沉没，
死了268人。尽管美国人不知道爆炸的原因或主导者，但他们
仍将其视为军事攻击，并要求报复。

呼喊着对西班牙开战的最大声音来自两个著名的纽约出版
商，他们认为西班牙是缅因号沉没的罪魁祸首。在缅因号事件
之前的几年，《纽约世界报》的老板约瑟夫·普利策和《纽约
新闻报》的老板威廉·兰道夫·赫斯特就开始发表耸人听闻
的，甚至是虚构的西班牙残忍压迫古巴人民的故事。[46]这样的
宣传和夸张的报道成功激怒了美国公众，并增加了其对日益荒
诞的新闻报道的需求。缅因号的沉没为普利策和赫斯特提供了
扩充读者群的绝妙机会。他们制作了虚假的插图，虚构地描写
了奸诈的西班牙人如何在缅因号上放置地雷、发射鱼雷。他们
发表了诸如"记住缅因州！西班牙下地狱！"之类的口号，甚
至悬赏5万美元捉拿西班牙凶手。他们的假故事非常令人信
服，以至于一些在爆炸中的幸存者和看着船只沉入哈瓦那港口
的人都相信西班牙人确实对此负有责任。尽管没有绝对的证据

（不管是当时还是现在），但美国总统威廉·麦金莱（William Mckinley）迫于公共压力和政治压力，于 1898 年 4 月 20 日向西班牙发出最后通牒，要求他们立即从古巴撤离。西班牙人拒绝了，这促使美国开始对古巴进行全面的海上封锁，并向西班牙正式宣战。

美西战争持续了 3 个月后，美军战死不到 400 人。[47] 强大的海军攻击与 27 万多名地面部队的结合使美军控制了西班牙的众多领土，包括古巴、波多黎各、关岛和菲律宾。有人称其为"精彩的迷你战争"，这几乎是美国军事力量的完美展现，以小牺牲获得了大收益。但是，随着战争在 7 月下旬开始缓和，黄热病、疟疾和伤寒的暴发对驻古巴的美军主力造成重大打击。在短短的几个月内，成千上万的士兵患病并丧失了行动能力，近 2000 名士兵死亡。西奥多·罗斯福中校在给美国国防部长的一封信中表达了他的恐惧，他担心："如果我们继续待在这里，将极有可能发生可怕的灾难。这里的外科医生估计，如果我们在疾病流行季节继续待在这里，那么将会有超过一半的士兵死亡。"[48] 军事领导听取了这些警告，于 1898 年 8 月初开始从古巴大规模撤军。但是，为了维持秩序并使古巴政权平稳过渡，需要留下 5 万名美军无限期驻扎在容易发生黄热病的岛屿上，因此美国政府决定采取积极措施以防止潜在灾难。他们组建了由美国陆军医学研究员沃尔特·里德（Walter Reed）领导的 4 名微生物学专家组成的专家小组，并将其送到古巴，专门研究黄热病的病因和传播方式。

里德和他的同事詹姆斯·卡洛尔（James Carroll）在被派往古巴之前，一直在努力验证意大利科学家朱塞佩·萨纳雷利（Giuseppe Sanarelli）最新的一项研究，该研究声称发现了黄热病的病因——一种名为类黄疸杆菌的细菌，据说其通过呼吸道分泌物传播。通过严格的测试，里德他们积累了有力的证据，证明萨纳雷利发现的细菌并不是黄热病的病因，而是猪瘟随机感染了他的一些测试患者。尽管萨纳雷利试图抹黑他们的报告，但里德和卡洛尔很快得到了另一名医生阿里斯蒂德斯·阿格拉蒙特（Aristides Agramonte）的实验支持，他也没有检测到类黄疸杆菌和黄热病之间的关系。[49]

在驳斥了萨纳雷利的发现后，由里德、卡洛尔、阿格拉蒙特和年轻医师杰西·拉泽尔（Jesse Lazear）组成的黄热病委员会前往古巴与当地一位名叫卡洛斯·芬莱（Carlos Finlay）的流行病学家会面，后者自 1879 年以来一直在该岛上研究黄热病。[50] 在 1878 年密西西比河流域黄热病大流行之后，芬莱便与美国科学团队紧密合作，并对该病的发病机理发表了重要见解。他在显微镜下检查了感染者的组织样本，发现黄热病似乎针对的是血管的组成细胞（称为血管内皮），而非红细胞本身。据此，他推断："要染上黄热病，必须从黄热病患者的血管中挑出传染性的物质，然后将其放在被感染者的血管内部。蚊子恰恰可以通过叮咬完美地满足这一条件。"[51] 在沃尔特·里德的黄热病委员会抵达古巴的 19 年前，芬莱就在 1881 年 8 月 14 日的一次科学会议上发表了这一观点。在同一演讲中，芬莱还描述了一个实验，在该实验中，他让埃及伊蚊（Aedes Aegypti）（当时被称为"库蚊"）吸食黄热病患者的血液，然后再将这些蚊子放在刚抵达古巴的 5 个人的皮肤上，这些人以前从未接触过黄热病。被这些病蚊叮咬的 5 个人都出现了某种形式的黄热病。尽管这些发现强有力地支持了芬莱的蚊子传播理论，但古巴和美国科学界的许多人士都认为他是错的。实际

146

上，即使他在接下来的 20 年里成功地在 99 人身上复制了相同的接种实验，人们（包括里德）仍然不信服芬莱的方法和数据。[52]

1900 年，当里德的团队抵达古巴后，他们急切地想与芬莱见面讨论他的实验成果。芬莱也很愿意分享，允许黄热病委员会阅读他的全部笔记，并向他们展示实验是如何进行的，甚至向他们提供了被感染蚊子的样本。获取这些材料后，里德让杰西·拉泽尔负责核实芬莱的研究结果，而自己去了华盛顿特区。

拉泽尔在接下来几个月中进行的实验为蚊子理论提供了有力的支撑。拉泽尔使用了芬莱的方法培养和接种蚊子，设计了实验来测试蚊子是否可以传播黄热病，如果可以传播，其传播是否取决于感染者的严重程度或蚊子在叮咬下一个人之前病原孵化时间的长短。詹姆斯·卡洛尔不支持蚊子理论，他同意成为拉泽尔实验最初的研究对象之一。[53] 在被 12 天前叮咬过严重黄热病患者血液的蚊子叮咬后，卡洛尔出现了黄热病症状，差点儿死于黄热病。还有一部分受试者则是被叮咬过黄热病轻症患者的蚊子叮咬，或被 12 天内吸食过患者血液的蚊子叮咬。这些人均未出现黄热病。因此，看来黄热病病原必须在蚊子体内至少孵化 12 天，这样才能在进入第二个宿主时有效致病。这是芬莱早期实验缺失的一个重要因素，导致他经常得出令人困惑和矛盾的结果。在得知自己没有从任何其他来源感染黄热病后，卡洛尔庆祝道，他是"第一个证实了蚊子传播黄热病的人"。[54] 不幸的是，这些结果带来的兴奋没有持续多久。拉泽尔在实验过程中也被蚊子叮咬，并在 1900 年 9 月 26 日不幸死于黄热病。

　　拉泽尔的去世是黄热病委员会工作的重要转折点。里德于　　147
10 月回到古巴，做出承诺，致力于进一步推动拉泽尔的研究
并建立起更好的实验方案。[55]里德成为蚊子理论的信徒，他决
定在哈瓦那郊外的营地里设立严密的对照实验，检验黄热病到
底是由蚊子还是被污染的物品和污物传播的。这个营地被命名
为拉泽尔，以表纪念。里德在营地里建造了两座不同的建筑。
一座建筑内含有被黄热病死亡患者的血液和呕吐物所污染的各
种令人恶心的东西；但是，这里完全没有蚊子。另一座建筑干
净整洁，没有任何可能被黄热病污染的物体；但是，它被网密
封住了，里面存在吸食过黄热病死者的蚊子。志愿者被安置在
两个建筑物中，被要求在那里睡 20 个晚上。在这些天内，两
组志愿者各自被隔离在附近的帐篷内，以控制其在实验过程中
所接触的东西。

　　这项为期 3 周的研究结果令人信服且清晰。[56]在整个实验
过程中，所有肮脏建筑物中的人都保持了完全健康的状态，而
干净环境中 3/4 接触了病蚊的人都感染了黄热病。随后的实验
还表明，如果在黄热病患者感染后 3 天内取其血液，直接注射
到健康志愿者的体内，也无法传播疾病。这表明黄热病病原不
会在自然界中直接发生人与人的传播。综上所述，如此严谨的
结果最终推翻了长期以来人们认为黄热病是通过接触受污染的
物体或瘴气而被感染的理论。这样做还解释了为什么改善古巴
和美洲南部环境卫生所做的努力对黄热病的传播影响很小。此
外，这些结果还验证了芬莱及其 20 年的潜心研究，并最终证
明了伊蚊在黄热病传播中的关键作用。

　　这些发现有着巨大的短期和长期影响。首先，知道黄热病
的传播方式最终使公共卫生官员有了制止未来疾病流行的抓

手。例如，古巴首席卫生官威廉·高加斯（William Gorgas）立即着手消除该岛的蚊媒。如第四章（疟疾）所述，高加斯采用了多种灭蚊方法，包括给湖面上油、清空蓄水池、熏蒸房屋以及为居民提供蚊帐。事实证明，这种干预非常成功，古巴在大约 1 年内便根除了黄热病。随后巴拿马运河区也采取了类似的灭蚊措施消除黄热病，拉丁美洲和美国也采用了此类办法降低黄热病发病率。在里德研究结果发表后的短短 5 年内，黄热病就从世界上许多地方消失了。

里德的实验还因其创新设计引起了广泛关注。他是向志愿者提供书面知情同意的第一批科学家之一，知情同意概述了参与研究的潜在风险。[57]之前的实验通常不让志愿者知道他们要面临什么，而里德则完全披露了关于黄热病实验的危险信息。他拒绝强迫或诱骗弱势群体参加，并为志愿者提供了非常慷慨的补偿。他的伦理性与同时代的大多数研究形成了鲜明对比，后者常常将儿童、囚犯和穷人作为可有可无的、不知情的受试对象。例如，在塔斯克吉（Tuskegee）梅毒实验中，研究人员故意让贫穷、目不识丁的非裔美国佃农感染了梅毒，并任由他们病了近 40 年（1932 ~ 1972 年），以研究该病的进展。这些人从未被告知患有梅毒，即使盘尼西林已被证实可有效治疗梅毒，也从没有人给过他们治疗。讽刺的是，这些可怕的长期实验的补偿是免费医疗、一些食物和丧葬保险。这种对少数民族和穷人的残酷剥削凸显了美国的医学实验方式亟须大规模变革。值得庆幸的是，塔斯克吉研究最终促使美国政府建立了人类受试者保护国家委员会，并制定了联邦法规，要求所有对人类进行的实验都必须取得受试者的知情同意。令人遗憾的是，医学界未能早些效仿沃尔特·里德。沃尔特·里德自发建立了伦理规范，整整 80 年后，法律上才强制要求知情同意。

确定蚊子为黄热病的传播媒介后，里德和卡洛尔便将注意力转移到寻找致病的病原体上。当时，大多数科学家认为黄热病是由细菌或寄生虫引起的，因为在此之前人们从来没有将病毒和人类疾病联系在一起。为了验证这一理论，他们获取了含有黄热病病原体的患者样本，并使用陶瓷过滤器过滤掉细菌和较大的颗粒。然后，他们将通过过滤器的液体注入健康志愿者体内。令他们惊讶的是，所有接受注射的人最终都患上了黄热病。这表明，引起黄热病的物质必须足够小，才能穿过过滤器的孔隙。当时已知的、唯一具有此特征的传染源就是病毒。里德和卡洛尔随后在 1901 年进行的实验证实了黄热病是由病毒导致的，这是人类疾病史首次发现的由病毒引起的疾病。[58]这是一个巨大的科学发现，因为这是原理验证，也就是说，病毒可以感染人类。由于里德的开拓性工作，科学家开始研究其他人类疾病是否也可能是由病毒引起的。在接下来的 10 年中，病毒研究激增。麻疹、流感、狂犬病和天花等疾病长期以来一直是医学界的谜，现在也被证实是由病毒引起的。当科学家针对这些疾病研发有效的疫苗和方法时，这项研究成果更显意义重大。

149

寻找疫苗

在发现黄热病传播媒介和病毒之后的几年中，公共卫生官员主要通过控制蚊子数量来预防传染病。最初的几年，这项举措非常成功，由国际专家组成的黄热病委员会于 1915 年召开了会议，讨论从地球上消灭这种疾病的可能性。该委员会由洛克菲勒基金会资助，由高加斯主持，系统性地进入了南美和非洲流行地区，采用了与古巴、巴拿马和美国相同的有效灭蚊方法。虽然此方法在某些地区效果良好，但另一些地方即使采取了严厉的伊蚊控制措施，仍然间歇性暴发黄热病。这困惑科学家很长一段时间，直到 20 世纪 30 年代才最终发现 YFV 还可以感染猴子，并通过不同蚊子在猴子之间传播。因此，在城市所进行的伊蚊生命周期破坏策略，对丛林深处的猴子和蚊子自然作用不大。结果，黄热病流行的风险仍然存在，因为人和猴子的居住地极为接近，不可能阻止病毒在二者之间随机转移。由于无法从环境中完全消除 YFV，科学家开始研究下一个最佳的替代方案——开发一种安全有效的疫苗，给流行病地区的人们接种。

在 20 世纪 20 年代，生产病毒疫苗的标准方法通常是用热或化学方法破坏纯化病毒，或使病毒在某些非宿主生物的组织中生长而使其弱化。将被破坏的病毒注入人体内，是完全安全的，因为病原体不可能复活，引起疾病。但是，这种灭活疫苗通常会诱发相对较差的免疫反应，因为接种者的免疫系统仅接触有限数量的病毒碎片，而不能天然、完整地复制病毒。相反，用被称为减毒活疫苗的活病毒，虽具有弱毒性，却可诱发更好的长期免疫，不过这样做对接种者的风险更大。如果病毒发生了某种类型的突变，恢复了活力，或者疫苗接种者的免疫功能较弱，那么减毒活疫苗就可能引起实际的感染。

生产 YFV 疫苗的早期尝试包括用福尔马林处理病毒感染的肝组织，以灭活（"杀死"）病毒。不幸的是，这种疫苗未能引起任何类型的保护性免疫反应。因此，科学家们将注意力集中在减毒活疫苗的生产上。YFV 减毒最初困难重重，因为

150

它无法在人类宿主（或蚊媒）以外成功生长。如上所述，当发现该病毒可以在野生和实验室饲养的猕猴（如恒河猴）中传播时，研究取得了突破。这使科学家们第一次将 YFV 研究从危险的医疗诊所中撤出，并转移到更好控制的实验室环境中。YFV 在恒河猴中的复制非常成功。但是，其产生的病毒颗粒毒性并没有被充分减弱，无法用于任何类型的疫苗。这促使科学家开始寻找其他能繁殖病毒的非宿主组织来培养病毒。

1930 年，年轻的科学家马克斯·泰勒（Max Theiler）发现 YFV 可以在小鼠的中枢神经系统组织中复制。[59]在被允许病毒进行多代复制后，泰勒发现从小鼠脑组织中提取出的病毒，在猴子和人类肝脏中致病的能力被极大削弱了。换句话说，在小鼠脑组织中生长的 YFV 似乎是经过选择的病毒突变，这种病毒失去了破坏肝脏和血管内皮细胞的能力。此外，将这种减毒的 YFV 注入新宿主中可以为他们提供长期保护，使其免受全毒 YFV 的感染。在 20 世纪 30 年代，尽管泰勒看起来成功研发出安全有效的 YFV 疫苗，但他在动物试验阶段发现了新的并发症。小鼠脑中持续生长的病毒是随机产出的新 YFV 变体，这些变体表现出了对神经组织的偏爱。[60]结果，当向恒河猴注射减毒疫苗时，随着病毒扩散到大脑并在脑中复制，许多猴子出现了严重的神经功能障碍。当然，这是整个成果的灾难性打击。能预防一种疾病但会引起另一种疾病的疫苗显然并非泰勒所希望的。

正是在疫苗研发的这个阶段，两个独立的研究团队出现在了大西洋的两侧。一个由纽约洛克菲勒学院的威尔伯·索耶和马克斯·泰勒领导，另一个由在巴黎巴斯德学院工作的安德鲁·沃森·塞勒兹和让·莱格瑞特领导。泰勒的团队继续研究

151

在小鼠大脑中产生的疫苗，发现将其与 YFV 自然康复者的少量抗体共同注射时，可大大降低其扩散到受体神经系统的可能。[61]虽然这样做可以使接种者产生 YFV 免疫，但这并不理想，因为每次注射疫苗时都必须将一个人的血液衍生物直接注入另一个人体内。这样做非常昂贵，而且一旦抗体血清碰巧被其他东西感染了，还会有潜在的危险。不幸的是，这种危险在 1942 年才被意识到，当时有多达 50000 名接受血清疫苗注射的美国陆军新兵染上了黄疸。对疫苗接种方案和试剂的分析表明，疫苗本身与这种广泛传播的肝病无关。[62]相反，他们发现与疫苗一起注射的人血清（以使疫苗更安全）偶然被另一种病原性病毒——乙型肝炎病毒（HBV）污染了。这个巨大的错误使洛克菲勒小组重新评估了将人血清纳入疫苗接种方案的做法。

同期，法国团队也经历着自己的困难。尽管他们的疫苗也来自受感染的老鼠大脑，但他们选择不使用人血清。相反，他们接受了神经疾病增加的风险，并试图降燥、与蛋黄或油混合或通过划痕而不是注射接种来进一步减轻毒性。将其划入皮肤已被证明可在一定程度上减少疫苗的嗜神经性，但并未完全消除这种风险。

两种疫苗的早期工作都表明，它们都不是足够安全的、价格合理的长期 YFV 疫苗。人们需要采取一些措施来消除疫苗的嗜神经性和对人血清的依赖性。马克斯·泰勒孜孜不倦的工作很快就得到了答案。在确定 YFV 也可以在鸡胚组织中繁殖后，泰勒开始在缺乏中枢神经系统的鸡胚胎组织中培养小鼠脑源性疫苗株。原因是他希望疫苗菌株在没有神经组织的情况下复制时能发生突变，从而失去其嗜神经性。泰勒继续感染鸡胚

组织，测试从中产生的 YFV 的嗜神经性，如果测试失败，则
继续将其注射到新鲜的鸡胚组织中。在重复此过程超过 100 次
之后，泰勒终于取得了他一直期待的突破。从鸡胚组织中出现
了一种名为 17D 的特殊毒株，将其注入活体动物时，无法感
染中枢神经系统。[63] 17D 菌株在造成肝损害和上皮组织损害方
面也处于减毒状态，当给受体动物和人类注射时，它能引发巨
大的免疫反应。简而言之，泰勒成功地创建了一种真正安全有
效的疫苗菌株，无须人血清即可廉价地进行给药。其他科学家
对他的 17D 菌株进行了测试，结果相似。很快，全世界所有
的 YFV 疫苗都使用了 17D 菌株。

　　泰勒用于生产 YFV 疫苗的充满创新性和革命性的方法使
他在 1951 年获得了诺贝尔生理学或医学奖，也是唯一一次因
疫苗开发而颁授诺贝尔奖。[64] 泰勒为疫苗设计设定了基准，以
往粗糙的减毒技术被证实不充分且低效。后来，他的方法被研
究人员大量模仿，由此开发出历史上重要的一些病毒疫苗，包
括脊髓灰质炎、麻疹、HBV 和流感疫苗。此外，他的 17D 疫
苗还为公共卫生官员提供了抵抗未来黄热病疫情的强大武器。
连同防蚊措施，1937 年 YFV 疫苗的发展标志着黄热病恐怖笼
罩的非正式终结。它不再拥有使城市瘫痪或使成千上万人逃离
家园的力量。人类最终破解了这种疾病，并可以通过多种方式
加以控制。尽管黄热病每年仍然致死成千上万的人，但它像过
去那样造成全球性混乱的威胁已经一去不复返。

第八章

霍乱

高山、沙漠、海洋、逆风，任何障碍都无法阻碍它的
侵袭。

不分阶层、男女、年龄、强弱，所有人都可能受到
攻击。

即便那些曾经被它拜访过的人，也不总能幸免。

然而，与在阳光下恐惧的富人和权贵相比，那些已被
生活中各种不幸所压垮的人更容易成为受害者。

——乔治·伍德（George Wood）博士，
在观察到 1832 年霍乱流行所带来的恐怖后撰写[1]

19 世纪对霍乱（Cholera）最常见的图形描述之一便是：
死亡天使从大洋彼岸来到一座城市，用镰刀大肆屠杀受到惊吓
的受害者。这令人想起 14 世纪黑死病期间所创作的画作，这
些画面完美地描绘了当霍乱再次从海上登陆的消息传出后，城
市中弥漫着的无处不在的恐惧和无助。不幸的是，这种感觉在
19 世纪，甚至是 20 世纪依旧常见，当时全球的 7 次霍乱大流
行共夺走了 5000 多万人的生命。尽管目前霍乱可以防治，但
每年仍有多达 400 万人感染霍乱，并有 10 万余人因此死亡。

一旦食用了被霍乱细菌污染的食物或水，患者便会经历突
发而持续的水样腹泻，在短短几个小时内就会造成危险的体液
流失和电解质流失。严重情况下（2%～5% 的情况），患者每

小时可能会流失 1 升以上的体液。患者腹泻的程度相当严重，以至于许多诊所会把病人放在特殊的"霍乱床"上，床上挖一个洞，下面摆一个桶，用来收集几乎连续不断流下的液体。随之而来的脱水会导致严重的肌肉痉挛、心律不齐、昏睡，甚至血容量和血压下降。除此之外，霍乱患者通常会伴有眼睛塌陷、发暗，皮肤干瘪、发青的症状。如果此时不及时进行静脉输液和电解质补充治疗，患者会进入休克状态，30% ~ 50% 的患者会进而产生昏迷，甚至死亡。令人惊讶的是，上述所有临床症状可能在一天内全部发生。一个人可能在上午才抱怨有轻微的腹部不适，到了晚上便去世了。事实上，霍乱作为与埃博拉和坏死性筋膜炎齐名的流行病，是微生物界中最快的杀手之一。

154

《小日报》中，霍乱作为死神的图片。
（1912 年 12 月 1 日《小日报》，美国）

霍乱是由一种名为霍乱弧菌的逗号状小细菌感染所引起的。在卫生条件差的地区，细菌可自发地在温暖水体中生长和复制。它们既可以在水中独立生长，也可以寄居在浮游动物这种小型甲壳类生物中。由于一些水生动物（如牡蛎）以浮游动物为食，在人类食用的某些食物中也可能聚集高浓度的霍乱弧菌。正常情况下，特定水源中的霍乱弧菌会被噬菌体病毒杀死而保持在较低的水平，这些噬菌体可以靶向杀死霍乱弧菌（回顾一下，病毒可以感染所有形式的生命，包括细菌）。然而当雨量过大时，这些能杀死霍乱弧菌的噬菌体会被稀释，无法有效地杀灭细菌。此时，水中细菌的数量会急剧增加，使在此饮水、洗东西或者游泳的人更容易被感染。由于霍乱弧菌在外结构方面没有很好的保护层，所以只有个体摄入约1亿个细菌细胞时，才能确保有足够的细胞通过恶劣的胃酸环境，而只有那些进入并附着到肠道组织上的细菌才能开始复制。

有趣的是，由于肠道中的霍乱弧菌自身没有太大的侵袭性，也不会引发任何类型的炎症，其本身对宿主身体的伤害很小。而霍乱弧菌之所以能成为一种有效的人体病原体，是由于它能产生一种强大的毒素，破坏宿主肠道细胞的正常功能。这种毒素，恰如其分地被称为霍乱毒素（CT），可附着在宿主细胞表面并进入细胞内。一旦进入细胞内，毒素就会引发一系列酶激活连锁反应，最终导致细胞外膜蛋白质通道的打开。特别是，这种毒素可迫使一个叫作CFTR的通道打开并释放大量的氯离子（Cl^-）到肠道的主要部分。而当氯离子被运输到细胞外时，钠（Na^+）离子和水也会随它一起流失。最终的结果就是大量的水和离子（电解质）在肠道内积聚，再被排出体外。随着霍乱弧菌持续产生霍乱毒素，更多的CFTR通道被打开，带来更多的体液流失。如果感染者是在一个没有适当卫生设施的地区发生了这些症状，那么其腹泻物所释放的数十亿个细菌就会污染一个新的水源，整个循环又会重新开始。

与本书中所讨论的大多数病原体不同，霍乱引起的疾病通

155

常被称为"共源性流行病"，即病原体是通过某个共有的环境源（如湖泊或水井）而传播的，而不是在宿主之间直接传播。在共源性流行病中，暴露于同一污染源的大量个体可能同时被意外感染。例如，如果有一口供 1000 人饮水的井被霍乱弧菌污染了，那么之后的每个饮水者都可能同时出现病症。与宿主间传播的流行病不同，宿主间的流行病通常会随着传染媒介在人群中逐渐传播而具有一定的滞后性，而共同来源的流行病似乎突然出现，甚至在卫生官员还没有时间做出应对之前就夺走数千人的生命。由于传播不是通过人与人之间直接进行的，隔离和改善个人卫生的尝试通常收效甚微。真正能阻止共源性流行病的唯一方法就是确定污染源，去除污染物或阻止人类接触。通过维持水源清洁和实施符合标准的食品安全措施，可以完全防止"共源性流行病"。

在尝试控制霍乱和其他水源性疾病（如伤寒和痢疾）时出现的核心问题是，感染共源性流行病的人可以去往遥远的地方，并污染当地的水源。其结果就是，可能有成千上万个污染区分布在数百英里之外，而非仅仅处理一个单一污染区即可。例如，如果一个人从一个城市的河流中感染了霍乱，那么当他返程时，不断的腹泻可能会导致他途经的其他 10 个城市都感染这种细菌。正如你将在本章中看到的，在过去 200 年中，这种传播方式足以让霍乱成为一种极具杀伤力的流行病。

七次霍乱大流行的起源和概述

"霍乱"一词来源于希波克拉底的著作。在公元前 5 世纪，希波克拉底用希腊语"胆汁"（chole）来描述一些不同的散发性腹泻。[2]鉴于他对这些疾病的临床描述有些模糊，很可能希波克拉底本人并没有亲眼看见过霍乱流行。同样，在盖伦或其他任何古代欧洲医学史学家的著作中，也没有对霍乱的明确描述，这表明要么当时霍乱没有在欧洲出现，要么没有造成严重的疫情。

尽管没有人确切知道霍乱弧菌最初是在何时、何地、以何种方式进入人体的，但大多数流行病学家认为，霍乱弧菌至少在几千年前就在印度次大陆的某个地方出现了。支持这一观点的最有说服力的证据来自一些印度教寺庙中所发现的古代巨石上的碑文。例如，印度西部的一座神殿中有一块巨石，可以追溯到公元前4世纪，上面刻着这样的铭文："嘴唇发青，脸色憔悴，眼睛塌陷，胃部凹陷，四肢收缩和萎缩，仿佛被火烧过一样，这一切都是大病的征兆，源于牧师的诅咒，他要杀死勇敢的人。"[3]尽管有人可能会说，这是在描写其他的疾病，但与伤寒或痢疾等其他腹泻相比，皮肤发青、眼睛塌陷、肌肉萎缩等症状更像霍乱的症状。同样，在医学文献尚未提到霍乱之前，在加尔各答附近的一个神龛里，人们就已经朝拜一位专门治疗霍乱的印度教女神（Oladevi）长达数百年了。[4]这一点，再加上前6次霍乱大流行都是在印度/孟加拉国的恒河三角洲附近开始的，都强烈表明霍乱弧菌曾在一段时间内是该地温暖水域的地区性疾病。

关于霍乱的第一次明确书面记载出现在16世纪中叶，当时葡萄牙历史学家加斯帕·科雷亚（Gaspar Correia）记录了1503年和1543年在加尔各答暴发的霍乱。在他1556年《印度传说》（Lendas da India）一书中，科雷亚生动描述了霍乱所引起的许多可怕的病理表现，并将这种致命疾病描述为"腹部持续疼痛，没有人能撑过 8 个小时".⁵在接下来的 250 年里，许多来到印度的其他欧洲探险家都描述了在此期间暴发的另外 62 次霍乱。医学史学家对这些记录进行了研究，根据疾病在印度的传播范围，将其中 10 种归为疫情。尽管清楚地认识到印度的地方性霍乱是一颗定时炸弹，但从 16 世纪到 18 世纪，没有任何统治印度的欧洲殖民者试图努力控制或研究这种疾病。于是，霍乱牢牢地盘踞在恒河的温暖水域中，等待着什么人或什么东西把它带到印度以外的地方。

第一次真正的霍乱大流行始于 1817 年，即发生在每隔几年于恒河举办的印度大壶节之后。⁶为了能在恒河的神圣水域中沐浴并祈求庇护，在此期间，数百万名来自世界各地的印度教徒都去那里朝圣。由于前一年的反常天气（1816 年被称为"无夏之年"），印度在 1817 年遭遇了特别多雨的季风季节。就在节日开始的时候，恒河的细菌数量大幅增加。9 月，朝圣者中突然出现了大规模的霍乱感染，紧接着细菌又随患者长途跋涉到了他们各自的家园。不久后，霍乱就在整个印度次大陆蔓延开来，成千上万的当地人和许多生活在他们中间的英国殖民者都因此失去了生命。然而，不同于以往小规模暴发和流行，这次疫情并没有止于印度境内。相反，因运送货物和军用物资，英国人把细菌带到了亚洲和中东的殖民地。于是，霍乱首次出现在曼谷、马尼拉和巴格达这样的城市，并到处肆虐。在之后的几年里，它一直在全球传播，西至非洲海岸（桑给巴尔岛），北至俄罗斯，东至日本。这种不受限制的传播一直持续到 1824 年冬天，大部分生活在亚洲水源中的霍乱弧菌因当时异常寒冷的天气而死亡。至此，长达 7 年的疫情终于结束，但其造成的破坏相当严重。恶劣的卫生条件、宗教朝圣和殖民主义等致命因素的结合，使霍乱从一种地方性疾病变成了全球威胁。这是霍乱在历史上第一次真正走向全球，但不幸的是，这仅仅是开始。

由奥诺雷·杜米埃（Honoré Daumier）绘制，标题为"巴黎的霍乱"。这句话出现在《复仇的医学（插画）》（1840年）第一卷第69页。（美国国立医学图书馆）

第二次霍乱大流行发生在5年后（1829年），并且持续了约20年。[7]和第一次暴发一样，它依旧起源于印度的恒河三角洲，并通过殖民贸易路线迅速传播到亚洲各城市。到19世纪30年代初，霍乱由俄罗斯传入东欧，随后第一次传播到西欧。许多欧洲大城市，如伦敦和巴黎，因其当时普遍拥挤的环境和糟糕的卫生条件，所受打击尤为严重。1832年6月，一些在英国被感染的患者乘船前往美洲，将霍乱带到纽约，并从那里又将病菌传播到了费城、波士顿、新奥尔良和墨西哥。在亚洲，在许多印度教节日、穆斯林麦加朝圣和麦地那朝圣期间，霍乱病菌又被传播到了城市外。有人推测，在1831年的麦加朝圣期间，有多达3万人死于霍乱，同时每年都有成千上万的人在朝圣期间死亡。由于受感染的朝圣者众多，霍乱又传播到了中东大部分地区，甚至是北非。待这场霍乱大流行最终平息时，已有数十万人被夺走了生命。这场霍乱大流行在全球蔓延的速度，只有 1918 年的流感大流行才能与之匹敌。

随后的第三次（1852～1860 年）、第四次（1863～1875 年）、第五次（1881～1896 年）和第六次（1899～1923 年）霍乱大流行皆始于恒河，其传播方式也与第二次大暴发类似。然而，就受影响最严重的地区而言，每次都略有不同。例如，第三次大暴发对俄国的打击要比亚洲其他地方更为严重，造成约 100 万人死亡，而第四次大流行则在非洲造成了大规模的人员伤亡。有趣的是，卫生条件的改善帮助消除了城市供水中的霍乱弧菌，第四次大流行也是霍乱最后一次在西欧或美洲造成重大影响（请参阅本章后面的内容）。第六次大流行主要发生在亚洲，造成印度 1000 万人死亡及俄国 50 万人死亡。这些统计数据清楚表明了为什么霍乱被视为 19 世纪最流行、最令人恐惧的微生物杀手。

最近的第七次霍乱大流行始于 1961 年的印度尼西亚。这是霍乱大流行首次在恒河三角洲以外的地区暴发，同时也是首次死亡率较低的一次疫情。卫生设施的重大改善，抗生素、口服补液疗法的使用，以及毒性较小的菌株（如埃尔托型，El Tor）的出现，都有助于控制霍乱对人类的影响。然而，每当自然灾害或战争之后，只要卫生基础设施遭到破坏，霍乱就会再次出现并造成严重破坏。

1910 年在墨西哥发布的一张海报，描述了霍乱这种致命疾病。（美国国会图书馆）

社会动荡的根源

19 世纪初，随着工业化和城市化的发展，出现了几个新的社会阶级。第一个便是中产阶级，主要由受过教育的专业人士（如医生和律师）、店主、工厂主、经理和小地主组成。这些人由于工业革命所带来的经济繁荣而获得了巨额财富和政治影响力。除了社会地位的提升之外，这些新获得的财富还使他们能够搬离日益危险和拥挤的城市，从而改善生活质量。居住在郊区庄园有助于中产阶级远离大多数流行病，并使他们能在当地建立属于自己的更优质的学校、医院和休闲活动场所。因此，与过去的几十年相比，他们享有了比以往更长寿、更幸福的生活。

与中产阶级在当时所取得的成就形成鲜明对比的是，为寻求工作而移民到城市的大量农村劳动力和务工人员，他们遭受了现代历史上前所未有的贫困和痛苦。大多数人所从事的职业要求他们在危险的环境中长时间工作，却几乎没有报酬。城市中工作的穷人几乎挣不到足够的钱养活自己，他们不得不生活在环境拥挤、卫生条件差的贫民窟里，那里充斥着暴力、绝望和传染病。富裕阶层对穷人的长期虐待和剥削往往在他们的痛苦上雪上加霜，他们往往以一种冷漠的蔑视态度看待穷人，而穷人也往往不会信任权势显赫的贵族。上层阶级、中层阶级和工人阶级之间在生活前景和生活水平上的这种差异，就像一颗滴答作响的定时炸弹，只要有适合的火花，就可能随时爆炸。不幸的是，19 世纪在各个城市中肆虐的霍乱，恰恰是阶级之间发生重大冲突的导火索。

当霍乱在第二次流行期间（1830～1832 年）首次传播到

工业化城市时，这种疾病迅速进入贫民窟，夺走大量穷人的生命。例如，在纽约市，1832 年死于霍乱的 3500 人中，大多数是住在五点贫民窟里的爱尔兰贫民和自由非裔美国人。[8]同样的，在圣彼得堡和其他俄罗斯城市的贫民窟里，有超过 10 万人死于霍乱；在巴黎、利物浦和伦敦的贫困地区中，也有数千人死亡。[9]当霍乱席卷这些城市，并造成大量工人阶级死亡时，上层阶级和中产阶级在很大程度上并没有试图减轻他们的痛苦。在疫情最严重的时候，一些慈善家确实建立了施粥所和济贫院，但大多数人只是袖手旁观，眼睁睁地看着穷人以空前的纪录死亡。造成这种情况的一个主要原因是，许多人已经把贫民窟的肮脏与住在那里的人联系在一起。越来越多的媒体报道，穷人"选择了"自己的生活方式，他们应该对这种流行病负责。[10]这种诽谤的结果是，许多城市的社区领导人有意拒绝提供人道主义援助，因为他们认为这样做只会使疾病的罪魁祸首存活。1832 年，纽约市一位重要的公民领袖在一封信中表达了这一观点，他写道："要么治愈那些生病的人，要么让他们死亡。他们主要是纽约市的渣滓，越快把他们送走，疾病才会越快停止。"[11]根据这种近乎马尔萨斯式的传染病控制模型，阻止流行病的最好方法就是让霍乱杀死疾病的传播"媒介"，即居住在肮脏贫民窟里的可怜的"渣滓"。

　　为了防止疫情蔓延到这些地区之外，许多城市实施了严格的隔离措施，阻止人们进出受影响的社区。对于生活在那里的穷人（和垂死之人）来说，这种限制是政府的不必要入侵，是一项残酷的政策，大大加剧了他们的痛苦。随着霍乱致死人数的继续上升，阶级之间日益增长的怨恨和不信任开始沸腾，导致了几次暴力冲突。这些当地的小规模冲突，被统称为

161

"霍乱暴动"，发生在世界各地，造成了重大财产损失和人员死亡。

第一次霍乱暴动发生在 1830 ~ 1831 年的俄罗斯。[12] 1823 年 9 月，俄罗斯第一次暴发霍乱，但随着几个月后的寒冬降临，疫情也就消失了，并没有真正造成大量死亡。然而，当它 6 年后再次重返时，情况就大不相同了。它先从南部抵达奥伦堡，并在 1830 年迅速传遍全国。当疫情蔓延到莫斯科和圣彼得堡等大城市，给当地带来巨大灾难时，大规模恐慌出现了。为了防止霍乱在主要城市中心进一步传播，由尼古拉一世（Nicholas Ⅰ）所领导的沙皇政府建立了非常严格的隔离和武装检查点，以防止城市内和城市间不必要的人员流动。在一些地方，人们不能出去上班，即使是为了寻求医疗护理也不能离开家。随着疫情恶化，尼古拉一世和其他高级政府官员逃离了首都（圣彼得堡），并切断了与民众的联系。当地卫生官员不分青红皂白地将病人和穷人与死于霍乱的人关在一起，使情况更加恶化了。当时住在圣彼得堡的一位人士指出，警方也好不到哪里去。他写道："我们的警察一向以傲慢和敲诈勒索而闻名，现在他们变得更加可耻，而不是在这个悲伤的时刻提供帮助。"[13] 谣言开始满天飞，说医生故意毒死病人，说波兰和德国移民与俄罗斯政府密谋消灭穷人。被隔离区所困，再加上这种被抛弃和被虐待的感觉，圣彼得堡和其他几个俄罗斯城市的穷人开始大肆反抗。

骚乱始于 1831 年 6 月 21 日的圣彼得堡，示威者聚集在塞纳亚（Sennaya）广场，并开始攻击运送病人的医疗马车。在接下来的几天里，暴徒捣毁了当地几家诊所，并杀死了许多在诊所工作的医生。一个暴徒从战斗中归来，得意地说："我在一个医生的脖子里放了很多石头，他在很长一段时间内肯定不会忘记我们。"[14] 作为应对，俄罗斯政府派遣了两个兵团进入塞纳亚广场，恢复和平。在暴徒被炮火威胁制止后不久，尼古拉一世本人到市中心发表讲话。关于他那天的讲话，说法大相径庭；然而，大多数人认为，他命令群众跪在他面前，并脱下帽子以示服从。但无论他说了什么，都起了作用，此次暴动止于6月23日。尽管1831年的暴动未能彻底改变俄罗斯政府对霍乱疫情的应对方式，但这确实提醒了统治者，穷人不会任由宰割、悄无声息地死去。

在第二次霍乱流行期间，另一个出现大量暴力事件的国家是英国。与俄罗斯的暴动不同，俄罗斯的暴动是因为人民不满于政府的限制性隔离措施和当权的领导不力，而英国的暴力事件则是由上层阶级虐待穷人尸体而激发的民愤所引起的。此事件首次成为全国关注的焦点是在1826年10月，《利物浦水星报》发表了一篇文章，称发现了33具正在等待被运往苏格兰的尸体。[15] 这些尸体是从当地的墓地偷来的，放入了盐防腐剂，然后偷偷卖给了爱丁堡的一所解剖学校。不到1个月内，在苏格兰的利物浦码头就发现了第二批要运往苏格兰的被盗尸体。1827年，又一桩案件登上了报纸头条，震惊了利物浦市民。一位颇受尊敬的当地外科医生威廉·吉尔（William Gill）被发现家中藏有5具尸体。[16] 和之前的情况一样，他从当地的墓地里窃取了尸体，并计划自己解剖一部分，卖掉一部分。向解剖学校出售尸体这桩利润丰厚的生意在1828年变得更糟了，两名男子——威廉·伯克（William Burke）和威廉·黑尔（William Hare）被发现在爱丁堡谋杀了16人，其唯一目的就是出售尸体牟利。[17] 大多数被谋杀的都是贫民、妓女、贫穷的劳工和"其他悲惨的社会弃儿，没有人想念他们，因为没有人希望再见到他们"。[18]正如人们所预料的那样，这些罪行引发了工人阶级和其他被上层阶级和政府迫害的人的愤怒。虽然威廉·黑尔因与当局合作而幸免于难，但威廉·伯克因其罪行于1829 年 1 月被绞死。他的尸体被公开解剖，但根据主审法官的判决，他的骨骼得以保留。这起案件是如此令人不安又意义重大，以至于在英语中催生了几个新词。Burking 和 Burker 这两个词成为谋杀穷人获利的代名词。

这些案件以及其他类似案件（例如 1831 年毕肖普和威廉姆斯在伦敦制造的谋杀案）促成了 1832 年《解剖法》的通过，使日益增长的解剖学学校能获得更多合法的尸体。[19]虽然在此期间，这项立法确实有助于减少英国的非法尸体交易，但鉴于大部分合法尸体供应都来自死于济贫院或街头的穷人，它依旧受到了下层社会的广泛批评。在大多数情况下，尸体是在未经死者家属同意的情况下被匿名"捐赠"的。结果，对医院和医生的恐惧席卷了工人阶级社区，许多人开始认为穷人是"被过度入院"的目标。

1831 年，当霍乱蔓延到英国时，数以万计的人因此患病，许多人被迫寻求治疗。随着越来越多的人进入霍乱医院后就再也没有离开，谣言开始四处传播，说医生们利用霍乱来杀死贫穷的病人。利物浦的情况尤为紧张，霍乱在贫民窟蔓延失控，人们不断想起近年来在那里发生的许多盗墓和谋杀事件。1832年 5 月 29 日晚，利物浦爆发了第一次霍乱暴动，当时一对生病的夫妇被送往当地的霍乱医院，一大群以妇女和男孩为主的人群紧随其后。[20]由于不相信这对夫妇病得很厉害，暴徒们开始对医务人员大喊"伯克！"和"凶手！"当他们到达医院时，暴动者已达到约 1000 人，并且越来越暴力。当时的一位旁观者记录了一些细节："有人向房子扔石头和砖块，几扇窗户被打破了，甚至在这个奄奄一息的女人躺着的房间里，也有几扇窗户被打破了，看护医生不得不为了安全而逃跑。有些人被暴动者追逐袭击，并因此受伤。医院的巡警们感到惊慌失措，无能为力。"[21]

尽管当晚暴动者都散去了，但在接下来的 3 天里，他们依旧在同一家医院门前集合。之后的 2 周内，全市各医院附近又发生了 7 起暴动。暴动者毁坏了运送病人的马车，袭击了医生，指责医生"给病人服用了杀死他们的东西，并使他们的脸色发青"。[22]暴徒追逐医务人员并大声喊叫"医生们只想把穷人抓入他们的魔掌中，杀死他们"。[23]这种暴力每隔几天就会爆发一次，直到 1832 年 6 月 10 日傍晚才结束。大多数人认为是当地的天主教会化解了局势并恢复了城市的和平。在最后一次暴乱后的那个星期天，利物浦的每一位天主教牧师都在布道坛上发表了一份正式声明，恳请教众理性看待这场流行病并依据自己的信仰行事。牧师们还向他们保证，将与当地卫生官员合作，确保霍乱患者得到保护和最受尊重的治疗。这一观点得到了当地几位医生的呼应，他们于同一周内在《利物浦日报》上发表了同样的声明。

尽管在第二次霍乱大流行期间，俄罗斯和利物浦所发生的暴动持续时间最长，涉及范围最广，但这绝不是偶发事件。例如，1832 年，英国曼彻斯特也爆发了一场霍乱暴动，当时一名年轻医生砍下了一名死于霍乱的 4 岁儿童（约翰·布罗根）的头，并试图卖掉它。[24]当男孩的爷爷看到棺材里发生的事时，他召集了 2000 多名愤怒的邻居，游行到医院。一到那里，他

164

们就放火烧了大楼的几个部分，并猛烈袭击了大楼的工作人员。类似的场景在整个欧洲（如巴黎、英国的埃克塞特）和美国（如纽约的尤蒂卡）的城市都有发生，暴徒袭击了掘墓人、医生和任何他们认为对已故亲友不尊重的人。

1833 年，在霍乱疫情消退后，上述事件变得罕见，破坏力也大大降低了。然而，当霍乱在 19 世纪后期再次出现时，暴动事件也随之出现在了受疫情影响最大的贫困人群中。1892 年，乌克兰工业城市乌佐夫卡（Iuzovka）发生了一次破坏性最强、最致命的霍乱暴动。[25] 当时，乌佐夫卡作为沙皇俄国的一部分，挤满了 2 万名穷人，他们在外国商人经营的不安全的钢厂和煤矿中工作。夏末，霍乱的到来加剧了已在当地酝酿数年的动荡不安的劳动形势。8 月 2 日，一群喝醉了的矿工前来救助一名因霍乱而被强制入院治疗的妇女。在把卫生官员赶出她家后，暴动者走到外面，开始抢劫和摧毁当地一直占他们便宜的那些商店。暴乱的破坏程度非常严重，以至于在暴乱结束时，183 家商店中只有 3 家完好无损。第二天，约有 1.5 万人把注意力转向了乌佐夫卡更富有的犹太人。暴动者摧毁了他们的生意，烧毁了他们的家园，并杀害了多达 100 人。最终军队被叫来平息叛乱，几天后终于恢复了和平。尽管 1892 年的霍乱暴动持续时间很短，但它几乎摧毁了整个乌佐夫卡市，严重破坏了当地的煤炭工业。圣彼得堡的政客们目睹了令人震惊的暴力事件，并担心如果允许工人们组织工会，将会产生更严重的后果。因此，他们加大了对所有被指控为"违法"的工人的公开体罚。这种国家支持的暴行进一步激化了内乱，并为历史上最重要的工人起义——共产主义革命——奠定了基础。

宗教自由、帝国主义和公共卫生

由于恒河中霍乱弧菌的持续存在，印度的孟加拉地区成为19世纪霍乱大流行的中心。当时印度的经济、政治和军事都受到英国的控制。1612年英国首次与印度建立关系，当时莫卧儿帝国的统治者授予英国东印度公司（EIC）许可，"他们可以任意出售、购买和运输商品至他们的国家"。[26]在接下来的几十年里，EIC在印度各个城市建立了种植园和工厂，并利用这些种植园和工厂生产茶叶、香料、棉花、鸦片和丝绸等贵重商品。[27]到了18世纪中叶，日益强大的EIC将大多数欧洲竞争对手赶出了印度，从而几乎垄断了当时的印度经济。这种扩张创造了巨大的利润，使EIC越来越需要保护其投资免受国内和国际威胁。起初，EIC只雇用了几百名印度士兵作为守卫，看守位于孟买、马德拉斯和加尔各答等印度主要地区的贸易站。然而，随着EIC的业务在18世纪后期大为扩张，EIC雇用的私人军事力量多达6万余人。这些部队被训练为欧式士兵，并被组织成大的兵团，称为总统军。除了拥有骑兵和重型火炮外，总统军还拥有一支规模庞大、实力强大的海军。

随着印度统治者及其臣民对英国殖民者的不满与日俱增，EIC军方与各印度团体间的武装冲突变得越来越常见。[28]1857年，当EIC雇用的一群印度士兵在孟加拉地区发动兵变时，暴力事件达到了顶峰。这场叛乱持续了2年多，双方伤亡惨重。EIC最终成功地镇压了叛乱；然而，这种情况暴露出EIC在管理印度方面有严重缺陷。于是，英国王室解散了EIC，并直接对印度次大陆及其近2.5亿名居民进行殖民统治。之后，英国政府对印度统治了89年，直到1947年圣雄甘地（Mahatma

166

Gandhi）领导的独立运动才结束。

在英国统治期间，6 次霍乱大流行在印度次大陆蔓延，加剧了英国人和印度人之间的紧张关系。正如本章前面所提到的，造成霍乱继续传播的一个主要因素是，在各种印度教节日期间，数以百万计的宗教朝圣者频繁地迁移到恒河。此类活动中规模最大的是大壶节（Kumbh Melas），几个世纪以来该节日活动一直在 4 个不同的城市轮流举行。[29]沿着恒河举行的两次大壶节（哈里瓦和普拉亚格/阿拉哈巴德）通常会吸引来自印度各地的大量人群。事实上，历史上人数最多的一次集会发生在 2013 年 2 月 10 日，当时有 3000 万人在普拉亚格的大壶节上聚集。除了主要的大壶节之外，还有一些更加频繁举行的小节日，被统称为"佛浴节"（Magh Melas）或"小壶节"（Ardh Melas）。节日的持续时间不固定，每个人在节日上停留的时间也不固定。有些节日只持续几天，而有一些则会持续好几个月。

在这些节日中，其中最重要的一个仪式就是在恒河的圣水中沐浴。[30]圣人（那迦苦行僧）和朝圣者相信圣水可以净化心灵，帮助其从死亡和重生的循环中获得自由（称为"解脱"），便将自己完全浸入河中，以净化罪孽。在很多情况下，参与者还会直接喝水，或者带着盛有水的容器回家。不幸的是，在特定季节和年份里，当霍乱弧菌处于高水平时，以这种方式接触恒河水是极其危险的。除了害死参加节日的人之外，这种细菌还经常随着返回的朝圣者，在印度各地建立新的传染源。从那里，霍乱沿着军事和贸易路线很轻易地传播到了亚洲其他地区、欧洲和美洲。

1851 年，为了控制霍乱在印度内外的传播，来自 12 个欧洲国家的代表集体召开了第一次国际卫生会议，讨论如何在不影响贸易的情况下尽可能控制霍乱等疾病的国际性传播。[31] 在这次会议中，虽然他们就大流行病的全球性进行了讨论，但未能达成任何长远的政策共识。1866 年，在君士坦丁堡举行的第三届国际卫生会议，重点讨论了霍乱及其传播方式。[32] 当讨论到印度朝圣者在大规模霍乱流行中的作用时，与会代表得出结论，霍乱是由朝圣者传播的，而恒河的大规模聚集则是"导致霍乱发展和蔓延的最大原因"。[33] 这些结论给英国人带来了一个发人深思的两难境地：他们是应该选择冒着风险控制朝圣活动，进一步激怒已经怨恨他们的数百万人；还是选择冒着未来欧洲霍乱流行的风险，允许朝圣活动继续进行？最后，由于大规模隔离和其他措施难以执行、代价极为高昂，且会被视为对印度教徒的宗教迫害，英国人走上了对朝圣活动不加干涉的错误道路。

正如英国人所预料的，一旦他们尝试干预，就会遭到朝圣者的强烈抵制和蔑视。例如，1892 年在哈德瓦尔（Hardwar）举行的大壶节中暴发了霍乱疫情，当局强行驱散了 20 多万名朝圣者，并阻止新朝圣者通过铁路到达该地区。[34] 尽管没有因此发生暴力事件，但朝圣活动的中断激怒了正统的印度教徒（实际上也没能减缓疫情的蔓延）。1906 年，英国当局试图清理戈达瓦里河附近受污染的圣池，遭到了一群印度教士和圣人的阻拦。[35] 后来的卫生措施，如个人健康检查和接种疫苗，同样被印度朝圣者视为对其宗教的侵犯。英国人清楚地意识到，让这些被殖民者改变古老的宗教仪式是一场艰苦的战斗，而上述例子则清楚地说明了强迫改变的风险。因此，除了少数例外情况，英国人在朝圣活动现场控制霍乱时，大多采取了"放任"的政策。于是，霍乱成为与巨大经济利益共存的恶魔。

由于印度教节日活动往往靠近恒河举行，恒河经常被认为是霍乱疫情的中心，但实际上，前往麦加和麦地那的伊斯兰朝圣者才是将疾病传播到亚洲以外地区的关键。按照伊斯兰教五大支柱之一所要求的，所有健康状况和经济条件允许的穆斯林一生中至少到麦加（沙特阿拉伯境内）朝圣一次。这种大规模的迁移，被称为朝觐。来自世界各地的数百万人会聚集在一起进行为期 5 天的仪式和祈祷。许多朝圣者也经常聚集在麦地那市，以纪念这个被认为是先知穆罕默德最后埋葬的地方。尽管这些朝圣活动在伊斯兰信仰中具有重要意义，但由于前往沙特阿拉伯西部的各种高昂开销，历史上大多数穆斯林都未曾去过这两个城市。因此，大多数早期的朝圣者往往是中东社会的"上层阶级"——富商、官员和学者，他们才有能力前往朝圣。19 世纪中叶，由于火车和蒸汽动力船的出现，再加上苏伊士运河的开通，普通人也有了更加便宜的朝圣机会。在这段时间里，居住在印度次大陆的穆斯林开始更频繁地前往麦加和麦地那市。由于霍乱的地方病性质，这些朝圣者和他们的印度邻居一样，也经常感染霍乱。

霍乱于 1831 年春天第一次出现在麦加，约有 5 万名穆斯林朝圣者抵达麦加庆祝宰牲节（祭奠节）。[36]一场大雨，加上过度拥挤和缺乏干净的饮用水，导致霍乱在来访的朝圣者中迅速传播。到 6 月底，麦加及其周边有 1 万至 1.5 万人因此丧生，并有数以万计的人受到感染。当朝圣者离开并开始长途跋涉回家时，他们又把霍乱带上了轮船和火车。尽管几国政府努力隔离归国的朝圣者，但他们所到之处仍会暴发霍乱。亚历山大和开罗遭受的打击尤其严重，共造成了 4 万人死亡。除埃及外，在麦加朝圣后的几个月里，叙利亚、巴勒斯坦、突尼斯、土耳其和巴尔干半岛也报告了霍乱疫情。相同的传播模式在1846～1848年和1865年反复出现。在每次疫情中，都是由前往麦加/麦地那的朝圣者将霍乱从印度传播到亚洲其他地区、北非、欧洲以及美洲。

霍乱对欧洲和奥斯曼帝国的持续威胁引发了对新卫生条例和检疫的呼吁。1831年，埃及当局成立了"埃及检疫委员会"，这是第一个针对疟疾的国际行动。1839年，苏丹马哈茂德二世（Mahmud Ⅱ）在君士坦丁堡也设立了一个卫生委员会，负责监督穆斯林朝圣者在奥斯曼帝国境内和港口间的流动。[37]由于没有适当的权力对外国人进行隔离，两个委员会都任命了其他受霍乱影响国的专家，以便其采取的任何措施都能得到整个国际社会的认同。在当时，敌对国家间为对抗传染病进行合作是具有革命性的观念，因为在那之前，许多国家在处理传染病时并没有考虑其对其他国家的影响。两个委员会在欧洲、亚洲和北非的主要港口城市都建立了检疫站，配备了训练有素的医务人员，并允许他们行使军事权力。

在随后的几十年里（如1865年）又发生了几次霍乱疫情。很明显，卫生委员会的管理不力和政治内讧使他们几乎无力控制疫情。正是在此时，人们决定每隔几年就召开一系列更广泛的国际卫生会议，以解决影响整个国际社会的霍乱和其他传染病。来自世界各国的专家们聚集在一起讨论关于霍乱的知识，并提出有事实依据的措施来遏制霍乱的传播。虽然每次会议的具体内容各不相同，但大部分基调是一样的，即当局需要对穆斯林（和印度教）朝圣者和朝圣活动实施更严格的规定，以阻止霍乱的传播。正如巴黎大学一位教授在1873年写道：

169

"欧洲意识到它不能再像现在这样，每年都寄希望于麦加朝圣的仁慈。"[38]

这些会议最终制定了一系列措施，来阻止进出麦加的交通。检疫站有了更大的权力，在认定朝圣者有健康风险的情况下，可以无限期地阻止他们继续朝圣。他们仔细检查船只，没收受到污染的材料和货物，并向朝圣者征收苛捐杂税以抵消他们的食宿费用。最后一项措施还有一个目的，就是"淘汰"那些贫穷、不卫生、无法支付高额税款的朝圣者。卫生官员希望这样做可以同时减少朝圣者的总数，提高他们的"质量"。不幸的是，他们的努力大多是徒劳的。在 19 世纪的大部分时间以及 20 世纪初，霍乱几乎每年都会从印度传播到穆斯林朝圣的地方。

造成这些策略失败的原因有很多。首先，英国作为抗击霍乱的权威代表，却在竭尽全力阻止那些试图管制朝圣者往返麦加和麦地那的策略。[39]当时，如果英国承认专家所说的，即霍乱是由穆斯林朝圣者从印度带往圣地的，那英国的损失会相当严重（伊斯兰教是印度的第二大宗教）。英国的大部分财富都源于印度产生的国际贸易，任何尝试隔离印度往来者的策略都会严重损害英国的商业利益。事实上，英国卫生委员会的官员经常批评隔离是过时的、过分干涉的和不必要的。[40]这些官员以及出席国际卫生大会的英国代表强烈反对任何形式的国际性强制法规或检疫。相反，他们主张在国家层面实施策略——允许每个国家和港口自己决定如何最好地控制朝圣者的流动。不幸的是，由于他们在这些场合发挥了很大的影响作用，在 19 世纪的大部分时间里，标准化国际规则都未得到实施。直到 1894 年巴黎卫生会议，英国才最终承认并同意遵守与会卫生专

家提出的建议。由于英国的蓄意阻挠，50 年来，霍乱防控措 170
施一直前后不一、敷衍搪塞，对遏制霍乱的传播几乎没有起到
什么作用。

另一个妨碍朝圣期间霍乱控制的因素是船员和朝圣者谎报
船上和火车上的霍乱疫情。任何被发现载有霍乱患者的船只，
都需要经过长时间的隔离和昂贵的消毒程序。船员们通常会谎
称船上没有霍乱病例，或者把病人藏起来，而不是被耽搁数
周，损失大量收入。在许多情况下，他们甚至会把旅途中霍乱
死者的尸体扔到海里，以免被抓。这种欺骗是极其危险的，这
一点在 1865 年的疫情中得到了证明。当年 2 月，两艘载有来
自印度、爪哇和马来西亚朝圣者的船只抵达了阿拉伯港口，船
上有 143 人患有霍乱。当港口官员询问时，船上的船员撒谎
说，他们是着陆后才染上了这种病。事实上，船上许多人都生
病了，船只也"染"上了霍乱。那些被感染但尚未出现症状
的人被允许下船继续前往麦加。短短几周内，圣城的霍乱疫情
飙升，数千人死亡。当生病的朝圣者沿着同样的旅行路线回家
时，也发生了类似的情况。再如，1865 年在苏伊士运河进港
的大多数船只报告说，他们的乘客健康状况良好。而事实是，
船员在船上暴发霍乱后将数百具尸体扔进了红海。那些通过了
苏伊士检查点的人登上了拥挤的火车，前往开罗和亚历山大。
毫不奇怪，在数周之内，霍乱便失去了控制，在埃及各地蔓
延，就像在麦加一样。

即便法规和检疫措施得到了适当的执行和遵守，由于数百
万名穆斯林的宗教信仰，霍乱仍有可能在麦加蔓延。鉴于麦加
朝圣是伊斯兰教信仰的五大支柱之一，不管国际限制有多严格，
不管他们是否生病，穆斯林每年都极有可能继续朝圣。在此期

间，穆斯林开始在泛伊斯兰运动下统一起来，旨在保护他们的集体利益免受欧洲殖民主义侵害。那些在英国和其他欧洲国家政治控制下的人越来越多地与居住在奥斯曼帝国的穆斯林结成联盟。对他们来说，麦加朝圣是穆斯林团结的象征，是必须不惜一切代价保护的宗教仪式。这份虔诚使得许多穆斯林即使在饥荒、战争和疫情的年代也坚持前往麦加。即使官员试图通过检疫和高额税收来限制朝圣，朝圣者还是源源不断地来到这里。许多人甚至在没有钱买吃的或支付旅费的情况下每年都完成了麦加朝圣。这些贫穷的朝圣者依靠其他富裕朝圣者的施舍生存了下来。如此多的人愿意冒着生命危险完成朝圣之旅表明，几乎不可能将朝圣控制在防止霍乱传播所必需的水平。这样做很可能会被看作对伊斯兰教信仰的直接攻击，遭到极端的抵抗。

　　总之，宗教朝圣对 19 世纪霍乱传播的影响是一个有趣的案例研究，它体现了流行病学、商业、政治及宗教因素之间的相互作用。穆斯林朝圣的多民族性质以及印度教朝圣在引发霍乱流行中的重要作用迫使国际社会共同努力，团结应对该疾病。[41]尽管国际卫生委员会和国际卫生大会未能实现阻止霍乱的目标，但它们确实为促进敌对国家加强合作、对抗全球卫生威胁奠定了基础。多年来，通过制定各种卫生公约、建立多个常设国际卫生机构，这种合作继续扩大。第二次世界大战后联合国的成立，使几个相互竞争的卫生机构在 1948 年合并成为单一的世界卫生组织。自成立以来，世界卫生组织已包括 194 个成员国，承担了保护全人类免受传染性和非传染性疾病威胁的使命，其疾病监测活动和疫苗接种计划预防了多种流行病，挽救了数百万人的生命。

　　在抗击霍乱的过程中，与卫生行动的合作精神形成鲜明对比的是，与欧洲殖民主义相伴的丑陋的种族主义和贪婪。17～18世纪，几乎每年都有成千上万的印度人因宗教朝圣活动死于霍乱，而英国人却对此置之不理。在1817年的大流行之后，当霍乱开始威胁到英国EIC的经济活动时，他们才第一次在印度认真推动霍乱防控措施。后来，当英国政府阻挠国际卫生大会提出的无数建议，认为预防措施干扰了其自由贸易时，这种模式又再次出现。在殖民者眼中，经济利益往往优先于人类福祉，他们经常指责是被殖民者自己造成了霍乱流行。印度教徒和穆斯林朝圣者通常被描绘为肮脏的人，他们对自己的健康漠不关心，以至于他们宁愿选择疾病，而非被欧洲"文明"教化的机会。正如一位作家在19世纪90年代所描述的，朝圣者是"不干净、极度痛苦、堕落的人类，只知道迁徙的生活，就像他们的骆驼和害虫一样"。[42]每当霍乱到达欧洲人自己的海岸，或当他们被迫用纳税人的钱为殖民地的卫生措施买单时，这种情绪就会引起欧洲人的极大不满。

172

另外，朝圣者把欧洲人的卫生改革视为对他们的另一种控制，侵犯了他们最私密的生活和宗教隐私。他们不喜欢那些不尊重他们宗教传统的人来告诉他们应该什么时候、如何完成他们的朝圣之旅；他们也不喜欢在欧洲人运营的轮船和检疫站上被虐待，尽管他们已为此支付过很多的税费。对他们来说，欧洲人与霍乱的斗争在许多方面就是欧洲人与他们自己生活方式的斗争。他们认为这是欧洲压迫者带给他们的又一次侮辱。

卫生革命的开始

在《英国医学杂志》（*British Medical Journal*）2007年的一项调查中，专家们将卫生列为过去150年来在健康和医学方面最重要的里程碑，超越了抗生素、疫苗和麻醉的发明。[43]卫生之所以被如此重视，是因为它赋予了人类使环境、食物和水保持清洁的能力。卫生可以保护人们免于接触废物中存在的危险毒素和病原体，并限制了可能传播疾病的害虫和病媒的繁殖。在 19 世纪实施有效的卫生措施之前，人们经常因喝水或洗澡这样简单的行为而成为霍乱、伤寒、肠寄生虫和脊髓灰质炎等致命疾病的受害者。因此，在现代卫生设施出现之前，在伦敦这样的城市出生的普通人一般都患有慢性病，很少能活过 35 岁。如此糟糕的生活质量和令人震惊的低预期寿命阻止了人类充分发挥潜力。人类不能将时间、精力和创造力集中于开发新技术以改善生活，而是被迫把大部分有限的资源用于生存。

工业革命前，城市卫生的核心问题是个人要对自己产生的垃圾负责。不管是住在繁华的城市还是农村，几乎没有规定来监督人们如何、在何地以及何时丢弃粪便和垃圾。几个世纪以来，一种常见的做法就是将排泄物收集在夜壶或桶里，然后把它倒在自家附近的院子里、街沟里或公共露天坑里（被称为粪池或粪坑）。在某些情况下，好一些的厕所会配有出口和管道，可以将排泄物引出屋外，不需要日常维护。一旦流出了屋外，这些污水要么会渗入土壤，沿着街道排水沟流入当地的河流或湖泊，要么由专业的垃圾处理工人清理，倾倒在城市以外的地方。这种做法的最终结果是，水井和河流/湖泊受到了各种危险的胃肠病原体的大规模污染，包括霍乱和伤寒细菌。在某些情况下，一个城市的全部饮用水供应都是由人类排泄物组成的死水池。更糟糕的是，屠宰场和城市里其他企业处理垃圾的方式也大体相同。血液和动物组织沿着街道排水沟流入化粪池或当地水源非常常见。

弗里德里希·恩格斯（Friedrich Engels）在他的《英国工人阶级状况》（*The Condition of the Working-Class in England*）一书中描述了 19 世纪中叶伦敦水道的典型景象和气味，"河岸边有一长串最令人作呕的、充满了黑绿色黏液的水池，从那里不断冒出恶臭的气泡，即使在离水面四五十英尺的桥上，也能闻到难闻的臭味"。[44]伦敦经常被描绘成 19 世纪污秽的典型代表，而欧洲、亚洲或美洲等其他城市的情况也好不到哪里去。在一些较大的城市，每到炎热的夏季，恶臭就会令人作呕，以至于大多数城市的办公室都会关闭，所有的有钱人都会逃到乡下。但生活在如此恶劣环境下的人，通常却只是将其视为城市生活中的正常部分。然而，当致命的霍乱和伤寒大流行取代恶臭和反复出现的轻度腹泻时，卫生官员才最终注意到这点，开始采取措施清理城市和供水系统。

在第二次和第三次霍乱大流行的高峰期间，公共卫生得到了最显著的改善。这场卫生革命的发源地是英国，从 1830 年至 1860 年，它见证了霍乱在印度的肆虐，英国本土也有超过 75000 人死于霍乱。尽管严格隔离了所有来自霍乱暴发地区的船只，但在 1831 年 10 月，由于一艘载有被感染水手的船只在萨瑟兰（苏格兰）登陆，英国也成为霍乱的受害者。[45]疾病迅速蔓延到南方，并最终于 1832 年 2 月传播到伦敦。

尽管几个世纪以来伦敦经历了各种流行病，但那年霍乱的到来，使人们感受了自黑死病以来从未有过的恐惧。一位英国医生指出："霍乱是一种奇怪的、未知的、可怕的疾病；其巨大的破坏力可被预见、让人恐惧，它难以被解释，在整个大陆上阴险行军，它蔑视所有已知的、常规的流行病预防措施，其神秘和恐怖已彻底揪住了公众的心，似乎让人回想起了中世纪

174 的黑死病大流行。"[46]不幸的是，当霍乱席卷英国城市肮脏的街道并夺走数千人的生命时，他们的恐惧很快就变成了现实。霍乱在伦敦这种大城市的贫穷地区尤其猖獗，那里过度拥挤，街道狭窄，有着极不卫生的环境。贫穷社区发生的霍乱危机尤为重要，因为它让英国的一些公共卫生官员重新审视政府应如何应对贫困，贫困是如何影响整个城市健康的。

医生兼部长托马斯·索思伍德·史密斯（Thomas Southwood Smith）是最早在伦敦和其他肮脏的英国城市推行卫生改革的人之一。[47]1816 年从医学院毕业后，史密斯成为伦敦发热医院的内科医生，在那里他目睹了流行病的破坏力。和当时大多数医生一样，史密斯认为这些疾病是由弥漫在拥挤城市中的有毒瘴气积聚引起的。尽管他同时代的大多数人都认为这种瘴气是由恶劣的气候或超自然的天气变化引起的，但史密斯认为，它们来自伦敦最贫穷社区的污秽。史密斯在 1825 年为《威斯敏斯特评论》（*Westminster Review*）撰写的一篇文章中指出："可以肯定的是，空气中经常充斥着因动植物腐烂而产生的有害气体……这些气体在流行病的产生中发挥着最重要的作用。"[48]这是一个革命性的想法，原因有几个。其一，它将流行病的部分原因归咎于不良的卫生习惯，即对动物和农业废物的不当处理以及"人体的病态呼气"。尽管他对疾病病因（瘴气）的认定是错误的，但他正确推测出了污秽及其所造成的"环境污染"在疾病传播中的作用。在这种情况下，史密斯认为通过"清理穷人肮脏的住所"，并将环境恢复到原始的、未被污染的状态，许多流行病都可以得到预防。[49]换句话说，史密斯认为控制人群健康的关键是控制环境健康。1832 年伦敦暴发的霍乱疫情进一步让史密斯相信他的理论是正确的，因为霍乱似乎在城市肮脏的地区造成了更多伤害。在接下来的几年里，他继续积累数据支持他的卫生理念，并将其发现以各种报告的形式提交给政府机构。在 1838 年至 1844 年，有 3 份这样的报告为英国历史上一些最重要的立法奠定了基础。

1838 年，在他的朋友和卫生学同事埃德温·查德威克（Edwin Chadwick）的要求下，他向济贫法委员会提交了第一份报告。[50]济贫法委员会是一个由国家领导人组成的团体，负责决定如何最好地向英国穷人发放救济。查德威克和史密斯一样，认为穷人面临的核心问题之一就是在其社区和工作环境中无处不在的污秽。为了推动卫生改革，查德威克要求史密斯和另外两位医生朋友（詹姆斯·凯和尼尔·阿诺特）向委员会介绍他们在卫生和疾病方面的经验。但不幸的是，查德威克与委员会大多数成员关系不好，因此他的想法基本上未被理睬。在第二次霍乱大流行仍在肆虐之际，查德威克决定辞去委员会秘书的职务，以便能对英国城市的卫生状况展开独立调查。在史密斯和其他几位同事的帮助下，查德威克开始了一项任务，即全面而准确地记录贫困和污秽对穷人健康和福祉的毁灭性影响。他收集了来自医生的数据，采访了目击者，并在英国各个城市与拥有第一手卫生经验的官员交谈。对于那些在改善当地卫生设施的同时提高了居民生活质量的例子，他做了特别记录。

经过多年的深入研究，查德威克终于在 1842 年在《劳动人口的卫生状况及其改善方法》报告中发表了他的调查结果。[51]查德威克明白这个问题对英国未来的繁荣有多重要，他自费印刷并分发了数千份他的报告。他把它发给了上议院的每一位议员、医生、阅读报纸的人和任何愿意听的人。这份报告的副本甚至到了美国作家马克·吐温（Mark Twain）的手中，尽管他不完全接受查德威克的所有结论，但他称赞了查德威克的研究质量。1842 年的报告广受欢迎，引发了一场全国性运动，促成了城镇卫生协会（HTA）的建立，查德威克、史密斯和其他卫生改革倡导者还出版了一系列补充报告。英国各地的人们开始呼吁对公共卫生政策进行切实的改革；然而，保守的首相罗伯特·皮尔（Robert Peel）拒绝在国家层面上发起任何立法。这一切都在 1848 年发生了变化，当时伦敦暴发了新一轮霍乱，与此同时，更为自由的约翰·罗素（John Russell）当选首相一职。在查德威克和 HTA 的建议下，罗素推动了具有里程碑意义的 1848 年《公共卫生法案》（Public Health Act），该法案提供了改善全国卫生状况的法律框架。[52]

《公共卫生法案》最重要的成果就是在英国建立了国家卫生委员会和几个城市建立的地方卫生委员会。[53]1848～1854 年，查德威克和史密斯领导的国家卫生委员会负责监督全国所有的卫生事务；然而，它几乎没有实权来执行《公共卫生法案》中的建议。相反，权力被交给了地方卫生委员会，该委员会负责维护下水道、管理屠宰场、提供饮用水、清洁街道、清除脏物和监督新建住宅的废物处理。这些地方卫生委员会还可以对市政道路和下水道的基础设施进行整修。他们安装了公共浴室，铺设了道路，甚至建造了公园和其他开放的绿地供人们使用。在《公共卫生法案》通过后，共有 300 多个城镇请愿创建地方卫生委员会，在随后的几十年里又增加了数百个。[54]这些城市出现了充满戏剧性的结果。污水不再被允许随意排放到街道上，也不允许汇集到建造不良的小区坑里。公共场所也没有垃圾，这限制了啮齿动物和昆虫的繁殖，每个公民都有可靠的饮用水来源。人们不再那么容易生病，这使他们活得更长、更具有生产力。

尽管 1848 年的《公共卫生法案》是公共卫生和医药史上一个里程碑式的转折点，但它也存在一些明显的缺陷。它最明显的缺陷在于地方一级是自愿采用而非强制实施法案的。政府鼓励各城市设立市政卫生委员会来监督卫生改革，但最终联邦政府或国家卫生委员会并没有强迫它们这么做。[55] 每个城市都可以自主决定是否要实施《公共卫生法案》推荐的政策，或是选择完全退出法案，又或是仅挑选法案中的某些措施来实施。市政当局抓住这个机会让城市变得更健康似乎是合乎逻辑的，但不幸的是，大多数城市却没有这么做。由于地方预算短缺、政治内讧和来自富裕阶层的压力，大多数城市（如伦敦）无法推进卫生改革。市政府要么直接拒绝接受联邦政府的干预，要么认为卫生改革太昂贵或对他们的情况而言不切实际。有趣的是，一些城市还面临来自农民的强烈抵制，因为他们需要收集人类粪便作为农作物廉价的肥料。结果，在《公共卫生法案》通过的多年后，英国的许多城市仍深陷污秽之中，并饱受流行病的困扰。

在接下来的 25 年中，英国立法者和卫生倡议者共同努力，扩充《公共卫生法案》，并为整个国家制定了更全面的卫生政策。政策变化的主要原因之一是全国范围内霍乱和伤寒的流行。第三次霍乱大流行于 1853 年袭击英国，夺去了 26000 多条生命，仅在伦敦就有 10000 人死亡。尽管此次疫情流行的致命性远低于 1832 年或 1849 年，但它表明，如果城市想要摆脱其威胁，仍有许多工作要做。此外，过去抵制卫生改革的城市终于开始厌倦在各处不断看到、闻到污物。人们开始意识到，卫生条件的适度改善不仅可以提高公民的健康度和幸福感，还可以为城市带来更广泛的经济增长机会。对于伦敦来说，那一刻发生在 1858 年，当时是一个特别炎热的夏天，高温使泰晤士河的污水散发出不断的恶臭味，充斥着整个城市。[56] 这一事件被称为"1858 年大恶臭"，它促使市政官员最终批准拨款，在整个伦敦建造新的现代化下水道系统［由英国工程师约瑟夫·巴扎格特（Joseph Bazalgette）领导］。其他地方政府也纷纷效仿，很快英国各地的城市都开始改善基础设施，并承担起了执行卫生法规的更大责任。

1875 年，英国议会通过了一项新的《公共卫生法案》，该法案整合了以前所有的立法。除了赋予联邦政府更大的权力来强制地方遵守之外，这项新立法还将国家划分成特定的卫生区，并要求每个区都建立一个卫生委员会，任命一名医务官员来监督政策的实施情况。此外，它还规定了一套统一的政策标准，所有城市，无论其规模、财政状况或地方政治，都必须遵守这些政策。简而言之，1875 年的《公共卫生法案》最终将卫生列为国家级优先事项，是一项对地方政府的要求，而非建议。这是史密斯和查德威克等不屈不挠的卫生专家经过 50 年的不懈努力和研究取得的成果。因为他们，英国再也不会经历霍乱或伤寒带来的大规模恐慌。世界各地的城市都注意到了英国的卫生革命，并逐渐开始效仿那里所取得的成就。例如，在19 世纪 60 年代和 70 年代，巴黎建造了一个巨大的地下污水隧道系统，并投入巨资修建沟渠，将淡水引入城市。其他欧洲城市，如法兰克福、哥本哈根、罗马和马德里，也在此期间对卫生基础设施进行了大幅改善，并通过了新的立法。在 1832 年、1849 年和 1866 年毁灭性的霍乱流行之后，美国也开始了一系列类似的改革。以伦敦和巴黎的设计为模型，19世纪50年代末，城市规划者成功地在芝加哥和布鲁克林修建了新的下水道。在接下来的几十年里，美国各地的城市也都进行了同样的设计。到19世纪末，美国大部分地区已经成功地实施了卫生改革，水源性疾病不再对美国构成真正的威胁。

卫生革命的开始在很大程度上是因为霍乱对英国城市贫民造成的毁灭性影响。然而，最终卫生革命的影响远不止预防霍乱一种疾病。例如：它永久性地改变了我们日常生活中的许多 178 活动，包括如何使用卫生间、如何清洁身体、如何丢弃垃圾以及如何准备食物。它还永久性改变了地球上几乎每个城市的物理结构，形成了更加智能化的城市设计。市政（城市）工程师与建筑师和科学家合作，建立了广泛的、结构健全的排水系统以及水处理设施，以便长距离输送清洁饮用水。他们铺设了新的道路并安装了排水沟，以便恰当排水。简而言之，卫生革命帮助我们创造了今天所熟知的现代城市。最终，卫生革命帮助我们消除了工业化国家几乎所有水源性疾病的威胁，并降低了黄热病、疟疾和鼠疫等病媒传播疾病的发病率。营养、医学发展和卫生设施是人们比200年前平均寿命延长了40岁的主要原因。

输液的救命效果

1831~1832年，第二次霍乱大流行在英国暴发，这是西方医生第一次治疗如此严重腹泻的患者。此时微生物革命还没有发生，所以关于霍乱或如何正确治疗霍乱的信息相对较少。因此，大多数医生别无选择，只能依靠久经检验的古老疗法，即平衡体液或排出体内有害物质。其中包括经常用温水或稀粥加压灌肠以冲洗结肠，诱导呕吐以排出体内有害物质，以及刺穿血管以减少血容量。[57]对于极度脱水的霍乱患者来说，这样的治疗只会加重他们的症状，加速其死亡。

最早反对这种"善意杀人"的声音之一，来自年轻的爱尔兰医生和化学家威廉·布鲁克·奥肖内西（William Brooke O'Shaughnessy）。刚从医学院毕业的奥肖内西在 1831 年底搬到苏格兰一个霍乱暴发地区，开始研究霍乱。在数周的时间里，他密切观察了患者在不同疾病阶段的快速进展。除了监测他们身体外观的变化外，奥肖内西还仔细测量了患者血液和腹泻的化学成分。[58]观察过程中，他多次发现患者的血液中缺乏水和盐分，并且酸碱度（pH 值）明显高于健康人的血液。此外，他还发现血液中缺失的化学物质可以从患者的排泄物中检测到。从这些突破性的发现中，奥肖内西得出了革命性的结论，即霍乱是血液的化学失衡。憔悴的眼睛、蓝色的皮肤、毫无生气的面容——都是由水和重要电解质的缺失导致的。他接着提出，可以通过给患者"静脉注射与正常血液盐浓度相同的温水"来治疗霍乱。他通过给狗静脉注射缓冲盐水来治疗狗脱水，证明了这一疗法。[59]

这是医学史上的一次重大飞跃，因为它代表了人类第一次从化学层面研究传染病，并基于实际的科学分析设计合理的治疗方案。奥肖内西意识到了自己成果的重要性，1832 年他成功游说，将他的发现发表在了医学杂志《柳叶刀》（The Lancet）上。[60]几个月后，另一位也在萨瑟兰（Sutherland）工作的克兰尼（W. R. Clanny）医生，进行了补充实验，证实了奥肖内西的血液结果。

考虑到当时霍乱对人类的影响，奥肖内西的霍乱数据并没有像预期那样，引起英国医学界的太多兴奋。然而，它确实引起了一位名叫托马斯·拉塔（Thomas Latta）的苏格兰医生的兴趣，他在1832年决定在濒死的霍乱患者身上复制奥肖内西的狗实验。起初，他试图通过使用灌肠剂和口服补液来恢复血容量和盐度，但都失败了。后来，拉塔使用静脉注射针直接将盐水注入霍乱患者的血液中。通过反复试验，拉塔测试了各种不同的配方、温度、容量和频率，得到的结果甚至连他自己都感到震惊。在1832年给《柳叶刀》的报告中，他如下描述了一位患者的惊人变化：

> 显然她已经到了人生的最后时刻，现在已经没有什么能伤害她了——的确，她已经完全衰弱，我甚至担心在她死之前，我还没来得及把仪器准备好。我小心翼翼地、焦急地把一根管子插进她的血管，观察效果；我注射了一盎司又一盎司，但都没有明显的变化。我还在坚持着，但我觉得她的呼吸没那么吃力了。不久，她瘦削的面部、塌陷的眼睛和凹陷的下颚，苍白冰冷、明显留下了死亡印记的身体，又恢复了生气，焕发了光彩；早就停止了的脉搏又出现在了手腕上，起初又微弱又急促，渐渐地，它变得越来越清晰，越来越饱满，越来越慢，越来越有力。在短短的半小时内，在注射了6品脱溶液后，她用坚定的声音说，她不再觉得不舒服了，还打趣说，她现在只需要睡一小觉；她的四肢恢复了温暖，每一处容貌都反映着舒适和健康。[61]

通过简单地将血液中的化学成分恢复到正常状态，拉塔能够在几分钟内将这位病人从死亡边缘挽救回来。他继续对其他 180

的霍乱患者重复实验，取得了不同程度的成功。尽管在设计和长期效果上都不完美，但拉塔的研究是引人注目的，因为这是第一次有人成功治疗了处于"恶性"霍乱晚期的人，也是第一次使用静脉输液治疗疾病。拉塔的一位同事罗伯特·列文（Robert Lewins）博士预言，他的方法将"给医学实践带来美妙的变化和改进"。[62] 不幸的是，拉塔永远不会看到这个预言成真。在发表了他的里程碑式的研究 1 年多后，拉塔感染了霍乱而去世，享年 37 岁。

1832 年夏天，当全英国的医生都开始尝试重复拉塔的开创性研究时，使用静脉注射治疗霍乱的研究激增。早期进行的许多试验似乎都支持了拉塔的发现。例如，几位内科医生在 6 月期的《柳叶刀》上报告说，他们已经成功使用静脉补液疗法治疗了晚期霍乱患者。那期的编辑写了一篇相当浮夸的文章，称其是"医学史上最有趣的记录之一"。[63] 然而，在那个夏天结束的时候，更多的实验出现了，似乎与早期研究的发现相矛盾（包括拉塔的研究）。一项研究报告静脉补液治疗的成功率只有 11%（89% 的死亡率），另一项研究则描述了静脉注射治疗所导致的继发性血液感染。一些医生甚至认为静脉注射疗法加速了病人身体的衰弱。

随着抱怨的声音越来越大，许多医生又开始将放血、泻药、鸦片或氯化亚汞作为治疗霍乱的首选方法或药物。到 1833 年疫情开始消退时，英国大多数医疗机构已完全停止使用静脉补液。令人惊讶的是，在短短几个月的时间里，静脉注射疗法就从奇迹转变成了在浩瀚的医学文献中被遗忘的东西。更不幸的是，它又被埋没了 60 年，直到 19 世纪末被研究失血性休克的德国科学家重新发现。在这中间的几十年里，又有 3

起霍乱大流行在世界各地蔓延，造成数百万人死亡。

　　许多因素导致了 1832 年英国医生对静脉注射疗法的排斥。首先，这一时期的大多数医学研究都设计得很差，实施得也不恰当，他们很少遵循科学的方法或在实验中加入适当的对照组。因此，尽管使用了类似的方法，一项研究得到的数据与另一项研究也有可能完全不同。当医生试图重复拉塔的实验时，他们很可能失败，因为他们使用的静脉注射液可能化学成分不同，可能注射的时间和容量不同，又有甚者，可能在给病人静脉注射治疗的同时进行其他危险的治疗，如频繁放血和诱导呕吐。其次，许多研究也可能因选择病人不当而失败。他们通常选择濒于死亡的患者接受静脉注射治疗，而那些病情较轻的患者则接受更标准的治疗。不出所料，接受静脉注射的人往往有更高的死亡率。最后，最初的研究者不是英国医疗机构的医生。拉塔是年轻的苏格兰人，他使用的方法挑战了过去 2000 多年的医疗实践。如果他更出名的话，他的同行们一般不会对他或他的科学研究持怀疑态度。尽管当时没有得到赏识，但奥肖内西和拉塔的开创性工作最终在医学界获得了普遍认可。静脉补液疗法目前被认为是霍乱和许多其他腹泻疾病最有效的治疗方法，在大多数情况下甚至比抗生素更受青睐。此外，静脉注射目前在诊所也被广泛用于增加病人的血容量、输送药物、紧急提供营养、治疗血液疾病和输血。它大大提高了手术、休克和癌症患者的存活率（可有效输送化疗药物）。全面评价静脉注射的话，我们可以认为它是医学技术中最重要的技术之一。

"瘴气理论"终结的开始

　　医学史上最具影响力的认识转变之一就是人们普遍接受传

染病是由细菌引起的，而非瘴气，细菌成为普遍接受的传染病病因。正如前面几章所提到的，瘴气理论认为，传染病是因为接触了"不洁净"、恶臭的空气中的有毒物质。几个世纪以来，瘴气的来源变化很大，有些人认为它来自死水，还有一些人则认为它是由火山、地震、污水、腐烂的植被或腐烂的人类/动物遗骸所释放的。如果感染源来自恶臭，那么就可以合理地假设，人们可以通过简单地去除异味或使用香水或鲜花改善空气质量来避免生病。由于细菌通常是产生难闻气味的原因，避免接触污染的空气有时会意外减少一个人接触致病微生物的机会。例如，如果人们由于害怕吸入瘴气，不吃难闻的肉，那他们就可以在不知不觉中避免摄入沙门氏菌、大肠杆菌或其他导致食物中毒的细菌。同样的情况也发生在罗马和英国。罗马人将城市周围难闻的沼泽排干，从而降低了疟疾的死亡率（实际上是阻止了蚊子的繁殖）；英国官员清理了散发恶臭的城市，阻止了霍乱的传播（实际上是实现饮用水的清洁）。虽然"净化"空气确实在某些非常特殊的情况下有助于减少疾病传播，但它在预防或阻止致命流行病方面往往没有什么效果。

　　微生物可作为疾病病原体（也称为细菌理论）的这一发现，在很大程度上彻底改变了医学，因为它最终揭开了人们生病的神秘面纱。人们不再认为流行病是由幽灵瘴气、自然灾害、道德败坏或恶魔引起的。取而代之的是，每种疾病都有一个非常特殊的原因，某些细菌、病毒、真菌或寄生虫会导致我们身体的病理变化。了解病因很重要，因为我们可以根据微生物的特殊结构和生理特征研发新的治疗方法和预防方法（如疫苗）。这样做有助于减少感染，并大大延长我们的寿命和改善了生活质量。

许多医学史专家试图确定，医学界是在何时以及如何开始摒弃瘴气理论转而支持微生物理论的。这些分析表明，这种转变并不是由一个科学家、一项实验或一篇研究论文引起的，而是几十年来全部工作的累积成果。话虽这么说，但逐渐接受微生物理论确实需要有一个起始点，比如那些最初引起人们严肃质疑瘴气存在的实验。大多数人认为那个起始点发生在 19 世纪 50 年代，当时英国麻醉师约翰·斯诺（John Snow）决定调查伦敦苏荷区暴发的霍乱。

约翰·斯诺在很小的时候就对医学产生了兴趣，14 岁就开始做外科医生兼药剂师的学徒。[64] 在接下来的 5 年里，斯诺学到了大量关于手术、合成和给药以及如何护理传染病患者的知识。实际上，在 1831 年英国霍乱流行期间，斯诺就在诊所工作，治疗过许多霍乱患者。意识到自己想要继续深造并成为一名医生，斯诺于 1836 年进入医学院，并于 1844 年获得学位。在对乙醚作为麻醉剂的使用产生兴趣之前，斯诺在伦敦做了几年的全科医生。乙醚于 1846 年在英国被首次成功使用，但由于剂量和给药问题，其无法广泛应用于外科或产科手术。斯诺利用他作为外科医生和药剂师的背景，研发了一种吸入装置，可以精确地给术中患者一定剂量的乙醚。他的发明效果很好，立即被用于乙醚和新型麻醉剂氯仿的给药。到 1848 年，可以说斯诺已经成为英国最著名、最受尊敬的麻醉师。他为 5000 多场医疗手术进行了麻醉，甚至在维多利亚女王生最后两个孩子时给她使用了氯仿麻醉。

仅作为一名先驱的麻醉师，斯诺的职业生涯就值得受到高度赞扬；然而，对霍乱的研究才使他成为历史上最著名的医生之一。当斯诺在 1848 年英国霍乱流行期间开始研究霍乱时，

183

他是从一个麻醉师的角度来研究的，他的整个职业生涯都在研究吸入剂的生物学。[65] 在他 1849 年出版的关于霍乱传播方式的小册子中，斯诺对流行的霍乱理论提出了质疑，即霍乱是一种肠道疾病，是由于吸入空气中的有毒瘴气而感染的。[66] 首先，他"很难想象"一种通过空气传播的疾病会对吸入相同空气的人产生十分不同的影响。他记录了一些例子，在这些例子中，有些人持续暴露于有毒的工作场所中，但他们并没有产生霍乱，而另一些暴露在有毒瘴气相对较少的环境中的人，霍乱发病率却很高。观察到空气质量与霍乱发病率和严重程度间并没有什么联系之后，他又对瘴气提出了另一条反对意见，即瘴气不太可能在不对肺部、鼻腔、血液或其他组织造成任何病理影响的情况下，从肺部转移至消化道。对他而言，霍乱病原体通过摄食，从消化道进入人体，直到肠道才更符合逻辑。在这种情况下，斯诺（正确地）预测了霍乱病原体（他称之为"病态物质"）可在感染者的肠道中繁殖，并在腹泻发作时从体内排出。由于当时的排泄物仍被直接倾倒在当地的水源中，斯诺推断，英国的霍乱暴发是由水污染引起的。

斯诺认为霍乱是一种水源性疾病，他开始绘制伦敦霍乱死亡病例的分布图，看死亡率和特定社区的水源间是否存在关联。有趣的是，他发现在 1848 ~ 1849 年，由受严重污染的泰晤士河下游供水的伦敦南部，霍乱死亡人数超过了其他所有地区的总和。这是一种有趣的关联，引起了伦敦医学界的兴趣，但这还远远不能证明霍乱是由水传播的。实际上，一些临床医生对霍乱是由粪口传播的这种说法非常反感，他们给《柳叶刀》写了文章，强烈批评了斯诺的分析。

1849 年斯诺理论的发表，标志着第一次有人试图追踪一种疾病在人群中的位置和分布情况。尽管这项研究不能直接把不干净的泰晤士河水和霍乱联系起来，但这项研究使斯诺确信他的想法是正确的，并鼓励他继续探索其理论。1854年伦敦暴发的霍乱为斯诺提供了机会。那年霍乱疫情最严重的地区是伦敦西区的苏荷区。在9月的前两周，600多人死于霍乱，75%的幸存者逃离家园。斯诺在疫情开始时抵达了苏荷区，开始采访那些生病或有亲人死亡的人。他在地图上标出了他们生活和工作的地方，并询问了每个人在患病前几天摄取的水源。

在完成研究后不久，斯诺给《医学时报》的编辑写了一封信，他在信中描述了在采访过程中了解到的情况。他写道：

> 我发现几乎所有的死亡都发生在离（布罗德街）水泵很近的地方。只有10人死在离另一个街道水泵很近的地方。而在其中的五起案件中，死者的家属告诉我，他们总是到布罗德街上的水泵那里喝水，因为相比离家近的水泵，他们更喜欢那条街上的水。在另外三起案件中，死者都是在布罗德街水泵附近上学的孩子。[67]

他进一步描述，有些住在布罗德街附近的人从未感染过霍乱。这些看似"被保护"的人具有共同点，即他们都是从当地酿酒厂取水（和啤酒）喝，而不是从井里。这一点之所以重要，是因为在酿造过程中，水必须煮沸，这样啤酒才不会变质。因此，那些在酿酒厂而非布罗德街的井里喝水的人从未接触过霍乱活菌。掌握了这些信息后，斯诺于9月7日去当地的救济理事会，要求把布罗德街道上水井的水泵把手移走。[68]理事会几乎没有人相信斯诺的理论是正确的。一位当地医生后来评论说，"没有人相信斯诺是正确的——同行不相信，教区里的人也不相信。"[69]然而，由于他们认为批准斯诺的请求没什么坏处，而且他们也没有更好的选择，就在9月8日把水泵把手移除了。在布罗德街的水泵关闭后的几天内，霍乱流行就消退了，当地的其他居民得以幸免。

斯诺和他的朋友亨利·怀特黑德（Reverend Henry Whitehead）牧师进一步研究后发现，疫情是在一位母亲将其婴儿尿布上的东西倒入布罗德街水井附近的粪池后开始的。那个婴儿当时已经患了严重的霍乱，脏尿布里的东西不知不觉地渗入了土壤和井里。

约翰·斯诺在他《霍乱传播方式》一书的第二版中，发表了他对1854年苏荷霍乱流行的里程碑式的发现。[70]与第一版类似，斯诺对为伦敦供水的每家自来水公司都进行了详细分析，试图将霍乱病例与这些公司沿泰晤士河取水的地点联系起来。通过分析、汇总大量数据，斯诺完全相信霍乱是由水而非空气中的瘴气传播的。具体来说，他得出结论，霍乱是通

1866年，当约翰·斯诺（John Snow）发表他的权威研究著作时，乔治·平威尔（George Pinwell）为其画了一幅名为"死亡药房"的草图。（美国疾病控制和预防中心）

过"与饮用水和烹饪用水混合扩散，要么渗透到地面，要么进入水井，要么沿着渠道和下水道流入整个城镇取水的河流"。[71]虽然斯诺的想法很有逻辑性，其论点也站得住脚，但并不是每个人都相信斯诺的分析。例如，医疗统计学家威廉·法尔（William Farr）、卫生改革家托马斯·索斯伍德·史密斯（Thomas Southwood Smith）和埃德温·查德威克（Edwin Chadwick）对他的工作尤其持批评态度，他们认为斯诺的数据没有充分排除瘴气或其他传播方式。[72]他们指出，斯诺一直无法从被怀疑污染的水中分离或确定任何传染物。此外，他的关键证据——苏荷区疫情——在 9 月 8 日布罗德街水泵手柄被拆除前就已经开始缓解了。因此对他们来说，不管水井是否被使用，疫情完全有可能自行消亡。斯诺不为这些批评所动，直到1858 年去世，他仍在为自己的传播理论辩护。在那时，他的书的第二版只卖了 56 本，布罗德街的水泵也完全恢复了使用。

直到 1866 年霍乱流行时，医学界才开始接受霍乱就是因为饮用了被污染的水而引起的。具有讽刺意味的是，在这个时期，斯诺理论最有力的捍卫者不是别人，正是他的早期批评者威廉·法尔。[73]法尔当时正在调查伦敦东部怀特查佩尔地区暴发的一场霍乱，他在数据中发现了一个有趣的异常现象。尽管人口结构和空气质量相似，但怀特查佩尔周边和伦敦其他地区的霍乱病例却非常少。事实证明，从上年开始伦敦就安装了新的下水道系统，而怀特查佩尔是唯一还没有安装下水道系统且人口稠密地区。在那里，未经处理的污水仍被排入街道，漏进了附近保护不善的老福特蓄水池。法尔敏锐地发现了这一点，并从数学上确切证明了疫情可能仅仅是由摄入了受污染的水而导致的。他在 1867 年发表的论文为水源性病因学提供了令人信服的案例。《柳叶刀》的编辑称，"法尔博士如此娴熟地阐述了一系列复杂的事实，使人们无法否认供水对流行病成因的影响。"[74]通过这项研究，法尔基本上否定了霍乱是由瘴气引起的理论。同时，他也为斯诺带来了救赎，斯诺直到去世还认为他的想法被大多数同僚拒绝。

斯诺和法尔进行的霍乱研究仍被认为是医学史上最重要的研究之一，因为他们建立了一种全新的流行病学研究方法。与大多数前人不同的是，他们都将流行病视为一个整体问题，受大量因素的影响，最好从多个不同角度进行研究。他们不仅关注疾病症状或死亡率，还研究了城市基础设施和地理情况、患者的陈述、天气模式、水流和化学、社会经济问题以及其他可能引起疫情的因素。这样，他们能够全面了解霍乱是如何影响社区以及社区最终是如何影响霍乱传播的。其他研究者看到了他们方法的创新卓越，也开始效仿其做法，开展自己后续的研究。

随着时间的推移，以整体方式研究流行病的概念逐渐演变成一个全新的医学分支，被称为流行病学。今天的流行病学家负责追踪疾病的发病率、分布和传播。每当新的疾病暴发时，地方、国家（如国家卫生研究院、疾病控制和预防中心）或国际（如世界卫生组织）的流行病学家就会出动，查明病因并制订行动计划。这些专家不仅大部分拥有医学背景，他们还有先进的统计学、数学建模、社会学、土木工程和环境生物学知识。就像前辈斯诺和法尔一样，他们都是医学领域的福尔摩斯，利用不同来源的证据和强大的推理能力来阐明一种疾病为什么会出现或传播。无论是追踪 2014 年埃博拉在西非丛林中的突然暴发，破译 1981 年艾滋病毒是如何到达加利福尼亚和纽约的，还是在 20 世纪 70 年代中期追踪非洲最后几个天花病例，流行病学家都帮助阻止了现有流行病的传播，并从褴褛中阻止了其他流行病的发生。他们还为我们提供了 150 年的经验，待我们未来面临新的生存威胁时，可以从中吸取教训。

另一个受斯诺和法尔影响的医学领域是公共环境卫生。如前所述，19 世纪中期英国的霍乱流行推动了卫生运动，并使城市设计和废物处理政策发生了重大变化。由于这些改革与斯诺具有里程碑意义的流行病学研究同时、同地发生，所以认为这两者相辅相成似乎是合乎逻辑的。但不幸的是，起初的情况并非如此。

早期的卫生改革者，如查德威克和索斯伍德·史密斯，都是瘴气理论的坚定支持者，即使在斯诺的书于 1854 年出版之后，他们也拒绝接受水传播细菌的想法。他们坚持清理英国的供水系统，更多的是想要清除水中产生的有毒气味，而非为了清除水中的危险物质。这种情况一直持续到 1868 年，直到《柳叶刀》发表文章，接受霍乱水传播理论。从那时起，卫生政策就远离了瘴气，并牢固扎根于可靠科学的细菌理论之中。闻起来、看起来、尝起来都还不错的水不再被认为是安全的。因此，许多城市启动了各种新的水处理程序，旨在清除和杀死所有城市饮用水中的潜在有害微生物。这包括用一系列的沙过滤器过滤水，用氯处理，并加入化学物质来凝结所有杂质。到 20 世纪初，这些预防措施几乎消除了大部分工业化国家的水源性疾病。疫情仍时有发生，特别是在战争期间或自然灾害之后；然而，它们再也不会引起 19 世纪那样常见的大范围流行病。

知道霍乱是由受污染的水中的某种特殊物质所引起的，我们对这种疾病的理解又有了重大飞跃，即识别出导致这种疾病的特定微生物。霍乱是由细菌引起的最早线索来自意大利解剖学家菲利波·帕西尼（Filippo Pacini）的显微镜。[75]帕西尼最著名的发现是在人类皮肤中发现了检测压力和振动的被囊神经末梢（后来以他的名字命名为"帕西尼小体"）。在 1854 年霍乱进入佛罗伦萨后，他对霍乱的病理学产生了兴趣。他当时在新圣玛丽亚医院工作，能够接触到刚刚死于霍乱的患者尸体。帕西尼用一个简陋的显微镜和他作为解剖学家的高超技巧，检查了这些患者的粪便和肠道组织，并注意到他们都有相似的组织异常，且都存在数百万个逗号状细菌。[76]由于这些细菌在水中容易振动，他将其命名为"弧菌"，它们似乎与呈现出最明显病理特征的特定肠段有关。这样反复的观察使他得出结论：细菌是一种"有机的、有生命的物质，具有寄生性质，可以传播、繁殖，引起特殊的疾病"。[77]1854 年，他在一篇名为《霍乱的显微镜观察和病理推断》的论文中发表了这项开创性的研究。不幸的是，像约翰·斯诺一样，由于意大利医学界对瘴气的教条信仰，帕西尼的"弧菌"微生物理论几乎没有得到任何支持。帕西尼没有被他们的怀疑所吓倒，在接下来 30 年的职业生涯中，他用毕生积蓄继续研究霍乱的发病机理。尽管在那段时间内，帕西尼发表了另外 5 篇关于霍乱的研究，但他的大量工作基本上没有被佛罗伦萨以外的人注意到。

1884 年，在帕西尼第一次通过显微镜观察到附着在霍乱患者肠道组织上的"弧菌"近 30 年后，微生物学家罗伯特·科赫（Robert Koch）发表了一篇报告，声称他刚刚发现了导致霍乱的细菌。[78]1883 年，作为德国霍乱委员会的领导人，科赫在埃及旅途中首次开始研究霍乱。他的团队对 10 名霍乱患者进行了尸检，在他们的肠道组织中发现了数以百万计的微小、轻微弯曲的细菌。科赫认为他可能已经发现了霍乱病菌，于是便前往印度的加尔各答，这样他就可以在一个霍乱活跃地区证实并扩大他的发现。在那里的 6 个月里，科赫和他的团队成功地从纯培养基中分离出了新的细菌，并在受污染的水箱和环境水源中确定了其存在。这使他们首次分析了个体霍乱弧菌的生长特性和生物化学特征。

类似于他对炭疽的做法，科赫随后试图用纯化的霍乱弧菌感染实验动物，希望能最终证明它是霍乱的病原体。不幸的是，他使用的动物对霍乱弧菌不易感。尽管有这样的挫折，但科赫的研究还是提供了足够的证据来说服他的批评者，即他确实已经成功地识别并分离出了霍乱细菌。科学界完全不知道帕西尼在 1854 年发表的文章，因此便将霍乱弧菌的发现归功于科赫。然而，这一疏忽最终在 1966 年得到纠正，当时国际命名委员会正式将这一弧菌属细菌更名为"1854 帕西尼弧菌"，以纪念他的成就。

科赫在 1884 年对霍乱弧菌的重新发现意义重大，因为它宣告了瘴气理论的消亡。当约翰·斯诺在 1849 年首次提出水源性传染病的异端观点时，其观点遭到了英国和欧洲其他地方医学界的一致拒绝。然而随着时间的推移，不同疾病的研究数据日益增多，不断证实了微观细菌能够而且确实导致了疾病。例如，在与斯诺第一次调查霍乱的同一时间，另一位名叫伊格纳兹·塞梅尔维斯（Ignaz Semmelweis）的医生发现，医学生在解剖实验室解剖完腐烂尸体后，手上沾有的污垢与致命的分娩热（称为"产褥热"）有关。建立起这一联系后，他建议其所在医院的所有医学生在治疗病人和分娩婴儿之前用含氯石灰溶液洗手。此后产褥热病例急剧下降，数百名妇女的生命因此得到挽救。几年后（1867 年），一位名叫约瑟夫·李斯特（Joseph Lister）的外科医生得出了类似结论——不卫生的外科手术可导致伤口感染。和塞梅尔维斯一样，他建议使用化学溶液对所有设备、敷料和皮肤进行消毒，以防止细菌进入暴露的伤口。这一过程非常成功，手术很快就不再是死刑了。巴斯德（Pasteur）和科赫这两个实验室研究专家为塞梅尔维斯和李斯特的开创性临床工作做了良好的补充。在 25 年的大部分时间里，他们致力于研究传染性疾病，如炭疽热、蚕病、狂犬病、肺结核和霍乱，并证明它们都是由特定微生物所引起的。这些广泛的研究结果使受过教育的人不可能继续支持瘴气理论。到 19 世纪 90 年代，微生物理论已经成为传染病的主要解释，医学也因此永远改变了。

190

现代霍乱

尽管人们知道其起因、预防和治疗，霍乱仍是相当一部分人群的主要问题。每年仍有数百万人感染霍乱，其原因就在于近 25 亿人依旧缺乏卫生设施和可靠的清洁饮用水。[79]令人惊讶的是，近 10 亿人仍然在街道排水沟、树林或离家近的开放水源处露天排便，多达 7.5 亿人在食用未经处理的、用人类废水灌溉的食物。考虑到现代卫生习惯在 150 年前就已经发展起来了，而当今地球上近 1/3 的人口却依旧生活在中世纪一般的条件下，这实在是太悲哀了。

现代霍乱在缺乏市政基础设施和政府监管的地区流行。这包括撒哈拉以南的大多数非洲贫困国家——其中许多国家人均国内生产总值不到 2000 美元，以及亚洲和拉丁美洲的大部分农村地区。此外，任何遭受暴力、政治动荡和自然灾害破坏的地区都极易发生严重的霍乱疫情。尽管世界大部分地区普遍贫困，战争、革命和自然灾害数不胜数，但在过去 30 年里，只有 4 次大规模霍乱暴发。

第一次暴发发生在 20 世纪 90 年代初的拉丁美洲，当时一种新的霍乱菌株出现在秘鲁海岸，并蔓延到了美洲的 21 个国家。[80]细菌在温暖的热带水域大量繁殖，在 6 年的时间里感染了超过 100 万人（导致 11875 人死亡）。在贫困的农村地区，由于常常没有干净的水和医疗服务，死亡率尤其高。在霍乱袭击拉丁美洲的同时，卢旺达大屠杀之后，它也出现在了东非。[81]胡图人对图西人的大规模屠杀以及随后两个群体之间的战争带来了 210 多万名难民。到 1994 年 8 月，大多数人逃到了扎伊尔（现在的刚果民主共和国）、坦桑尼亚和乌干达等邻国，并在那里设立的 35 个难民营中定居。前所未有的人口流动规模和速度给那些准备不足的难民营管理者带来了噩梦。正如一名西迁到扎伊尔的难民所说，"我们没有水，没有厕所。我们在这里受苦。没有食物。政府没有给我们带来任何东西。没有人帮助我们"。[82]不幸的是，这个年轻人如此生动描述的境况正是霍乱和痢疾等疾病的温床。在 1994 年 7 月，扎伊尔戈马难民营暴发了致命的霍乱。仅仅几个星期内，霍乱就夺去了大约 12000 人的生命。[83]由于缺乏可用的静脉输液和其他医疗资源，疫情最初几天的死亡率异常高（约 20%）。国际救援机构最终开始行动，到 8 月，新病例数量逐渐减少。

2008 年，非洲再次暴发霍乱。与 1994 年因战争和流离失所而暴发的疫情不同，2008～2009 年在津巴布韦暴发的疫情是由于全国资源的全面崩塌。[84]农业衰退和政治管理不善带来

191

的经济危机导致了一系列国内问题，包括普遍的粮食短缺、异常高的艾滋病发病率、国家医疗保健系统的崩溃和城市供水的破坏。人们贫穷、营养不良，没有接受过关于不良卫生条件会带来危险的适当教育。毫不奇怪，8月份霍乱暴发，迅速席卷了整个国家。到2009年6月疫情最终消退时，已有近10万人感染，4288人死亡。

仅仅1年后，海地发生7.0级地震，导致10万到15万人丧生，300多万人无家可归，霍乱再次在美洲出现。[85]地震前，海地就已经是世界上最贫穷的国家之一，现在成了一片废墟。首都太子港的大部分住宅和企业被夷为平地，大多数政府建筑（包括国家宫）也是如此。国家基础设施遭到彻底破坏，以至于无法照顾灾后的大量受害者。结果，大多数幸存者被迫搬到临时搭建的帐篷城市。在那里，妇女和儿童遭受暴力、疾病和饥饿司空见惯。而霍乱，因其历史上从未到达过海地，在最初也就从未被关注。不幸的是，在2010年10月，也就是震后仅仅3个月，情况就发生了变化。

霍乱在阿蒂博尼特河岸暴发，并迅速蔓延到整个满目疮痍的国家。[86]尽管联合国维和部队和世界卫生组织努力控制疫情，但仍有75万人感染，9000多人死亡。疫情暴发后不久，许多人开始分析这种疾病是如何传播到这个加勒比孤岛上的。多年的流行病学和遗传学研究表明，霍乱是由一名来自尼泊尔的联合国维和人员带到海地的。尼泊尔基地的厕所被不恰当地清空了，导致未经处理的人类排泄物直接流入了附近的阿蒂博尼特河。一旦进入河流的温暖水域，细菌就会大量繁殖，并传播到岛上其他大多数天然水源。令人惊讶的是，联合国官员强烈否认了这一说法，并拒绝为该流行病承担责任，尽管大量的实证证据

证明情况确实如此。对海地霍乱弧菌菌株的基因测试表明，它 192
与印度次大陆常见的菌株极为相似，而与南美洲（离海地更近）
常见的菌株则有很大不同。此外，调查人员还披露了对为尼泊
尔基地提供服务的环卫公司的采访，他们在被采访中承认，曾
将垃圾直接倒在了疫情初发地附近的河流中。学者菲利普·奥
尔斯顿（Philip Alston）在 2016 年向联合国大会提交的一份关于
该流行病的报告中，强调了联合国坚决拒绝接受以上确凿证据
的顽固态度。在导言中，奥尔斯顿称联合国在霍乱流行时和之
后的行为"在道德上是不合理的，在法律上是站不住脚的，在
政治上是弄巧成拙的"。[87]时任联合国秘书长潘基文在回应这一报
告时最终让步并承认，联合国对海地霍乱流行确实负有责任。

在过去 50 年里，霍乱发生了重大变化。霍乱曾经是世界
上最严重和最令人恐惧的流行病，现在它的死亡率相对较低，
主要局限于少数几个地区。在战争和灾难时期，它将永远是一
种隐患；然而，霍乱已不再对全球人口构成威胁。这种变化的
主要原因在于霍乱所激发的创新（主要是卫生、口服补液疗
法和流行病学）最终成功帮助我们控制了它。最近研制的多
种有效的霍乱口服疫苗，以及在世界范围内加强的水源性疾病
教育，都对上述工作做了良好补充。随着我们在基础设施和卫
生设施上投入足够的资金，希望我们的世界终将看到霍乱的
终结。

第九章

流感

如果这种流行病继续以几何倍数的速度加速发展，那么人类文明很有可能在几周内便从地球上消失。

——维克多·沃恩（Victor Vaughan）博士，

美国陆军卫生局局长，1918[1]

当提及现代流感（又名流感，Influenza）最常见的症状时，人们可能会质疑：在一本描述人类史上 10 种最严重的流行病的书中，流感竟也在列？感染流感的人通常会出现急性上呼吸道症状，并伴有肌肉疼痛、咳嗽、全身不适和发烧。这些症状通常在首次暴露后两天开始出现，并持续 1~2 周。尽管流感患者会感觉很糟糕，并且可能在流感患病期间长时间卧床不起，但他们通常不需要住院或其他医疗干预就能康复。对大多数人来说，流感不过是一种令人讨厌的东西，一种让我们无法工作或破坏我们假期的疾病。然而，对于那些已经患有肺部疾病（如慢性阻塞性肺病、哮喘）的小孩、老人、孕妇及营养不良或免疫功能低下的人来说，流感是极其危险的，甚至是致命的。事实上，每年有超过 30 万人死于流感，其中大多数死于严重的并发症，如肺炎和心力衰竭。虽然有效的疫苗和几种抗流感药物（如达菲、金刚烷胺）已经存在一段时间，但是流感的死亡率仍然如此之高，令人恐惧。尽管采取了控制措施，许多流行病学家依旧认为，流感仍然是对我们人类最大的微生物威胁。正如这一章开头的引语所暗示的那样，历史已经证实他们的恐惧不无道理。

194　　就致命性和传染性而言，1918 年的流感大流行是历史上人类所遭受的最严重的流行病，通常被称为"西班牙流感"。尽管它被称为"西班牙流感"，但 1918 年的大流行很可能起源于美国（堪萨斯州），并随着第一次世界大战期间美军向法国的大规模迁移而横渡大西洋，传播到了欧洲，在饱受战争蹂躏的欧洲站稳脚跟后，这种疾病又迅速传播到世界其他地方，并在短短几个月内导致数百万人死亡。据说，该病当时感染了世界 1/3 的人口，仅在 1 年时间内就夺走约 5000 万人的生命。后来的一些估算数据表明，该病导致的死亡人数接近 1 亿人，这比黑死病 100 年间导致的死亡人数和艾滋病前 25 年导致的死亡人数还要多。令人难以置信的是，1918 年的流感夺去了全球近 5% 的人口的生命，并使人类的总预期寿命降低了 10 岁以上。它造成的伤亡人数是同年结束的第一次世界大战造成的伤亡人数的 3 倍。如果按照现代人口数量进行调整，1918 年流感造成的死亡总数相当于当今世界上的约 4 亿人。更令人震惊的是，这种流行病是在细菌学说、疫苗和现代医学问世之后发生的。

195　　除了异常高的死亡率之外，1918 年的流感大流行在致死方式和感染人群方面与历史上任何一次流感大流行都不同。1918 年流感的早期临床报告描述了一种疾病，就其在受害者身上产生的病理变化而言，这种疾病异常凶猛。在标准的流感样症状出现后的几个小时内，许多感染者迅速发展成致命的肺炎、大范围紫绀以及鼻、口、眼、耳和肛门出血。这种疾病的进展异常，在职业生涯中治疗过数千例流感病例的医生们都很难诊断出这种疾病。此前，流感从未如此迅速或如此凶猛地导

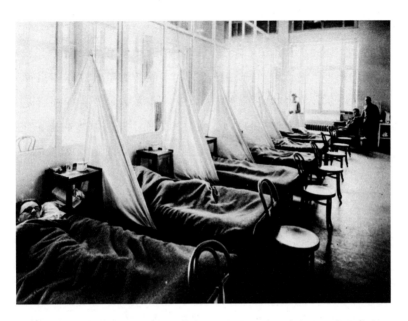

第一次世界大战期间，士兵们在法国一家美国陆军营地医院的流感病房中接受治疗。（美国国家医学图书馆）

致死亡。有无数报道称，人们早晨醒来感觉很健康，然而却在夜幕降临前死去，肺部充满血腥黏液。一位 1918 年 9 月在波士顿工作的医生描述说：

> 被带到医院时，人们一开始以为只是感染了普通的拉格里普或流感。但是他们很快发展成有史以来黏性最强的肺炎。2 小时后，他们的脸颊上开始出现红色斑点，几个小时后，你可以看到紫绀从他们的耳朵蔓延到整个脸部，直到很难区分是有色人种还是白人。短短几个小时，死亡就会来临，他们会拼命呼吸空气，直到窒息而死。太可怕了。[2]

为什么 1918 年的流感会有如此反常的病理现象，这个问题在接下来的 90 年里一直是个谜。直到 2005 年，实验才开始揭示 1918 年流感的独特之处（这些实验的细节将在本章后面讨论）。[3]令人惊讶的是，这些研究发现大多数最严重的损害是由对病原体的暴发性免疫反应引起的，而不是病原体本身。特别是 1918 年的流感，触发了宿主肺部的免疫细胞释放出大量有毒的炎症性化学物质。细胞因子通常帮助免疫细胞激活并相互沟通；然而，如果在短时间内释放过多的细胞因子（称为"细胞因子风暴"），就会导致大面积的组织死亡和过多的液体积聚。过度的炎症导致了 1918 年流行病的大部分发病和死亡，因此有理由认为，免疫系统较强的人对感染的反应应该更强烈。有趣的是，这正是我们观察到的。其他季节性流感病毒主要导致的是幼儿、老年人和免疫系统较弱的人死亡，而 1918 年的流感毒株却夺走了数百万名年轻、健康、没有疾病的成年人的生命。事实上，在 1918 年死于流感的人中，大约有一半的人年龄在 20~40 岁之间，而那些年龄在 65 岁以下的人死于流感的风险比 65 岁及以上的人要高。这是历史上唯一一次身体和免疫能力强对宿主没有什么好处的流感流行。它是不分青红皂白的致命武器，杀害了年轻人和老年人、健康人和病人，以及各大洲的人民。

虽然 1918 年的流感大流行是最著名和最致命的，但它并不是过去几个世纪中唯一袭击人类的。流感第一次成为全球性威胁是在 1889 年，当时流感在俄罗斯暴发，并通过新建的铁路和金属蒸汽船迅速传遍亚洲、欧洲和美洲。[4]与这一时期的其他疾病类似，人口密度的增加和交通的改善为流感这样的传染性呼吸系统疾病在短时间内感染大量人群提供了绝佳的条件。

在 3 年时间里，它连续 3 次出现，共造成约 100 万人死亡。世界各地的报纸每天都报道俄罗斯流感的最新动向，以及它如何对所到之处的社区产生负面影响。在许多情况下，这些报道在疾病本身到来的几周前就已经传达给了读者。媒体对 1889 年流感的报道空前激烈，这在很大程度上是因为全球报业的崛起，以及在流感暴发前几十年电报的发明。[5]

历史上第一次，公众可以不受地理位置的影响，实时追踪一种流行病。例如，一个住在佐治亚州萨凡纳的人，可以在流感传播到芝加哥、堪萨斯州甚至巴黎那些遥远的地方几天后，就读到流感的报道。公众渴望得到关于这种流行病的新闻，媒体也非常乐意提供帮助。随之而来的媒体热潮帮助塑造了公众对 1889 年流感大流行的看法，这反过来又极大地影响了对该疾病未来暴发的描述。

在 1918 年西班牙流感之后的许多大流行中，1957 年的亚洲流感和 1968 年的香港流感最为严重和致命。从东南亚开始，1957 年的流感大流行在世界范围内迅速蔓延，造成了 100 万到 200 万人死亡。[6]这是现代医学研究时代第一次大规模流感暴发。由于担心 1918 年流感大流行的重演，流感专家于 1948 年合作建立了世界流感研究中心，希望能密切监测人类和动物宿主中的流感。该中心利用了众包的概念：在世界各国建立了国家和地区流感实验室网络，在各自的特定地区独立研究和跟踪流感。通过这样做，科学家们能够迅速分享他们关于任何已出现的新流感病毒的发现，并报告该疾病的任何异常临床表现。 197
几项新的生物技术的发展也让他们在这段时间里对流感的遗传学和发病机理有了更多的了解。

尽管有了这些新知识和现代流行病学工具，流感还是于

1957 年在亚洲卷土重来，并在短短 6 个月内席卷全球。当时在许多人认为流行病将很快被我们的智力和技术所征服的情况下，这可以说是一个惊人的失败。1957 年，一位公共卫生官员对所发生的事情表示失望，他写道："虽然我们有 30 年的时间来准备应对流感大流行的措施，但我认为我们都在忙着做即兴调查，没有足够的时间来做好这件事。我们只能希望人们能够充分利用他们的机会，最终有可能对所发生的事情做出充分的解释。"[7] 不幸的是，在 1968 年另一场严重的流行病暴发之前，既没有给出任何解释，也没有取得任何进展。虽然 1968 年的香港流感的致命性比之前的 3 次大流行要低一些，但它迅速蔓延到东南亚，并扩散到欧洲和美洲，感染了数千万人。

1968 年流感再次出现后不久，疫苗就被研制出来了；然而，直到大流行在大多数地区（包括美国）达到高峰数月后，疫苗才开始广泛使用。这是对一种疾病的又一次无效应对，这种疾病似乎能够以卫生官员无法控制的速度传播和变异。幸运的是，自 20 世纪 60 年代末以来，我们在人群中监控流感、控制流感、治疗流感以及在流感季节前制造疫苗的能力有了显著提高。虽然近年来出现过一些与"禽流感"和"猪流感"有关的恐慌（例如 2009 年），但没有一次像 1968 年始于香港的那场流感那样致命。

病毒和宿主

人类流感是由三种类型的流感病毒感染引起的。人类甲型流感病毒和乙型流感病毒是每年冬季出现的绝大多数季节性流感病例的致病原因，而丙型流感病毒只会引致罕见的轻微呼吸道疾病。甲型流感病毒是 19 世纪和 20 世纪每一次大流行的罪魁祸首，也是每年最受流行病学家关注的类型。

流感病毒有几个独特的基因特征，使它们成为有效的人类病原体。首先，流感病毒的基因组是由 RNA 而不是 DNA 组成的。如第一章所述，所有生物（如细菌、真菌、人类）都使用 DNA 作为遗传物质，因为 DNA 化学性质更稳定，更不容易被改变或突变。许多病毒也使用 DNA 作为它们的基因组；然而，有些病毒，如流感病毒，已经进化到使用 RNA 作为它们的遗传物质。使用 RNA 作为基因组的病毒面临的主要问题之一是宿主细胞不包含复制病毒基因组所需的酶。因此，所有的 RNA 病毒都必须制造自己的基因组复制酶。对于流感病毒来说，这种酶很容易出错。换句话说，每当流感病毒侵入新细胞并开始复制时，产生的新基因组往往包含小的突变。这一点很重要，因为随着流感病毒继续在世界各地的宿主中一点一点地变异，这增加了一种全新的致命病毒株出现并肆虐人群的可能性。流感病毒因其基因组中积累的小突变而逐渐变异的过程，通常被称为抗原漂移。这是我们每年必须接种流感疫苗的主要原因之一：在一个流感季节出现的流感病毒株可能会在下一年发生足够的变异，以至于我们的免疫系统不再能有效地识别它。

流感病毒在遗传学上另一个特别危险的方面是，它的基因组是由七八个不同的 RNA 片段共同组成的，而不是由一条连续的 RNA 链组成的。尽管分裂（分段）基因组本身并无害，但当两种不同的病毒株碰巧感染同一个细胞时，就会引起严重的问题。当这种情况发生时，两种流感病毒都将在细胞内的相同位置复制它们的基因组片段。当这些病毒将它们新制造的基因组包装到新的病毒颗粒中时，可能会出错，一些属于某种病毒的基因组 RNA 可能会出现在另一种病毒中。例如，想象一下，一种危险的禽流感病毒株碰巧与一种无害的人类病毒株感染同一细胞。当新病毒开始聚集在一起时，一些人类流感病毒的 RNA 片段可能会意外地与鸟类病毒的 RNA 片段在同一个病毒颗粒中。结果将是产生一个全新的杂交毒株，它在遗传学上不同于两种"亲代"病毒。换句话说，它可能产生一种既危险又能感染人类的毒株。这种基因重组，也就是所谓的抗原位移，可以迅速创造出人类免疫系统从未见过的新的大流行毒株。像抗原漂移一样，抗原位移是随机的，无法预测或控制。因此，人类永远在基因突变或重组事件及远离潜在灾难中相向而行。

甲型和乙型流感病毒感染人类和各种其他动物宿主，包括许多类型的鸟类、猪、马、海豹和狗。一般来说，对一个物种有亲和力的流感病毒株通常对其他物种的感染性不强。其主要原因与流感病毒附着在宿主组织细胞表面的特性有关。附着过程包括一种在所有流感病毒上都发现的血凝素（HA）蛋白和

199 一种覆盖在肺细胞和其他几种动物组织表面的叫作唾液酸的普通糖之间的相互作用。每种流感病毒都有一种独特的 HA 蛋白，其折叠方式与其他流感病毒上的 HA 蛋白略有不同。同样，每种动物的细胞上都有某种独特形式的唾液酸。因此，你体内可以存在一种禽流感病毒株，它的 HA 蛋白被折叠成只能识别禽类唾液酸的方式。这种病毒可能对人类的感染性不强，因为这种病毒不能很好地附着在人类细胞上。流感病毒 HA 蛋白和唾液酸之间的这种看似合理的关系因某些动物在它们的细胞上产生多种类型的唾液酸而变得复杂。例如，猪细胞表面的唾液酸，跟鸟类和人类的唾液酸都类似。因此，猪可以同时感染多种不同的流感毒株，并作为一个活的混合容器，通过抗原

位移产生新的混合流感毒株。2009 年猪流感大流行的起因是，禽流感、人流感和猪流感病毒株共同感染了同一只猪，然后重组为一种全新的流感病毒株，并具有这三种病毒的三种特性。

HA 并不是唯一与宿主唾液酸残基相互作用的流感蛋白。病毒表面还含有一种叫作神经氨酸酶（NA 或 N）的蛋白质，当新制造的流感病毒试图离开它们刚刚复制的细胞时，这种蛋白质可以切断唾液酸。虽然唾液酸是流感病毒最初附着在细胞表面时的一个重要靶标，但当病毒试图离开这些细胞并传播到新细胞时，它就成了一个障碍。流感病毒 NA 蛋白解决了这个问题，它像一把大砍刀，通过酶解切断任何阻碍新流感病毒离开细胞的唾液酸。像 HA 一样，NA 蛋白对它能切割的唾液酸类型，也是具有特异性的。某些形式的 NA 蛋白优先切割鸟类唾液酸，而其他形式的 NA 蛋白则优先切割人或其他动物的唾液酸。因此，如果你有一个 NA 蛋白，能很好地从一个物种（如鸟类）切割唾液酸，并使该病毒进入另一个物种（如人类），那么新产生的流感病毒则永远不会脱离细胞表面，感染也将基本停止。HA 和 NA 都必须"匹配"它们所感染的特定物种。因此，科学家在对新的病毒株（如 H1N1）进行分类时，通常会关注这两种蛋白质。

悄无声息的灾难

任何蔓延到地球每一个角落并导致 5000 多万人死亡的大流行病，预计都会在之后的几十年里对各种社会、政治、健康和经济问题产生巨大影响。有趣的是，当人们仔细研究 1918 年流感大流行和随后的几年时，往往很难找到任何形式的关于其存在的持久印迹。几乎没有骚乱、政治动荡、替罪羊或长期

200 经济影响。此外，它对第一次世界大战期间的任何战斗都没有任何重大影响，也没有明显影响随后的俄国内战。尽管在致命的人群疾病面前暴露了公共卫生政策的巨大失败，但 1918 年的流感大流行也没有促使任何城市或国家就如何应对流行病威胁进行任何全面改革。似乎这个世界已经厌倦了多年的战争和疾病，以至于它决定抛开所有的苦难，继续前进。这样看来，1918 年的流感在本书提到的流行病中是独一无二的。几乎自相矛盾的是，人类最大的杀手对当时的人类几乎没有产生长期影响。

为了更好地理解为什么会发生这种情况，我们必须首先考虑政府、媒体和公众在大流行发生时是如何应对的。当流感于 1918 年 1 月出现时，大多数人最初认为这只是又一次季节性流感暴发，对其应对必须按部就班地进行。[8]然而，到了 9 月，公共卫生官员清楚地认识到，这次流感流行是非常独特和迅猛的，以至于既定的控制措施不起作用。为了应对此次的流感大流行，世界各地的城市开始隔离病人，并提议对公共集会、个人卫生习惯和商业行为进行限制。这些限制的强制实施程度在很大程度上取决于某个城市的当地卫生委员会，以及它对当地企业拥有多大的权力。由于担心扰乱当地经济或引发公众恐慌，一些城市在大流行期间治疗和干预的变化相对较小。例如，纽约市卫生专员罗亚尔·科普兰（Royal Copeland）就错误地选择了不对公众集会实施任何直接禁令，[9]而是采取了一些干预性较低的措施，如要求企业错开工作时间以减少人群聚集，增加城市医生的监测和疾病报告，以及教育公众关于在公共场所咳嗽和吐痰的危险。正如科普兰在第二年的一篇论文中所说，"我的目标是防止恐慌、歇斯底里、精神错乱，从而保护公众免受精神疾病的影响，精神疾病本身就容易引发身体疾病。"[10]

与此相反，在疫情最严重的时候，一些城市几乎停止了所有市政活动。它们关闭了学校、图书馆、电影院、酒吧、体育馆、购物中心、舞厅和任何其他人们聚集的地方。一些城市关闭了教堂，以尽量减少教徒之间的接触，还有许多城市禁止公众葬礼。一些城市，如旧金山和圣地亚哥，甚至要求市民在公共场合出门时戴外科口罩。[11]总体来说，这是有史以来最广泛和最全面的公共卫生应对措施。不幸的是，5000万人死于这种疾病的事实表明，这仍然是不够的。

实行严格的公共卫生管理措施的城市并不一定比那些政策宽松的城市好得多。例如，波士顿、费城和新奥尔良，这些城市都完全禁止公众集会，但它们的死亡率明显高于纽约市和圣路易斯，后者也有类似或不那么严格的管理。流行病学家和医学历史学家花了几十年的时间试图理解这种意想不到的差异。最后，2007年，在著名的《美国国家科学院院刊》（*Proceedings of the National Academy of Sciences*）上发表的几项研究揭示了这个谜团。[12]研究人员确定了两个关键因素，它们可能在决定一座城市在1918年大流行病中的表现方面发挥了重要作用。第一个因素是实施这些措施的时机。那些在大流行暴发前或在第一批病例发生后的头几天内采取行动的城市，其总体死亡率远低于那些推迟实施行动的城市。费城是美国大城市中死亡率最高的城市之一，在流感到来两周多之后，费城才采取了各种方式限制公众集会。事实上，他们甚至在那个时期举行了一次大型游行。相比之下，圣路易斯几乎在流感到来后立即采取了公共卫生应对措施，因此其死亡率只是费城的1/8。

西雅图警察部队成员在 1918 年流感大流行期间戴防护口罩。（美国红十字会）

在这些研究中发现的第二个因素，是城市解除限制的时间。许多城市在大流行刚刚达到顶峰后，而不是疫情结束后，就放松了公共卫生管制措施。在疫情仍在肆虐并造成大批人死亡的时候，解除管制的做法给了人们一种虚假的安全感。这种虚假的安全感增加了危险的"群体"行为（例如，乘坐公共交通工具），这使得流感在第二波暴发时造成了很大的破坏。更糟糕的是，地方卫生委员会，以及更大的（州/地区/国家）委员会经常互相争斗。这造成了不必要的延迟，并造成了人们的混乱，因为人们经常得到混淆的信息。

许多城市在此期间采取的极端措施得到了公众高度的配合。尽管官员、政客和企业主之间确实存在分歧，但大多数公众还是接受了对他们的限制。骚乱和大规模抗议并不常见，有组织地颠覆卫生管制规则的事件也不常见（除了偶尔有个别非法酒馆）。这是一个有趣的反应，与历史上观察到的大多数其他流行病截然不同。第一种可能性是，一些人认为，公众看到了 1918 年流感带来的特殊危险，并接受了需要采取极端措施来抗击它的事实。大多数人都在某种程度上受到了这种流行病的负面影响，要么是通过每天在报纸上读到它，要么是因为知道某人已经生病或死于这种疾病。无论是住在城市、小镇还是相对孤立的地方，每个人都知道这种特殊的流感有多可怕。诚然，有些人从来不知道流感大流行的严重程度，但很难想象生活在 1918 年的人会对流感掉以轻心。

第二种可能性是，鉴于第一次世界大战所造成的可怕局面，人们已经习惯于政府越发严格的控制。"为了更大的利益而牺牲"成为一种常态，因为公民被迫按国家要求定量配给食物，去工厂工作，甚至为国家献出自己的生命。大多数人认识到形势的特殊性，愿意放弃某些权利，以最终赢得战争。当流感在战争接近尾声时到来，各城市开始实行隔离和监管，公众很可能认为这些措施只是紧急时期需要的另一种牺牲。这是他们因连续 4 年的战争和死亡而根深蒂固的屈从的条件反射。最终，他们服从当局的意愿可能挽救了数百万人的生命，并阻止了疫情进一步升级。

报纸行业成为地方卫生委员会和公众之间的沟通桥梁，它是有关 1918 年大流行病和社区如何应对的主要信息来源。报纸不仅每天报道当地感染和死亡的统计数字，而且通常还负责在卫生委员会实施新规定时提醒公众。在许多情况下，报纸会更进一步就这些公告发表社论，给予完全的支持。例如，在北

203　　卡罗来纳州夏洛特市严格禁止所有公众集会一天后，《夏洛特观察家报》（*Charlotte Observer*）的一名作者写道："阻止流感的唯一途径就是阻止夏洛特市瘫痪的方式，那就是全面隔离……智慧再次指引着夏洛特政府的手。"[13] 在大流行期间，报纸经常充当地方政府的喉舌，以这种方式支持卫生官员的行动。

　　虽然这样的报道通常对全市的反应产生有积极的影响，但在许多情况下，报纸对 1918 年流感的报道产生了更有害的影响。例如，在许多地方，报纸在早期阶段淡化了大流行的严重性，或者讨论其他地方的情况有多糟，从而让公众相信流感在他们的城市已经得到控制。在干预最为关键的时期，这样的报道制造了一种虚假的安全感。一些报纸还刊登虚假补品和药剂的广告，销售商声称这些药品可以治愈流感。那些眼看着家人死去或自己即将死去的绝望受害者被骗，把钱花在无用的治疗上，在某些情况下甚至加速了他们的肺损伤。这些广告还产生了危险的副作用，误导公众认为存在治疗方法。相比那些不能治愈的疾病，人们往往把有治愈方法的疾病看得不那么严重。如果他们的疾病可以通过服用药片或用神奇的滋补液漱口来治愈，他们为什么要害怕把它传染给别人呢？此外，他们为什么要遵守严苛的公共卫生建议而给自己带来不便呢？这是对媒体的不道德滥用，但因为它能产生收益，而被允许这样操作。后来一些报纸意识到这是一个错误，并向它们的读者发表道歉声明。

　　许多报纸也报道了这种流行病，尽量降低疾病对人类造成的真正损失。关于第一次世界大战的文章通常都是对苦难和英雄主义的生动描述，并以大标题突出显示在头版。这些文章是为了唤起读者的情感反应，这将使他们更有可能支持战争。相比之下，早期关于 1918 年流感的文章往往只是关于死亡统计和政策的简短的技术性宣传。文章中很少包含关于个人或他们所面临的困难的具体细节。由于这些报道都是表面文章，它们通常被隐藏在报纸的中间，标题很小，没有什么"声势"，一些人认为这是有意为之，目的是防止公众对大流行反应过度。人们真正担心的是，过度渲染、宣传流感可能引发"恐慌、歇斯底里、精神错乱"，许多人认为这比流感本身更危险。不幸的是，以这种方式将流感的存在性降到最低，隐藏了流感大流行的真正危险，这最终对高危人群的行为产生了负面影响。

先前关于1918年流感大流行发生时世界如何应对的讨论提供了一些线索，解释了为什么它未能像其他流行病一样引发同类型的长期变化。首先，流感大流行的时间很特殊。它发生在历史上最致命和最广泛的战争期间，这导致许多人将流感视为战争的副产品，而不是一个有独立因果关系的独立实体。致命的第二波流感大流行在停战协定（1918～1919年冬季）签署的同时达到顶峰并结束，这一事实进一步强化了人们的想法，即流感只是战争的又一次可怕的延续。当战争结束时，人们渴望把它抛在脑后，回到某种正常状态。由于流行病和战争在许多人的心理上是交织在一起的，因此，把战争抛诸脑后从而继续前进就意味着把流感大流行抛诸脑后继续前进。其次，是其持续时间。历史上没有其他重大流行病在如此短的时间内开始和结束。当人们能够处理发生在他们身上的事情时，流感已经消失了。它没有像黑死病或艾滋病那样持续很多年，也没有像黄热病或霍乱那样每隔几年就会偶尔复发，也没有像结核病或天花那样流行。这场大流行只持续了1年多，就再也没有人听说过它（至少在如此强度的情况下）。人们没有被迫永久性地改变他们的生活方式来应对它，因为他们没有不断地被它骚扰。从这个意义上说，1918 年的流感更像是一场自然灾害，而不是一场瘟疫。

也许 1918 年后最令人惊讶的发现之一是，这种流行病没有给我们对待公共卫生的方式带来任何重大改变。无论从定性还是定量的角度来衡量，1918 年的公共卫生应对措施都惨遭失败。不管采取了什么样的控制措施，流感似乎可以随时想去哪儿就去哪儿。掌握传染病学、流行病学和医学知识的公共卫生官员控制 1918 年的流感大流行的能力，并不比控制 14 世纪黑死病流行的医生强。这是流感故事中一个有趣的部分，因为公共卫生部门实际上有一个合理且科学全面的计划来阻止这种疾病。事实上，如果今天出现类似的流感，我们很可能也会采取隔离、公共集会禁令和教育措施（流感疫苗和达菲等抗流感药物也会被采用）。

在 1918 年流感之后，公共卫生政策并没有太大的改变，因为它们并没有本质上的错误。如上所述，有些城市这些政策实施得过晚，取消得过早，也没有被严格执行。此外，地方、地区和国家卫生委员会无法进行有效沟通也是应对措施的明显失败。事实上，在接下来的几年里，公共卫生规划的这两个方面都得到了改善。然而，在基础层面上，所做工作背后的理论证明了对传染病传播的现代理解。那么，我们在 2017 年仍然有季节性流感暴发，为什么这些措施不起作用呢？答案在于，流感病毒具有高度传染性，难以控制，因为人们自然会被吸引到拥挤的地方，即使知道其中的危险，也不愿意遵循基本的卫生习惯。出于这个原因，再多的计划或措施也无法完全预防或阻止 1918 年的流感大流行。

现实版的侏罗纪公园

1918 年的流感大流行蹂躏了人类超过 16 个月，直到 1919 年夏天才基本销声匿迹。大流行结束后，世界各地的科学家几乎立即开始研究这种疾病，以确定其病因，并探究为什么与其他病毒株相比，它的毒性如此之大。不幸的是，当时他们掌握的技术工具有限，并且由于无法妥善储存 1918 年流感患者的样本而研究受阻。流感病毒携带由 RNA 组成的基因组，如果不在超低温（例如 -80℃）下储存，该基因组就不稳定且易于快速降解。由于现代冷冻保存技术和冷冻箱直到 20 世纪 40 年代才得以广泛应用，大多数从 1918 年流感患者身上分离出来的临床样本在储存条件不理想的情况下几年后就变得毫无用处了。没有完整的样本或先进的技术，科学家们无法确定 1918 年流感毒株的独特之处。因此，他们没有能力生产疫苗，也无法确定世界各地的鸟类或猪群中是否正在发展另一种类似的致命病毒。我们就像是坐以待毙的鸭子，完全不了解有史以来袭击人类的最严重的病毒株。

20 世纪 60 年代和 70 年代微生物学的分子生物学时代的到来，给科学家们提供了各种各样的新工具，使其可以在基因水平上了解和改变病原体。这一时期发展起来的最重要的技术之一，使我们能够获得病毒、细菌和几乎任何其他生物基因组中每一个核苷酸的特定序列。所有的基因组都由 4 种核苷酸组成：腺嘌呤（A）、胸腺嘧啶（T）、鸟嘌呤（G）和胞嘧啶（C）。尽管所有生物的基因组中都有相同的 4 种核苷酸，但这些核苷酸的具体顺序对每个物种来说都是独一无二的。正是这种次序决定了每个个体物种构成了什么样的蛋白质，也是所有生物独一无二的最终原因。换句话说，基因组是各种细节的详细蓝图。当科学家试图确定某种特定的微生物病原体是如何引起疾病的，或者是什么使一种病原体与另一种不同时，了解这个蓝图的每一个组成部分是至关重要的。

206 第一批测序的基因组是两种感染细菌的小型病毒的基因组。尽管以今天的标准来看，这种小规模的噬菌体病毒基因组测序规模不大，但在 1976 年却是一项里程碑式的成就，因为它证明了获得微生物构建的完整图像是可能的。在接下来的几年里，许多其他病毒基因组被测序，包括 1982 年的人类流感病毒。基因组测序在 1995 年向前迈出了一大步，当时基因组研究所的科学家使用一种新的测序方法"鸟枪法"获得了细菌的第一个完整序列——一种被称为流感嗜血杆菌的人类病原体。[14]它的基因组长度超过 180 万个核苷酸，比以前检测过的任何病毒基因组都要大得多，也更复杂。随着鸟枪法测序的快速改进，不久之后，几乎所有其他人类病原体的基因组都被测序。令人惊讶的是，测序技术现在已经发展到可以在几个小时内完成病毒和小细菌的基因组测序。

尽管在 20 世纪后半叶基因组测序取得了重大进展，但由于当时缺乏保存完好的样本，1918 年流感病毒株的序列仍然难以确定。然而，1997 年，美国武装部队病理学研究所（AFIP）的科学家开始研究从保存在福尔马林和石蜡中的组织中提取 1918 年流感基因组的可能性。在杰弗里·陶本伯格博士（Dr. Jeffrey Taubenberger）的领导下，科学家们从 28 个不同的组织样本中提纯了遗传物质，并试图对 1918 年流感基因组的一小部分进行测序，这部分基因组在将近 80 年后仍然存在。[15]通过这样做，他们得到了 1918 年流感病毒的部分基因组的序列。虽然并没有完全成功，但它表明，如果能找到保存稍好的样本，就有可能获得完整的 1918 年流感病毒基因组序列。

就在第二年，一位名叫约翰·胡尔丁（Johan Hultin）的科学家告诉 AFIP 团队，他在阿拉斯加西部挖掘出一具因纽特妇女的尸体，她在 1918 年死于流感后被埋在 7 英尺深的永久冻土下。其肺组织几乎被冷冻了 80 年，其中含有足够的保存完好的流感病毒，这使得 AFIP 团队在 2005 年获得了 1918 年流感基因组的完整序列。[16] 尽管这被认为是微生物遗传学历史上最重要的时刻之一，但它并非没有争议。完成这项研究的研究人员在科学杂志《自然》上发表了 1918 年流感病毒的完整基因组序列。一些公众非常担心，有不良意图的人可能会利用这个序列制造出一种新的能杀死数百万人的生物武器。经过美国国家生物安全科学顾问委员会和疾病控制与预防中心（CDC）成员的广泛讨论，所有人都同意为了适当的科学利益，应该公布该序列。

有消息称疾病控制与预防中心的科学家们成功地利用这一序列重现了 1918 年的流感病毒，这一消息加剧了人们对 1918 年流感病毒基因组测序的担忧。[17] 他们采用反向遗传学技术，首先从新的核苷酸构建模块（使用它们的序列作为图谱）一点一点地重建 1918 年流感病毒的基因组，然后他们将新制造的基因组添加到人类细胞中。经过几个额外的步骤，在基因和结构上与导致 5000 多万人死亡，并在 20 世纪 20 年代早期从地球上消失的病毒株相同的流感病毒从细胞中浮现出来。一个由来自几所大学和研究中心的科学家组成的合作小组随后开始在各种动物模型上测试复活的 1918 年流感菌株，以获得解释它对人类有如此难以置信的致病性的线索。正如所希望的那样，这项工作非常有成效。它不仅确定了 1918 年流感病毒基因组中导

207

致其对肺部致命影响的确切突变，还使科学家们能够观察到该毒株在细胞水平上是如何工作的。同样重要的是，它使科学家们最终能够生产出一种特定疫苗，在类似的病毒株自然产生或以某种方式被制造成生物恐怖主义制剂的情况下，这种疫苗能够保护人类。在经历了 80 年对未知的恐惧之后，人类终于能够轻松地休息了。

尽管为了更好地了解这种已经灭绝的疾病，使其复活具有科学价值和创新性，但并非每个人都会庆幸 1918 年已灭绝的流感再次出现。[18] 许多人认为制造这种致命病原体所带来的巨大风险远远超过其益处。特别是，人们担心 1918 年的病毒可能会从藏匿它的安全设施中逃脱，重新进入人群。逃离安全实验室的其他致命病原体的例子包括 2003 年和 2004 年亚洲多个实验室意外释放的 SARS 病毒，以及 2001 年从实验室非法移除武器化的炭疽（那年在邮件恐怖袭击中被广泛使用）。

美国疾病控制与预防中心的微生物学家特伦斯·唐佩博士正在检查 1918 年大流行流感病毒的重建版本。（美国疾病控制与预防中心）

208

许多人还担心，恐怖分子或敌国可能会利用已发表文章中的信息来重现 1918 年流感，甚至制造更糟糕的情况（例如，1918 年流感和另一种病原体的混合）。两位著名的生物伦理学家阿瑟·卡普兰（Arthur Caplan）和格伦·麦基（Glenn McGee）就这一担忧发表了以下联合声明："10 年前，对致命病毒的操纵可能仅限于高度安全的保险库……然而，如今，致命病毒的超级秘密存储已被简化为一套说明书，在某个时刻，这些说明可能会成为恐怖分子和其他不良分子或业余爱好者的食谱。"[19]对他们来说，1918 年流感项目的危险和不负责任的一面是发布了制造这种致命病毒所需的逐步说明和序列。这是一个路线图，如果在遗传学和一些分子生物学设备方面接受基础训练，其他人可以很容易地效仿。过去 40 年来，美国、苏联／俄罗斯、日本和许多其他国家的生物武器项目的成功，支持了这种担忧。自 1918 年流感病毒基因组测序和重建以来，已经过去了将近 12 年，还没有关于试图将其使用并造成危害的报道。这并不意味着安全问题没有引起争议；然而，保护公众的机制到目前为止还是相当有效的。

1918 年流感病毒的重现，正值科学家们不断地利用技术对微生物和其他更大的物种进行基因改造的时候。在过去的 20 年里，这种转基因生物，已经成为许多发达国家的热点问题。除了担心转基因生物的安全性和对环境的影响之外，许多人认为，不自然地改变生物的遗传物质并干扰自然的进化过程在伦理上类似于"扮演上帝的角色"。1918 年流感病毒成功复制，更进一步，以类似于电影《侏罗纪公园》中虚构的方式将一种已经灭绝的疾病复活，许多人觉得科学家做得太过火了，可能打开了潘多拉的盒子。随着我们的科学能力和理解力

以指数级的速度进一步发展，这些问题需要在不久的将来得到
解决。

疫苗项目的新范例

患流感的人经常会出现由其他细菌和病毒引起的继发性感
染。例如，流感病毒复制引起的初始损伤和炎症往往使宿主更
容易感染肺炎链球菌、金黄色葡萄球菌或流感嗜血杆菌等细菌
性病原体。

事实上，大量与流感相关的发病和死亡是由其他病原体引
起的，而不是由流感病毒本身造成的。因此，尽管抗生素对病
毒毫无作用，许多医生还是会给流感患者开抗生素。尽管就产
生新的抗生素抗性菌株而言，这是一种危险的做法，但每年预防
性地给流感患者使用抗生素确实挽救了无数人的生命。

对科学家来说，共同感染病原体的高流行率是个问题，他
们在 20 世纪初就开始试图鉴定和纯化流感的病原体。这些研
究导致许多人错误地将流感嗜血杆菌确定为流感的病因（因
此得名）；然而，当应用科赫法则时会发现，纯流感嗜血杆菌
并不能让受试者或动物产生流感。[20]直到 1931 年，人们才最终
发现流感是由病毒而不是细菌引起的。仅仅 2 年后，英国科学
家首次成功纯化了流感病毒，这使得疫苗的研制成为可能。[21]

第一个被测试的流感疫苗是苏联科学家阿纳托利·斯穆洛
丁采夫（Anatoly Smoro-dintsev）于 1936 年发明的减毒活疫
苗。[22]他将流感病毒在鸡蛋中培养 30 个不同的复制周期，以选
择已经丧失在人体内引起重大疾病能力的病毒的减毒变种病
毒。在将他的疫苗注射到人类受试者体内后，他发现那些对疫
苗产生抗体的人通常不会被流感感染。然而，对他的研究设计

209

的现代分析显示，这个研究包含了几个重大的缺陷，这表明他的疫苗总体上效果不大。

大约在同一时间，一位名叫托马斯·弗朗西斯（Thomas Francis）的美国医生也开始与一组极有才华的年轻科学家一起研制流感疫苗，其中包括乔纳斯·索尔克（Jonas Salk），他后来研制了第一种脊髓灰质炎疫苗。弗朗西斯疫苗与斯穆洛丁采夫疫苗的不同之处在于，它用福尔马林处理，以灭活病毒，使其不再致病。[23]这种灭活病毒疫苗是完全安全的，只要注射足够的量，就能在接受者中引发免疫反应。弗朗西斯团队在 20 世纪 40 年代早期研究这种疫苗，当时弗朗西斯担任美国陆军流感委员会主任。当美国在 1941 年底加入第二次世界大战时，弗朗西斯负责保护数百万名美国士兵，这些士兵将被部署到流感经常造成大规模伤亡的地区。美国军方非常担心 1918 年流感疫情重演，那次疫情夺去了驻扎在欧洲的 46000 多名美国军人的生命。这种担心促使军方放任弗朗西斯和他的团队在临床试验中大量使用美国军人。他们大规模临床试验的最终结果是研制出了流感疫苗，这种疫苗被科学证明是安全有效的。他们的发现于 1943 年发表后，该疫苗被大规模生产，并最终广泛分发给公众。[24]

在寻找理想的流感疫苗的过程中，最重要的发展之一是认识到不同类型的流感病毒可以进一步变异成不同的毒株。1933 年分离出的第一种流感是甲型流感病毒，属于甲型 H1N1（A/H1N1）亚型。1940 年，发现了一种新的流感病毒，名为乙型流感病毒，它与甲型 H1N1 流感病毒相比有着显著的蛋白质差异。[25]研究甲型 H1N1 流感疫苗的人很快意识到它不能保护受试者免受新型乙型流感病毒的感染。因此，他们不得不研制一种

210

新的疫苗，一种含有灭活甲型 H1N1 和乙型流感病毒的二价疫苗。[26]

这种二价疫苗被大规模使用了十多年，似乎能有效减少与流感相关的感染和死亡。然而，1958 年一场致命的流感大流行的再次出现表明，不斗争是无法战胜流感的。导致 1958 年流感大流行的流感毒株是一种甲型流感，它变异成了一种以前从未在人群中出现过的亚型（H2N2）。有了这些信息，疫苗公司开始生产一种新的二价疫苗，其中只包括甲型 H2N2 和乙亚型。[27]这是大约 10 年来最常见的流感疫苗。当 1968 年流感大流行被证明是由另一种新的亚型（H3N2）引起时，疫苗公司再次被迫转向生产不同的二价疫苗。从那时起，H1N1 和各种乙型流感病毒的偶尔再次出现导致了每年的流感疫苗成分发生相应的变化。在每种情况下，流感疫苗的开发都是被动的，只是在新的毒株已经出现并开始感染大量人群后才发生变化。事实上，菌株鉴定和疫苗开发之间的滞后时间如此之长，以至于许多流感暴发在疫苗向公众提供之前就已经结束了。这是一种低效和无效的疫苗开发方法，需要进行重大改革。

1952 年世界卫生组织（WHO）流感监测项目的建立为开发更智能的流感疫苗提供了良好契机。[28]该项目通过在世界各国建立国家监测中心来监测在当地出现的流感病毒株。从流感"高发地区"实验室的松散集合开始，监测项目已经扩展到 106 个国家的 136 个中心。这些当地中心负责定期检测人类和动物的样本，然后将他们的发现报告给世界卫生组织的 5 个区域中心之一。当来自世界各地的所有数据最终得到处理，人群中最常见的流感毒株在特定年份被确定后，WHO 向生产季节性流感疫苗的公司发布其建议。疫苗通常是三价的，这意味着它含有当年 3 种最严重的流感病毒株（通常是甲型 H1N1 流感、甲型 H3N2 流感和乙型流感）。然而，自 2012 年以来，由于人群中广泛存在多种乙型流感毒株，该疫苗已含有第四种毒株（四价）。[29] 每年的疫苗都是有根据的猜测，是对哪些流感毒株最有可能在即将到来的流感季节出现并引发问题的明智预测。尽管偶尔会出错，但以这种方式制造流感疫苗比等流感暴发后再开始生产疫苗要有效得多。

季节性流感疫苗打破了疫苗生产行业可接受的界限。以前从未改变过疫苗的种类，也从未每年将疫苗大规模分发给人群，也从未预测过疫苗的种类。在此之前，制造一种疫苗只保护接种者 1 年是不可想象的，因为与它的长期利益相比，这样做的成本太高了。然而，考虑到季节性流感仍然导致美国每年 20 万人住院和 870 亿美元的经济损失，很明显，每年改变疫苗的组成是必要的，这样才能跟上流感和病毒的变异。如果不这样做，整个人类将面临比 1918 年更严重的流感大流行风险。

第十章
脊髓灰质炎

脊髓灰质炎（Polio）夺走了一代甚至是好几代儿童
的希望。科学家记录了很多疾病，与脊髓灰质炎相比，这
些疾病更具破坏性，影响了更多儿童，也更加致命。但脊
髓灰质炎可以使儿童瘫痪，这是强大的战后国家所无法忍
受的形象。我们的许多孩子都坐在轮椅上，靠铁肺生存。
在他们童年的最关键时期，他们的生命力和人们对其未来
的希望都减弱了。

——脊髓灰质炎幸存者马克·索尔（Mark Sauer），

《瘫痪的恐惧：美国对脊髓灰质炎的胜利》[1]

请将自己想象为 1932 年的一对年轻夫妇。你有一个美丽
的小女儿，她是你的骄傲和欢喜。一天早晨，在度假时，你和
家人决定去家附近的湖中游泳。水很冷，但对炎热的夏日来说
却很凉爽。游完后，你可以回家休息一整天。大约 1 周后，你
的女儿开始觉得不舒服。她有一点发烧，肌肉有些僵硬，而且
很酸。你觉得她一定是由于早些时候在寒冷的湖中游泳而感冒
了，所以你给她喝了些暖汤，让她早点上床睡觉。第二天早上
醒来时，你的女儿在房中尖叫，你吓坏了。你跑了过去，发现
她正在哭。令你恐惧的是，她无法移动双腿了，并且难以举起
手臂。你立即抱起她死气沉沉的身体，将她送往最近的医院。
当医生完成了一些检查进入房间时，她被证实了你已经知道的

事实。你的女儿患了脊髓灰质炎。她告诉你，你的女儿会活下去，但她很可能会在轮椅上度过一生。当你意识到这对她来说意味着什么时，你的心沉了下去。她将无法完成学业，不能结婚，无法过正常的生活。

上述虚构的故事试图说明 20 世纪可怕的脊髓灰质炎流行情况。尽管它偶尔会影响青少年和成人（占病例的 25%～30%），但 10 岁以下儿童更常成为脊髓灰质炎的目标。它以看似随机的方式传播，在杀死或使一个孩子瘫痪的同时，放过另一个孩子。接触脊髓灰质炎病原体（人类脊髓灰质炎病毒）的绝大多数儿童（约 70%）没有任何被感染的迹象或症状。他们的免疫系统击退了感染，没有留下任何不良反应。还有一些儿童（约 25%）抵御的情况没那么好，当他们的身体与病毒搏斗时，会出现流感样症状。像无症状群体一样，他们最终会在约 1 个星期后恢复，也没有长期损害。但不幸的是，约有5% 的儿童会因感染而患上更严重的并发症。如上面的故事所示，暴露于脊髓灰质炎病毒后，他们会肌肉僵硬、发烧，进而出现脑膜炎（3%～4%）和肢体松弛性麻痹（1%）。在极端情况下，麻痹还会扩散到呼吸、吞咽和与言语相关的肌肉。这是脊髓灰质炎最致命的形式。仅有少数人能在如此广泛的瘫痪中幸存，通常其余生只能依靠人工呼吸机生存。

尽管有证据表明脊髓灰质炎自古以来就存在，但它第一次出现在医学文献中是 1789 年，被描述为"儿童下肢残疾"。[2]德国骨科医师雅各布·冯·海涅（Jacob von Heine）于 1840年发表的重要报告首次描述了脊髓灰质炎特殊的临床表现，至此它便与其他类似的麻痹性疾病区分开来了，[3]这也是这种病第一次被称为小儿脊髓麻痹。在接下来的 30 年中，法国的一些研究人员发现了麻痹症状的细胞基础。他们发现感染会侵袭中枢神经系统并杀死脊髓和脑干神经细胞的细胞体（灰质）。死亡的运动神经元无法把信号从大脑传递到肢体肌肉，从而导致了瘫痪。

在那时，脊髓灰质炎仍然是一种极为罕见的疾病。它会在美国或欧洲偶发，零星感染少数人，然后在短时间内消失。但是，到了19世纪90年代，波士顿、佛蒙特州和瑞典等地开始出现聚集性感染。[4]直到20世纪初，这些地方性脊髓灰质炎才开始大规模暴发并造成严重感染。1905年，瑞典乡村暴发了一场流行病，感染了1000多人；1907年，纽约市也发生了一场流行病，约2500人感染。脊髓灰质炎首次广泛流行于1916年夏天，发生在美国。该病首先出现在纽约布鲁克林的一个意大利社区，并呈放射状传播到东北部，感染了2.7万人（主要是儿童），导致6000人死亡。这是世界第一次真正注意到鲜为人知的脊髓灰质炎病毒。以儿童为目标、极具视觉震撼力的症状和极高的死亡率，使全国各地的父母都竞相保护自己的孩子。

在接下来的40年中，每年夏天都会出现这种恐惧。在20世纪30年代至50年代，脊髓灰质炎的流行逐年恶化，在1952年达到顶峰，仅在美国就感染了5.8万人。据估计，在整个20世纪，脊髓灰质炎导致约100万人死亡，多达2000万人患有某种形式的身体残疾。尽管它没有本书所描述的其他流行病那样致命，但它令人恐惧并且极具影响力。

脊髓灰质炎，又称为小儿麻痹症，由人类脊髓灰质炎病毒感染引起。人类脊髓灰质炎病毒属于小RNA病毒，小而坚固，以RNA作为遗传物质。其他小RNA病毒包括引起普通感冒的病毒（鼻病毒）、甲型肝炎病毒和通常感染牲畜的口蹄疫病毒。

215

就脊髓灰质炎病毒而言，暴露通常发生于摄入被粪便污染的食物或水。但是，一些证据表明它也可以通过唾液在人与人之间直接传播。病毒一旦进入胃肠道，便会在肠道细胞中复制约 1 周，然后转移至淋巴结和扁桃体等局部淋巴组织。它会在此处复制，最终溢出到血液中。血液中存在大量脊髓灰质炎病毒（称为病毒血症），这便是大多数感染者出现流感样症状的原因。

根据宿主的免疫系统和年龄，病毒可能会从血液中转移到脊髓，从而引起脑膜炎并损害运动神经元。如果病毒停留在脊髓下部，它最终会使四肢出现不同程度的不对称性瘫痪。这种称为脊髓型脊髓灰质炎，约占瘫痪病例的 80%。在某些人中，病毒会在短时间内离开脊髓下部并向上转移至大脑。当病毒杀死脑干中的神经元时，患者便可能出现心跳异常、呼吸和吞咽困难。这种最致命的形式被称为延髓型脊髓灰质炎，约占瘫痪病例的 2%。最后，有时病毒还会同时在脊髓下部和脑干中复制，这种被称为脊髓型合并延髓型，其严重程度和发病率（约 18%）居于上述二者中间。一般而言，年龄较大的孩子、青少年和成年人比小孩子更容易发生延髓型和脊髓型合并延髓型，平均而言，其预后要差得多。此外，所有瘫痪的人，无论其瘫痪程度，在其康复期间和之后的许多年里还会经历极度的肌肉疼痛和肌无力。在某些极端情况下，幸存者还会发展出一种被称为"后脊髓灰质炎综合征"（PPS）的疾病。在这种疾病中，即便在脊髓灰质炎恢复很多年后，患者还是会出现肌肉疼痛和功能丧失。

对一代人的心理伤害

如果按照死亡率或持久性对流行病进行排名的话，那么前

50 名中可能都不会出现脊髓灰质炎。该疾病总共大约 50 年才蔓延到流行病的程度，致死的人数也比许多本书未提及的其他疾病（如麻疹、伤寒、梅毒）少得多。尽管脊髓灰质炎在统计数字方面没有其他疾病严重，但由于其对人口造成的强烈心理伤害，脊髓灰质炎值得被列入任何破坏性流行病的清单。脊髓灰质炎使脆弱的儿童感到恐惧，使他们残疾。它摧毁了他们对未来的希望，并将其与所爱的一切隔离开来。它攻击成年人最珍视的东西，并且是以比噩梦还可怕的方式进行攻击。脊髓灰质炎可能并没有杀死数亿人，但它却好像杀死了数亿人一般，影响了全人群。

脊髓灰质炎恐慌最重要的副产物之一就是，它从根本上改变了许多父母抚养孩子的方式。在脊髓灰质炎之前，孩子们夏季通常都在户外玩耍，游泳、骑自行车、和附近的朋友一起运动等。只要孩子们按时回家吃饭或在天黑前回家，大多数父母都会毫不犹豫地答应他们出去玩。但当脊髓灰质炎来临时，情况发生了巨大变化。而且很明显，脊髓灰质炎总在孩子们远离父母玩耍的时候，攻击他们。为了应对这种情况，许多父母开始更主观地决定他们的孩子什么时候、在哪里、和谁一起玩。通常，这意味着让孩子被隔离在安全的室内。

理查德·罗德斯（Richard Rhodes）在《世界上的一个洞》（*A Hole in the World*）一书中，描写了他在此期间产生的社会孤立感。"城市关闭了游泳池，我们都被关在家里，困在室内，有意避开其他孩子。夏天就像冬天一样。"[5] 数百万名孩子，甚至是那些从未接触过脊髓灰质炎的孩子，其童年的大部分时间都生活在这种不祥的阴影下。此时，社会化让步于安全，自由让步于控制。脊髓灰质炎以前所未有的方式，迫使父母将注意力转移到孩子身上。尽管"直升机式育儿"直到 20 世纪 80 年代才开始流行，但我们可以在脊髓灰质炎流行的年代追踪到一丝痕迹。具有讽刺意味的是，由于脊髓灰质炎而备受父母庇护的那一代孩子，最终引导了 30 年后的"直升机父母"运动。恐惧发生了变化（从脊髓灰质炎转变为儿童掠食者），但反应却极为相似。

对于那些直接受脊髓灰质炎影响的人而言，其心理影响更为有害且持久。在被诊断患有脊髓灰质炎后，患者通常会被赶到医院的专科病房，在那里待几天、几周甚至是几个月，在此期间，不允许家人和朋友探望。他们的玩具、衣服和其他所有物品会立即被收起来烧掉，以免把疾病传播给兄弟姐妹。当家人最终被允许探视时，时间通常只有几分钟，而且是被玻璃或窗帘隔开的。抛弃所有熟悉的人和事物，会让患者产生强烈的被抛弃感和被孤立感，而死亡或永久瘫痪的可能性则让情况雪上加霜。

在最初的几周里，患者的亲人也会出现类似的感觉。在许多情况下，他们还必须面对被社区排斥的情况。人们害怕脊髓灰质炎及其相关的任何人，包括患者的家属。他们的房子会被标上很大的黄色隔离标志，并且其被视为危险的人。一名脊髓灰质炎幸存者曾经回忆道："我母亲说，当她和爸爸去镇上的海滩时，人们会拿起毯子和雨伞躲远。在杂货店里，妈妈说人们总是窃窃私语，盯着他们看。没有人愿意靠近我的家人。"[6] 脊髓灰质炎将他们永远标记为被污染的人；他们被排斥，其存在不断提醒着周围人，脊髓灰质炎在伺机而动，而他们的孩子可能就是下一个猎物。随着 20 世纪 40 年代和 50 年代脊髓灰质炎的持续蔓延，这种不幸的情况变得越来越普遍。

对于那些面临着漫长康复期和因该病而永久致残的人，大量研究探讨了政策如何影响他们的心理健康状况。虽然数据会因研究重点不同而有所差异，但大多数研究人员都认为，与没有患过脊髓灰质炎的人相比，脊髓灰质炎幸存者更可能抑郁和焦虑。[7]幸存者通常会为自己失去的生活以及目前面临的不确定性而哀痛。他们将如何养活自己？他们还能再走路吗？他们还能结婚吗？当数百万名脊髓灰质炎幸存者努力重新适应这个如今对他们有些陌生和敌视的世界时，诸如此类的问题总会渗透到他们的心中。其他幸存者还会不断与焦虑做斗争，害怕自己会再生病入院。在康复期被医院护工虐待的生动记忆会进一步激发这种感觉。许多人记得他们无助地坐在自己的尿液和粪便中长达数小时，或者因无法控制自己的身体功能，意外弄湿自己而挨打。一些人甚至说他们遭受了看护者的性虐待。不幸的是，在大多数医院都人满为患、人手不足的时期，这样的经历并不少见。随着脊髓灰质炎幸存者年龄的不断增长，许多人开始遭受"后脊髓灰质炎综合征"（PPS）的折磨。其症状包括疼痛、肌肉无力和四肢功能丧失等，即使他们的四肢似乎在50年前就已经恢复了运动能力。许多幸存者认为这种可怕的疾病仍会继续伤害他们，因此他们的恐惧重燃，并产生了新的抑郁情绪。这是流行病的可怕余波。

218

卫生悖论

对20世纪脊髓灰质炎的流行病学数据进行仔细研究后，发现了一个有趣的悖论，这个悖论使科学家困惑了很多年。脊髓灰质炎主要是水源性胃肠道疾病，但其出现和流行最严重的时间却是在卫生状况得到大幅改善的时候。当19世纪末实施现代卫生措施时，伤寒、霍乱和其他各种腹泻病的发病率都急剧下降。实际上，一些研究估计在过去的 100 年中，卫生条件改善使水传播疾病的发病率降低，人类预期寿命提高了 12%。然而，脊髓灰质炎似乎在水源清洁、食物处理方式得到改善的地方最为猖獗。例如，美国和西欧富裕地区原本并没有水源性流行病，但脊髓灰质炎却在这些区域发生了最为严重的流行。此外，当城市试图针对脊髓灰质炎采取更严格的卫生措施时，似乎其流行的频率增加了，严重性也更加恶化。看起来就像是，旨在制止脊髓灰质炎的措施恰恰造成了脊髓灰质炎的流行。

有几种理论可以解释这种明显的悖论。最被普通接受的理论是，19 世纪末期出现的卫生措施并没有增加人们对脊髓灰质炎病毒的暴露，而仅仅是延缓了这种暴露。[8] 现代研究表明，脊髓灰质炎病毒于 19 世纪或更早的时候在环境水源中普遍存在，由于病毒在那个时间几乎无处不在，一个人在刚出生几个月时就有可能感染脊髓灰质炎。尽管似乎听起来婴幼儿比成人或较大儿童患脊髓灰质炎更加危险，但实际上并非如此。主要原因是幼儿（0 ~ 12 个月）的血液中仍含有高水平的母体抗体，可以保护他们免受各种疾病的侵害。当胎儿在母亲子宫内发育时，就获得了这些抗体，被称为母体 IgG 抗体。在母亲怀孕的最后 3 个月中，大量的 IgG 抗体经由胎盘，从母体血液中转移到发育中的胎儿血液中。被转移的抗体种类取决于母体此前曾抵御过何种疾病、接种过何种疫苗。如果母体曾暴露于脊髓灰质炎病毒，那她的免疫系统中就会有针对脊髓灰质炎的保护性抗体，并将其传递给胎儿。当婴儿出生并暴露于脊髓灰质炎病毒时，仍在婴儿体内的母体 IgG 抗体便会攻击脊髓灰质炎病毒并阻止其进入脊髓。结果，婴儿可以在几乎没有症状或并发症的情况下康复。这种情况发生在 20 世纪以前的大多数儿童中。

随着现代卫生设施净化了环境水源，孩子不再在刚出生的几个月内，体内还具有高水平母体 IgG 时，就接触脊髓灰质炎病毒。相反，他们是在出生几年后，体内不再存有任何母体 IgG 抗体时（母体抗体在 1 岁时就会逐渐衰减），暴露于脊髓灰质炎病毒下。[9] 此时，他们没有任何保护，脊髓灰质炎病毒可以大量复制，扩散到脊髓。因此，这并不像当时人们所认为的那样，儿童第一次接触脊髓灰质炎病毒是在 20 世纪初。实际上，这是暴露减少导致的首次感染时点变更。

尽管上述解释有助于说明为什么脊髓灰质炎最早出现在 20 世纪早期，但它却没有解释为什么其在 20 世纪 40 年代和 50 年代流行更甚。科学家们仔细研究了诸如水卫生、季节变化、政府应对等因素是否产生了重要变化，从而加剧了 20 世纪 40 年代脊髓灰质炎的流行。50 年以来，研究没有任何进展，直到 2015 年发表在《公共科学图书馆生物学》（PLOS Biology）期刊上的一篇文章指引了一些方向。[10] 该研究使用了复杂的数学和统计学模型分析了脊髓灰质炎的历史数据。经过各种各样的分析后，他们得出来一个平淡的结论：20 世纪 40 年代和 50 年代脊髓灰质炎流行仅仅是因为与之前相比，二战后有更多的孩子出生了。战后的"婴儿潮"效应为脊髓灰质炎病毒提供了数以百万计的新宿主。更多的孩子意味着脊髓灰质炎病毒有更大的机会在人群中传播，导致瘫痪和死亡。

20 世纪的脊髓灰质炎流行是传染病史上的反常现象。没有任何一种传染病会因人群变得更健康、经济变得更繁荣而恶化。人们死于脊髓灰质炎病毒，恰恰是因为人们极力追求清洁的环境，而清洁的环境可以使我们远离许多其他水源性疾病。
这似乎是一种自我实现的预言，不可避免。对水源性疾病的恐惧改变了我们的行为，而行为的改变则最终导致了恐惧的发生。

医疗创新的爆炸式增长

脊髓灰质炎流行使多达 2000 万人遭受慢性健康问题，如瘫痪、毁容和呼吸困难。脊髓灰质炎幸存者在初次感染后常常需要多年的重症监护，这给医疗健康行业带来了巨大压力。急剧增加的压力表明，医院在护理急性期重症患者和需要长期看护患者时的产能不足。结果是，这导致医院改变了对重症患者的治疗方式。

晚期脊髓灰质炎患者面临的最直接的一个问题是呼吸肌肉麻痹。为了将空气吸入（吸气）和排出（呼气）肺部，需要肋间肌、腹肌和膈肌一起工作，移动胸腔，改变肺的容积。这些肌肉的麻痹可能导致严重的呼吸困难，如果不及时治疗甚至会导致窒息和死亡。当前对呼吸停止的治疗方法是通过口对口人工呼吸或一些机械设备来进行人工通气。不幸的是，当脊髓灰质炎病例开始在 1910 年代增加时，并没有这种设备可供呼吸停止的患者使用。由于脊髓灰质炎病毒逐渐削弱了胸肌的能力，许多进入医院喘不过气的孩子常常会死去。在成千上万年幼的脊髓灰质炎患者窒息而死后，医疗卫生专业人员清楚地认识到需要开发一种机械装置作为人工肺，帮助这些孩子存活。他们希望这样做可以给患者足够的时间来恢复自主呼吸。

菲利普·德林克（Philip Drinker）和路易斯·阿加西兹·肖（Louis Agassiz Shaw）医生于 1928 年成功发明了第一台机械呼吸机，以应对脊髓灰质炎的流行。[11]他们的装置（后来被称为

"德林克氏人工呼吸器"或"铁肺"）是由一个大的、密闭的圆柱形金属罐和几个气泵组成，金属罐连接在气泵上。需要呼吸帮助的人进入水箱，只把头留在外面。打开气泵时，水箱内部会产生负压真空，有助于提起胸腔使空气进入肺中。片刻后，气泵使水箱内产生反向压力，从而排空肺中的空气。尽管以上将空气吸入和排出的方式看起来很复杂，但这种人工通气的负压系统与自然通气过程非常相似，可以成功替代瘫痪的胸肌。

221

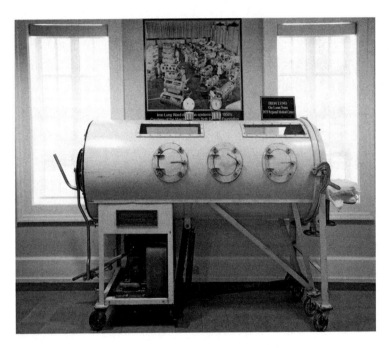

铁肺，1933 年。（美国国会图书馆）

德林克氏人工呼吸器于 1928 年在临床上首次使用，当时是被用来挽救处于呼吸衰竭边缘的 8 岁脊髓灰质炎女童患者的生命。[12]尽管德林克氏人工呼吸器非常大，嘈杂、笨拙且价格昂贵，但它因具有救命的效果而一夜成名。在 20 世纪 30 年代，欧洲和澳大利亚的几个人（如艾默生、亨德森和博特）对铁肺的设计进行了改进，提高了其生产效率。[13] 通过降低 90% 的成本、使设计更加人性化和小巧，新的铁肺可供世界各地的医院使用。以前可能会死于脊髓灰质炎的儿童现在已被这项惊人的发明挽救。因此，脊髓灰质炎的死亡率直线下降。

铁肺仍然是脊髓灰质炎时代最持久的图像之一。在那段时间内生活的人们，将永远不会忘记宽敞的医院病房里令人心碎的景象，那里有数百名小孩子被装在大型的金属管中。对于那些只需要暂时使用铁肺（1～2 周）的人，铁肺被视为奇迹般的救命者。正如一个人在回忆短暂使用铁肺时所说的：“我们与铁肺之间有巨大的心理因素在起作用。这个金属呼吸器似乎有生命的特性，成为保护和安全的象征。我们是金属子宫中不完整的胚胎。”[14] 尽管铁肺如此古怪，但它一直是脊髓灰质炎时代中很多人生命和希望的象征。然而，对其他人而言，铁肺更像是一个金属墓，而非金属子宫。有些人瘫痪太严重了，以至于他们不得不在机器里待几个月、几年甚至一生。实际上，有些人在铁肺中待了 50 多年，有的甚至超过了 60 年。虽然有些人受到了诸多限制，但他们仍然成功调整了心态，过上了丰富多彩、有理想有抱负的生活。但仍然有许多人由于被永久地局限在金属管中，产生了巨大的心理创伤。对他们来说，铁肺象征着生命的丧失，永远是他们破碎身体的一部分，不断提醒着他们患病的事实。

铁肺的革命性发明远远超越了脊髓灰质炎疾病本身，因为它永远改变了医学界寻找先进生命维持系统的方式。它是更复杂的人工呼吸器的模型。正压呼吸机是在脊髓灰质炎流行结束后首次出现的，它们可以将空气强制灌入肺部以使其膨胀。它们在补充血氧方面比负压呼吸机（如铁肺）更有效，而且不需要使用者将自己完全固定在任何设备上。不久，它们就取代了以前的负压设备，成为世界上每家医院和急诊诊所都配备的重要设备。那些因颅脑外伤或脊髓损伤、心力衰竭、药物过量、传染性疾病或遗传性疾病（例如帕金森病）而有呼吸暂停风险的患者借此可以存活更长的时间，以便采取其他救命措施。此外，外科手术也能够以更加可控的方式进行，不必再担心由麻醉引起呼吸衰竭。

　　尽管机械通气能够显著改善脊髓灰质炎和其他严重疾病的预后，但起初并没有其他先进生命维持系统对其进行必要的补充。在脊髓灰质炎最开始流行的 35 年中，医院并没有足够的设备处理大量重症患者及其昼夜不断的医疗需求。脊髓灰质炎患者需要不断的血压、呼吸、营养、心率、用药以及许多其他医疗监测。由于医疗照护常常不连续、不足、无组织，很多人奄奄一息。就在这时，丹麦一位名叫比约·易卜生（Bjorn Ibsen）的麻醉师提出了一个更好的护理体系。[15] 为了应对 1952 年哥本哈根毁灭性的脊髓灰质炎流行，他帮助在其医院创建了一个专门部门，用于脊髓灰质炎患者的重症监护。每位患者都被分配了专门的护士、一组医生和医学生，全天候监测各项生命特征（包括 24 小时手动机械通气）。该病房是世界上第一个重症监护病房（ICU），在 1953 年使该院脊髓灰质炎患者死亡率降低了一半。关于哥本哈根（布莱格丹医院）ICU 的新闻迅速传播。很快，ICU 的理念被欧洲各大医院效仿，最终传播到了美国。随着时间的流逝，ICU 得益于技术改进和资金投入的增加。仅在美国，现代 ICU 每年就可为 400 多万名患者提供护理，

223

而这些人如果处在传统的医疗环境中则极有可能死亡。

除了为现代先进生命维持系统奠定基础之外，脊髓灰质炎流行还彻底改变了因病、伤、手术致残患者的康复方式。在脊髓灰质炎流行的早期阶段，一般都会指导康复患者尽量休息。在许多情况下，医生会将患者瘫痪的肢体固定在夹板、腿部支架或石膏模型中，因为他们错误地认为休息可以防止附近较强壮的肌肉损害弱化的肌肉。在恢复期，儿童经常卧床数月甚至数年。著名导演兼制片人弗朗西斯·福特·科波拉（Francis Ford Coppola）8 岁时曾患脊髓灰质炎，他在床上度过了近 1 年的时间。他回忆道："当你得了脊髓灰质炎后，没有朋友会过来。我过去经常自己一个人待在房间里，读书，用玩偶、机械玩具和小玩意来消磨时间。我们还有录音机和电视机之类的东西。"[16] 他认为，这段卧床时间激发了他讲故事的兴趣，使他最终专注于写作、导演和制作电影，如其执导的影片《现代启示录》《教父》等。

这种长期卧床的情况也推动了糖果行业的革命。弗兰克·马尔斯（Frank Mars）小时候得了脊髓灰质炎，在康复期间卧床数月。埃尔瓦·玛尔斯（Elva Mars）看到儿子孤独又沉默寡言，便把他带到厨房，教他如何制作和蘸巧克力。[17] 多年来，他对巧克力的兴趣不断增长，最终创立了玛氏巧克力公司，生产 M&M 豆、士力架和银河棒。他从未从脊髓灰质炎中完全康复，一生都拄着拐走路。

棋盘游戏"糖果乐园"（Candy Land）也是因脊髓灰质炎强迫患者卧床休息而诞生的。[18]1948 年，一位名叫埃莉诺·阿伯特（Eleanor Abbott）的女性在脊髓灰质炎病房中康复了，当时她想到了一款有趣的游戏，可以让许多躺在她周围的孩子玩。她发明的游戏非常简单，不需要大人太多的帮助，孩子们就可以学会和玩耍。这一点非常重要，因为在漫长的恢复期中，孩子们通常是与成年人隔离开的。有趣的是，她游戏的早期版本带有卡通图案，描绘了孩子们的腿部支架。米尔顿·布拉德利（Milton Bradley）在购买该游戏的版权后，便将这些图案替换掉了。或许他们不希望这款游戏与脊髓灰质炎有关。由于大量儿童因脊髓灰质炎威胁而被迫在室内玩耍，该游戏在20世纪50年代大受欢迎。

224

尽管并没有证据支持肢体固定的有效性，但在此期间大多数医生都强烈捍卫这种疗法，认为这是脊髓灰质炎唯一可行的治疗方案。最早挑战这种正统观念的人是一位年轻的澳大利亚女性，名叫伊丽莎白·肯尼（Elizabeth Kenny），她并没有接受过正规的医学培训。[19]肯尼小时候摔断了手腕，从当地一位名叫埃涅阿斯·麦克唐纳（Aeneas McDonnell）的医生那里接受治疗后，便对人体着了迷。看到肯尼对医学的兴趣后，麦克唐纳医生便借给她一些解剖学图书，并将其收为学徒。在接受了一些非正式的护理培训后，肯尼开始在澳大利亚昆士兰州的一个偏远地区担任"丛林护士"的工作。正是在这段时间（1911年）内，肯尼第一次见到了脊髓灰质炎的可怕后遗症。由于腿部肌肉的永久性收缩，有个女孩一直处于极度的疼痛中，而当地医生却几乎没有给她任何帮助。肯尼看不到固定肢体的好处，觉得有必要尝试其他疗法来减轻女孩的痛苦。她尝试了热敷，每天轻轻移动孩子的腿，以"提醒"它们如何正确收缩。令人惊讶的是，她的非常规疗法奏效了，孩子可以重新使用双腿。然后，肯尼在其他5位失去希望的脊髓灰质炎患者身上又尝试了这种新的运动疗法，也成功了。于是她在当地的脊髓灰质炎患者中推广她的疗法，直到第一次世界大战期间以护士的身份加入澳大利亚军队。在服役期间，肯尼晋升至 Sister 一职——这在英国被普遍称为首席护士。肯尼首席护士结束服务后，最终返回了澳大利亚，继续她的脊髓灰质炎工作。

她在治疗脊髓灰质炎方面取得了前所未有的成功，您可能会觉得医学界会注意到并接受她的新型治疗方法。不幸的是，事实并非如此。澳大利亚的大多数医生要么完全无视她的新疗法，要么指责她捏造数据欺骗公众。肯尼护士在其自传中总结了医学界的冷淡反应："我完全没有料到医学界人士的反应是这样的，他们随时准备谴责任何带有改革意味或违背公认做法的行为。"[20]她对人们教条式地支持原有方法论而感到震惊，即使这种方法从未被证明有效。尽管肯尼护士因无法证明自己的观点而感到沮丧，但她仍继续工作，最终她去了美国，以寻求更多的研究机会。不幸的是，最初美国大多数医生都和澳大利亚同行一样对其新疗法持怀疑态度。国家小儿麻痹症基金会和美国医学会（AMA）等主要资助机构仍不信服，拒绝资助她的研究。尽管有这些阻碍，但她的运动疗法在公众中越来越流行。

到 1941 年，肯尼护士获得了明尼苏达州一些医生的支持。他们对她的方法进行了深入研究，最终将结果发表在享有盛名的《美国医学会杂志》（JAMA）上。[21]尽管她仍受到医学界的反对，但该文章的发表以及随后在 1943 年出版的一本书使她一生的工作正当化了。[22]从那时起，越来越多的医院意识到，肯尼的疗法在治疗脊髓灰质炎方面远远优于肢体固定疗法。肯尼护士最终将重点转移到培训其他护士和理疗师上，培训他们如何正确锻炼瘫痪的肌肉，并在明尼阿波利斯市新成立的伊丽莎白·肯尼研究所教授课程。随着全国各地的报纸上不断出现治疗成功的案例，肯尼护士的声望一飞冲天，成为世界上最受欢迎的女性之一。实际上，她在 1951 年被美国公民投票选为世界上最受尊敬的女性，击败了埃莉诺·罗斯福（Eleanor Roosevelt）。对于她来说，这是一个了不起的转变，她职业生涯的大部分时间都在与男性主导的医学权威抗争。

肯尼护士的开创性工作对脊髓灰质炎以外的医学领域也产生了巨大影响。受伤和患病的肌肉需要经常运动以达到最佳愈合状态这种理念在当时是一种异端想法，但如今这已成为理疗师的护理标准。从中风到脊髓损伤，再到外科手术和神经退行性疾病，曾经因"不活动"这种医嘱而恶化的疾病，如今使用的恢复疗法都与肯尼护士在 1911 年开创的疗法相似。治疗神经肌肉疾病保守和一刀切的疗法已被更激进和个性化的治疗方案所取代。肯尼护士的工作推动了治疗理念的重大转变，永远改变了理疗的实施方式。她巩固了自己的治疗方案，为了患者利益，不畏艰险，敢于突破界限。这种改进了的治疗方案将继续改善全球数百万人的生活质量。

脊髓灰质炎和"一毛钱进行曲"运动

脊髓灰质炎历史上最重要的时刻之一是 1921 年 7 月，当时一位富有的政治家兼律师在参观纽约的童子军营地时染上了脊髓灰质炎。两周后，他与家人在加拿大度假时，游泳后感到恶心和发烧。在接下来的三天内，他的病情继续恶化，胸部以下出现了严重的腿痛、麻木、无力和瘫痪。之后还出现了视力模糊和面部瘫痪，不能自主控制膀胱和肠道。在接下来的两周内，一些医生进行了多项检查和测试（如腰椎穿刺），确定他患

226

上了脊髓灰质炎。经过多年在佐治亚州温斯普林斯进行的强化理疗和康复治疗后，他的病情逐步好转。但是，他永远无法使用双腿，一生都只能坐在轮椅上。这个人是美国的未来总统——富兰克林·德拉诺·罗斯福（Franklin Delano Roosevelt，FDR），他成为脊髓灰质炎幸存者的发声者，并永远改变了脊髓灰质炎的历史。[23]

1941 年，在纽约海德公园顶层小屋的门廊上，富兰克林·罗斯福总统坐在轮椅上。（富兰克林·罗斯福总统图书馆）

罗斯福在 1921 年患脊髓灰质炎时是政坛上冉冉升起的新星。他出生于著名的罗斯福家族，其中包括他的远亲（五服以内）西奥多·罗斯福（Theodore Roosevelt）和许多非常富有的商人。罗斯福在 1911 年意外获选纽约州参议院席位后，便开始了他的政治生涯。他在该职位任职了两年多，而后在 1913 年被伍德罗·威尔逊（Woodrow Wilson）总统任命为海军助理部长（有趣的是，15 年前西奥多·罗斯福也担任了这个职位）。罗斯福在整个第一次世界大战期间都在该职位任职，于 1920 年辞职。随后，他被选

为民主党的副总统候选人。尽管民主党在该次选举中大败，但
罗斯福似乎注定要追随他堂叔的轨迹。但是仅仅 8 个月后，当 227
罗斯福前往童子军营地并感染了脊髓灰质炎时，这种轨迹发生
了重大变化。一瞬间，他的政治生涯似乎结束了。[24] 谁会选举
一个不能走路甚至不能自己站着的人？谁会选举看上去虚弱和
长期患病的人？谁会选举为了康复，近十年都未参政的人？

　　在经历了 8 年脱离公众视野、痛苦的康复期之后，罗斯福
做到了不可能的事——他 1928 年赢得了纽约州州长的职位。
他在该职位还不到 1 年，美国就陷入了经济大萧条。正是在这
段艰难时期，他的领导才能和创新的社会工作计划使他最终成
为 1932 年民主党总统候选人。罗斯福继续赢得了选举，并在
随后的三场选举中获胜，成为第一位也是唯一一位四次当选的
总统。实际上，他战胜脊髓灰质炎的这一事实帮助他提高了知
名度，因为这证明了他在逆境中不屈不挠的力量和意志力。[25]
1932 年，大多数美国人可能都与罗斯福感同身受，因为他们
也因大萧条面临着前所未有的挑战。在他们看来，罗斯福是一
位拒绝被脊髓灰质炎折磨的领导者，象征着他们艰难处境的希
望。许多人认为，正是这种因脊髓灰质炎形成的战斗精神使罗
斯福拥有了领导美国度过经济大萧条和第二次世界大战的能力。

　　罗斯福除了为数百万名脊髓灰质炎幸存者表达心声外，还
利用了其总统职位直接与该病做斗争。他最初关注的领域之一
是创建一个国家级治疗中心，以便脊髓灰质炎患者离开病房休
养。他选择的地点是位于佐治亚州温泉疗养院一个度假胜地，
在 20 世纪 20 年代他自己便在该地度过了几个月的康复期。他
坚信轻松、温暖的矿物质水有疗效，相信它帮助自己恢复了体
力。当 1926 年该度假村由于经济困难陷入困境时，罗斯福购

买了该产业，并试图将其改造成全国脊髓灰质炎患者疗养的地方。不幸的是，他和朋友的资金不足以使温泉疗养院继续经营下去。到 20 世纪 30 年代初，该疗养院几乎要倒闭了。

此时，一位名叫亨利·多尔蒂（Henry Doherty）的商人想出了一个办法挽救温泉疗养院（并希望赢得总统的青睐）。在 1934 年 1 月 30 日总统诞辰 54 周年之际，他在全国各地的城市组织了一系列庆祝舞会。[26]这 600 多场总统生日舞会充当了筹款的角色，募集到的所有资金都捐赠给温泉疗养院。令人惊讶的是，在短短一个晚上，这些舞会共筹集到了 100 多万美元。罗斯福非常感动，他在广播中说道："作为成千上万残疾儿童的代表，我向大家表示敬意。感谢大家，祝大家晚安，这是我度过的最幸福的生日。"[27]第一次生日舞会非常成功，于是他们每年都在罗斯福生日那天继续举行舞会。在接下来的几年中，温泉疗养院和当地其他脊髓灰质炎治疗场所共筹集了数百万美元。

罗斯福意识到，温泉疗养院并没有像他所希望的那样对脊髓灰质炎产生全国性影响，因此他决定建立一个新的国家级组织，其唯一重点就是帮助现有的脊髓灰质炎患者，并防止其他人感染该病。国家小儿麻痹症基金会（NFIP）成立于 1938 年 1 月 3 日，成员包括科学家、医护人员、志愿者和募捐者。最初，NFIP 的资金来自总统舞会和富有慈善家及公司的大量捐款。然而，在很短的时间内，NFIP 的运行成本就远远超过了这几个渠道带来的资金。因此，罗斯福向他的朋友——广播界的风云人物埃迪·坎特（Eddie Cantor）求助，以提高公众对 NFIP 的认识。[28]坎特随后不久在直播中呼吁公众，把省下来的钱捐赠出去。每一分钱都对脊髓灰质炎战争起着重要作用。坎特开玩笑地说，他希望"一毛钱进行曲一路奔向白宫"。[29]

这是首次在全国范围内为抗击疾病而呼吁捐款。公众的反应甚至震惊了罗斯福。在广播播出后的几周里，每天都有成千上万封信寄到白宫，其中大多数都装着 1 毛钱。罗斯福在 1938 年生日那天向全国发表讲话："昨天白宫的邮寄室收到了 4 万至 5 万封信。今天，数量更多了，我无法确切地告诉你们有多少，因为我们只能通过邮件袋的数量来估计。在所有的信封中，都装着 1 毛钱硬币甚至是 1 美元，都是大人们和小孩子送来的礼物，主要来自想帮助其他孩子康复的孩子。"[30]最终计算的总数显示，公众共给白宫寄出了 268 万枚 1 毛钱硬币。这是众筹的一个惊人例子。通过让许多人只捐 1 毛钱，筹款的重担就从少数富人肩上转移到了整个国家。

1939 年及之后的每一年都举行了"一毛钱进行曲"筹款活动。猫王埃维斯·普里斯利（Elvis Presley）和玛丽莲·梦露（Marilyn Monroe）等名人热情地出现在各种筹款活动中，希望借助自身的名声可以帮助治疗脊髓灰质炎。NFIP（后来更名为 March of Dimes）收到了很多资金，他们开始资助相关研究，寻找脊髓灰质炎的治愈方法。1955 年，乔纳斯·索尔克（Jonas Salk）和 NFIP 宣布他们已成功测试了脊髓灰质炎疫苗（请参阅下一节）。但不幸的是，罗斯福并没有活着见证这一胜利。他于 1945 年因大量脑出血去世了。罗斯福去世后，政府和公众都想把他的形象刻在美国货币上，用以纪念。他们最后选择的货币显而易见，1946 年 1 月 30 日，美国造币厂首次推出了罗斯福 1 毛钱硬币。

除了抗击脊髓灰质炎外，国家小儿麻痹症基金会（NFIP/March of Dimes）还资助了不同领域的各种研究项目。[31]例如，该组织还资助了 8 位诺贝尔奖获得者，包括詹姆斯·沃森（James Watson，发现了 DNA 结构）、马克斯·德尔布里奇（Max Delbrück，描绘了病毒复制过程）、莱纳斯·鲍林（Linus Pauling，表征了蛋白质的基本结构）和约瑟夫·戈德斯坦（Joseph Goldstein，描述了人体如何代谢胆固醇）。此外，由于疫苗在很大程度上控制了脊髓灰质炎，国家小儿麻痹症基金会便将大部分资源用于研究出生缺陷和早产的原因。他们组织了大规模的风疹疫苗接种（风疹会导致严重的先天缺陷），并发起了一系列运动，促进产前检查和产妇健康。这项工作大大降低了儿童死亡率，并为负责照料儿童的人提供了更好的教育。国家小儿麻痹症基金会是一项了不起的遗产，它虽始于一种流行病，但现已覆盖到所有对儿童有危险的疾病。

可以说，国家小儿麻痹症基金会带来的最重大影响之一与脊髓灰质炎或其他儿童疾病并无关联。在 NFIP 之前，疾病组织不会通过国家筹款来筹集资金。尽管在第一次世界大战之后的几年中，诸如红十字会和基督教青年会这样的慈善组织蓬勃发展，但医疗慈善事业尚未尝试大规模进行。当国家小儿麻痹症基金会成功募集了足够的资金来治愈目标疾病时，类似的慈善机构注意到了这一点，开始效仿。到 20 世纪 50 年代和 60 年代，致力于其他疾病的非营利组织开始发起自己的年度筹款运动。美国癌症协会、美国心脏协会和肌肉营养不良协会等慈善机构通过大量邮件、电话和电视广告向公众呼吁。许多人举办了全国性的筹款活动，包括社区健步走/跑步（例如心脏散步，Heart Walk）或电视节目直播（如 Jerry Lewis MDA 电视节目），以提高知名度、募集资金。

寻找治疗方法不再仅被卫生官员或富裕的慈善家关注。公众参与了这些斗争，结果令人震惊。例如：连续 43 年每年劳动节都举行的 MDA 电视节目共带来了 24.5 亿美元的资金；美国癌症协会仅在 2015 年就筹集到了惊人的 8.12 亿美元；美国心脏协会在同一年筹集了 6.5 亿美元。[32] 尽管有人质疑这些慈善机构每年筹集的资金是否得到了适当使用，但毫无疑问，筹款活动大大改善了我们的健康，拯救了数百万条生命。医疗慈善事业，虽然最初只是装着 1 毛钱的信封，但如今已永久改变了我们与疾病斗争的方式。它为科学家提供了无穷的资源，以研发新的疫苗和治疗方法。它为医生提供了新的工具，用以更早地诊断疾病，缩短康复时间。最后，它为患者提供了更好的生活质量和治愈的希望。

残疾人的权利

脊髓灰质炎和两次世界大战使数千万人的身体永久性残疾。在 20 世纪中叶，严重的残疾通常意味着一个人无法上学、找工作或进入公共聚会场所。在最严重的情况下，残疾人会被驱逐出家庭和社区，被强制收容，度过余生。这种社会孤立对数百万人的精神和心理健康造成了巨大打击。一位特别有口才的脊髓灰质炎幸存者马克·奥布莱恩（Mark O'Brien）写道："几个世纪以来，残疾人一直被关在国有或国家补贴的机构中。我们永远不知道该系统荒废了多少生命，浪费了多少智力，谋杀了多少灵魂。开创并运行这个系统的人认为自己是善良的人，他们觉得自己是改革者，帮助了无助的人。"[33] 从加利福尼亚大学伯克利分校毕业后，奥布莱恩出版了几本诗集和一篇文章，奥斯卡金像奖获奖影片《亲密治疗》（*The Sessions*）即改编自他的真实故事。他在铁肺中待了 44 年多，在此期间完成了所有工作。

马克·奥布莱恩等数百万名残疾的脊髓灰质炎幸存者开始要求改善他们的治疗方式。模仿 20 世纪 60 年代和 70 年代的公民权利运动、同性恋权利运动和妇女权利运动，残疾人权利运动围绕残疾人应受到法律的平等保护而展开。具体而言，斗争者希望有更多的独立生活设施，立法禁止在学校或工作场所歧视残疾人，保证残疾人可以进入所有的公共建筑。他们厌倦了世人觉得他们不能自理，厌倦了与世隔离。他们厌倦了因身体残疾或感觉缺陷而被大学拒绝，他们厌倦了被解雇。残疾人只希望能有机会证明自己的价值。

尽管各种残障人士都参加了这一运动，但最初该运动的大部分核心领导都是由脊髓灰质炎幸存者组成的。小贾斯汀·达特（Justin Dart）、埃德·罗伯茨（Ed Roberts）和朱迪·休曼（Judy Heumann）等人成立了行动不便组织（Disabled in Action）和世界残疾人研究所（World Institute on Disability）等机构，并组织了基层游说活动，给立法者施加压力，要求其通过新的立法来保护残疾人。他们还代表那些受歧视的人提起诉讼，组织全国游行和静坐活动，要求平等的权利。1973 年，美国国会通过了《康复法案》第 504 条，他们的辛勤工作得到了回报。法案规定："根据第 705（20）条所定义的残疾人标准，任何接受联邦资助的项目或活动，都不得仅因残疾人患有残疾而禁止其参与活动、对其歧视或剥夺其福利。"[34]法案还规定，接受联邦资助的所有机构都必须为残疾人提供"合理的设施"，他们有权使用所有的公共建筑、交通服务和住房。

残疾人第一次受到法律的某种保护。但是，该法律未能解决几个关键问题，包括如何执行、何时实施以及如何处理独立于联邦资金的私营企业。这些担忧是有理由的，许多组织和服务机构都试图拖延批准第 504 条法案。作为应对，1977 年，美国残疾人联盟在全国各地的政府大楼中组织了静坐活动。[35]数百名各种类型的残疾人涌入了市政建筑，拒绝离开，直到地方政府领导人签署第 504 条法案。尽管他们在某些城市取得了成功，但在大多数城市却没有成功。关于《康复法案》的执行，静坐、抗议和法律斗争又持续了 13 年。

最后，在 1990 年，美国政府通过了《美国残疾人权利法案》（ADA），该法案在就业、交通、通信、娱乐和教育等方面为公共和私营部门的残疾人提供了全面保护。与《康复法案》不同，该法律提供了具体的实施时间表，并对拒绝进行必要更改的企业和服务机构处以更严厉的处罚。乔治·布什（George H. W. Bush）总统签署法案时说："让排斥这道可耻的墙彻底倒塌吧。"[36]对 ADA 法案涵盖的 20 多种身心残疾者来说，这是一个期待许久的胜利。对于残疾人来说，这确实是历史的转折点，自那以来，它改善了美国和其他效仿国家（如英国）数百万名残疾人的生活。

疫苗竞赛

232

当人们被问及脊髓灰质炎疫苗时，大多数人都会想起它是在 20 世纪 50 年代出现的，由乔纳斯·索尔克和阿尔伯特·沙宾（Albert Sabin）两位科学家发明。那些年龄足够大的人甚至可能还记得在学校接种的情况或诸如"索尔克的疫苗工作""疫苗战胜了脊髓灰质炎的威胁""脊髓灰质炎溃不成军"等头条新闻。那是举国欢庆的时刻，也是对过去 20 年来所取得成就的清醒反思。尽管这些记忆描绘了脊髓灰质炎最终失败的

景象，但它并不能准确勾勒出那几年的实际情况。几乎没有人
知道疫苗研发过程中的灾难，或是使疫苗成为可能的开创性科
学进展，抑或是因疫苗试验引起的全球政治危机。这是疫苗史
上无与伦比而又错综复杂的故事。

在 20 世纪 30 年代中期，两个独立的研究小组开始研究脊
髓灰质炎疫苗。[37]第一个研究小组由纽约大学物理学家莫里
斯·布罗迪（Maurice Brodie）领导，试图从猴子组织中提取
病毒样本，用福尔马林处理，制作灭活疫苗。为此，布罗迪希
望破坏病毒的结构，使其无法引起疾病，但同时不完全破坏病
毒，以免免疫系统不再识别。他首先在几只黑猩猩、他本人和
少数当地儿童身上测试了新疫苗。在这个小样本中没有观察到
不良反应，他便将试验范围扩大到了数千名儿童（其中一些
是孤儿）中。不幸的是，1935 年数据分析结果显示，布罗迪
疫苗对预防脊髓灰质炎几乎没有任何作用。接种疫苗组的脊髓
灰质炎患病率与接种安慰剂组的患病率相同。更糟的是，一些
孩子对疫苗中的化学物质产生了严重的过敏反应。

大约在同一时间，第二个研究小组正在开发一种减毒的脊
髓灰质炎活疫苗。[38]该小组由天普大学的约翰·科尔默（John
Kolmer）博士领导，旨在给患者注射可在低水平复制的减毒脊
髓灰质炎活病毒，以诱导更强的免疫反应。在一些灵长类动物
中测试完后，科尔默给自己的孩子和费城地区其他 23 个孩子
注射了减毒活疫苗。结果表明，该疫苗在这一小群受试者中并
没有产生什么不良反应。受此鼓舞，科尔默又招募了数千名儿
童参加了更大的临床试验。与布罗迪疫苗没有任何效果不同，
科尔默的活疫苗对许多受试者造成了损害。该疫苗直接导致 9
名儿童死于脊髓灰质炎，多名儿童瘫痪。后来发现，该结果是

由疫苗生产时减毒过程有误造成的。科尔默给受试者注射的不是毒性极弱的脊髓灰质炎病毒，而是全活的病毒。如此灾难性的早期结果导致科尔默在 1935 年 9 月永久停止了使用他的疫苗。

这两项广为人知的脊髓灰质炎疫苗试验的失败震惊了科研界和公众。这种使数千名毫无防备的儿童暴露于有害化学物质和致命病原体的草率行为，让人们感到不安。尽管两方研究人员均否认，但种种证据表明，许多参加这些试验的儿童都是孤儿，是他们的看护者让他们"自愿"参加的。一旦父母在未被完全告知的情况下签署了知情同意书，那么参加的儿童便几乎没有拒绝治疗的机会。一些反对动物实验的人士动员了大规模的写信活动，旨在说服埃莉诺·罗斯福保护孩子，以免受医学实验的伤害。[39] 他们的努力引起了人们的注意。埃莉诺·罗斯福在收到他们的来信后不久，便会见了美国卫生局局长，要求他调查有关此类研究不当利用孤儿的指控。

尽管没有立即采取法律行动，也没有提起任何诉讼，但公众的强烈抗议永远改变了研究人员进行儿童相关临床试验的方式。在试验的初期阶段，将儿童用作人类实验对象的日子已经一去不复返了。研究人员再也不能凭借其社会地位或其目标具有价值而依赖公众的固有信任。现在，他们在纳入儿童进入实验之前，必须证明自己的方法是安全的。不幸的是，随后的人体研究（如恐怖的塔斯基吉梅毒实验）表明，这些新的制衡手段在没有法律支持的情况下是无效的。作为应对，美国国会通过了《国家研究法》（1974 年），并设立了人类研究保护办公室，监督和规范所有涉及人类受试者的医学试验。大约在同一时间，大多数西欧国家也制定了类似的法律。总体而言，此类立法有助于保障高危人群（儿童、残障人士、囚犯、贫困者、军事人员）的权益，使他们不再被迫成为可能对其造成伤害的药物的试验对象。这是迫切需要的改变，为人类临床试验开创了一个更负责任的新时代。

安全、有效的脊髓灰质炎疫苗研发速度减缓的主要原因之一是无法产生大量病毒。人脊髓灰质炎病毒最初只能在灵长类动物（即黑猩猩）中生长。为数以百计的灵长类动物提供住宿、喂养和医疗服务非常昂贵，以至于在 20 世纪 40 年代很少有实验室能够负担得起脊髓灰质炎疫苗的研发工作。那些能负担得起的实验室花几个月的时间才能分离出少量病毒。这使得研究人员开始积极寻找其他方法来繁殖病毒，以便分离出足够数量的病毒，更好地进行疫苗研究。

第一次突破发生在 1936 年，当时洛克菲勒研究所的两位科学家研发出一种方法，可以在培养皿中的人类胚胎脑组织中培养脊髓灰质炎病毒。[40] 马克斯·泰勒（Max Theiler，同一年在同一地点研发了黄热病疫苗）的两位同事阿尔伯特·沙宾（Albert Sabin）和彼得·奥利茨基（Peter Olitsky），发现了维持人体细胞在体外长时间存活所需生长介质的确切成分。尽管其他人以前曾在体外培养过病毒，但他们的新方法在效率和生产力上尤其具有开创性。他们能够在短时间内使用相对较少的试剂生成大量脊髓灰质炎病毒。

尽管他们的方法很有潜力，但沙宾和奥利茨基从未尝试将其用于疫苗研发，因为他们担心在脑组织中生长的脊髓灰质炎病毒会对宿主的神经系统产生影响。换句话说，他们不想重复早期黄热病疫苗试验的灾难性结果。在黄热病疫苗的早期试验中，体外神经组织培养出的病毒会攻击接种者的中枢神经系统

（请参阅第七章）。相反，他们在安全性上走上歧途，只使用其了解脊髓灰质炎病毒本身的信息。在 1948 年，由约翰·恩德斯（John Enders）、托马斯·韦勒（Thomas Weller）和弗雷德里克·罗宾斯（Frederick Robbins）领导的另一个研究小组仅使用皮肤和肌肉组织研发了新的脊髓灰质炎病毒体外生长系统，解决了潜在的嗜神经性问题。[41]在这些细胞中生长的脊髓灰质炎病毒可以复制到很高的水平，但致病性并没有增强。这是一个生长脊髓灰质炎病毒的高通量系统，可以帮助人们重新开始寻找安全有效的疫苗。此外，其他病毒的研究人员看到了这种新系统的低成本和惊人效率，很快也开始使用。因此，整个病毒学领域的研究呈指数增长，在随后的几年中研发了数十种针对不同病毒的疫苗。恩德斯、韦勒和罗宾斯因其非凡的创新工作，于 1954 年共同获得了诺贝尔医学奖。

脊髓灰质炎疫苗竞赛已正式开始。来自世界各地的科学家开始使用这种新的生长系统研发减毒或灭活脊髓灰质炎疫苗。一位名叫乔纳斯·索尔克的年轻医师就是这样。如前一章所述，索尔克是一名病毒学家，是 20 世纪 40 年代首次研发出流感疫苗的团队成员。索尔克于 1947 年去往匹兹堡大学担任医学系主任，开始在自己的实验室研究脊髓灰质炎疫苗。流感疫苗的相关经验使他更喜欢灭活疫苗而不是减毒活疫苗，因为灭活疫苗具有更高的安全性。在 NFIP 大量资金的支持下，他在体外培养了全部 3 种人脊髓灰质炎病毒株，并使用稀释的福尔马林溶液小心地灭活。[42]到 1952 年，他准备在一小群受试者身上测试疫苗的安全性，以及是否可以诱导免疫系统产生病毒抗体（这是布罗迪灭活疫苗没有做到的）。他从匹兹堡地区招募了约 15000 名成年人和孩子参加初步研究。在积累并分析了数据之后，索尔克在国家广播中宣布他的疫苗可成功诱导出针对多种人类脊髓灰质炎病毒的保护性抗体反应，同时没有毒性。他在新一期《美国医学会杂志》（JAMA）上发表了预试验的结果，并开始计划下一阶段的试验。[43]随后发生的是人类历史上最大的临床试验——涉及180万名儿童和32.5万名志愿者的多国双盲研究。[44]随着1954年脊髓灰质炎流行季节的临近，恐惧的父母排队让孩子参加试验。索尔克的前导师和流感疫苗的研发者托马斯·弗朗西斯（Thomas Francis）博士负责设计和管理这项巨大的工程。他主要选择了以前从未接触过脊髓灰质炎的1~3年级孩子，将他们分为3组：一组接种三剂真正的疫苗，一组接种安慰剂疫苗，另一组则什么都没有接种。在次年一整年，参与者的健康状况和抗体水平都会被监测。对于孩子们来说，他们获得了一枚金属别针和一个证书，以纪念他们是脊髓灰质炎的先锋。

在最终收集并分析了所有数据后，索尔克团队计划举行一次新闻发布会，以公开宣布其发现。1955年4月12日，即富兰克林·德拉诺·罗斯福逝世10周年之际，托马斯·弗朗西斯站在国际观众面前，简洁地宣称："这种疫苗起作用了。它安全且有效。"[45]Salk疫苗与安慰剂一样安全，并且在72%的情况下都可以预防脊髓灰质炎。尽管取得了如此令人鼓舞的结果，但在许多新闻发布会上，索尔克显然并不满意。他曾希望他的疫苗能100%有效预防脊髓灰质炎，任何不足都令他感到失望。当他站起来讲话时，他令人震惊地（并且错误地）宣称，他的下一批疫苗将具有绝对的保护性。尽管他从未达到100%的有效性，但他的疫苗立即在国际上引起了轰动。发达国家集体欢欣鼓舞，因为他们孩子的毁灭者被击败了，40年的恐惧终于结束了。这次庆祝活动让人想起第二次世界大战结束后的场面。连续数周，报纸和广播电台一直在播报有关索尔克、脊髓灰质炎疫苗和 NFIP 出色工作的故事。因此，索尔克立即成为名人和民族英雄。在接下来的几个月中，他多次出现在《时代》（*Time*）杂志上，甚至于当年 4 月 22 日在白宫被艾森豪威尔（Eisenhower）总统授予荣誉。当人们发现他拒绝为该疫苗申请专利以便所有人都可以尽快使用时，他的声望变得更高了。当被问及为什么拒绝从拯救生命的疫苗中获利时，索尔克回答说："你能给太阳申请专利吗？"[46]

236

在新闻发布会后几天内，五家不同公司开始批量生产 Salk 疫苗。最初，学校建立了脊髓灰质炎疫苗流动接种诊所，无论儿童身在何处、社会经济情况如何，都可以接种该疫苗。NFIP 在每个社区都组织了疫苗接种活动。在接下来的几年中，医院和医生办公室逐渐接管了疫苗管理工作。全球有数百万名儿童接种了 Salk 疫苗，结果令人震惊。1955 年，美国有28985 例脊髓灰质炎病例；开始接种疫苗后，这一数字在 1957年下降到了 5894，1961 年下降到了 161。如此惊人的差距表明，Salk 疫苗对任何赞誉都当之无愧。

尽管取得了惊人的成功，但 Salk 疫苗也存在一些争议。第一个便是疫苗的安全性问题。从理论上讲，灭活疫苗应该是绝对安全的，因为没有活病毒使受体生病。然而不幸的是，有时错误的操作会使正常的安全疫苗变得危险。这种情况发生在1955 年 4 月，当时两家制药公司卡特（Cutter）和惠氏（Wyeth）用福尔马林灭活 Salk 疫苗时，操作不正确。[47]当时，超过 10 万剂载有活病毒的疫苗被运出了工厂。由于缺乏监督和适当的质量控制，数百人感染了脊髓灰质炎，数人死亡。卫生官

237

员试图向民众说明该疫苗是安全的，但这还是沉重打击了备受欢迎的 Salk 疫苗的声誉。疫苗接种率暂时发生了下降，州卫生委员会立即发起了新的公关运动来应对，以恢复公众对疫苗的信任。公关起作用了，疫苗接种率回到了丑闻发生前的水平。

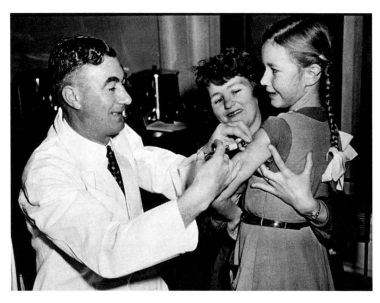

澳大利亚女学生接种 Jonas Salk 的脊髓灰质炎疫苗。（美国国立卫生研究院）

1960 年，脊髓灰质炎疫苗接种工作传出了更为广泛且具有潜在危险的安全丑闻。11 月，一份报告详细介绍了某种新发现的病毒可能已经污染了 30% 的脊髓灰质炎疫苗。[48]20 世纪 50 年代中期，Salk 和其他人（如 Sabin）开始使用特殊的猴肾细胞培养脊髓灰质炎病毒，因为它们分裂的速度比人类细胞快，且维护成本较低。不幸的是，研究人员没有意识到他们正在默默培育另一种被称为猿猴病毒 40（SV40）的病毒。在从猴细胞中分离出脊髓灰质炎病毒的同时，SV40 也会被分离出来。由于当时人们对 SV40 几乎一无所知，科学家便开始对其进行研究，以了解 SV40 是否可能对人类造成伤害。他们最担心的事情发生了，几项研究表明，把 SV40 注射入猴子、小鼠和其他哺乳动物体内时，SV40 具有诱发肿瘤形成的倾向。卫生官员意识到，他们在不知不觉中已使 1 亿多人暴露于可能致癌的病毒中了，他们感到十分恐惧。值得庆幸的是，过去 40 年来收集到的证据表明，SV40 不会诱发人类细胞形成肿瘤。[49] 此外，早期接种含 SV40 疫苗的人，发生癌症的概率并没有大于未接种的人。尽管公众对整个事件非常愤慨，但医学界似乎躲开了一颗巨大的子弹。

有趣的是，科学家们继续研究了 SV40 是如何引起肿瘤的，并因此了解了很多关于人类癌症的知识。例如，SV40 相关研究使我们发现了细胞膜上一种新的蛋白质，其可以保护基因组免受突变影响。这种蛋白质被称为 p53，是阻止人类肿瘤形成的最重要因素之一。当 p53 由于某种原因丢失时，人体细胞就会开始不正常地分裂，发生癌变。p53 的相关知识可以使医生更好地筛查癌症风险，并为将来的癌症治疗提供了潜在的靶标。

除了安全性问题外，Salk 疫苗还因其接种方式不佳和长期有效性不足经常遭到科学界的批评。他的疫苗是由灭活的病毒碎片而非活病毒组成，一次注射后所诱导的免疫反应相对较弱。因此，接受者不得不注射 3 针，以达到足够高的抗体水平预防脊髓灰质炎。尽管这在发达国家似乎没什么，但对于医疗可及性较差的地区，却是一个重大问题。首先，注射疫苗既需要有训练有素的医务人员，还需要昂贵的设备，如针头和注射

238

器。其次，当需要多次注射以加强免疫时，人们通常会由于忘记或没有足够的能力返回诊所而只接种一剂。这样做，他们会误以为疫苗可以保护自己，而实际情况却并非如此。需要注射多针的其他疫苗也存在这种情况（如麻腮风三联疫苗、乙型肝炎疫苗、水痘疫苗和破伤风疫苗）。

即使多针注射，Salk 疫苗的长期免疫保护作用也不佳。疫苗诱导的抗体可在短期内保护儿童免受脊髓灰质炎的影响；然而，在短短的几年内，抗体水平大幅下降，接种者感染脊髓灰质炎的风险与接种前无异。这个问题使研究界许多人批评索尔克过早分发了不完美的疫苗。他们认为索尔克应该等待更好的疫苗研发出来，即仅需单次接种即可，无须打针，那样具有更强的长期免疫效果。索尔克辩护道，尽管他的疫苗并不完美，但它有效缓解了脊髓灰质炎疫情，挽救了成千上万儿童的生命。让儿童继续死亡，只为等待更完美的疫苗是荒谬而又不人道的。

波兰裔美国研究员兼医师阿尔伯特·沙宾（Albert Sabin）想到了更好的脊髓灰质炎疫苗。沙宾 1931 年从纽约大学医学院毕业后，去了洛克菲勒研究所，开始深入研究脊髓灰质炎病毒是如何致病的。[50]如本章前文所述，他早期致力于在人类神经组织中体外培养脊髓灰质炎病毒。在 1936 年成功实现这一目标后，他开始研究脊髓灰质炎患者的不同组织，以确定病毒感染何处、如何传播。这项工作在 1941 年获得了回报。当时沙宾和他的同事罗伯特·沃德（Robert Ward）证明了脊髓灰质炎病毒是通过消化道进入人体的，然后扩散到血液中，进而入侵中枢神经系统。[51]这一结果不仅可以使流行病学专家通过处理污染的水源来控制脊髓灰质炎传播，还点燃了研发口服疫苗的希望。如果天然的脊髓灰质炎病毒可以在胃和小肠的恶劣环境中生存，那么口服脊髓灰质炎病毒疫苗应该也可以。此外，如果能以某种方式阻止病毒从消化道传播到中枢神经系统，那么就可以制造出安全又有效的疫苗。

在接下来的几年里，沙宾在美国的海外战争中服役，结束后回到了俄亥俄州辛辛那提儿童医院研究基金会（Children's Hospital Research Foundation），研究脊髓灰质炎疫苗。[52] 在接下来的 10 年中，沙宾一直在努力寻找无法传播到脊髓的天然突变株。他最终成功分离出了这种突变株，为其研制口服活疫苗奠定了基础。到 1957 年，沙宾已经准备好测试新疫苗是否能诱导免疫反应，产生保护性抗体。像索尔克一样，他最初也是在一小部分年轻人（本地的联邦囚犯）、其本人、邻居和家人身上测试疫苗的。这一阶段的测试表明他的疫苗有效且安全，而后沙宾开始为更大的临床试验做准备。他很快就会明白，有几个非常严重的因素可能会破坏他的崇高计划。

1957 年，沙宾面临的最重大障碍之一便是 Salk 疫苗的广泛使用。在 Sabin 疫苗准备测试之前，数百万名儿童接种 Salk 疫苗的时间已有 2 年多。那时，媒体已经宣布脊髓灰质炎被击败了，索尔克成为英雄，此事已基本结束了。因此，NFIP、美国公共卫生署等资助机构不愿将更多资金投入其认为已经获胜的事业中。此外，大量美国儿童已经接种了 Salk 疫苗，要找到足够多的未接种儿童来测试新疫苗会非常困难。这些因素，再加上沙宾与索尔克之间的激烈竞争，使沙宾转向别处，寻找机会测试这个他认为更好的疫苗。恰在此时，三名苏联科学家拜访了沙宾，咨询他如何能减缓苏联的脊髓灰质炎流行。

尽管美国和西欧各地广泛使用 Salk 疫苗，但疫苗没有有效地分发到欧洲东部的共产主义国家。因此，尽管美国几乎消灭了脊髓灰质炎，但脊髓灰质炎仍在东欧继续肆虐。沙宾是俄罗斯犹太裔，与一位苏联科学家米哈伊尔·丘马科夫（Mikhail P. Chumakov）成为朋友。仅仅 6 个月后，沙宾就接受了丘马科夫的邀请前往莫斯科，讨论如何用苏联公民进行疫苗试验。[53]当丘马科夫向苏联卫生部求助，想要进行一次大规模的临床试验，来检验未经测试的美国疫苗时，苏联卫生部拒绝了。他们信任 Salk 疫苗，因为美国人已经使用过了。苏联政府中的一些人认为，沙宾试图秘密使用其疫苗伤害苏联人。丘马科夫拒绝接受他们的决定，直接找到了政治局委员。领导人阿纳斯塔斯·米高扬（Anastas Mikoyan）信任丘马科夫，允许他继续进行这项研究。

苏联对口服脊髓灰质炎减毒活疫苗（OPV）的第一次试验涉及了 20000 多名儿童，取得了巨大成功。[54]在这些发现的鼓舞下，丘马科夫联系了沙宾，告诉他，他正计划将 OPV 分发给数百万名苏联人，对其有效性进行最后的决定性测试。令人惊讶的是，1959 年末，仅仅几个月内就有 1000 多万名儿童和年轻人接种了疫苗。由于 OPV 是一种不需要针头的口服疫苗，卫生官员可以直接将其滴入儿童嘴里或抹在糖果上，实现有效给药。研究结果表明，一剂 Sabin 疫苗（OPV）便可产生即时和长期的保护性抗体。抗体反应明显高于 Salk 疫苗，并且持续时间更长。最近的一些研究表明，OPV 诱导的抗体在 40 多年后仍可被观测到。此外，作为一种活疫苗，这种脊髓灰质炎病毒突变株可以从接种者身上复制并传播到未接种者身上，扩大了疫苗对整个人群的有益影响。

这一惊人的结果使苏联及其盟国几乎为每一个 20 岁以下的人都接种了疫苗（约 1 亿人）。[55] 在短短几年内，脊髓灰质炎流行在苏联和东欧暴跌。由于沙宾挽救了无数儿童的生命，作为一个美国人，他受到了苏联领导人的高度赞扬和感谢。这是在冷战期间，苏联和美国选择外交方式以合作，而非进行政治斗争的为数不多的例子（还有天花根除计划）。

沙宾回到美国后，感觉自己多年的努力终于得到了回报。他成功地研制出了一种更有效、更便宜、更易于接种且几乎与 Salk 疫苗同样安全的疫苗。不幸的是，公众和美国政府最初都对他的结果和疫苗持怀疑态度，而非赞扬。他的疫苗被视为"共产主义"疫苗，不可信任，因为苏联人总是散布谎言，宣传其体系更加成功。沙宾意识到西方永远不会相信他的一面之词，便向世界卫生组织（WHO）寻求帮助。[56] 世界卫生组织派代表前往了俄罗斯，直接观察了实验的进行情况，核实研究结果的真实性。这些报告支持沙宾的说法，世界各地的许多科学家开始接受沙宾的疫苗。到 1960 年，越来越多的证据支持口服脊髓灰质炎疫苗，最终 WHO 也批准了这种疫苗。随后，美国在 1961 年允许沙宾使用他的疫苗。在经过仅仅两年大规模使用后，Sabin 疫苗正式取代 Salk 疫苗，成为美国和世界其他国家的首选疫苗。

现在，人类已一劳永逸地摆脱了这种可怕的疾病。世界上最早消除脊髓灰质炎的国家是 1960 年的捷克斯洛伐克和此后不久的古巴。美国在 1979 年正式消灭了脊髓灰质炎，在此之前已有许多其他发达国家完成了这一壮举。世界卫生组织、美国疾病控制与预防中心、联合国儿童基金会和扶轮国际意识到可以在全球范围内全面根除脊髓灰质炎，便在 1988 年联合宣

241

布了全球根除脊髓灰质炎行动。[57]其目标是使每一个孩子都免受感染，到 2000 年完全消灭该病毒。尽管该目标并没有实现，但它成功将世界上的感染病例总数减少到了 2000 年的 719 例和 2016 年的不到 40 例。截至 2016 年，世界上仅有 3 个国家（阿富汗、尼日利亚和巴基斯坦）在自然界存在脊髓灰质炎。由于不良的医疗基础设施和塔利班等团体的干预，国际卫生官员无法为偏远地区的儿童接种疫苗，未完全根除脊髓灰质炎。但是，随着盖茨基金会等组织新的资金支持，许多人希望 2017 年成为消灭脊髓灰质炎的一年。

第十一章
艾滋病

我们可以躲避我们的成见，但不能长期躲在那里，因
为艾滋病毒对它的攻击对象只有一个问题：你是人类吗？
这是一个正确的问题。你是人类吗？因为艾滋病病毒携带
者还没有进入某种陌生的状态。他们是人类。他们不应该
受到虐待，也不应该受到歧视。被孤立或被视为弃儿对他
们没有好处。他们每一个人都是神所造的：他们不是应得
到我们审判的魔鬼，也不是我们应为之遗憾的受害者，而
是渴望得到支持和同情的人。

——玛丽·费舍尔（Mary Fisher），

HIV 阳性患者，一位母亲和活动家，

1992 年美国共和党全国代表大会上[1]

1981 年 6 月 5 日，加州大学洛杉矶分校和雪松西奈医院
的一组医生在《发病率和死亡率周报》（*Morbidity and
Mortality Weekly Report*，*MMWR*）上发表了一篇论文，描述了
洛杉矶 5 名健康的年轻男性，他们几乎同时患上了一种罕见的
肺炎。[2] 他们的情况特别令人震惊的是除了肺炎，这些人还患
上了其他几种通常只在免疫系统严重削弱的人身上才会出现的
疾病（例如器官移植接受者、癌症患者、老年人）。这些人除
了都是同性恋外，彼此之间没有任何联系，也没有任何共同的
朋友。对其中 3 名男子的血液进行检查后发现，他们的免疫系

统中一种重要细胞（T 细胞）的数量低得危险。此外，他们体内的 T 细胞对刺激反应相对迟钝，对抵抗感染毫无用处。该杂志的编辑接着指出，这些男性感染了某种新的传染病，这种疾病削弱了免疫系统，并可能是通过性行为传播。这些医生成为第一批描述一种大流行性疾病的人，尽管他们当时还不知道，这种疾病后来夺去了大约 4000 万人的生命。这种被称为获得性免疫缺陷综合征（AIDS）的疾病每年持续造成约 120 万人死亡。与肺结核一样，它仍然是世界上由传染病引起死亡的两大主要原因之一（有些年份肺结核高居榜首，有些年份则是艾滋病）。

艾滋病是由感染人类免疫缺陷病毒 I 型（HIV‑1）或 HIV‑2 两种病毒之一引起的。这两种类型的 HIV 都可以通过精液、阴道液、肛液、血液和母乳等体液的转移在人与人之间直接传播。艾滋病毒在人群中传播的最常见方式是性交。尽管 HIV 在历史上与同性恋者有关，但它更常见于通过异性性行为获得。此外，在怀孕、分娩或哺乳期间，它可以从母亲传染给孩子。在像南部非洲这样的地方，艾滋病流行率很高，而抗艾滋病毒药物的可获得性很低，母乳喂养是病毒传播到下一代的主要方式。其他传播途径还包括在静脉注射毒品、输血和接触消毒不当的医疗设备时共用针头。在少数情况下，也有报告说，艾滋病毒是在工作场所意外接触血液后感染的（例如护士扎针）。由于唾液、汗液、黏液或眼泪中几乎没有病毒存在，所以艾滋病毒不会通过偶然接触、接吻或呼吸道分泌物传播。

一旦病毒进入人体，它首先会感染两种细胞中的一种。第一种是被称为辅助性 T 细胞的特殊类型 T 细胞，其通常功能是用化学方式帮助刺激周围的其他免疫细胞。艾滋病毒感染这些细胞，并在其中非常高效地复制，直到它们破裂并释放出新的病毒颗粒。新病毒可以找到并感染更多的辅助性 T 细胞，并开始在全身传播。在杀死 T 细胞的同时，HIV 也会开始感染局部组织的巨噬细胞。如肺结核一章中所讨论的那样，巨噬细胞的功能通常是吞食并摧毁任何碰巧靠近它们的异物（如细菌、病毒）。不幸的是，对于人类宿主来说，HIV 有进入、接管和灭活强大巨噬细胞的机制。与对辅助性 T 细胞的作用不同，HIV 通常不会杀死其巨噬细胞宿主。相反，它把它当作一个安全的避难所，在那里它可以长时间不被其他免疫系统发现。当宿主积极抵抗血液中或 T 细胞内漂浮的 HIV 颗粒时，巨噬细胞中的 HIV 颗粒则会默默地隐藏起来，远离外界正在进行的免疫战。因此，巨噬细胞是 HIV 的一个稳定的储存器，长期保存病毒直到它重新出现的时机成熟。除了 T 细胞和巨噬细胞外，有证据表明 HIV 也能感染骨髓干细胞、神经元和树突细胞。这些其他细胞类型在 HIV/AIDS 发病机制中的确切作用尚未得到充分解释。

245

当患者首次被 HIV 感染时，大量 T 细胞的迅速死亡会导致免疫系统暂时受到抑制，并在数周内出现类似流感的症状。然而，患者的免疫反应最终会恢复并清除血液中的大部分病毒。然后艾滋病毒进入所谓的临床潜伏期。在这段时间里，病毒仍在低水平复制，但它并没有杀死足够的 T 细胞，不会产生任何明显的症状。这一阶段可以持续 1 年到 20 年以上，这取决于艾滋病毒的毒株、受害者的健康状况以及是否服用任何抗艾滋病药物。长时间不被注意是使艾滋病毒成为如此成功的人类病原体的原因。例如，一个携带病毒的人可能会在被发现之前感染 100 个人。

随着时间的推移，病毒继续复制，它逐渐获得变异，使其更有效地逃避宿主的免疫反应。最终，艾滋病毒开始赢得战斗，大量的辅助性 T 细胞在短时间内死亡。当这种情况发生时，患者会感染其他各种真菌、细菌和病毒性疾病，因为他们的免疫反应会因 T 细胞的丧失而严重减弱。就在这个时候，HIV 携带者会被称为艾滋病患者。他们通常会患上肺孢子菌肺炎（像 1981 年的男性一样），口腔酵母菌感染（被称为鹅口疮）和阴道酵母菌感染，疱疹复发和结核感染，以及各种胃肠道疾病。由于免疫系统在杀死人体内形成的癌前细胞方面起着关键作用，艾滋病患者通常会患上一种或多种癌症（如卡波西肉瘤、脑癌、淋巴瘤）。几乎持续不断的生病状态会使人体重骤减，而艾滋病毒在大脑神经元中的复制会导致痴呆症的快速发作。药物会最终不再起作用，患者会死于其中一种机会性感染或癌症。虽然没有一个艾滋病患者患上以上所述的每一种继发性疾病，但他们通常有足够的继发性疾病，使他们生命的最后几年变得越来越痛苦和衰弱。这是充满痛苦的漫长的死亡过程，不断住院治疗，人的外貌和性格都会发生可怕的变化。

艾滋病毒的起源——通往真相的漫长道路

自 20 世纪 80 年代初首次被描述以来，艾滋病毒作为人类病原体的起源，一直是许多不同阴谋论的主题。最流行的理论是：美国政府在一个军事实验室里把这种病毒当作一种武器，目的是杀死某些特定人群。[3] 共产主义者、同性恋者以及非裔美国人通常被认为是这个秘密军事计划的目标。仔细观察每一组人，指控背后的错误逻辑就变得相当清楚了。

艾滋病最初是在冷战军备竞赛最激烈的时候出现在美国的，这加剧了长期以来的谣言，即美国政府在这些年里积极参与进攻性生物战研究项目。苏联情报部门抓住这一指控，并以此为契机，对美国及其盟国发动了全面的抹黑。苏联国家安全委员会（Komitet Gosudarstvennoi Bezopasnosti, KGB）雇用的科学家利用假数据构建了一个说法，暗示美国政府在 1977 年制造了艾滋病毒作为武器。[4] 这些"报告"中提到，马里兰州德特里克堡的政府科学家将另外两种逆转录病毒结合在一起，设计出了艾滋病病毒，然后将其释放到发展中国家毫无戒备的人群中，以阻止共产主义的传播。这场名为"感染行动"（Operation Infektion）的宣传运动，利用亲苏联国家的"左倾"报纸在 80 多个不同的国家传播阴谋论。一些较贫穷的国家，如印度和加纳，甚至由苏联出钱在当地报纸上刊登宣传报道。尽管这样的谎言已经受到全世界科学家的普遍谴责，但"感染行动"出奇有效地损害了美国在国内外的信誉。例如，2005 年进行的研究表明，25% 的美国公民仍然相信艾滋病毒是由美军在实验室里制造的，超过 10% 的人相信他们是故意将其释放到人群中的。[5] 这是一种持续了几十年的阴谋论，尽管有强有力的证据表明，艾滋病毒是在 20 世纪 20 年代的某个时候在非洲自然产生的（见下文）。

同性恋群体是另一个此前指责美国政府利用艾滋病毒作为武器来伤害他们的组织。他们的怀疑大多基于流行病学和历史数据，这些数据表明他们是美国第一批携带该病毒的主要群体。20 世纪 70 年代末，随着几项反歧视法令的通过、同性恋骄傲游行和公开同性恋政客的选举，如哈维·米尔克（Harvey Milk），同性恋权利运动开始活跃起来。许多美国人公开反对他们的运动，包括几位情报机构的领导人，他们把他们的自由主义理想与共产主义理想联系起来。因此，有理由相信，政府可能向同性恋社群中释放了艾滋病毒，以削弱他们日益增长的运动。

一些人推测这是在 1978～1981 年进行的一项乙肝疫苗试验中发生的。[6] 在这项研究中，研究人员招募了 1083 名住在纽约和旧金山等大城市的同性恋男性，并给他们注射安慰剂或新的乙肝疫苗。男性同性恋被招募到这项研究中，是因为在当时，他们感染乙肝病毒的风险比一般人群高很多。相比一般情况下，有一个集中的高危人群使得研究人员可以使用小得多的样本量。发表在《新英格兰医学杂志》（*The New England Journal of Medicine*）上的研究结果表明，这种疫苗是有效的，减少了 96% 以上的乙肝病毒的传播。[7] 尽管疫苗和试验取得了成功，但许多同性恋群体认为这是一个让他们接触艾滋病毒的诡计。然而，随后对乙肝疫苗和接种乙肝疫苗的男性进行的测试显示，支持这一理论的证据几乎没有。该疫苗后来被证明是不含艾滋病毒的，并且 1083 名参与研究的男性没有比未参与研究的男同性恋艾滋病毒的感染率高。

与有关同性恋的理论相似，有许多非裔美国人认为艾滋病毒是作为根除黑人社群的一种手段而产生的。事实上，最近的几项研究表明，约 50% 接受调查的非洲裔美国人仍然相信政府在实验室制造了艾滋病毒，并故意不向民众接种疫苗。[8] 乍一看，这种广泛的不信任似乎没有现实依据。然而，政府在艾滋病毒到来前 10 年就在黑人社群不道德地检测一种致命疾病（梅毒），这一事实表明他们有充分的理由怀疑。塔斯基吉梅毒实验非常令人震惊，因为尽管青霉素在实验期间的大概 30

年里随时可以买到，但实验者让接受测试的穷人和未受过教育的黑人忍受梅毒长达 40 年之久而未给予治疗，仅仅是为了观察他们会发生什么。对黑人群体来说，这清楚地表明政府和医学界愿意把他们当作人类试验品：如果他们做过一次，那么，认为他们可能会再做一次艾滋病毒的实验也是有道理的。一些人认为这个断言有数据支持——数据显示艾滋病毒在年轻的非裔美国人中比在其他种族更普遍。

另一个与艾滋病毒有关的常见阴谋论是，它是由生长在黑猩猩细胞中的脊髓灰质炎疫苗受到污染而产生的。与非常真实的猿猴空泡病毒 40（SV40）丑闻相似，一些人认为用于制造脊髓灰质炎疫苗的猿猴细胞被猿猴 HIV 交叉污染。这种病毒被称为猿猴免疫缺陷病毒（SIV），在基因上与艾滋病毒非常相似，被科学家广泛接受为导致艾滋病毒的病毒。事实上，这个想法似乎很合理，这就促使一组科学家分析了脊髓灰质炎疫苗的旧样本，看看它们是否含有 SIV 或 HIV 的残余物。他们的研究结果发表在 2004 年的《自然》（Nature）杂志上，结论性地表明疫苗完全不含任何逆转录病毒的 DNA 序列，这表明艾滋病毒并不是通过任何疫苗进入人群的。[9]

由于人们对艾滋病毒的起源有如此多的猜测、影射和彻头彻尾的谎言，很明显，科学必须提供有说服力的证据，使人们相信艾滋病毒不是人造武器。20 世纪 90 年代和 21 世纪初进行的几项关键实验提供了这样的数据，最终使这个问题得以解决。其中最重要的一件事是在一名 1959 年去世的中非男子的遗骸中发现了艾滋病毒。[10]这一点很重要，因为它证明了艾滋病毒在 20 世纪 50 年代中期就已经存在了，那时遗传学家还没有在实验室里操纵 DNA 的能力。事实上，在沃森（Watson）

和克里克（Crick）描述 DNA 是什么样子之前，艾滋病毒很可能就已经存在于这个人的体内了。这最终表明，艾滋病病毒的产生是自然进化过程，而不是美国政府的某种邪恶阴谋。

当科学家开始分析艾滋病毒和其他逆转录病毒的序列时，这些发现得到了证实。这些病毒进化树的构建表明，HIV－1 和 HIV－2 只是远亲。[11] 人们发现两者与不同的 SIV 毒株的联系比彼此之间的联系更紧密。艾滋病全球性流行的主要原因——HIV－1，似乎是从感染刚果民主共和国（DRC）黑猩猩的 SIV 毒株进化而来的，而不那么突出的 HIV－2 毒株则来自感染乌黑曼加贝的 SIV 毒株。这是开创性的，因为它表明，HIV 在中非和西非多个不同的场合从 SIV 进化而来。2009 年，科学家们发现了一种新的 SIV 毒株，它与其他 SIV 毒株有一定的序列相似性，与 HIV 也有一些相似性。他们认为，这代表了这两种病毒之间长期寻求的进化缺失环节，证明了大流行的 HIV－1 确实是从 SIV 进化而来的。大多数遗传学研究表明，这一事件发生在 20 世纪前 20 年的某个时候，发生在喀麦隆南部与刚果民主共和国金沙萨地区之间。

艾滋病毒在非洲和全世界的传播

围绕艾滋病毒/艾滋病全球性流行的一个核心问题是，这种病毒如何在短短几十年内从非洲一个孤立的小群体传播到全世界 8000 多万人。当我们追踪到它最初影响到人类并在非洲开始早期传播时，很明显，这种流行病是 19 世纪末欧洲人对非洲广泛殖民的直接后果。如第四章（疟疾）所述，保护性奎宁的发现和分发使欧洲人能够深入非洲领土，并在那里逗留更长时间，而不必担心死于疟疾。随着越来越多的欧洲人开始探索非洲内陆，他们发现了丰富的自然资源。接下来是历史上最大的一次土地掠夺，在这 30 年里，欧洲人系统地入侵了非洲的心脏，偷走了非洲的资源，奴役了非洲人民，永远改变了非洲的文化。

在中非的刚果地区，象牙和橡胶是最受欢迎的两种产品。两者都需要大量的时间和人力来收割和运输。为了实现利润最大化，欧洲人利用数百万名非洲奴隶充当收割机、运输工（被称为搬运工）和修建许多新公路和铁路所需的建筑工人。这种大规模奴役的最终结果是对存在了几个世纪的传统部落制度的彻底破坏。越来越多的非洲人被带出他们与世隔绝的小村庄，而在那里，他们的行为受到当地习俗的强烈影响。他们被迫搬到人口稠密的城市，在那里吸毒、滥交和卖淫变得更为普遍。这种迁移为艾滋病从一种地方性的农村疾病转变成一种有可能在全世界传播的疾病提供了理想的环境。克雷格·蒂姆 - 伯格（Craig Tim-berg）和丹尼尔·哈尔佩林（Daniel Halperin）在他们 2012 年出版的《火药桶：西方如何引发艾滋病以及世界如何最终战胜艾滋病》（Tinderbox：How the West Sparked the AIDS Epidemic and How the World Can Finally Overcome It）一书中指出，"为了适应其严峻的命运，艾滋病毒需要在一个中非从未见过的地方出现，而这个地方现在正崛起于该地区的中心地带：一个拥挤的、繁荣的、狂热的地方，那里挤满了人，旧的规则在新的市场混乱中被抛弃"。[12]最符合这一描述的地方是比利时人于 1881 年建立的殖民地大城市金沙萨，它后来发展成为中部非洲最大的城市。艾滋病毒大流行正是在金沙萨诞生的。

SIV 的致病株后来导致了 HIV - 1 的全球性流行，据说它起源于 1910 年代甚至更早的喀麦隆南部的一只黑猩猩。[13] 流行病学家认为，猎人杀死感染了 SIV 的黑猩猩以获取肉食。在殖民时期，由于传统食物来源的丧失，吃灵长类动物的肉变得越来越普遍。在屠宰或消费过程中，SIV 感染了猎人，并开始在他们体内复制。被感染的猎人被认为随后沿着贸易路线向南（可能是搬运工）前往金沙萨。正是在那里，病毒获得了额外的突变，并开始以流行病的速度在人类中传播。

大多数研究人员认为，金沙萨发生的高风险性行为是最初传播的主要方式。然而，一些人认为，在 20 世纪早期和中期，注射性药物的使用增加也助长了这一现象。殖民当局不仅大规模分发天花、雅司病和脊髓灰质炎疫苗，还定期向民众注射青霉素和抗疟药物。20 世纪 60 年代进行的研究发现，注射在当时的非洲非常普遍，75% 的家庭报告说在前两周内接受了一些注射。[14] 不幸的是，可注射药物的广泛供应和使用导致了共用注射器以节省成本的普遍做法。在某些情况下，一个注射器被用来为整个社区的人接种疫苗。这种糟糕的卫生习惯的最终结果是，艾滋病毒——一种血液传播的病毒，开始在中非人口中迅速传播。在接下来的几十年里，病毒跟随人们沿着贸易路线逐渐迁移，进入整个撒哈拉以南非洲的村庄和城市。1910 年代开始的一场小规模的孤立暴发，到了 20 世纪 70 年代，慢慢演变成了一场席卷整个大陆的流行病，科学家们认为，正是在这个时候，艾滋病毒迅速蔓延到世界其他地区，演变成了一种全球性流行病。

具有讽刺意味的是，促成艾滋病毒大规模传播的最重要因素之一是欧洲在非洲殖民统治的结束。第二次世界大战结束后，非洲独立运动正式开始，一直持续到 20 世纪 70 年代末，在这一漫长的去殖民化进程中，欧洲行政人员将控制权移交给了 58 个新独立的国家。不幸的是，几个世纪以来有系统的压迫、暴力和奴役使得大多数地区缺乏受过管理政府训练的领导人。结果是，许多新主权国家向其他国家的专家寻求援助，以帮助它们成功过渡到独立。来自世界各地的经济学家、医生、教师、政治家和其他知识分子涌入非洲。海地是一个特别慷慨支持的国家。1960 年，海地向新成立的非洲国家扎伊尔（现为刚果民主共和国）派遣了 4500 名最聪明优秀的人，帮助该国组建政府，启动经济。[15]

据说，一名或多名海地专家在刚果长期逗留期间的某个时候，从当地人那里感染了艾滋病毒。[16]1966 年返回海地后，被感染的携带者将病毒传染给伊斯帕尼奥拉岛上的其他人，从而在该岛形成了一个小的感染点。贫穷、糟糕的医疗基础设施以及流行重复使用针头的献血中心这三个因素提高了艾滋病当时在海地的感染率。病毒在那里迅速传播了几年，最终在 1969 年至 1970 年传播到美国。虽然没有人确切知道艾滋病毒是如何从海地进入美国的，但大多数基因研究都认为这是由单一感染者造成的。一些人推测，一名受感染的海地旅行者将病毒带到美国，而另一些人则认为，一名美国人在访问海地时参与非法性交易染上了病毒，而这在当时的海地已经很普遍。最后，我们只知道，艾滋病毒最早是在 20 世纪 70 年代初从海地传入纽约市的，它在最初主要感染了同性恋群体的成员。从流行病学的角度来看，这种向美国的转移具有重大的流行病学意义，因为正是从那里，艾滋病毒最终在 20 世纪 70 年代和 80 年代传播到了美洲其他地区。与此同时，艾滋病毒也传播到亚洲，并在发达国家和发展中国家站稳脚跟。

令人惊讶的是，在短短的一个世纪内，艾滋病毒从不存在
251 到感染了全世界数千万人，全球性流行的迅速发展展现了一种
病原体的威力，这种病原体有很长的潜伏期，并通过性接触传
播。它还表明，当新的疾病发生时，人类的决定是多么具有破
坏性。艾滋病毒不是在实验室里产生的，但它的流行无疑是人
造成的。如果没有欧洲帝国主义的入侵和随后对非洲文化的破
坏，艾滋病很可能仍然是局限于丛林中的疾病，它会自我消
亡。相反，艾滋病毒能够进入新建的城市，在这些城市里，猖
獗的性行为和广泛使用的注射性药物使得它能够在相对较短的
时间内找到大量的新宿主。殖民主义的暴行点燃了火花，偶然
的机会点燃了火焰，造成了一场几乎无法阻挡的灾难。

"4 - H 俱乐部" 及其对海地的影响

在 1981 年 6 月首次确诊艾滋病之后，在纽约、洛杉矶和
旧金山的医院里，越来越多的男同性恋者开始出现艾滋病的
症状。到 1982 年初，卫生官员意识到一种新的传染病已经到
来，而且由于某种原因，它只针对同性恋者。因此，一些人
把这种新的疾病称为同性恋相关的免疫缺陷症（gay-related
immunodeficiency disorder，GRID），还有一些媒体开始将其称
为同性恋癌症（由于在受影响的患者身上看到的癌症数量过
多）。然而，到 1982 年中期，人们开始清楚地看到其他群体也
可能感染这种新的疾病。尤其是静脉吸毒者和近期接受静脉输
血的血友病患者感染这种新疾病的风险很高。此外，在 20 世
纪 80 年代初从海地移民过来的相当多的人也表现出明显的这
种疾病的症状。

1982 年 7 月，一次由健康专家、同性恋社群领袖和联邦

政府官员组成的会议召开，讨论了这种除同性恋以外也明显影响了其他群体的疾病的名字。他们决定采用"获得性免疫缺陷综合征"（AIDS）。从那时起，开始一场激烈的调查以确定新疾病的传播方式，以及哪些危险因素增加了人们感染它的机会。1983 年 3 月，美国疾病控制与预防中心（CDC）在 *MMWR* 上发表了一份声明，总结了哪些是艾滋病的高危人群。他们写道："基于上述理由，可能被认为是艾滋病高危的人群包括那些有艾滋病症状和体征的人、艾滋病患者的性伴侣、有多个伴侣的性活跃的同性恋或双性恋男子、进入美国的海地人、现在或过去滥用静脉注射毒品的人、血友病患者以及艾滋病高危人群的性伴侣。"[17]在筛选名单时，有 4 个群体被确定为艾滋病的主要携带者：同性恋者、血友病患者、海地人和吸食海洛因（IV）者。这些团体，俗称"4 - H 俱乐部"，很快就成了那些认为他们对国家健康和安全构成重大威胁的人的目标。

对海地来说，被列入 CDC 名单对其声誉和经济的影响都是灾难性的。[18]海地曾经是加勒比海最赚钱的岛屿之一，也是一个受欢迎的旅游胜地，在 20 世纪 40～70 年代一系列的军事政变、独裁统治［例如"医生爸爸"（Papa Doc）杜瓦利埃］之后，海地经历了漫长的衰落时期。然而，到了 20 世纪 70 年代中期，旅游业再次兴起，这个岛屿似乎准备好了一次小规模的经济复苏。这在 1982 年就戛然而止，当时艾滋病在美国报纸上被大肆宣传，而海地被称为艾滋病的源头。这种几乎被美国人民普遍恐惧和鄙视的疾病一直到现在也被认为与海地有关。

被 CDC 单独挑出来的直接影响是巨大的。1982～1983 年，来自美国的游客数量从 7 万人下降到 1 万人（下降 86%），[19]人们取消了前往海地许多海滩度假胜地的度假计划，商务旅行和

252

国际会议被转移，而游轮拒绝在海地港口停靠。投资者将他们数百万美元的资金都撤出了，而标有"海地制造"标签的产品常常被退回，没有付款或解释。这对当时失业率已经超过 50％ 的国家来说是一个毁灭性的打击。尽管 CDC 仅在两年后就将海地从其高风险名单中删除，但灾难已经造成。在随后的几年里，海地的经济急剧崩溃，该国陷入了 30 年的混乱。海地目前是西半球最贫穷的国家，在世界上最贫穷的国家中排名第 20。

除了对海地这个国家造成损害外，将海地人种列为艾滋病的一个危险因素还导致居住在美国的海地人受到歧视，而不论他们是否携带艾滋病毒。他们经常被炒鱿鱼，被剥夺住房和教育机会，每次旅行都被拒之门外，仅仅因为他们是海地人。1990 年 2 月，美国食品和药物管理局颁布了规定，禁止任何海地后裔向血库或医院献血。[20] 尽管禁令在几个月后因广泛的抗议而被推翻，但联邦政府采取的行动表明了其对海地人的不信任。这是伴随一代海地裔美国人的耻辱，使许多人对自己的身份感到羞耻。这种情况在 21 世纪已逐步改善；但是，新形式的歧视有时会重新造成创伤。例如，2015 年 10 月，一则招聘女性护士职位的招聘广告刊登在纽约宾夕法尼亚州的一家报纸上，上面写着"海地人不得申请"。[21] 虽然这则广告中的种族主义色彩可能与艾滋病无关，但海地社群的成员对再次成为公开攻击目标感到义愤填膺。

一种现代的麻风病

1993 年的电影《费城故事》（*Philadelphia*）讲述了一位年轻成功的律师安德鲁·贝克特〔Andrew Beckett，由汤姆·

汉克斯（Tom Hanks）饰演］的故事，他就职于费城一家顶级律师事务所，在被老板发现患有艾滋病后被解雇。贝克特认为自己是因为疾病而被错误地解雇的，于是聘请了一位名叫乔·米勒［Joe Miller，由丹泽尔·华盛顿（Denzel Washington）饰演］的人身伤害律师起诉他的前任雇主歧视。在随后的审判过程中发现，贝克特的公司合伙人是在一场壁球比赛中看到前额典型的卡波西肉瘤病有特征性病变后才发现他患有艾滋病的。他们对贝克特隐瞒自己的同性恋行为感到震惊和厌恶，认为他把艾滋病带进了他们的办公室、更衣室和家里。他们没有直接与他对质，而是秘密合谋，让他在工作中显得无能，这样他们就可以用"正当理由"解雇他。贝克特的律师，他本人在影片开始时也对同性恋和艾滋病感到恐惧，最后他成功地揭露了贝克特公司合伙人的所作所为，赢得了这场官司，并为贝克特赢得了近 500 万美元的赔偿。令人悲伤的是，这部电影的结尾是贝克特的亲人们在他的法庭胜利几天后参加了他的追悼仪式。

《费城故事》之所以如此有影响力，是因为它原原本本、准确地描绘了艾滋病疫情最严重时期，艾滋病毒感染者所面临的其在现实生活中的挣扎。这有助于揭露他们在学校、工作场所、教堂、邻居甚至家中所面临的普遍歧视和社会污名。自麻风病流行以来，还没有哪一种疾病如此将患者与其他人的身体和社会接触隔离开，让他们觉得自己是被周围人永远抛弃的人。在这样做的过程中，艾滋病帮助创造了一个新的社会阶层，这个社会阶层不是由收入、种族或教育水平决定，而是仅由艾滋病毒感染的状况决定。这是一个被人们恐惧并鄙视的阶级，他们遭受着人们无法想象的尴尬局面。这是一个让人感到被抛弃的阶级，本应该保护他们的政府却去攻击他们。这是一个对正在慢慢从他们身边溜走的生活感到羞愧和悲哀的阶级。从某种意义上说，艾滋病已经成为现代麻风病的化身。在受害者实际死亡之前的岁月中，它使受害者在情感上遭受挫败，在社会上被疏远，并且极易遭受各种形式的歧视和虐待。

　　许多人试图确切地解释为什么艾滋病比其他致命的流行病更容易受到污名化。这种分析表明，各种相互关联的因素促成了艾滋病的耻辱感的产生。这些因素中最重要的也许是，该疾病最初似乎是针对特定人群的。与呼吸道传播疾病、水传播疾病或媒介传播疾病这些往往因偶然接触病原体而"随机"传播的疾病不同，艾滋病是在选择性地杀人。这样做，就标志着他们与其他人群有着内在的不同，增加了他们被孤立和污名化的可能性。当确定美国 86% 以上被诊断为艾滋病的成年人是同性恋者、静脉注射毒品者或妓女时（截至 1988 年），这种可能性急剧增加。由于这些群体的行为被许多人认为是罪恶和不道德的，艾滋病患者往往因为他们的"错误决定"而被指责感染了艾滋病。事实上，1987 年进行的两项独立的盖洛普民意调查发现，超过半数的美国人同意"大多数艾滋病患者只能怪自己"和"一般来说，如果他们得了艾滋病，那是他们自己的错"。[22]

　　因此，他们的艾滋病被看作是他们自己危险生活方式的副产品，是他们对自己的一种惩罚。以这种方式指责受害者帮助社会塑造了如何对待艾滋病患者，即使他们不一定是同性恋或吸毒者。许多人并没有把病人看作是需要同情和支持的受害者，而是认为他们应该被蔑视和鄙视。在 20 世纪 80 年代和 90 年代的大部分时间里，这种态度助长了对艾滋病毒携带者的普遍歧视。

1989 年的艾滋病宣传海报（美国国立卫生研究院公共卫生图书馆）

影响公众对艾滋病认知的另一个重要因素是艾滋病本身固有的严重性。艾滋病是一种致命的、可传播的、不可治愈的疾病，它以一种明显怪异的方式缓慢地杀死受害者。在我们意识到的第一个十年里（在抗逆转录病毒疗法之前），艾滋病的死亡率接近 80%。这基本上是一个死刑判决，一个人被迫与之生活多年，没有任何缓刑的希望。这种极端的预后是可怕的，因为对死亡的根本恐惧折磨着我们。在过去，对于其他疾病，这种恐惧可以通过建立严格的隔离措施得以缓解，以便将感染者与其他人群暂时隔离开来。不幸的是，由于艾滋病是一种慢性病，可能需要 10 多年的时间才能表现出来，因此除非有人考虑建立麻风病院型设施，否则不可能实现这种隔离保护。在 20 世纪后期，这显然被认为是不可接受的选择，因此人们不安地感到艾滋病对其生命构成了持续的威胁。这导致一些人齐心协力，以避免任何被迫靠近艾滋病患者的可能。当无法避免时，许多人诉诸威胁或暴力，以努力消除社群中的"艾滋病威胁"。这是一个骇人听闻的反应，与黑死病时期的犹太人大屠杀和公元 166 年天花流行期间对基督教徒的迫害无异。

256　　　到目前为止，讨论主要集中在哪些因素导致了艾滋病污名的产生。虽然了解其原因很重要，但也必须确定这种污名对艾滋病毒感染者和任何被认为与该疾病有关的群体有何实际影响。这样一来，就有可能最终消除对艾滋病毒群体的污蔑，并消除过去 30 年来造成的某些损害。

　　　艾滋病污名最容易被忽视的一个方面是它对受害者心理健康造成的破坏性影响。[23] 伴随着艾滋病毒的诊断，内疚感、羞耻感、无望感和孤立感经常油然而生，因此许多人认为，受害者必须在其正常治疗方案中增加接受咨询这一项。研究表明，艾滋病毒携带者患抑郁症、创伤后应激障碍、药物/酒精滥用和自杀念头的比例明显高于其他人群。事实上，在抗逆转录病毒治疗之前的几年里，艾滋病毒携带者比正常人的自杀率大约高出 3 倍，自杀风险高出 9 倍。当人们学会更好地管理自己的疾病，并获得一些咨询服务后，这些数字逐渐下降；然而，这一数字仍然远远高于平均水平。除了自杀之外，艾滋病毒感染者对抗逆转录病毒治疗方案和其他形式的预防措施的依从性往往较低。这是一个非常严重的问题，可能导致这些人的疾病发展得更快，并增加他们将病毒传染给其他人的机会。因此，通过对受害者的情感健康的消极影响，艾滋病的污名可能对疾病在整个人群中的传播产生更广泛的影响。

一个人在家庭和当地社群所面临的消极反应往往是艾滋病毒感染者情绪痛苦的主要原因。例如，许多人表示担心，他们的艾滋病毒感染状况会影响目前或未来的人际关系，或者如果他们的艾滋病毒状况被揭露，他们实际上会失去家人和朋友。事实证明，这种恐惧深深扎根于艾滋病毒携带者的现实生活中。他们中的许多人被赶出家门或被家人藏起来，这些家庭成员为他们感到羞耻，羞耻的是他们自己现在已经与一种致命疾病有关，这种疾病又通常与同性恋、吸毒者和滥交者有关。

不幸的是，许多人通过放弃其家庭成员或完全孤立家庭成员来应对社群拒绝的威胁，这样社群里就没有人发现他们生病了。反过来，艾滋病毒感染者可能会因感受到巨大的压力，而自愿离开或远离公众视线，以挽回家庭的"面子"。他们常常觉得要为损害家庭声誉、社会地位和生计负责。正如一位生活在中国的30岁艾滋病毒阳性妇女所说：

257　　　　是我的家人告诉我不要告诉（我弟弟），因为他现在已经30多岁了，还没有结婚，而且他没有一份好工作，也没有成就。他们担心如果我告诉他我的血清状况，会影响他的工作和生活。所以他们叫我不要告诉他。是的，因为他还没结婚。如果他发现了，或者他的一些朋友发现了——如果他想有一个女朋友，我想这肯定会影响到他。[24]

这是一个给艾滋病毒感染者带来严重后果的巨大负担。被拒绝、内疚和孤独感通常会导致抑郁，而实际的孤立对大多数人来说无异于社会性死亡。那些生活在更小、更传统的社群的人尤其容易受到这种污名的影响，就像少数民族、同性恋者和变性人等已经被边缘化的群体。

在工作场所对艾滋病毒携带者的歧视也是一个严重问题，其表现形式多种多样，而且有许多不同的理由。正如前文在《费城故事》中所描述的，职场歧视中最常见和最具破坏性的一种形式就是终止雇佣关系。21世纪头10年在国外进行的几项研究表明，15%～20%的艾滋病毒阳性员工因其身份而被解雇，约有相同数量的雇主报告说，他们会或已经解雇了艾滋病毒携带者。[25]更大比例的雇主（50%～65%）表示，他们永远不会雇用艾滋病毒携带者，因为这会给其他雇员带来健康风险，他们缺勤的可能性更高，保险费成本增加，工作场所和谐受到破坏，以及一旦顾客发现艾滋病毒携带者在那里工作，可能会导致利润损失。

由于抗逆转录病毒药物使人们能够更有效地向潜在雇主隐瞒自己的身份，因此一些国家和职业开始要求申请人提交全面的健康评估，这是招聘过程的一部分。这为那些希望保持工作场所免受艾滋病毒感染的雇主提供了理想的弹药。成体系地剥夺就业机会，为那些艾滋病毒携带者带来了新的挑战——贫穷。尽管长期以来人们一直认为贫穷是感染艾滋病毒的一个危险因素，但现在有强有力的证据表明，贫穷也可能是由艾滋病毒感染造成的。这是一个严重的问题，因为没有钱买住房、保险或适当的医疗保健（药物），长期失业的艾滋病毒感染者的健康会迅速下降。随着他们病情加重，他们找到新工作的机会也急剧下降。因此，他们陷入疾病和贫困的恶性循环，几乎没有人能够逃脱。

那些在确诊后仍能继续工作的人，往往在工作场所遭遇其他形式的歧视。例如，联合国艾滋病规划署（UNAIDS）在2009年进行的一项调查中，约有20%的人报告说由于他们感染了艾滋病毒而被迫在公司换工作或放弃晋升的机会。其他许多人由于社交和身体上与害怕被感染的同事隔离而感到焦虑和孤独。在这种情况下，艾滋病毒呈阳性的雇员的唯一手段是自愿辞职或对雇主提起诉讼。由于这两种选择都有可能造成收入的大幅减少，大多数在工作中遭受歧视的人都没有采取任何措施。

人们最不希望看到歧视艾滋病毒携带者的地方之一是像医院或诊所这样的医疗机构。在那里，病人可能会在他们生命中最困难的时候去寻求同情、治愈和理解；在那里，他们最容易脆弱和暴露。人们认为医疗机构应该是安全的地方，病人可以放松警惕，而不必担心被治疗者以任何方式评判或伤害。这些机构的工作人员应该是知识渊博的专家，了解疾病生物学和流行病学。因此，从理论上讲，当一种新的流行病出现的时候，他们应该不太容易出现在非理性散布恐惧和偏见的普通民众中。但是，医护人员也是人，人类有时会感到恐惧，并根据这种恐惧做出错误的决定。

当艾滋病患者在 20 世纪 80 年代早期和中期首次出现在诊所时，医疗保健专业人员普遍担心治疗艾滋病毒阳性患者。[26]在艾滋病流行初期，这种担心是完全可以理解的，特别是考虑到医护人员经常接触受感染的体液，而那时普遍的预防措施还没有广泛实施（处理体液时戴手套和护目镜的普遍预防措施实际上是从 1985 年开始的，这还是由于艾滋病毒的缘故）。这段时间在美国、加拿大、法国和英国的诊所进行的研究表明，医护人员经常害怕感染，以至于影响到他们对艾滋病毒阳性患者的护理。例如，有些工作人员完全拒绝治疗艾滋病毒阳性患者，或是非常小心地进行治疗。一些病人报告说，工作人员使用不必要的防护装备进行常规检查，而这些检查没有固有的感染风险。此外，还有一些情况是，工作人员在收容艾滋病毒阳性患者的房间门上张贴脱敏的警告通知，让这些病人使用其他人无法进入的专用厕所，或将他们完全隔离。

尽管在我们不知道艾滋病毒如何传播的最初几年中，这种预防措施似乎是合理的，但在 21 世纪完全不合适。这些措施不仅使艾滋病毒携带者失去人性，使他们难堪，而且这类措施还常常是导致严重违反保密规定的行为（这会加剧污名带来的伤害）。2017 年 3 月进行的一项研究发现，60% 接受调查的欧洲国家在其医疗保健系统中仍然存在严重的艾滋病歧视。[27]

259

在美国和世界上许多其他国家也观察到类似的数据。尤其是，同性恋者、妓女和吸毒者等被边缘化的群体报告说，在接受临床治疗时，他们感到的歧视程度最高。最终的结果是对医护人员普遍的不信任，以及病人愿意寻求治疗的可能性降低。

在向联合国艾滋病规划署报告数据的国家中，有60%以上的国家制定了一些反歧视法律，以保护艾滋病毒携带者/艾滋病患者。[28]这些法律旨在确保一个人不会因为艾滋病毒呈阳性而被剥夺就业，获得保健和社会服务、住房或教育的权利。尽管受到保护，但侵犯人权的情况仍然经常发生，对那些触犯法律的人没有任何经济或法律措施。在拥有反歧视法律的国家进行的一项调查显示，平均而言，由于艾滋病毒感染而遭受歧视的人中，只有大约30%曾报告过受到歧视。报告率如此之低的主要原因包括难以获得法律顾问，以及担心诉讼会使其所在社群进一步加剧对其的歧视和虐待行为。这种恐惧在很大程度上是基于一种基本的信念，即政府无力保护他们、不关心他们，或者他们自己是鼓励歧视的同谋。

艾滋病社群有着悠久的历史，政府机构要么在他们需要帮助时忽视他们，要么因为他们生病而极力迫害他们。例如，在艾滋病流行的早期，当时美国感染艾滋病毒的人主要是同性恋者，政府几乎没有采取任何措施来减缓"同性恋瘟疫"的传播。几乎没有公共卫生警告，也没有增加教育或资助，政客们几乎没有讨论。事实上，里根（Reagan）总统第一次在公开场合提到"艾滋病"一词是在1985年9月17日，也就是艾滋病开始流行4年之后。[29]那时，已经有37000人（大部分是同性恋）被诊断出患有艾滋病，16000多人死于艾滋病［包括里根的朋友洛克·哈德森（Rock Hudson）］。似乎总统置之不理的态度还不够糟糕，里根政府的几位高级官员，包括新闻秘书拉里·斯皮克斯（Larry Speakes）和国务卿乔治·舒尔茨（George Shultz），在采访中经常拿同性恋和艾滋病开玩笑。[30]当卫生官员建议那些有可能感染这种疾病的人需要更多的资金和保护措施时，里根和他的右翼支持者尽可能地与之抗争。他们反对同性恋的议程实际上已变成反对支持艾滋病相关人员的议程。这种支持在 1986 年 6 月 23 日达到了最低点，当时里根政府（通过司法部）通过了一项裁决，即雇主可以合法解雇艾滋病毒阳性或疑似艾滋病毒阳性的雇员。这是联邦政府在一大批被边缘化和垂死的人需要他们支持的时候做出的可耻的决定。正如一位名叫迈克尔·考尔（Michael Cover）的艾滋病活动家所说："在艾滋病流行的历史上，里根总统留下的是沉默。成千上万的艾滋病人也保持沉默，他们在他领导下被政府污名化后孤独地死去。"[31]

260

不幸的是，美国政府可怕的早期反应并不是唯一的。世界上几乎每个发达国家都在某个时候制定了法律，允许歧视艾滋病毒携带者或将与艾滋病毒传播有关的活动定为犯罪活动。这些法律包括强制向雇主披露自己的艾滋病毒状况的法律，禁止艾滋病毒阳性者国际旅行的法律，以及允许拒绝向其提供社会服务的法律。[32]尽管这些法律中的大多数已经被废除，取而代之的是保护免受歧视的法律，但仍有 60 多个国家明确允许当局起诉不向伴侣透露他们病情的艾滋病毒携带者。在某些情况下，也会对那些通过无保护的性行为使他人可能感染艾滋病毒的人采取法律行动，即使对方没有实际感染该病毒。同样，艾滋病毒呈阳性的人也因在公共场所随地吐痰、咬人，甚至进行安全性行为而受到起诉。

许多国家和地区还制定了禁止与艾滋病毒传播相关的日常行为的法律。[33]例如，截至2015年，76个国家仍然将同性恋关系定为犯罪，其中一些国家威胁要对同性恋者处以死刑。在许多地方，静脉注射吸毒者和妓女被判过于严厉的惩罚，而不是给予康复治疗或获得社会服务的机会。这就造成了一种恐惧的气氛，降低了艾滋病毒携带者接受检测或向公共卫生部门寻求治疗的可能性。换言之，害怕被监禁的人不太可能寻求帮助，这最终阻碍了公众控制疫情的努力。为此，全球艾滋病毒与法律委员会向以某种方式将艾滋病毒传播定为犯罪的国家提出了建议，并请他们审查其适得其反的法律。自2010年以来，斐济、塞内加尔、圭亚那和多哥等几个国家已经这样做了，并从其法律文本中删除了这些法律。

医疗隐私

尽管由于数字革命和互联网的兴起，患者保密问题已经被提到了最前沿，但实际上这个想法已经存在了数千年。关于医疗隐私的参考文献最早的可以在大量古希腊医学文献中找到，这些文献通常被认为是医生希波克拉底的著作。这本70卷的作品，被称为《希波克拉底文集》（*Hippocratic Corpus*），是由希波克拉底及其学生和许多追随者在公元前5世纪到公元前3世纪之间写的。文集中最久远的部分之一是《希波克拉底誓言》（"Hippocratic Oath"），这是一种伦理声明，新医师通常在开始行医前就进行背诵。《希波克拉底誓言》原文的一段节选写道："在我的职业生涯中以及与人交往时，我看到或听到的任何东西，如果它不应该对外发表，我将永远不会泄露，把这些东西视为神圣的秘密。"[34]这是一个大胆的宣言——他将保护病人的机密信息，就好像这是托付给他的一个神圣信息一样。正文接着详细说明了这种保密是必要的，因为没有它，病人对医生的信心会随着他们的治疗而削弱。换句话说，一个医生，就像牧师或心理健康顾问，如果他们负责帮助的人不信任他们，他们就不能有效地完成他们的工作。因此，对双方关系的方方面面保密是有益的。

希波克拉底伦理学的概念确实允许例外，如果医生认为披露符合患者或社会或两者的最佳利益，例如，如果医生认为患者从事的行为对他们自己的健康有害，那么他们通常会打破保密原则，与患者的亲人交谈。同样，当病人的健康危及周围人的生命时，例如在流行病时期，医生通常被国家要求向当地卫生委员会披露姓名和其他识别信息。这样做是为了让官员们能够采取适当的措施隔离任何生病的人，并警告他们周围的人远离。正如关于脊髓灰质炎的章节（第十章）中所述，这可能涉及在患病者的房屋上放置醒目的标志，甚至在当地报纸上发布其健康信息。在传染病威胁到更广泛人群的时候，这种违反患者保密规定的行为被视为正常和必要的行为。医生不再受他们的"神圣职责"的约束，病人被期望甚至被要求为了更大的利益牺牲他们的隐私权。因此，保密性是因势利导的，因为在紧急情况下，病人可能不再享有隐私权。由于很少有人呼吁改革，从希波克拉底时代到 20 世纪末，这一直是医疗隐私的标准。

接着是艾滋病毒和艾滋病全球性大流行，这是一种不同于以往任何其他的疾病。艾滋病最独特的地方是，它的无症状期对于流行病来说异常得长。个人可能默默地忍受病毒数年，要么不知道自己感染了病毒，要么故意不让别人知道。像天花、鼠疫、脊髓灰质炎和黄热病这样可怕的疾病，人们可以看到谁

被感染，并采取行动避免感染。艾滋病毒的情况并非如此，每 262
个人都是可疑的携带者，每个人都有潜在的危险。人们特别害
怕那些外表健康、艾滋病毒阳性的人，仅仅是在他身边就可以
不知不觉地将病毒传播给家人、朋友、同事和邻居。这种对未
知的恐惧渗透了整个人群，导致许多人开始了类似于 20 世纪
50 年代麦卡锡主义的政治迫害。每一次咳嗽或皮疹都会受到
怀疑，尤其是在 CDC 认定为携带病毒的高风险群体中（如
"4 - H俱乐部"）。在许多社群，关心此事的公民组成了地方监
督小组，其任务是查明携带艾滋病毒的人，并将他们赶出学
校、工作场所和社交群体。这些小型艾滋病毒"盖世太保"
常常采取的令人震惊的行动，最终导致公众要求对私人医疗信
息提供更多的保护。

　　最广为人知的艾滋病毒政治迫害案例之一是印第安纳州一
个名叫瑞安·怀特（Ryan White）的青少年，他因接受输血治
疗血友病而感染了这种病毒。[35]怀特在与肺炎长期斗争后，于
1984 年 12 月被确诊为艾滋病。他的健康状况一直在迅速恶化，
而且他的 T 细胞计数非常低，医生认为他只能活 6 个月的时间。
到 1985 年初春，他的病情恶化到了不得不退学的地步。当怀特
一家陷入迷茫时，这名少年开始意外地恢复。在接下来的几个
月里，他的健康状况得到了很大的改善，他开始计划在秋天重
返学校。不幸的是，当他所在的印第安纳州社区的成员发现一
个患有艾滋病的男孩试图和他们的孩子一起入学时，他们发起
了一项请愿来阻止他这样做。报道援引反对派组织的一位领导
人米齐·约翰逊（Mitzie Johnson）的话说："大医生和政府官员
根本不在乎我们的孩子。我不想让那个男孩受到更严重的伤害，
但我女儿永远不会和艾滋病患者一起上学。"[36]50 多名教师和 117

名家长在请愿书上签名，并将其提交给了西部学校公司的主管。

尽管有压倒性的证据表明，通过偶然接触感染艾滋病毒几乎是不可能的，但校长和管理员还是屈服于不断增加的压力，禁止怀特重返学校。接下来长达 9 个月的煎熬，充满了诉讼、审判、禁令、威胁和恐吓。每次怀特赢得重返学校的权利时，某个反对党组织都会发起新一轮的诉讼（使用从当地糕饼义卖和拍卖中筹集的资金）来阻止他。这种情况一直持续到 1986 年 4 月 10 日，当时巡回法院法官推翻了先前所有下级法院的判决，并确定怀特拥有上学的合法权利。对于怀特一家和所有因感染艾滋病毒而受到歧视的人来说，这是一次里程碑式的胜利。

这场艰苦的法律斗争的结束并没有使他们在社群中获得认可。怀特一家几乎每天都面临抗议和威胁。他们耐心地忍受着困难，直到最后有人把一颗子弹射进他们客厅的窗户。谢天谢地，当时没有人在家；然而，暴力事件的升级使这家人非常不安，他们决定搬到 30 英里外的一个新城市。尽管被迫离开了学校，被迫离开了现在的家，瑞安·怀特仍然勇敢地反对对艾滋病患者的歧视。他经常接受新闻机构的采访，并在全国各地的学校发表演讲，希望能对年轻人进行有关艾滋病毒和艾滋病的教育。1989 年，一部以他的生平为原型制作的电视电影在美国广播公司播出，吸引了大约 1500 万人观看。瑞安·怀特因此而声名鹊起，成为全国关注的焦点和美国艾滋病疫情的事实代言人。这是一个他开始接受，并用来帮助和他一样的人的角色。可悲的是，他活得不够长，看不到他所有辛勤工作的全部影响。瑞安·怀特于 1990 年 4 月 8 日去世，年仅 18 岁。

就在瑞安·怀特的案件在晚间新闻中定期播出的同时，佛罗里达州阿卡迪亚的一个小城市也发生了类似的病例。[37]三个血友病兄弟，分别叫瑞奇（Ricky）、罗伯特（Robert）和兰迪·雷（Randy Ray），他们都在20世纪80年代初通过输血感染了艾滋病毒（1986年确诊）。与瑞安·怀特相似，他们的艾滋病毒状况在他们的社群中广为人知，随后也被禁止上学。像学校里的"反艾滋病公民组织"这样的仇恨组织动员起来，提起诉讼，阻止他们重新被接纳。经过漫长的法庭斗争，男孩们终于在1987年8月5日赢得了重返学校的权利。阿卡迪亚社群的反应是抵制这所小学，用暴力威胁雷一家，并放火烧了他们的家。出于安全的担心，他们一家在第二年搬到萨拉索塔，并试图重新开始他们的生活。不幸的是，学校里的"反艾滋病公民组织"跟着他们，并继续骚扰了他们好多年。

　　瑞安·怀特和雷的案件是反艾滋病歧视斗争中的一个重要转折点。1986年以前，公众普遍认为艾滋病是吸毒者、少数民族（海地人）和同性恋者的疾病。这是因为他们过着不道德的生活，做出了不必要的危及健康的错误决定而感染的疾病。换句话说，人们普遍认为艾滋病患者对自身状况负有责任。结果，当许多人看到艾滋病患者在其社群遭到残酷的骚扰和歧视时，他们往往在情感上转向另一种方式。这种趋势一直持续到人们开始阅读像瑞安·怀特这样无辜的艾滋病毒阳性儿童在学校和家庭中受到非理性暴徒的恐吓的故事。以前对艾滋病流行没有多加考虑的人们现在对这些弱势儿童受到的不公正待遇表示愤慨。他们要求州和联邦当局为受艾滋病影响的儿童和成人提供一定程度的保护。

　　特别是，他们争取将艾滋病纳入《美国残疾人法案》的范围，这实际上使歧视艾滋病患者成为非法行为，并争取制定新的法律，防止在未经本人许可的情况下公布其艾滋病毒感染者的身份。这些保护措施不仅可以改善那些已经感染艾滋病毒的人的生活质量，而且可以让那些正在考虑接受艾滋病毒检测的人安心。卫生官员通常很难说服有风险的人接受检测，因为他们担心自己会被"暴露"出来，然后被社群排斥。当血液检测结果公布给他们的雇主、家庭和房东时，许多人目睹了他们朋友的生活被毁掉。对一些人来说，不知情的生活总比不断受到骚扰要好。这是流行病学家面临的一个主要问题，他们知道控制艾滋病流行的关键是首先确定谁感染了艾滋病毒，以便他们能够得到治疗，并采取措施防止艾滋病传播给其他人。有了法律保证，他们的艾滋病感染状况将绝对保密，卫生官员希望更多的人同意接受检测，这将降低人口中的传播率。

美国早期试图通过艾滋病毒立法［如 1988 年的《希望法案》（HOPE Act)]，遭到立法者的强烈反对，他们认为反歧视措施不允许公共卫生当局正确追踪谁患有艾滋病。[38]他们不希望匿名和保密，而是希望国家机构拥有每个艾滋病毒检测呈阳性的人的名单和医疗信息。艾滋病倡导者和同性恋群体成员强烈反对这样一个数据库，因为他们认为政府可以用它来起诉他们犯下的诸如静脉注射毒品或鸡奸之类的罪行，而这在许多州仍然是非法的。许多同性恋者甚至担心政府有一天会用它来围捕他们，就像纳粹在大屠杀期间所做的那样。正是这种担心促使像美国加州众议员亨利·韦克斯曼（Henry Waxman）这样的立法者继续为艾滋病患者的完全保密而斗争。1990 年 8 月 18 日，乔治·布什（George H. W. Bush）总统签署了《瑞安－怀特艾滋病综合资源紧急救援法案》［Ryan White Comprehensive AIDS Resources Emergency（CARE）Act]（以下简称"CARE 法案"），他们的努力最终得到了回报。[39]

　　除了每年提供数百万美元的资金用于改善服务不足的社区的艾滋病毒感染者护理之外，该法律还规定在医疗干预的早期阶段给予病人更高水平的保密。现在，诊所必须向接受检查的人提供咨询，并确切告知他们检测结果将如何被传播。此外，CARE 法案允许诊所提供匿名的艾滋病毒检测。虽然这是对希波克拉底隐私概念的重大改进，但实施过程中仍有一些严重的问题。例如，在一些城镇，那些接受艾滋病毒检测或治疗的人必须去外面写着艾滋病字样的诊所或医疗车。任何在这些地方附近看到他们的人都会自动知道他们的病史的详细资料。在随后的几年里，其他更微妙的保密问题也出现了，这表明需要一部更全面的法律。

　　就在 CARE 法案为艾滋病社群建立了一些保护措施之后的 6 年，联邦政府通过了《健康保险携带和责任法案》（Health Insurance Portability and Accountability Act，HIPAA），努力将隐私权扩大到所有接受医疗保健的人。[40]新法律的第二章制定了一套严格的指导方针，根据这套指导方针，个人可识别的医疗信息（医疗记录、支付信息等）将被储存和传播。它要求所有受保护的健康信息（PHI）对任何有权访问它的人绝对保密。除非患者放弃他们合法的隐私权，法院发出命令，怀疑虐待未成年人，或在需要寻找逃犯或失踪人员时，否则不能与雇主、朋友或执法机构共享 PHI。在个人或机构违反保密规定的情况下，HIPAA 授权政府对其处以高额罚款，并允许投诉人提起民事诉讼。这种保护和惩罚意义重大，因为它们将医疗隐私确立为个人的基本权利，取代了医疗保健提供者的意见。医生和护士不再被允许就是否披露病人信息做出判断。他们现在必须仔细监视他们

265

所说的、所写的，甚至是暗示的内容。这是艾滋病社群的一个重大胜利，因为它最终给了他们某种程度的安全感。这是第一次，他们可以悄悄地控制自己的感染，而不必担心自己会被那些本该用生命去信任的人意外或故意"暴露"出来他们的信息。

艾滋病的流行永远改变了我们在美国和欧洲对待医疗隐私的方式，因为它生动地暴露了希波克拉底概念的缺陷。它表明，向不理性和无知的人提供关于他们邻居的私人医疗信息，会导致暴力。看似正常的市民变成了暴徒，市民仅仅因为害怕他们的疾病就开枪焚烧了孩子们的家园。这种令人发指的行为在全国各地播出，从而引发了一场关于需要制定法律来保护那些最易受伤害的人的秘密的全国性对话。对话最终到达了国会山和白宫。值得庆幸的是，立法者们看到了希波克拉底医疗隐私概念的内在弱点，并有远见地在 1996 年将所有医疗状况和信息纳入 HIPAA 的隐私规则中。这是对病人照护的革命性变革，不仅对艾滋病社区产生了积极影响，也对所有担心自己的医疗信息将以某种方式对其造成不利影响的人产生了积极作用。

性革命的结束

性革命是 20 世纪 60 年代和 70 年代的一场激进的主流社会运动，它永远改变了西方世界对性别和性别角色的看法。它一开始是对传统的、维多利亚时代道德观念的压迫的挑战，这些观念在当时仍然主导着西方文化。自第一次世界大战结束和"咆哮的 20 年代"的文化转型以来，年轻人变得越来越独立，越来越不受保守价值观和角色的束缚。例如，在 20 世纪 20 年代，在学院和大学注册的女性人数创下历史新高，许多人选择进入工作岗位，而不是毕业后成为家庭主妇。妇女们也开始在公共场合的着装和行为举止方面行使更大的自由。有些人把头发剪短，穿着露出双腿的短裙，还化了很多妆。这种新一代的自信而张扬的年轻女性，通常被称为"摩登女郎"，她们自豪地享受生活，并不理会困扰了女性几个世纪的社会禁忌。她们不会因像她们的男同事那样对在公共场合喝酒或抽烟而不安，也不会因参加"亲热"派对而害羞。随着越来越多的年轻人开始婚前性行为，同性恋不再是禁忌，与性有关的污名也开始逐渐消失。这样的转变有助于为更广泛的性革命———一场彻底重新定义我们如何看待性的革命———创造条件。

20 世纪 60 年代和 70 年代的性革命是在当时发生的其他变革性的社会和科学运动的产物。[41]这些运动中最具影响力的运动之一是女权主义的重新兴起，以及女权主义推动妇女从 20 世纪 40 年代和 50 年代强加给她们的传统角色中获得更大的自由。大多数人认为，1963 年贝蒂·弗里丹（Betty Friedan）出版的《女性的奥秘》（*The Feminine Mystique*）是新一代女性活动家组织和重新开始战斗，这是为争取平等权利、免受歧视和骚扰以及控制自己身体而发起的关键号召。该运动的早期斗争之一是围绕着第一个口服避孕药依诺维（Enovid）及其对女性人口的可获得性展开的。避孕药在 1960 ~ 1961 年发行的时候，美国许多州仍然有旧的法律限制分配或拥有避孕措施。虽然这种康斯托克州法律通常被地方官员忽视，但一些较为保守的地区仍有选择性地执行这些法律，这往往会给妇女避孕造成重大障碍，而不论她们的年龄或婚姻状况如何。女权运动对这些过时的法律进行了联合攻击，并最终在最高法院的几起案件［例如，格里斯沃尔德诉康涅狄格州（1965 年），艾森斯塔特诉贝尔德（1972 年）］的帮助下推翻了这些过时的法律。正如

267

预期的那样，他们在法律上的成功导致了使用某种避孕方法的妇女人数大幅增加。例如，在避孕药问世的短短 5 年时间里，已经有超过 600 万名美国妇女服用了避孕药。

女性节育的完全合法化是女权运动的一个分水岭，因为它赋予了女性控制何时和与谁生孩子的权力。她们再也不用担心意外怀孕和可能因此而牺牲自己未来的大学教育或职业目标。女性现在可以更自由地进行性行为，并且可以像几个世纪以来男性一样享有同样的自主权。对许多女性来说，性行为更多的是为了体验快乐，而不是为了繁衍后代。这是观念上的一个重大转变，为性革命的继续进行、性标准的进一步放松铺平了道路。

另一个重要的社会运动——同性恋权利运动——与第二波女权运动浪潮和增加避孕措施的使用相辅相成。在 1969 年的石墙暴动（Stonewall Riots）之后，对同性恋权利的一致推动开始了。6 月 28 日晚，警方突袭了位于格林威治村石墙酒店（Stonewall Inn）的一家同性恋酒吧，开始不分青红皂白地逮捕人们。[42]当看到一些顾客被拖出酒吧并在街上挨打时，该地区数百名同性恋者聚集在酒吧旁，反抗他们认为是警察暴行的行为。不久，那群人就变成了暴徒，开始翻车、放火、向警察扔砖头。暴力事件继续升级，直到纽约警察局派出他们的战术巡逻队镇压骚乱。尽管警方最终成功地清除了街头的示威者，但在接下来的几个晚上，暴力抗议活动继续进行。

石墙暴动是同性恋解放运动的结晶时刻，因为这标志着同性恋群体第一次作为一个统一的团体对抗警察的骚扰。它使他们中的许多人能够走出阴影，开始为更大的公民权利而战。像同性恋活动家联盟（Gay Activists Alliance）和同性恋解放阵线

（Gay Liberation Front）这样的组织在暴动发生后的几个月里成立了，第一次同性恋者骄傲游行发生在 1970 年。[43] 随着禁止肛交和其他同性恋行为的法律从法律书籍中删除，同性恋作为一种精神疾病被从美国精神病学协会（APA）的诊断和统计手册中删除，同性恋逐渐被接受。这些变化有助于形成同性恋更自由的新时代。他们现在可以公开同性恋关系，而不必担心政府会因为他们在卧室里的隐私行为而将他们关进监狱。

268

20 世纪 60 年代，垮掉的一代和嬉皮士反文化运动的兴起也影响了人们对性和性行为的看法。[44] 这两个群体大多是年轻人，他们广泛拥护自由主义和反对权威，如反对越南战争，主张容忍使用毒品和自然（有机）生活。他们还试图摆脱许多与性有关的社会限制，认为性是所有人都应该不受限制地享受的。他们的"自由恋爱"理念不仅促进了更高层次的性体验，也摒弃了传统婚姻，转而支持更开放、更随意的性关系。对嬉皮士来说，性只是另一种形式的娱乐方式，应该在不受政府或宗教组织干涉的情况下探索。虽然完全归因于反文化生活方式的人数与整个人口相比是很小的，但他们对性的自由观点确实逐渐渗透到了社会的其他部分。在这场运动的高潮时期，年轻人婚前性行为的比例飙升，色情制品的流行和接受度提高、大学男女合住，以及书籍和电视上更多的性内容也是如此。这是一个前所未有的性自由的时代，这从根本上改变了我们对什么是正常和可接受的性行为的看法。

性革命并不是没有代价的。[45] 除了引发青少年怀孕、离婚和没有父亲抚养的孩子的显著增加之外，20 世纪 60 年代性活动的增加还导致了许多不同的性传播疾病（STD）的不受控制的传播。例如，报告的淋病病例数在 20 世纪 60 年代增加了

165％，与梅毒、衣原体、疱疹和生殖器疣的趋势相似。年轻一代由于更喜欢口服避孕药（或不采取避孕措施）而非使用安全套，其发病率甚至更高。虽然有人可能认为性病发病率的急剧上升可能导致更谨慎的性行为，但数据显示，它实际上的影响相对较小。这是因为当时大多数性传播疾病都可以用抗生素治疗。青霉素不仅可以消除因神经梅毒导致死亡的风险，还可以在几天内清除淋病和衣原体感染。虽然像疱疹和生殖器疣这样的病毒性性传播疾病仍然令人讨厌，但它们几乎没有阻止人们发生性行为。抗生素，加上口服避孕药，有效地消除了几个世纪以来与性有关的恐惧。人们再也看不到性生活的任何真正的长期重大后果，因为大多数错误都可以通过吃药或手术来纠正。不幸的是，正如后来艾滋病流行所显示的那样，他们的安全感只不过是一种幻觉。性仍然像以前一样危险，甚至更危险。

269 　　大多数人认为艾滋病毒/艾滋病流行的开始实际上是 20 世纪 60 年代性革命的结束。艾滋病不同于 20 世纪 80 年代早期存在的任何其他性传播疾病，在艾滋病流行的最初几年，它是不可治愈的，几乎是普遍致命的。"性可以间接杀死你"的想法对人们来说是可怕的，包括许多曾经强烈支持"自由恋爱"运动的人。每一个性伴侣都被视为可能的携带者，每一次性接触都有潜在的危险。这是一种恐惧，随着艾滋病的死亡人数在整个 10 年中持续上升，这种恐惧愈演愈烈。这一流行病带来的阴影一直存在，导致了社会对性的基本思考方式的逐渐转变。谨慎和安全开始优先于自由和快乐。对许多人来说，性成为一个非常严肃的生死抉择，需要深思熟虑，有时还需要验血。通过强迫我们在做爱前思考，艾滋病从本质上结束了

"做任何当时感觉好的事情"的时代。

除了影响人们对性的态度之外，艾滋病的流行还对性行为的实际实施方式产生了重大影响。由于提倡"安全性行为"的广泛运动，避孕套的使用在 20 世纪 80 年代和 90 年代显著增加。[46]1982 年一本题为《如何在流行病中发生性行为》（*How to Have Sex in an Epidemic*）的小册子中首次提到，使用避孕套作为保护自己不受艾滋病毒感染的方法的想法最初在纽约和旧金山地区的同性恋社群流传开来。艾滋病活动家不仅在同性恋酒吧和诊所等地免费发放避孕套，还向社群内的人们宣传无保护性行为的风险。这些基层公共卫生工作的成功最终引起了医学界的兴趣。不久，安全性标语和避孕套广告就成了电视、广告牌、海报和杂志上常见的内容。尽管受到某些宗教团体的反对，安全性行为甚至仍然被纳入公立学校的健康课程。尽管有人担心学校的性教育和避孕套的增加会导致青少年婚前性行为的增加，但当时进行的大量研究表明，事实并非如此。

到 20 世纪 90 年代初，性教育和安全性行为运动已成为全世界学校和公共卫生部门的固定活动，这种干预的结果是令人激动的。避孕套使用的增加已经被发现与艾滋病毒传播率的降低以及其他性传播疾病（如梅毒、淋病和疱疹）的减少呈正相关。此外，在非洲中学实施的性教育计划导致了一些行为上的改变，降低了艾滋病毒传播的风险。在非洲继续遭受其历史上最严重的公共卫生突发事件之际，这一趋势是迫切需要的。

非洲的另一场悲剧

270

艾滋病毒/艾滋病在被发现后仅仅 35 年的时间里就夺去了非洲 2000 多万人的生命，并使 1500 万儿童沦为孤儿。如此多的人在如此短的时间内死亡，导致大多数撒哈拉以南非洲国家在疫情最严重时期的期望寿命降低了 20 ~ 25 岁。[47]事实上，非洲南部一些受灾最严重的国家的期望寿命骤降到 40 岁以下。尽管在过去 10 年中抗逆转录病毒药物和避孕套的使用增加有助于减缓这一趋势，但非洲每年仍有 150 万人新感染上艾滋病毒。截至 2015 年，撒哈拉以南非洲地区估计仍有 2550 万人感染艾滋病毒。[48]考虑到非洲人口只占世界总人口的 16%，而感染艾滋病的病例却占全世界的 70%，这是一个惊人的数字。在莱索托、斯威士兰和博茨瓦纳等国，成年人中的艾滋病毒感染率继续飙升至 20% 以上（斯威士兰目前的流行率为 29%）。这意味着在这些国家，1/5 的成年人携带着这种致命的病毒。就总人数而言，南非目前是世界上艾滋病疫情最严重的国家，2015 年有 700 万人感染，38 万名新增病例。虽然这样的统计数字清楚地表明了这一流行病在非洲的严重性，但这未能充分说明它对一个仍在遭受数百年的奴役和殖民主义蹂躏的大陆的经济、教育、技术、社会和政治发展所造成的绝对破坏。

艾滋病流行对非洲造成的最显著和最持久的影响之一是其经济普遍停滞。[49]20 世纪 90 年代末和 21 世纪初进行的研究发现，这种经济衰退在很大程度上是由熟练劳动力的规模和生产力的大幅度下降造成的。如此多的年轻人死于艾滋病，以及去世前长期的住院治疗造成了劳动力的空虚，导致许多私营企业利润下降，而本已紧张的政府税收降低。产出下降也导致几个非洲国家的出口总额急剧下降。例如，占全国国内生产总值约 7% 的南非采矿业，在 20 世纪 90 年代因艾滋病毒在工人中的传播而遭受重创。[50]近 25% 的劳动力感染了艾滋病毒，由于医疗成本飙升，产量下降，矿业公司的利润受到重大打击。这种和其他类似行业衰退的最终结果是，在疫情高峰期，整个非洲的经济增长率每年下降 2%～4%。这是一个巨大的经济缺口，因为许多这些国家已经不得不将其预算的很大一部分用于直接防治这一流行病。这些国家没有为建设基础设施和开发新技术投入额外资金，而是被迫每年花费数十亿美元在国内艾滋病预防、检测和治疗项目上。这是一个使许多非洲经济体尚未复苏就陷入恶性循环的沉重负担。

　　与艾滋病对已经生活在贫困地区的个人和家庭的影响相比，艾滋病对国民经济的影响相形见绌。非洲贫穷的工人阶级感染艾滋病毒和死于艾滋病的比例远远高于那些收入更高、更容易获得教育、避孕套和抗逆转录病毒疗法的人。由于穷人的收入来源非常有限，一个家庭中一个成员的丧失或衰弱会使整个家庭陷入无休止贫困的恶性循环。如此巨大的损失导致了家庭角色的有害转变，留下来的人为生存而挣扎。例如，孤儿通常放弃他们的教育，作为童工进入劳动力市场，以帮助支持他们的家庭。同样，一无所有的寡妇往往被迫从事报酬极低的工作，并面临被虐待的危险。年迈的亲属也受到很大的影响，因为他们被推到照顾他们的绝症子女和失去双亲的孙辈的角色。世界卫生组织 2002 年的一项关于艾滋病对津巴布韦老年人的影响研究，发现"大多数非洲社群的老年人是一个脆弱的群体，因为他们一生都生活困苦、营养不良、贫穷，而且在老年时很容易患慢性病。艾滋病大流行现在给他们带来了额外的负担，进一步增加了他们的脆弱性"。[51]

　　这一负担由所有受艾滋病影响的人分担，加深了撒哈拉以南非洲数百万人的痛苦。它几乎夺走了穷人的一切，并进一步扩大了他们与其他社会经济阶层之间的差距。

除了阻碍经济增长外，艾滋病还使那些很少或根本没有机会获得先进医疗保健的人的健康状况恶化。除了伴随艾滋病的所有正常疾病外，这一流行病还导致了结核病在非洲的死灰复燃。流行病学家估计，与社会经济背景相似的未受感染者相比，艾滋病毒携带者感染结核病的可能性是其 25 ~ 30 倍。[52]在过去 10 年中，合并感染问题变得越来越普遍，目前占所有艾滋病毒感染者的约 12%。结核病/艾滋病合并感染之所以如此危险，是因为如果没有一个功能完善的免疫系统（由于艾滋病毒呈阳性），结核病就能在没有太多限制的情况下扩散到整个人体。事实上，合并感染的人发展成活动性（致命）结核病的概率是那些活动性结核病同时艾滋病毒阴性者的15 ~ 20倍。因此，结核病已成为艾滋病毒感染者中最大死亡原因。在非洲，合并感染危机是如此广泛，以至于许多流行病学家现在在双重流行病的背景下谈论这两种疾病。这是一个重要的区别，因为合并感染导致了一种新的甚至更致命的威胁——耐多药（MDR）和广泛耐药（XDR）结核病。

同时感染艾滋病毒和结核杆菌的人是结核耐药突变株的理想温床，因为艾滋病削弱了免疫系统，降低了抗生素的整体疗效。这种情况的潜在原因是抗生素永远不能完全消除人体内的致病细菌，因为抗生素的工作原理是抑制细菌的生长或减少足够的数量，使宿主免疫系统将其消灭。当一个人感染了艾滋病毒，他的免疫系统无法杀死抗生素治疗后最后残留的结核杆菌。结果，一些细菌在攻击中幸存下来（包括可能的抗性突变体），并开始在人的身体中重新繁殖。在不同的人群中用不同的药物重复这种失败的抗生素治疗，最终产生了对已知的每一种药物都有耐药性的超级结核病突变体。尽管耐药结核菌株可能独立于艾滋病毒而产生，但研究发现，艾滋病毒携带者携带耐多药和广泛耐药结核菌的频率是艾滋病毒阴性者的 2 倍。考虑到非洲感染艾滋病毒的人数和历史上死于结核病的人数，这是一个令人难以置信的可怕的统计数字。

在许多方面，非洲艾滋病毒携带者所面临的社会耻辱与疾病本身一样有害。与 20 世纪 80 年代美国同性恋者经历的情况类似，在非洲诊断出艾滋病通常会导致极大的内在羞耻感、社会疏远和有针对性的歧视。在极端贫困的地方尤其如此，因为艾滋病毒阳性而被排斥和拒绝的人几乎没有法律援助或来自公共项目的支持。他们在高失业率、低识字率和高暴力犯罪率的难以想象的困难环境中，经常遭到骚扰。不幸的是，在这些地方，艾滋病毒携带者很容易成为被骚扰目标。

艾滋病毒/艾滋病的未来

1984 年 4 月 23 日，美国卫生及公众服务部秘书玛格丽特·赫克勒（Margaret Heckler）召开了一次记者招待会，她在会上宣布，艾滋病的病原体已经被分离出来，并开发了一种诊断测试方法。她和帮助开创这些早期成就的美国科学家罗伯特·加洛（Robert Gallo）站在一起，继续预测说："我们希望在大约 2 年内有一种疫苗可以用于试验。另一种可怕的传染病即将屈服于有耐心、有毅力和彻头彻尾的天才。"[53]这是一个充满了美国人傲慢的大胆宣言，即我们将以战胜天花和即将战胜脊髓灰质炎的方式战胜艾滋病毒。不幸的是，自发表这一声明以来，几十年过去了，人类在获得一种有效的艾滋病毒疫苗方面并没有比那时更接近。在过去的 30 年里，我们预防和治疗这种疾病的能力无疑得到了极大的提高；然而，艾滋病毒已经

273

被证明是"有耐心、有毅力和绝对的天才"，是一个值得我们尊敬的对手，这种病毒已经被证明对疫苗的研制相对不敏感，因为它具有使自己的外表面蛋白质发生突变的惊人能力。接种一种艾滋病毒株对预防任何特定时间内可能存在于人群中的成千上万的其他亚型病毒的作用微乎其微。这一突变问题还与其他几个因素有关，包括艾滋病毒杀死了诱导良好免疫反应所需的细胞，而艾滋病毒蛋白质本身并不会引发强烈的免疫反应。

尽管存在局限性，但一些公司已成功地将艾滋病毒疫苗纳入第二/第三阶段临床试验。这包括 1998～2004 年在北美和泰国进行的 VaxGen AIDSVAX 试验[54]，以及 2003 年开始的 RV144 试验。不幸的是，所有这些试验都以相对失望告终。只有一种 RV144 联合疫苗在人体试验中显示出一定程度上的保护作用（泰国，2009 年）。反复注射疫苗的受试者感染艾滋病的概率比不注射的人少 31%。由于弱疫苗比没有疫苗好，科学家们继续研究 RV144，希望将来可以对其进行改良，使其更有效。南非 2016 年开始了一项新的 RV144 的三期试验，预计将在 2020 年得出数据。*

当许多科学家致力于研制一种 HIV 疫苗时，其他科学家则把精力集中在合成能够抑制已经感染艾滋病毒的人身上的化学物质。第一组抗 HIV（抗逆转录酶）药物是针对一种称为逆转录酶（RT）的独特病毒酶而开发的。[55]之所以选择这种药物，主要是因为正常人类细胞没有 RT，而 HIV 绝对需要它来复制其基因组。因此，抑制 RT 可以严重损害 HIV 的复制，但对细胞的自然过程没有显著影响。第一个上市的逆转录酶抑制

---

* 译者注：2020 年，该试验项目宣告失败。

剂是一种名为叠氮胸苷或 AZT 的药物。20 世纪 80 年代末进行的研究发现，每天大剂量服用 AZT，在短期内对抑制 HIV 非常有效。然而，当 HIV 阳性患者长时间服用该药时，病毒开始变异并对新药产生抗药性。经过大约 1 年的治疗，大多数患者的 HIV 水平和 T 细胞计数恢复到服药前的水平。而且，早期的 AZT 配方对每天服用它的人是有毒的，其副作用包括贫血、中性粒细胞计数低、呕吐和肌肉组织退化。

这迫使艾滋病毒携带者做出一个艰难的决定，因为得不到治疗或服用一种严重降低了他们剩余生命质量的药物而面临死亡。大多数人选择服用 AZT 是因为它可以为他们争取一些时间，让科学家开发出更安全、更有效的药物。到 1993 年，3 种新的（但类似的）RT 抑制剂已经投放市场。[56] 虽然它们的毒性比 AZT 小一些，但在长期使用后，它们也面临同样的病毒耐药性问题。在接下来的几年里，其他的 RT 抑制剂也得到了同样的结果。单独使用，所有这些 RT 抑制剂最终无法长期抑制 HIV。

HIV 治疗学的新纪元始于联合使用多种药物的想法，以及针对 HIV 酶而不是 RT 的新药的开发。联合疗法依赖于协同作用的概念，即药物将相互补充，并具有比其个体效应总和更大的效果。同时给病人 2 种或 3 种药物可以产生一种"鸡尾酒"，从不同的角度攻击病毒，并降低产生耐药的 HIV 突变体的可能性。当使用多种 RT 抑制剂进行实际测试时，结果表明联合治疗在短期和长期都更有效。然而，由于所使用的药物都针对同一病毒蛋白（RT），在一些患者中仍继续出现耐药 HIV 突变体。

当科学家们宣布他们发现了一种针对病毒蛋白酶（PR）的新的 HIV 抑制剂时，联合疗法取得了重大进步。[57] 蛋白酶抑制剂和 RT 在 HIV 生命周期的不同阶段阻止了 HIV 的复制。当这些药物与两种 RT 抑制剂联合给药时，其结果是一种突破性的药物"鸡尾酒"，几乎可以将 HIV 从人体中清除。病毒载量的大规模减少与 T 细胞计数的增加和免疫抑制的消除相一致。这种混合疗法被称为高效抗逆转录病毒疗法（HAART），现已发展成为一种新型、安全、有效的药物，包括针对病毒整合酶的药物。虽然它并不能真正消除人体内所有的 HIV 病毒颗粒，但它使病毒颗粒的水平保持在很低的水平，以至于一个人现在可以与艾滋病毒一起生活几十年，而不会发展成艾滋病。换言之，HAART 使我们能够像用胰岛素治疗糖尿病或用可注射凝血蛋白治疗血友病一样治疗 HIV。HAART 帮助将艾滋病从死刑转变为一种可以长期控制的慢性病。

虽然 HAART 有助于显著降低发达国家 HIV 的发病率、传播率和死亡率，但在非洲和其他贫困地区却没有那么有效。对造成这种差距的潜在原因的研究表明，主要问题在于贫困社区/国家无力负担和适当分发抗逆转录病毒药物。在美国，HAART 疗法的平均花费在每人每月 1000 ~ 3000 美元之间。由于很少有人能负担得起如此高昂的自付费用，大多数人依靠医疗保险、政府项目（如 CARE 法案）或非营利组织提供必要的资金。不幸的是，非洲，受这一流行病影响最严重的社区，很少能得到这类资源。他们不仅难以支付医药费，而且许多社区缺乏基本的医疗保健基础设施，无法确保人们正确地遵循HAART 疗法。

一个由 5 个联合国组织（如世界卫生组织、联合国艾滋病规划署）和 5 家大型制药公司组成的全球联盟认识到了成本上升是全球抗击艾滋病毒的主要障碍，发起了一项旨在向生活在贫困国家的人提供低成本抗逆转录病毒药物的倡议。[58]从

2000 年开始，这项加速获取倡议（AAI）与地方政府合作，确定最需要抗逆转录病毒疗法的人，并提供只有商业价格10％的药物（由联合国资助）。那些从未接触过抗逆转录病毒疗法的人现在活得更长、更健康，并且病毒的传播率也低得多。当该计划开始实施时，全世界 2860 万名艾滋病毒阳性者中只有约 2.5％的人定期接受抗逆转录病毒治疗。到 2016 年 6 月，这一数字已经增长到近 50％，即 3670 万名感染者中的1820 万名。尽管要实现向所有艾滋病毒感染者提供 HAART 的最终目标还有很长的路要走，但由艾滋病协会牵头的治疗运动成功地减缓了艾滋病毒在全世界的传播。自抗逆转录病毒药物开始大量向穷人分发以来，新感染率和死亡率都下降了 40％以上。考虑到这些药物既不能（像抗生素那样）真正治愈那些已经感染的人，也不能（像疫苗那样）保护未受感染的人，这是一个惊人的趋势。

我们在如何预防和治疗艾滋病的理解上的另一个突破来自一系列研究，这些研究确定了许多反复接触艾滋病毒但从未感染过的人。这些人来自不同的地方，有不同的种族背景和性活动。这些研究包括从事高风险性行为的同性恋男子、艾滋病毒阳性者的长期异性伴侣以及来自冈比亚的妓女。

为了弄清楚为什么有些人似乎能抵御 HIV，科学家们分离了他们的免疫细胞，并开始寻找一些共同的基因突变或生化特性来解释他们的先天抵抗力。1996 年，洛克菲勒大学的研究人员报告说，他们已经发现了导致这种独特性的特殊突变。这种突变是在一种编码 CCR5 受体的基因中发现的。这种蛋白质位于许多不同类型的宿主免疫细胞（包括 T 细胞和巨噬细胞）的表面，在免疫细胞在不同组织之间移动的炎症过程中自然发

276 挥作用。正如在此期间发现的那样，当病毒进入人体后第一次附着到巨噬细胞时，CCR5 也被 HIV 用作受体。如果没有 CCR5 和附着的能力，病毒就不能感染巨噬细胞，这严重阻碍了病毒最终向 T 细胞的传播。因此，携带这种突变基因（称为 CCR5Δ32）的人可以接触艾滋病毒 1000 次而永远不会被感染，因为病毒永远不会进入自我复制需要的细胞中。

CCR5Δ32 的发现是艾滋病研究的一个惊人的飞跃，因为它为开发治疗药物和其他治疗方法开辟了新的可能性。例如，如果我们能够以某种方式人为地阻断没有这种突变的人的 CCR5 蛋白，就有可能在那些已经感染了 HIV 的人的体内模仿这种抵抗特性。这一想法引发了人们对合成化合物的研究，这些化合物可以作为潜在的 CCR5 阻断剂（拮抗剂）。2007 年，一种名为马拉韦洛克的新型 CCR5 拮抗剂被批准用于治疗艾滋病。[59]该药被发现在阻断艾滋病毒附着方面既安全又有效，这使得许多医生现在将其作为标准 HAART 治疗方案的添加剂。

另一种使用 CCR5Δ32 突变作为治疗 HIV 感染患者的方法是从具有 CCR5Δ32 突变的人身上提取骨髓细胞，并将其移植到具有正常 CCR5 受体的人身上。这样做会彻底改变人体的免疫系统，因为骨髓是体内所有 T 细胞、B 细胞和巨噬细胞的来源。如果接受这种治疗的人是 HIV 阳性的，理论上病毒应该不能感染该骨髓接受者体内产生的任何新的（突变的）免疫细胞，因为他们的新骨髓含有 CCR5Δ32 突变。

这种方法的原理验证测试案例于 2008 年在柏林的一家医院进行。就在那里，一个名叫蒂莫西·雷·布朗（Timothy Ray Brown）的病人得知他最近患上了一种致命的癌症，叫作成人髓性白血病，需要进行骨髓移植才能存活下来。知道布朗也是艾滋病毒阳性，医生们就有机会验证他们的理论。他们首先发现了几个与布朗匹配的骨髓样本，并确定其中也携带CCR5Δ32突变。在确定了合适的捐赠者后，他们开始用辐射破坏布朗现有的骨髓，以杀死有缺陷的致癌细胞。然后将来自健康的CCR5Δ32突变的供体的骨髓直接注入布朗的几根长骨中。在短时间后，这些新的骨髓细胞开始复制并产生新的T细胞、巨噬细胞和其他免疫细胞。由于这些新细胞都有CCR5Δ32突变，他血液中的HIV颗粒无法有效地感染它们。结果，他的病毒载量开始急剧下降，他的T细胞数在短短几周内急剧上升。他的健康状况大大改善，医生停止了他所有的抗逆转录病毒药物的治疗。8年后，尽管布朗没有服用任何抗HIV药物，但他体内的HIV水平仍然检测不到。因此，似乎CCR5Δ32移植程序在功能上治愈了他的艾滋病。

虽然布朗的案例是我们在寻求有效治疗艾滋病毒方面取得的惊人突破，但有几个主要问题阻碍了它在更广泛的层面上得到实施。首先，这个程序要求找到与HIV感染者相匹配的骨髓。在美国目前需要骨髓移植来治疗血液疾病的所有人中，大约70%的人必须依靠找到一个曾在国家登记处捐献了骨髓的陌生人。由于只有大约2%的美国人在该登记处登记过，所以人们（特别是少数族裔）通常要等很长一段时间，直到找到匹配的捐赠者。可悲的是，每年大约有3000人在等待中死去。这些统计数字表明，几乎不可能为全世界3670万名艾滋病毒携带者中的每一个人找到匹配骨髓。其次，在像美国这样的发达国家，骨髓移植的平均费用为50万至80万美元。考虑到大多数艾滋病毒携带者一天的收入不到1美元，甚至无法支付基本生活必需品，昂贵的骨髓移植不太可能在全球范围内得到应用。再次，

277

278

骨髓移植极其危险，死亡率高达 35%。因此，它们通常被认为是致命性血液病患者的最后治疗手段。向艾滋病毒携带者提供这种治疗可能会杀死更多的人。最后，CCR5Δ32 突变主要存在于北欧血统的白种人以及部分亚洲人和北非人中。虽然大约16% 的北欧人的基因组中有 CCR5Δ32，但来自撒哈拉以南非洲和亚洲大部分地区的人很少有。[60] 考虑到世界上大多数艾滋病毒阳性者生活在这两个地区，这是一个令人不安的分布。因此，即使他们能为所有 HIV 携带者找到种族匹配的骨髓捐献者，他们中也很少有人真的拥有有益的 CCR5Δ32 突变。

回顾自艾滋病第一次被描述以来这 35 年中所取得的成就，我们可以清楚地看到，艾滋病毒和艾滋病的未来显然不像 20

在华盛顿特区展出的艾滋病纪念被子，以提高人们对艾滋病毒和艾滋病的认识。（卡罗尔·M. 海史密斯档案馆，美国国会图书馆印刷品和照片部）

年前那样暗淡。我们的集体中"有耐心、有毅力和绝对的天才"为那些处于危险中的人带来了无数治疗方法、更好的预防措施和更有效的教育。感染率在下降，人们比以前多活20～30年。发达国家和全球救援机构已经花费数十亿美元，为世界上一些最贫困的人提供挽救生命的药物和预防措施。如果这种投资继续下去，最终我们有可能看到人类以战胜其他传染病的方式控制艾滋病的流行。

第十二章
传染病的未来

作为一个物种，我们是否已经在技术上进步到一个大型传
染病无法毁灭我们，甚至对我们产生巨大影响的阶段？考虑到
以往的传染病让数以十亿计的人丧生或受到重创，并深刻地改
变了我们作为人类的存在，这是一个有趣的问题。这些疾病导
致朝代更迭、社会变迁，人类基因突变。然而，在过去的150
年里，由于细菌理论的兴起以及卫生措施、抗生素和疫苗的引
入，它们的影响越来越小。事实上，在世界十大死因中，传染
病目前只占其中的3种。现在人们谈论更多的是心脏病和癌症
的危险，而不是肺结核和疟疾的致命影响。由于我们控制能力
的提高，新出现的传染病很少会引起广泛恐慌或发展成新的流
行病。虽然这些趋势似乎表明，我们总体来说正在赢得与这些
微观杀手的战斗，但历史告诉我们，人类离全球灾难只差一场
传染病的距离。

传染病的未来会怎样？我们能否摆脱结核病和疟疾等老牌
杀手的束缚？有没有什么新的疾病会发展成为致命的传染病？
这些问题的答案显然取决于许多不同的因素。首先，而且可
能最重要的是，我们是否愿意投入必要的资源来消除发展中
国家的传染病。几乎在这本书中讨论的每一种流行病（还有
无数未提及的疾病）仍然在穷人中盛行。每年有数百万人死
于可以用抗生素治疗，或通过疫苗、基本卫生设施可以预防的
疾病。

正如天花和脊髓灰质炎根除计划所表明的那样，如果我们愿意致力于消除这些致命疾病，我们就有可能完全消灭它们。在此之前，我们将继续受到最古老病原体的困扰，并面临新病原体的风险。在非洲丛林中的某个地方，总是存在另一种"艾滋病毒"正在发展的可能性；而在亚洲的温暖水域中，也总会有另一种"霍乱"在蔓延。疾病的种子将一直存在，直到我们最终变得积极主动，并与流行病最严重的危害做斗争。

另一个可能影响我们未来与传染病关系的重要因素是我们使用武器对付它们的方式。在过去的 1 个世纪里，抗生素和疫苗这两种最强大的武器被用来拯救全世界数亿人的生命。然而，与所有好武器一样，它们的成功和安全在很大程度上取决于训练有素的专业人员是否能正确使用它们。把枪交到警察手里，它将被负责任地用来拯救生命。把同样的武器放在一个孩子或精神失常的人手中，它会造成毁灭。后一种情况是在过去20 年中出现的，公众长期滥用抗生素和针对疫苗的伪科学宣传已经将我们带到了全球医疗灾难的边缘。在这段时间里，我们看到了抗生素耐药菌株的危险增加，以及曾经得到控制的流行病的重新出现。尽管它们可能不像埃博拉、寨卡或西尼罗河病毒那样流行，但抗生素耐药性和疫苗错误信息对整个人群的长期健康构成了更严重的威胁。出于这个原因，我选择在下面几节中更深入地讨论每一个问题。

抗生素耐药性——潜在的灾难

1928 年青霉素的发现被广泛认为是医学史上最重要的时刻之一。我们在与鼠疫和斑疹伤寒等致命传染病做斗争中获得了一种新武器，我们不再害怕因分娩、手术或战场上获得的轻微感染而死亡。因全身细菌感染而濒临死亡的人，只要经过几天的抗生素治疗就可以起死回生。这是一个惊人的，几乎是奇迹般的进步，有些人宣称我们终于赢得了长达数个世纪的对抗细菌性疾病的战斗。

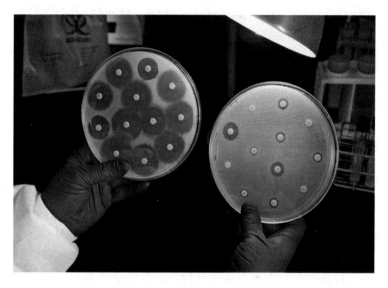

抗生素耐药细菌（右侧）在浸有各种抗生素的纸盘附近生长。（美国疾病预防与控制中心）

　　不幸的是，这种乐观情绪很快就消失了，因为世界各地开始出现葡萄球菌、链球菌和其他病原体的抗生素耐药菌株。[1]在某些情况下，这些耐药菌株在抗生素进入人群后仅 1～2 年就出现了。例如，耐甲氧西林金黄色葡萄球菌（MRSA）于 1962 年在英国的一家诊所首次被观察到，距离开始用甲氧西林治疗葡萄球菌感染仅 2 年。随着某些细菌菌株对多种抗生素的耐药性越来越高，情况只会变得越来越糟。事实上，2011 年一项针对传染病医生的调查显示，他们中超过 60% 的人在

281

过去一年中曾遇到过对所有已知抗生素都具有耐药性的感染患者。[2] 这种全抗药性（PDR）菌株对现代医学在过去 80 年中制造的每种武器都完全不敏感。这是一个绝对令人恐惧的发展，全世界的公共卫生官员都在争先恐后地寻求答案。正如世界卫生组织时任助理总干事福田敬二（Keiji Fukuda）医生曾经说过的那样："如果许多利益相关者不采取紧急协调行动，世界将走向后抗生素时代，在这个时代里，几十年来一直可以治疗的常见感染和轻伤可能再次致命。"[3]

仅在美国和欧洲，抗生素耐药性细菌每年就造成数百万人感染和 5 万多人死亡。[4] 这比死于艾滋病、帕金森氏症和凶杀案（在美国）的总人数还多。虽然最重要的耐药病原体是MRSA 和 XDR – TB，但耐药形式的假单胞菌、肠球菌和肺炎链球菌也夺去了数千人的生命。随着这些耐药菌株的流行率逐年上升，死亡人数肯定会增加。一项模拟未来抗生素耐药性的研究预测，到 2050 年，每年将有超过 1000 万人死于耐药性感染。[5] 这是一个惊人的理论统计数字，但这个预测得到了过去20 年的趋势支持。除了死亡，治疗抗生素耐药疾病的经济负担预计也是灾难性的。美国每年治疗这些疾病的费用约为 200亿美元，而工人的生产力损失达到了 350 亿美元。如果这种趋势持续下去，估计在未来 35 年内，耐药细菌将使美国损失超过 60 万亿美元，全世界损失 100 万亿美元。全球 GDP 总和损失如此之多，对全球经济的影响将是灾难性的。有研究认为，人类可能正处于历史上最具影响力的流行病的边缘，但是很少有人意识到这一点，因为抗生素耐药性不如其他如埃博拉或寨卡这样的疾病更具新闻价值。如果不立即对我们使用抗生素的方式做出重大改变，这种流行病很可能在未来几十年内使我们回到医学的黑暗时代。

当前的危机之所以存在，只是因为我们都不愿以负责任的态度使用抗生素。例如，耐药性增加的最重要的原因之一是普通人群长期滥用抗生素。抗生素被设计成在一定的时间内以一定的剂量给药，以确保所有的致病菌都被药物和病人的免疫系统联合杀死。任何干扰这种完全杀灭的行为都会增加存活细菌产生抗性突变或从其他细菌获得抗性基因的风险。例如，许多病人几天后就会停止服用抗生素，因为他们感觉好多了。以这种方式缩短治疗方案是极其危险的，因为它会在细菌完全清除之前降低血液中的抗生素浓度。同样，当人们开始感到身体不适时，他们通常会服用放在药柜里的旧的、剩下的抗生素。旧的抗生素会部分降解，这意味着它们含有抑制或杀死细菌所需的抗生素数量不足。在这两种情况下，细菌都能在抗生素的冲击下存活下来，并能活到下一天。

耐药菌流行加剧的第二个原因是人们过度使用抗生素。在美国进行的研究发现，抗生素的错误处方率高达 30%～50%。[6]现在，每一次流鼻涕、擦伤和喉咙痛都会先用抗生素治疗。它们被用于那些甚至没有生病或有病毒感染的病人（病毒不受抗生素的影响）。此外，给病人开广谱抗生素如阿奇霉素（Z-pack）已经变得越来越普遍，而实际上却不知道他们有什么类型的细菌感染。以这种方式盲目开抗生素是危险的，因为并非所有细菌对同一药物都同样敏感。因此，人们可能会不必要地接触到一种抗生素，这种抗生素对他们感染的特定细菌无效。这一问题在发展中国家更为突出，当地居民通常可以在当地药店买到抗生素。由于没有医生或护士的监管，人们只要感觉不舒服，就会随便购买和服用抗生素。像这样的过

283

度暴露是新的耐药菌株形成的关键因素之一。

耐药性危机的一个经常被忽视的原因是在农业中滥用抗生素。在美国销售的所有抗生素中，有 80% 以上用于促进牲畜生长。牛、猪和鸡通常被注射或喂以保持健康的抗生素，以便它们产出更多的肉和其他产品。每天都在预防性地给他们服用抗生素，以预防疾病的发生，而不是等到动物生病再进行治疗。虽然这似乎是为了使利润最大化而采取的一种完全合理的措施，但持续使用抗生素会使生活在这些动物身上的细菌对它们产生极大的耐药性。如果人类食用这些动物的肉、蛋、牛奶，但未能正确地处理食物，则他们可能会遭受致命的耐药菌感染。此外，由于 90% 给家畜的抗生素都是通过尿液排泄到土壤和水中的，所以这些抗生素可以在更广泛的生态系统中产生耐药性菌株。种植农作物的农民也对农作物滥用了抗生素，来获取最大利润。例如，种果树的农民经常在田间喷洒抗生素，以防止细菌病毁掉他们的庄稼。所有过量的抗生素最终都浸入土壤并渗入当地水源。这些地区的细菌种群不断暴露于稀释的抗生素中，极有可能对其产生耐药性。

世界各地的卫生官员都在试图想出解决办法来应对日益严重的抗生素耐药性威胁。过去，这个问题主要是通过发现或合成新的抗生素来解决。随着一种抗生素的疗效下降，一种新的抗生素很快被引入市场，取代了它的地位。不幸的是，如此之多的抗生素被耐药细菌淘汰，以至于公司开始把他们的研发资源从发现新的抗生素中转移出去。1980 ~ 1984 年，美国联邦政府批准了 19 种新抗生素用于人类。[7] 仅仅 20 年后，这个数字降到只有 4 种新抗生素（2000 ~ 2004 年）。抗生素的发现由于耐药性而变得无利可图，因此只有少数公司仍在积极寻找。

随着寻找更好的抗生素的前景越来越渺茫，许多人开始试图说服医生、农民和公众在使用抗生素时要更加谨慎。医生们在职业生涯的早期就被教导抗生素耐药性具有极端危险，希望他们在开抗生素时能更具选择性。欧洲的一些国家已经开始要求医生在开抗生素之前要对感染进行全面诊断，而其他一些国家则从市场上完全淘汰了某些抗生素，以使耐药菌株逐渐消失。与此同时，食品生产中有机运动的兴起也对这一点起到了补充作用，这一运动鼓励农民使用更自然的方法来饲养牲畜，不使用抗生素或生长激素。在教育公众正确使用抗生素的同时，这些干预措施有望扭转我们所看到的一些可怕的趋势，并帮助我们避免另一场致命的全球性大流行。

伪科学的力量

1998 年 2 月，一位名叫安德鲁·韦克菲尔德（Andrew Wakefield）的英国外科医生在《柳叶刀》上发表了一篇研究文章，概述了他的观点，即麻疹，腮腺炎和风疹（MMR）疫苗会使儿童易患肠道功能障碍和自闭症谱系障碍。[8]这项研究追踪了 12 名儿童，这些儿童在出现严重结肠炎和自闭症特征性行为症状后被转入儿科胃肠科。韦克菲尔德博士和他的同事们详细记录了每个孩子的病史，并进行了广泛的神经学和组织学检查，以观察他们是否能够找出导致其"突然"行为退化的明显原因。他们在这样做的时候，发现每个孩子在接受 MMR 疫苗后几天或几周就开始表现出自闭症的早期症状。韦克菲尔德利用这些数据证明 MMR 疫苗接种实际上引发了自闭症的发展。尽管声明"我们没有证明 MMR 疫苗与所描述的综合征之间存在关联"，[9]但文章中其余部分所固有的语气和含义却清楚地表明，他认为两者之间存在因果关系。

韦克菲尔德那篇文章的发表在医学界掀起了轩然大波。曾经庆祝疫苗拯救生命奇迹的幼儿家长现在拒绝给孩子接种任何儿童疾病疫苗。他们草率地驳回了数百年来证明疫苗有效并拯救生命的流行病学和免疫学证据，转而开始相信没有被证明有效的不良轶事研究，这些研究表明疫苗并没有起作用。在反疫苗接种宣传中，有人声称疫苗防腐剂（如硫柳汞）对发育中的大脑有毒，一次接种太多疫苗会导致大脑发炎，并且疫苗是不必要的，因为卫生条件已经降低了传染病的传播。许多家长甚至开始流传这样的阴谋论：制药公司与美国政府勾结，故意给他们的孩子注射有害的疫苗，只是为了赚取更大的利润。突然间，每个人都成了传染病专家，因为他们在博客或网站上读到了一篇研究的二手报道。正是这种无知的暴发，使得许多儿科医生现在不得不说服家长保护他们的孩子免受传染病的侵袭。尽管在 1994 年至 2014 年的 20 年间，疫苗挽救了 73.2 万名美国人的生命，但现在医生还不得不说服家长相信。

对疫苗安全性的日益关注促使世界各地的科学家开始研究疫苗接种与自闭症之间的可能联系。来自美国、英国、加拿大、芬兰和丹麦的专家对几千名儿童进行了独立调查，寻找证据支持韦克菲尔德的说法。一项又一项的研究得出了同样的结论：MMR 疫苗或其他疫苗与自闭症的发展之间没有任何联系。CDC 在 2011 年和 2013 年的后续跟踪研究（同样涉及数千名儿童）取得了相同的结果。[10]作为对大量流行病学证据的补充，研究自闭症患者大脑发育的研究人员发现，当孩子在子宫内发育时，自闭症的生物学特征很容易显现。[11]换句话说，导致自闭症临床症状的异常大脑发育始于出生前，远在他们接种任何疫苗之前。

"疫苗引起自闭症"于 2011 年盖棺定论，当时有人透露，韦克菲尔德为了获得他想要的发现，故意改变了他最初研究中的病史。[12]对他研究中的 12 个儿童的重新评估发现，3 个从未患有自闭症，5 个在接受 MMR 疫苗前表现出自闭症症状。他也没有透露，在他发表文章之前，一家准备起诉疫苗生产商的律师事务所向他支付了 60 多万美元。这种公然的欺诈行为导致《柳叶刀》撤回了他的原始文章，并吊销了他在英国的行医执照。

自闭症的恐慌除了浪费数百万美元和数千小时的研究时间外，还导致了一些以前通过接种疫苗控制的流行病再次出现，其中最重要的是麻疹。在 1963 年研制出 MMR 疫苗之前，麻疹是世界上最致命的疾病之一，每年造成 100 多万人死亡。但是，随着越来越多的人接种疫苗，麻疹病例和死亡总数开始急剧下降。到 20 世纪 90 年代初，麻疹在大多数发达国家已经极为罕见。美国在麻疹疫苗接种工作中处于领先地位，到 2000 年已在其境内正式消灭了这种疾病。

然而，这是一次短暂的胜利，因为第二年由于人们拒绝接种 MMR 疫苗而报告了新的病例。[13]2008 年暴发了更大范围的疫情，自那时起，仅在美国就有数千人染上了这种致命疾病。例如：2013 年，得克萨斯州北部的一个大教堂在牧师公开表达了对疫苗安全性的担忧后暴发了疫情。2014 年，美国暴发了 23 起单独的麻疹疫情，导致 667 人感染。2015 年，一名受感染的旅行者将疾病从海外带到加州一个游乐园后，发生了多州疫情。在那次疫情中，超过 80% 的感染者拒绝接种 MMR 疫苗，部分原因是他们认为这种疫苗不安全。

由于反疫苗接种的努力，其他可通过疫苗预防的疾病包括流行性腮腺炎、风疹、百日咳和白喉，也得以卷土重来。由于对刚上学的孩子进行强制性疫苗接种，这些疾病已经得到控制，并数十年内有所下降。然而，随着一些州允许父母选择不接种疫苗的政策的出台，在过去几年中，越来越多的未接种疫苗的儿童涌入游乐场、营地和其他公共区域。这一结果在美国令人震惊——2010 年，加利福尼亚州新增 9200 例百日咳病例，2006 年新增 6500 例流行性腮腺炎病例，先天性风疹在被消灭了将近 10 年后再次出现。这种令人恐惧的趋势使公共卫生官员争先恐后地寻求解决方案。

疫苗错误信息的传播对我们的安全构成了严重威胁，它使得已经杀死了数百万人的流行病继续存在于人群中。上述大多数疾病正在下降到人们开始谈论在全球范围内根除这些疾病的水平。大规模的疫苗接种运动正在奏效，致命的儿童疾病正在从我们的集体记忆中消失。不幸的是，当我们开始削弱对付它们的最有效武器时，情况发生了变化。通过让流行病继续存在，我们给了它们时间和机会，使它们有可能演变成我们无法轻易预防或治疗的疾病。我们是在冒险，如果这些疾病中的任何一种重新全面流行，我们只能责怪自己。

此外，对疫苗的故意忽视会危害未来的疫苗接种工作。例如，如果我们最终成功地研制出一种有效的艾滋病毒疫苗，那么反疫苗活动可能会阻碍公众的接受，并最终延长艾滋病的流行时间。这种确切的情况出现在抗人乳头瘤病毒（HPV）疫苗发布之后。CDC、美国食品和药物管理局以及美国国家癌症研究所对这些疫苗——佳达修（Gardasil）和卉妍康（Cervarix）——进行了广泛的研究，发现它们既安全又有效。它们可防止感染致癌的 HPV 菌株，并保护女性人群免受致命的宫颈癌的侵害。实际上，有几项研究发现，在有疫苗的地方，HPV 的传播率下降了 60% 以上。[14]此外，从未有任何疫苗造成严重副作用的证明病例。尽管疫苗接种取得了成功，但"反疫苗接种者"仍在使用伪科学和制造恐惧的手段来吓唬人们以不给他们的孩子接种疫苗。这个决定正在使生命处于危险之中。

注 释

Chapter 2

1. Agnolo Di Tura del Grasso, "The Black Death in Siena," in *The Medieval Reader*, ed. Norman F. Cantor (New York: Harper Perennial, 1994), 281.

2. M. Achtman et al., "*Yersinia pestis*, the Cause of Plague, Is a Recently Emerged Clone of *Yersinia pseudotuberculosis*," *Proceedings of the National Academy of Sciences USA* 96, no. 24 (1999): 14043–14048.

3. "Plague Manual: Epidemiology, Distribution, Surveillance and Control," accessed April 1, 2014, http://www.who.int/csr/resources/publications/plague/whocdscsredc992a.pdf.

4. Michaela Harbeck et al., "*Yersinia pestis* DNA from Skeletal Remains from the 6th Century AD Reveals Insights into Justinianic Plague," *PLOS Pathogens* 9, no. 5 (2013): e1003349; William Rosen, *Justinian's Flea: The First Great Plague and the End of the Roman Empire* (New York: Viking Penguin, 2007).

5. Alexander Kazhdan, ed., "Constantinople," in *The Oxford Dictionary of Byzantium* (Oxford: Oxford University Press, 1991), 508.

6. John Frith, "The History of Plague—Part 1. The Three Great Pandemics," *Journal of Military and Veterans Health* 20, no. 2 (2012): 11–16.

7. "Roman Empire," accessed April 1, 2014, https://www.britannica.com/place/Roman-Empire.

8. Guy Halsall, *Barbarian Migrations and the Roman West, 376–568* (Cambridge, UK: Cambridge University Press, 2008), 499–512.

9. Rosen, *Justinian's Flea*.

10. Halsall, *Barbarian Migrations*.

11. John Kelly, *The Great Mortality: An Intimate History of the Black Death, the Most Devastating Plague of All Time* (New York: HarperCollins, 2005).

12. Giovanni Boccaccio, *The Decameron*, trans. and ed. G. H. McWilliam (London: Penguin Classics, 2003).

13. Arnold Pacey, *Technology in World Civilization: A Thousand-Year History* (Cambridge, MA: The MIT Press, 1990), 53–54.

14. Mark Wheelis, "Biological Warfare at the 1346 Siege of Caffa," *Emerging Infectious Diseases* 8, no. 9 (2002): 971–975.

15. Mark Wheelis, "Biological Warfare at the 1346 Siege of Caffa," *Emerging Infectious Diseases* 8, no. 9 (2002): 971–975.

16. Mark Wheelis, "Biological Warfare at the 1346 Siege of Caffa," *Emerging Infectious Diseases* 8, no. 9 (2002): 971–975.

17. Jeanne Guillemin, "Scientists and the History of Biological Weapons: A Brief Historical Overview of the Development of Biological Weapons in the Twentieth Century," *EMBO Reports* 7, special issue (2006): S45–S49.

18. Ian Kershaw, "The Great Famine and Agrarian Crisis in England 1315–1322," *Past and Present* 59, no. 1 (1973): 3–50.

19. Dorothy Crawford, *Deadly Companions: How Microbes Shaped Our History* (Oxford: Oxford University Press, 2007), 105–106.

20. Alastair Dunn, *The Great Rising of 1381: The Peasants' Revolt and England's Failed Revolution* (Stroud, UK: Tempus, 2002); Christopher Dyer, *Making a Living in the Middle Ages: The People of Britain 850–1520* (New Haven, CT: Yale University Press, 2009).

21. Wheelis, "Biological Warfare."

22. Philip Ziegler, *The Black Death* (New York: HarperCollins, 2009), 84–109.

23. G. G. Coulton, *The Black Death* (London: Ernest Benn, 1929), 59–60.

24. William Langland, *Piers Plowman: The C Version*, trans. George Economou (Philadelphia: University of Pennsylvania Press, 1996), 100–101.

25. Ziegler, *Black Death*.

26. Marc Saperstein and Jacob Rader Marcus, *The Jews in Christian Europe: A Source Book, 315–1791* (Pittsburgh, PA: University of Pittsburgh Press, 2015).

27. Ziegler, *Black Death*.

28. John Aberth, *The Black Death: The Great Mortality of 1348–1350: A Brief History with Documents* (Boston, MA: Bedford/St. Martin's, 2005), 158–159.

29. Marchione di Coppo Stefani, *Cronaca fiorentina. Rerum Italicarum Scriptores*, ed. Niccolo Rodolico, vol. 30 (Florence: Citta di Castello, 1903).

30. J. Matovinovic, "A Short History of Quarantine (Victor C. Vaughan)," *University of Michigan Medical Center Journal* 35, no. 4 (1969): 224–228.

31. Vern Bullough, *The Development of Medicine as a Profession: The Contribution of the Medieval University to Modern Medicine* (New York: Hafner, 1966), 104–110.

32. Anna Montgomery Campbell, *The Black Death and Men of Learning* (New York: Columbia University Press, 1931), 146–180.

33. Millard Meiss, *Painting in Florence and Siena After the Black Death* (Princeton, NJ: Princeton University Press, 1951), 67–74.

34. Christine Boeckl, "The Pisan Triumph of Death and the Papal Constitution Benedictus Deus," *Artibus et Historiae* 18, no. 36 (1997): 55–60.

35. James Snyder, *Northern Renaissance Art: Paintings, Sculpture, the Graphic Arts from 1350 to 1575* (New York: Harry N. Abrams, 1985), 264–265.

36. The Limbourg Brothers, "Procession of Flagellants," in *Belles Heures of Jean de France, duc de Berry* (New York: The Cloisters Collection, 1954).

37. Sophie Oosterwijk, "Of Corpses, Constables, and Kings: The Danse Macabre in Late Medieval and Renaissance Culture," *Journal of the British Archaeological Association* 157 (2004): 66–67.

38. Hafid Laayouni et al., "Convergent Evolution in European and Rroma Populations Reveals Pressure Exerted by Plague on Toll-Like Receptors," *Proceedings of the National Academy of Sciences USA* 111, no. 7 (2014): 2668–2673.

39. S. K. Cohn Jr. and L. T. Weaver, "The Black Death and AIDS: CCR5-Delta32 in Genetics and History," *QJM* 99, no. 8 (2006): 497–503.

40. C. Tollenaere et al., "CCR5 Polymorphism and Plague Resistance in Natural Populations of the Black Rat in Madagascar," *Infection, Genetics and Evolution* 8, no. 6 (2008): 891–897; K. L. Styer et al., "Study of the Role of CCR5 in a Mouse Model of Intranasal Challenge with *Yersinia pestis*," *Microbes and Infection* 9, no. 9 (2007): 1135–1138.

41. T. Butler, "Plague History: Yersin's Discovery of the Causative Bacterium in 1894 Enabled, in the Subsequent Century, Scientific Progress in Understanding the Disease and the Development of Treatments and Vaccines," *Clinical Microbiology and Infection* 20, no. 3 (2014): 202–209.

42. Myron Echenberg, *Plague Ports: The Global Urban Impact of Bubonic Plague, 1894–1901* (New York: New York University Press, 2007), 66–68.

43. Myron Echenberg, *Plague Ports: The Global Urban Impact of Bubonic Plague, 1894–1901* (New York: New York University Press, 2007), 66–68.

Chapter 3

1. John Rhodes, *The End of Plagues: The Global Battle against Infectious Disease* (New York: St. Martin's Press, 2013), 10.

2. N. Barquet and P. Domingo, "Smallpox: The Triumph Over the Most Terrible of the Ministers of Death," *Annals of Internal Medicine* 127, no. 8 (pt. 1) (1997): 635–642.

3. Abbas Behbehani, "The Smallpox Story: Life and Death of an Old Disease," *Microbiological Reviews* 47, no. 4 (1983): 455–509.

4. Abbas Behbehani, "The Smallpox Story: Life and Death of an Old Disease," *Microbiological Reviews* 47, no. 4 (1983): 455–509.

5. Donald Hopkins, *The Greatest Killer: Smallpox in History* (Chicago, IL: University of Chicago Press, 2002), 104.

6. Cheston Cunha and Burke Cunha, "Great Plagues of the Past and Remaining Questions," in *Paleomicrobiology: Past Human Infections*, ed. D. Raoult and M. Drancourt (Berlin Heidelberg: Springer-Verlag, 2008).

7. Cheston Cunha and Burke Cunha, "Great Plagues of the Past and Remaining Questions," in *Paleomicrobiology: Past Human Infections*, ed. D. Raoult and M. Drancourt (Berlin Heidelberg: Springer-Verlag, 2008).

8. R. J. Littman and M. L. Littman, "Galen and the Antonine Plague," *American Journal of Philology* 94, no. 3 (1973): 243–255.

9. Cunha and Cunha, "Great Plagues of the Past."

10. J. R. Fears, "The Plague Under Marcus Aurelius and the Decline and Fall of the Roman Empire," *Infectious Disease Clinics of North America* 18, no. 1 (2004): 65–77.

11. J. R. Fears, "The Plague Under Marcus Aurelius and the Decline and Fall of the Roman Empire," *Infectious Disease Clinics of North America* 18, no. 1 (2004): 65–77.

12. Rodney Stark, *The Rise of Christianity: How the Obscure, Marginal Jesus Movement Became the Dominant Religious Force in the Western World in a Few Centuries* (San Francisco, CA: Harper, 1996), 73–94.

13. Rodney Stark, *The Rise of Christianity: How the Obscure, Marginal Jesus Movement Became the Dominant Religious Force in the Western World in a Few Centuries* (San Francisco, CA: Harper, 1996), 73–94.

14. Paul Johnson, *A History of Christianity* (New York: Antheneum, 1976).

15. Stark, *Rise of Christianity*.

16. Caroline Finkel, *Osman's Dream: The History of the Ottoman Empire* (New York: Basic Books, 2006), 115–151.

17. Bailey Diffie and George Winius, *Foundations of the Portuguese Empire, 1415–1580*, vol. I (St. Paul: University of Minnesota Press, 1977), 57–95.

18. F. Fenner et al., *Smallpox and Its Eradication* (Geneva, CH: World Health Organization, 1988), 233–240.

19. F. Fenner et al., *Smallpox and Its Eradication* (Geneva, CH: World Health Organization, 1988), 233–240.

20. Douglas Wheeler, "A Note on Smallpox in Angola, 1670–1875," *Studia* 13/14 (1964): 351–362.

21. Fenner et al., *Smallpox*.

22. David Henige, "When Did Smallpox Reach the New World (and Why Does It Matter)?," in *Africans in Bondage: Studies in Slavery and the Slave Trade*, ed. Philip Curtin and Paul Lovejoy (Madison: University of Wisconsin-Madison Press, 1986), 11–26.

23. Hopkins, *Greatest Killer*, 205.

24. Hopkins, *Greatest Killer*, 205.

25. William Prescott, *History of the Conquest of Mexico* (New York: Modern Library, 2001), 157–169.

26. William Prescott, *History of the Conquest of Mexico* (New York: Modern Library, 2001), 157–169.

27. William Prescott, *History of the Conquest of Mexico* (New York: Modern Library, 2001), 170–193.

28. William Prescott, *History of the Conquest of Mexico* (New York: Modern Library, 2001), 194–220.

29. William Prescott, *History of the Conquest of Mexico* (New York: Modern Library, 2001), 505–527.

30. Francis Borgia Steck, *Motolinia's History of the Indians of New Spain* (Oceanside, CA: Academy of American Franciscan History, 1951).

31. Prescott, *Conquest of Mexico*, 796–828.

32. Juan de Betanzos, *Narrative of the Incas*, trans. and ed. Roland Hamilton and Dana Buchanon (Austin: University of Texas Press, 1996), 182–302.

33. Juan de Betanzos, *Narrative of the Incas*, trans. and ed. Roland Hamilton and Dana Buchanon (Austin: University of Texas Press, 1996), 182–302.

34. Hopkins, *Greatest Killer*, 214–215.

35. A. W. Crosby, "Virgin Soil Epidemics as a Factor in the Aboriginal Depopulation in America," *William and Mary Quarterly* 33 (1976): 289–299.

36. Increase Mather, *Early History of New England: Being a Relation of Hostile Passages between the Indians and European Voyagers and First Settlers: and a Full Narrative of Hostilities, to the Close of the War with the Pequots, in the Year 1637: Also a Detailed Account of the Origin of the War with King Philip* (Albany, NY: J. Munsell, 1864), 110.

37. Fenner et al., *Smallpox*.

38. J. L. Cumpston, *The History of Smallpox in Australia, 1788–1908* (Melbourne: Government of Australia Printer, 1914).

39. J. L. Cumpston, *The History of Smallpox in Australia, 1788–1908* (Melbourne: Government of Australia Printer, 1914).

40. Donald Hopkins, *Princes and Peasants: Smallpox in History* (Chicago, IL: University of Chicago Press, 1983).

41. James Carrick Moore, *The History of the Smallpox* (Charleston, SC: Nabu Press, 2010), 96.

42. Hopkins, *Princes and Peasants*.

43. Hopkins, *Princes and Peasants*

44. Behbehani, "Smallpox Story."

45. Behbehani, "Smallpox Story."

46. J. M. Eyler, "Smallpox in History: The Birth, Death, and Impact of a Dread Disease," *Journal of Laboratory and Clinical Medicine* 142, no. 4 (2003): 216–220.

47. Thomas Cone Jr., "Benjamin Franklin's Account of Inoculation (Variolation) in Boston," *Pediatrics* 54, no. 5 (1974): 586.

48. Elizabeth Fenn, *Pox Americana: The Great Smallpox Epidemic of 1775–82* (New York: Hill and Wang, 2001).

49. "Letter from John Adams to Abigail Adams, 26 June 1776," accessed December 14, 2014, https://www.masshist.org/digitaladams/archive/doc?id=L17760626ja.

50. Fenn, *Pox Americana*.

51. Fenn, *Pox Americana*

52. Fenn, *Pox Americana*

53. Edward Jenner, "An Inquiry into the Causes and Effects of the Variolae Vaccinae, a Disease Discovered in Some of the Western Counties of England, Particularly Gloucestershire, and Known by the Name of the Cow Pox," in *Classics of Medicine and Surgery*, ed. C. N. B. Camac (New York: Dover, 1959), 213–240.

54. Edward Jenner, "An Inquiry into the Causes and Effects of the Variolae Vaccinae, a Disease Discovered in Some of the Western Counties of England, Particularly Gloucestershire, and Known by the Name of the Cow Pox," in *Classics of Medicine and Surgery*, ed. C. N. B. Camac (New York: Dover, 1959), 213–240.

55. Gary Nabel, "Designing Tomorrow's Vaccines," *New England Journal of Medicine* 386, no. 6 (2013): 551–560.

56. Fenner et al., *Smallpox*, 322–418.

57. Ibid.; Donald Henderson, "Smallpox Eradication—A Cold War Victory," *World Health Forum* 19 (1998): 113–119.

58. Ibid.; Donald Henderson, "Smallpox Eradication—A Cold War Victory," *World Health Forum* 19 (1998): 113–119.

59. Henderson, "Smallpox Eradication."

60. David Koplow, "Deliberate Extinction: Whether to Destroy the Last Small-pox Virus," *Suffolk University Law Review* 37, no. 1 (2004): 1–50.

61. David Koplow, "Deliberate Extinction: Whether to Destroy the Last Small-pox Virus," *Suffolk University Law Review* 37, no. 1 (2004): 1–50.

Chapter 4

1. "Fact Sheet: World Malaria Report 2016," accessed December 30, 2016, http://www.who.int/malaria/media/world-malaria-report-2016/en/.

2. E. Worrall, S. Basu, and K. Hanson, "Is Malaria a Disease of Poverty? A Review of the Literature," *Tropical Medicine and International Health* 10, no. 10 (2005): 1047–1059.

3. A. S. Aly, A. M. Vaughan, and S. H. Kappe, "Malaria Parasite Development in the Mosquito and Infection of the Mammalian Host," *Annual Review of Microbiology* 63 (2009): 195–221.

4. A. S. Aly, A. M. Vaughan, and S. H. Kappe, "Malaria Parasite Development in the Mosquito and Infection of the Mammalian Host," *Annual Review of Microbiology* 63 (2009): 195–221.

5. A. S. Aly, A. M. Vaughan, and S. H. Kappe, "Malaria Parasite Development in the Mosquito and Infection of the Mammalian Host," *Annual Review of Microbiology* 63 (2009): 195–221.

6. David J. Conway, Caterina Fanello, Jennifer M. Lloyd et al., "Origin of *Plasmodium falciparum* Malaria Is Traced by Mitochondrial DNA," *Molecular and Biochemical Parasitology* 111 (2000): 163–171.

7. Richard Carter and Kamini Mendis, "Evolutionary and Historical Aspects of the Burden of Malaria," *Clinical Microbiology Reviews* 15, no. 4 (2002): 564–594.

8. Richard Carter and Kamini Mendis, "Evolutionary and Historical Aspects of the Burden of Malaria," *Clinical Microbiology Reviews* 15, no. 4 (2002): 564–594.

9. Richard Carter and Kamini Mendis, "Evolutionary and Historical Aspects of the Burden of Malaria," *Clinical Microbiology Reviews* 15, no. 4 (2002): 564–594.

10. Hippocrates, *Airs, Waters, and Places*, trans. W. H. S. Jones (New York: Putnam, 1923).

11. Ernst Hempelmann and Kristine Krafts, "Bad Air, Amulets and Mosquitoes: 2,000 Years of Changing Perspectives on Malaria," *Malaria Journal* 12 (2013): 232.

12. Robert Sallares, *Malaria and Rome: A History of Malaria in Ancient Italy* (Oxford: Oxford University Press, 2002), 43–114.

13. Pliny the Elder, *Natural History: A Selection*, trans. J. F. Healy (New York: Penguin, 1991), 355–356.

14. Robert Sallares, *Malaria and Rome: A History of Malaria in Ancient Italy* (Oxford: Oxford University Press, 2002), 168–191.

15. J. H. Robinson, *Readings in European History* (Boston, MA: Ginn, 1905), 49–51.

16. B. A. Cunha, "The Death of Alexander the Great: Malaria or Typhoid

Fever?," *Infectious Disease Clinics of North America* 18, no. 1 (2004): 53–63.

17. Karen Masterson, *The Malaria Project: The U.S. Government's Secret Mission to Find a Miracle Cure* (New York: Penguin, 2014), 11.

18. Thomas Pakenham, *The Scramble for Africa: White Man's Conquest of the Dark Continent from 1876 to 1912* (New York: Avon Books, 1991), 1–140.

19. Philip Curtin, "The End of the 'White Man's Grave'? Nineteenth-Century Mortality in West Africa," *Journal of Interdisciplinary History* 21, no. 1 (1990): 63–88.

20. Fiammetta Rocco, *The Miraculous Fever-Tree: Malaria, Medicine and the Cure That Changed the World* (London: HarperCollins, 2003).

21. Marie Louise Duran-Reynals, *The Fever Bark Tree: The Pageant of Quinine* (Garden City, NY: Doubleday, 1946).

22. Rocco, *Miraculous Fever-Tree*; Benjamin Blass, *Basic Principles of Drug Discovery and Development* (Cambridge, MA: Academic Press, 2015), 38.

23. Francisco Medina Rodríguez, "Precisions on the History of Quinine," *Reumatología Clínica* 3, no. 4 (2007): 194–196.

24. Saul Jarcho, *Quinine's Predecessor: Francesco Torti and the Early History of Cinchona* (Baltimore, MD: Johns Hopkins University Press, 1993), 14–16.

25. Duran-Reynals, *The Fever Bark Tree*.

26. Mark Honigsbaum, *The Fever Trail: Malaria, the Mosquito and the Quest for Quinine* (London: Macmillan, 2001).

27. R. Kyle and M. Shampe, "Discoverers of Quinine," *Journal of the American Medical Association* 229, no. 4 (1974): 462.

28. Jane Achan et al., "Quinine, an Old Anti-malarial Drug in a Modern World: Role in the Treatment of Malaria," *Malaria Journal* 10 (2011): 144.

29. Bob Whitfield, *Germany, 1848–1914* (Portsmouth, NH: Heinemann, 2000), 127–142.

30. John Davis, ed., *Italy in the Nineteenth Century: 1796–1900* (London: Oxford University Press, 2000), 154–180.

31. Matthew Craven, "Between Law and History: The Berlin Conference of 1884–1885 and the Logic of Free Trade," *London Review of International Law* 3, no. 1 (2015): 31–59.

32. John Luke Gallup and Jeffrey Sachs, "The Economic Burden of Malaria," *American Journal of Tropical Medicine and Hygiene* 64, no. 1 (2001): 85–96; "Economic Costs of Malaria," accessed November 25, 2015, http://www.rollbackmalaria.org/files/files/toolbox/RBM%20Economic%20Costs%20of%20Malaria.pdf.

33. Rustam Aminov, "A Brief History of the Antibiotic Era: Lessons Learned and Challenges for the Future," *Frontiers in Microbiology* 1, no. 134 (2010): 1–7.

34. David McCullough, *The Path between the Seas: The Creation of the Panama Canal, 1870–1914* (New York: Simon and Schuster, 1977), 101–152.

35. David McCullough, *The Path between the Seas: The Creation of the Panama Canal, 1870–1914* (New York: Simon and Schuster, 1977), 153–203.

36. David McCullough, *The Path between the Seas: The Creation of the Panama Canal, 1870–1914* (New York: Simon and Schuster, 1977), 101–152.

37. David McCullough, *The Path between the Seas: The Creation of the Panama Canal, 1870–1914* (New York: Simon and Schuster, 1977), 153–203.

38. David McCullough, *The Path between the Seas: The Creation of the Panama Canal, 1870–1914* (New York: Simon and Schuster, 1977), 243–402.

39. David McCullough, *The Path between the Seas: The Creation of the Panama Canal, 1870–1914* (New York: Simon and Schuster, 1977), 403–489.

40. David McCullough, *The Path between the Seas: The Creation of the Panama Canal, 1870–1914* (New York: Simon and Schuster, 1977), 403–489.

41. David McCullough, *The Path between the Seas: The Creation of the Panama Canal, 1870–1914* (New York: Simon and Schuster, 1977), 101–152.

42. Ronald Ross, "In Exile, Reply—What Ails the Solitude" (1897), in Luke A. Baton and Lisa C. Ranford-Cartwright, "Spreading the Seeds of Million-Murdering Death: Metamorphoses of Malaria in the Mosquito," *Trends in Parasitology* 21, no. 12 (2005): 573–580.

43. McCullough, *Path between the Seas*, 403–489.

44. McCullough, *Path between the Seas*, 403–489.

45. C. H. Melville, "The Prevention of Malaria in War," in *The Prevention of Malaria*, ed. Ronald Ross (London: John Murray, 1910), 577–599.

46. J. R. McNeill, "Malarial Mosquitoes Helped Defeat British in Battle That Ended Revolutionary War," *Washington Post*, October 18, 2010.

47. Bernard Brabin, "Malaria's Contribution to World War One—The Unexpected Adversary," *Malaria Journal* 13 (2014): 497.

48. Paul Russell, Luther West, and Reginald Manwell, *Practical Malariology* (Philadelphia, PA: W. B. Saunders, 1946).

49. Vassiliki Smocovitis, "Desperately Seeking Quinine: The Malaria Threat Drove the Allies' WWII Cinchona Mission," *Modern Drug Discovery* 6, no. 5 (2003): 57–58.

50. Vassiliki Smocovitis, "Desperately Seeking Quinine: The Malaria Threat Drove the Allies' WWII Cinchona Mission," *Modern Drug Discovery* 6, no. 5 (2003): 57–58.

51. C. W. Hays, "The United States Army and Malaria Control in World War II," *Parassitologia* 42, no. 1–2 (2000): 47–52.

52. Elizabeth Etheridge, *Sentinel for Health: A History of the Centers for Disease Control* (Berkeley: University of California Press, 1992).

53. Hays, "United States Army."

54. J. Richardson, A. Roy, S. L. Shalat et al., "Elevated Serum Pesticide Levels and Risk for Alzheimer Disease," *Journal of the American Medical Association Neurology* 71, no. 3 (2014): 284–290.

55. Carter and Mendis, "Evolutionary and Historical Aspects."

56. Carter and Mendis, "Evolutionary and Historical Aspects."

57. Carter and Mendis, "Evolutionary and Historical Aspects."

58. Carter and Mendis, "Evolutionary and Historical Aspects."

59. Carter and Mendis, "Evolutionary and Historical Aspects."

Chapter 5

1. Frank Ryan, *Tuberculosis: The Greatest Story Never Told—The Search for the Cure and the New Global Threat* (Sheffield, UK: Swift, 1992), 10.

2. Bruce Rothschild et al., "*Mycobacterium tuberculosis* Complex DNA from an Extinct Bison Dated 17,000 Years Before the Present," *Clinical Infectious Diseases* 33, no. 3 (2001): 305–311.

3. H. D. Chalke, "The Impact of Tuberculosis on History, Literature and Art," *Medical History* 6, no. 4 (1962): 301–318.

4. Friedrich Engels, *The Condition of the Working Class in England in 1844* (Oxford: Oxford University Press, 2009), 29.

5. "Contagion: Historical Views of Diseases and Epidemics—Tuberculosis in Europe and North America, 1800–1922," Harvard University Library Open Collections Program, accessed June 12, 2015, http://ocp.hul.harvard.edu/contagion /tuberculosis.html.

6. David Wagner, *The Poorhouse: America's Forgotten Institution* (Lanham, MD: Rowman and Littlefield, 2005), 1–58.

7. Robert Koch, "An Address on the Fight against Tuberculosis in the Light of the Experience That Has Been Gained in the Successful Combat of Other Infectious Diseases," *British Medical Journal* 2, no. 2117 (1901): 187–193.

8. P. S. Sledzik and N. Bellantoni, "Brief Communication: Bioarcheological and Biocultural Evidence for the New England Vampire Folk Belief," *American Journal of Physical Anthropology* 94, no. 2 (1994): 269–274.

9. Theophilus Thompson, "Hints on Some Relations of Morals and Medicine, with Special Reference to Pulmonary Consumption," *London Journal of Medicine* 3, no. 29 (1851): 403–405.

10. René Jules Dubos and Jean Dubos, *The White Plague: Tuberculosis, Man, and Society* (New Brunswick, NJ: Rutgers University Press, 1952), 44–68; Chalke, "Impact of Tuberculosis."

11. Mark Caldwell, *The Last Crusade: The War on Consumption, 1862–1954* (New York: Atheneum, 1988).

12. Dubos and Dubos, *White Plague*; Chalke, "Impact of Tuberculosis."

13. Peter Warren, "The Evolution of the Sanatorium: The First Half-Century, 1854–1904," *Canadian Bulletin of Medical History* 23, no. 2 (2006): 457–476.

14. George Bodington, *An Essay on the Treatment and Cure of Pulmonary Consumption* (London: Longman, 1840).

15. Warren, "Evolution of the Sanatorium."

16. Richard Sucre, "The Great White Plague: The Culture of Death and the Tuberculosis Sanatorium," accessed March 15, 2015, http://www.faculty.virginia.edu/blueridgesanatorium/death.htm.

17. T. N. Kelynack, "The Tuberculosis Problem," *British Journal of Tuberculosis* 1, no. 1 (1907): 3.

18. Warren, "Evolution of the Sanatorium."

19. Tuberculosis Chemotherapy Centre, "A Concurrent Comparison of Home and Sanatorium Treatment of Pulmonary Tuberculosis in South India," *Bulletin of the World Health Organization* 21, no. 1 (1959): 51–144.

20. Steve Blevins and Michael Bronze, "Robert Koch and the 'Golden Age' of Bacteriology," *International Journal of Infectious Diseases* 14 (2010): e744–e751.

21. "The Postulates of Robert Koch," *Journal of the American Medical Association* 175, no. 11 (1961): 1003–1005.

22. "Robert Koch and Tuberculosis: Koch's Famous Lecture," accessed June 10, 2015, https://www.nobelprize.org/educational/medicine/tuberculosis/readmore.html.

23. "Robert Koch and Tuberculosis: Koch's Famous Lecture," accessed June 10, 2015, https://www.nobelprize.org/educational/medicine/tuberculosis/readmore.html.

24. Blevins and Bronze, "Robert Koch."

25. Blevins and Bronze, "Robert Koch."

26. Blevins and Bronze, "Robert Koch."

27. Venita Jay, "The Legacy of Carl Weigert," *Journal of Histotechnology* 22, no. 1 (1999): 59–60.

28. V. H. Holsinger, K. T. Rajkowski, and J. R. Stabel, "Milk Pasteurisation and Safety: A Brief History and Update," *Scientific and Technical Review of the Office International des Epizooties* 16, no. 2 (1997): 441–451.

29. Simona Luca and Traian Mihaescu, "History of BCG Vaccine," *Maedica (Buchar)* 8, no. 1 (2013): 53–58.

30. P. E. Fine, "Variation in Protection by BCG: Implications of and for Heterologous Immunity," *Lancet* 346, no. 8986 (1995): 1339–1345.

31. Ariel Roguin, "Rene Theophile Hyacinthe Laënnec (1781–1826): The Man Behind the Stethoscope," *Clinical Medicine and Research* 4, no. 3 (2006): 230–235.

32. Christoph Gradmann, "Robert Koch and the White Death: From Tuberculosis to Tuberculin," *Microbes and Infection* 8 (2006): 294–301.

33. C. von Pirquet, "Frequency of Tuberculosis in Childhood," *Journal of the American Medical Association* 52 (1909): 675–678.

34. C. Mantoux, "L'intradermo-reaction a la tuberculine," *La Presse medicale* 2 (1910): 10–13.

35. Francis Williams, "The Use of X-Ray Examinations in Pulmonary Tuberculosis," *Boston Medical and Surgical Journal* 157 (1907): 850–853.

36. Thomas Mann, *Magic Mountain* (New York: Alfred A. Knopf, 1995), 216.

37. Stefan Kaufmann, "Paul Ehrlich: Founder of Chemotherapy," *Nature Reviews Drug Discovery* 7 (2008): 373.

38. M. Wainwright, "Streptomycin: Discovery and Resultant Controversy," *History and Philosophy of the Life Sciences* 13, no. 1 (1991): 97–124.

39. M. Wainwright, "Streptomycin: Discovery and Resultant Controversy," *History and Philosophy of the Life Sciences* 13, no. 1 (1991): 97–124.

40. William Rosen, *Miracle Cure: The Creation of Antibiotics and the Birth of Modern Medicine* (New York: Viking, 2017), 204.

41. Wainwright, "Streptomycin."

42. J. Murray, D. E. Schraufnagel, and P. C. Hopewell, "Treatment of Tuberculosis: A Historical Perspective," *Annals of the American Thoracic Society* 12, no. 12 (2015): 1749–1759.

43. W. Fox et al., "The Prevalence of Drug-Resistant Tubercle Bacilli in Untreated Patients with Pulmonary Tuberculosis: A National Survey, 1955–56," *Tubercle* 38 (1957): 71–84.

44. M. D. Iseman, "Tuberculosis Therapy: Past, Present and Future," *European Respiratory Journal* suppl. 36 (2002): 87S–94S.

45. "Global Tuberculosis Report 2014," World Health Organization, accessed July 15, 2015, http://apps.who.int/iris/bitstream/10665/137094/1/9789241564809 _eng.pdf.

46. Kristin Cummings, "Tuberculosis Control: Challenges of an Ancient and Ongoing Epidemic," *Public Health Reports* 122, no. 5 (2007): 683–692.

47. Cesar Bonilla and Jaime Bayona, "Building Political Commitment in Peru for TB Control through Expansion of the DOTS Strategy," *Bulletin of the World Health Organization* 85, no. 5 (2007): 402.

Chapter 6

1. Hans Zinsser, *Rats, Lice, and History* (Abingdon, UK: Routledge, 1935), 153.

2. J. N. Hays, *Epidemics and Pandemics: Their Impacts on Human History* (Santa Barbara, CA: ABC-CLIO, 2005), 1–8.

3. Thucydides, *The Peloponnesian War*, bk. II, trans. "Crawley," rev. ed. T. E. Wick (New York: Modern Library, 1982).

4. Washington Irving, *Chronicle of the Conquest of Granada: From the Mss. of Fray Antonio Agapida* (New York: G. P. Putnam and Son, 1869).

5. Washington Irving, *Chronicle of the Conquest of Granada: From the Mss. of Fray Antonio Agapida* (New York: G. P. Putnam and Son, 1869).

6. Zinsser, *Rats*, 243.

7. Angus Konstam, *Pavia 1525: The Climax of the Italian Wars* (Oxford: Osprey Publishing, 1996).

8. André Chastel and Beth Archer, trans., *The Sack of Rome, 1527* (Princeton, NJ: Princeton University Press, 1983).

9. Zinsser, *Rats*, 250–254.

10. Giles Tremlett, *Catherine of Aragon: The Spanish Queen of Henry VIII* (London: Walker Books, 2010).

11. Giles Tremlett, *Catherine of Aragon: The Spanish Queen of Henry VIII* (London: Walker Books, 2010).

12. Dennis Bratcher, ed., "The Edict of Worms (1521)," accessed August 15, 2015, http://www.crivoice.org/creededictworms.html.

13. Daniel Nexon, *The Struggle for Power in Early Modern Europe: Religious Conflict, Dynastic Empires, and International Change* (Princeton, NJ: Princeton University Press, 2009), 1–2.

14. George Kohn, *Encyclopedia of Plague and Pestilence: From Ancient Times to the Present* (New York: Facts on File, 2007), 69.

15. Peter Wilson, *The Thirty Years War: Europe's Tragedy* (Cambridge, MA: Belknap Press, 2009), 41–48.

16. Peter Wilson, *The Thirty Years War: Europe's Tragedy* (Cambridge, MA: Belknap Press, 2009), 269–313.

17. Peter Wilson, *The Thirty Years War: Europe's Tragedy* (Cambridge, MA: Belknap Press, 2009), 269–313.

18. R. Hare, *Pomp and Pestilence* (New York: Philosophical Library, 1955), 95–152.

19. Zinsser, *Rats*, 272.

20. David Chandler, *The Campaigns of Napoleon* (New York: Simon and Schuster, 1973), 572–592.

21. Owen Connelly, *Blundering to Glory: Napoleon's Military Campaigns* (Wilmington, DE: Scholarly Resources, 2006), 163–190.

22. Antony Brett-James, *1812: Eyewitness Accounts of Napoleon's Defeat in Russia* (New York: Macmillan, 1966).

23. Connelly, *Blundering to Glory*.

24. Brett-James, *1812*.

25. Brett-James, *1812*.

26. David Chandler, *The Campaigns of Napoleon* (New York: Simon and Schuster, 1973), 804–810.

27. David Chandler, *The Campaigns of Napoleon* (New York: Simon and Schuster, 1973), 804–810.

28. Leo Tolstoy, *War and Peace* (1869; repr., New York: Vintage, 2008), 1008.

29. Chandler, *Campaigns of Napoleon*

30. Chandler, *Campaigns of Napoleon*.

31. Christine Kinealy, *This Great Calamity: The Irish Famine 1845–52* (New York: Gill and Macmillan, 1994).

32. Christine Kinealy, *This Great Calamity: The Irish Famine 1845–52* (New York: Gill and Macmillan, 1994).

33. George Kohn, *Encyclopedia of Plague and Pestilence: From Ancient Times to the Present* (New York: Facts on File, 2007), 192.

34. Edward Laxton, *The Famine Ships: The Irish Exodus to America* (New York: Henry Holt, 1997).

35. Robert Whyte and James Mangan, eds., *Robert Whyte's 1847 Famine Ship Diary: The Journey of an Irish Coffin Ship* (London: Irish American Book Co., 1994), 95.

36. Cecil Woodham-Smith, *The Great Hunger—Ireland 1845–1849* (London: Penguin Books, 1991), 217–227.

37. Ibid.; Whyte and Mangan, *Robert Whyte's 1847*; Michael Quigley, "Grosse Ile: Canada's Irish Famine Memorial," *Labour/Le Travail* 39 (1997): 195–214.

38. Richard Gabriel, *Man and Wound in the Ancient World: A History of Military Medicine from Sumer to the Fall of Constantinople* (Lincoln, NE: Potomac Books, 2011), 27.

39. V. Soubbotitch, "A Pandemic of Typhus in Serbia in 1914 and 1915," *Proceedings of the Royal Society of Medicine* 11 (1918): 31–39.

40. D. W. Tschanz, "Typhus Fever on the Eastern Front in World War I," accessed January 18, 2016, http://www.montana.edu/historybug/wwi-tef.html.

41. R. L. Atenstaedt, "Trench Fever: The British Medical Response in the Great War," *Journal of the Royal Society of Medicine* 99, no. 11 (2006): 564–568.

42. Dominic Lieven, *The End of Tsarist Russia: The March to World War I and Revolution* (New York: Viking, 2015).

43. Dominic Lieven, *The End of Tsarist Russia: The March to World War I and Revolution* (New York: Viking, 2015).

44. Dominic Lieven, *The End of Tsarist Russia: The March to World War I and Revolution* (New York: Viking, 2015).

45. K. David Patterson, "Typhus and Its Control in Russia, 1870–1940," *Medical History* 37 (1993): 361–381.

46. K. David Patterson, "Typhus and Its Control in Russia, 1870–1940," *Medical History* 37 (1993): 361–381.

47. C. Nicolle, C. Comte, and L. Conseil, "Transmission expérimentale du typhus exanthématique par le pou du corps," *Comptes Rendus Hebdomadaires des Séances de l'Académie des Sciences* 149 (1909): 486–489.

48. Arthur Allen, *The Fantastic Laboratory of Dr. Weigl: How Two Brave Scientists Battled Typhus and Sabotaged the Nazis* (New York: W. W. Norton, 2015).

49. J. Rutten, *La Mortalite des missionnaires avant et apres l'emploi du vaccine de Weigl. Dossiers de la commission synodale* (Beijing: Peking, 1936), 183–191.

50. Allen, *Fantastic Laboratory.*

51. Allen, *Fantastic Laboratory*

52. "Jewish Mortality Mounts in Warsaw Ghetto as Nazis Refuse to Check Typhus There," *Jewish Telegraphic Agency*, January 22, 1942.

53. Irma Sonnenberg Menkel, "I Saw Anne Frank Die," *Newsweek*, July 21, 1997.

54. Naomi Baumslag, *Murderous Medicine: Nazi Doctors, Human Experimentation, and Typhus* (Santa Barbara, CA: Praeger, 2005), 117–118.

55. G. G. Otto, *Der Jude als Weltparasit* (Munich, DE: Eher Verlag, 1943), accessed from http://research.calvin.edu/german-propaganda-archive/weltparasit.htm.

56. Paul Weindling, *Epidemics and Genocide in Eastern Europe, 1890–1945* (Oxford: Oxford University Press, 2000), 296.

Chapter 7

1. W. Parkinson, *This Gilded African: Toussaint L'Ouverture* (London: Quartet Books, 1978).

2. "Angola Grapples with Worst Yellow Fever Outbreak in 30 Years," accessed April 1, 2016, http://www.who.int/features/2016/angola-worst-yellow-fever/en/.

3. J. E. Bryant, E. C. Holmes, and A. T. Barrett, "Out of Africa: A Molecular Perspective on the Introduction of Yellow Fever Virus into the Americas," *PLOS Pathogens* 3, no. 5 (2007): 668–673.

4. Leonard Rogers, *Fevers in the Tropics, Their Clinical and Microscopical Differentiation Including the Milroy Lecture* (Charleston, SC: BiblioLife, 2009), 266.

5. H. R. Carter, *Yellow Fever: An Epidemiological and Historical Study of Its Place of Origin* (Baltimore, MD: Williams and Wilkins, 1931).

6. Charles Creighton, *A History of Epidemics in Britain from A.D. 864 to the Extinction of Plague*, vol. 1 (Cambridge, UK: Cambridge University Press, 1891), 621.

7. Pedro Nogueira, "The Early History of Yellow Fever," accessed April 10, 2016, http://jdc.jefferson.edu/yellow_fever_symposium/10.

8. Mulford Stough, "The Yellow Fever in Philadelphia 1793," *Pennsylvania History: A Journal of Mid-Atlantic Studies* 6, no. 1 (1939): 6–13.

9. Benjamin Rush, *An Account of the Bilious Remitting Yellow Fever, as It Appeared in the City of Philadelphia, in the Year 1793* (Charleston, SC: Nabu Press, 2011).

10. "To James Madison from Thomas Jefferson, 1 September 1793," accessed April 20, 2016, https://founders.archives.gov/documents/Madison/01-15-02-0063.

11. Gary Nash, *Forging Freedom: The Formation of Philadelphia's Free Black Community 1760–1820* (Cambridge, MA: Harvard University Press, 1988).

12. "Benjamin Rush to Richard Allen, Mss. Correspondence of Dr. Benjamin Rush, Yellow Fever," pt. IV, 38 (1793).

13. "Benjamin Rush to Richard Allen, Mss. Correspondence of Dr. Benjamin Rush, Yellow Fever," pt. IV, 38 (1793).

14. Absalom Jones, Richard Allen, and Matthew Clarkson, *A Narrative of the Proceedings of the Black People, During the Late Awful Calamity in Philadelphia, in the Year 1793: and a Refutation of Some Censures, Thrown upon Them in Some Late Publications* (1794; repr., Philadelphia, PA: Rhistoric, 1969).

15. "Benjamin Rush (Philadelphia) Letter to Julia Stockton Rush, 1793 September 18," accessed June 24, 2016, https://repository.duke.edu/dc/rushbenjaminandjulia/brpst016018.

16. "Benjamin Rush to Richard Allen."

17. Mathew Carey, *A Short Account of the Malignant Fever Which Prevailed in Philadelphia, 1793* (Philadelphia, 1793), 13–28, 65–68, 83–92.

18. Jones et al., *Narrative*.

19. Jones et al., *Narrative*.

20. Benjamin Henry Latrobe, *Journal of Latrobe: The Notes and Sketches of an Architect, Naturalist and Traveler in the United States from 1796 to 1820* (Carlisle, MA: Applewood Books, 2007), 97.

21. Jim Byrne, "The Philadelphia Lazaretto: A Most Unloved Institution," accessed April 27, 2016, http://pabook2.libraries.psu.edu/palitmap/Lazaretto.html.

22. Bill Marshall, *France and the Americas: Culture, Politics, and History* (Santa Barbara, CA: ABC-CLIO, 2005), 17–26.

23. Fred Anderson, *The War That Made America: A Short History of the French and Indian War* (New York: Viking, 2005).

24. Clarence Munford and Michael Zeuske, "Black Slavery, Class Struggle, Fear and Revolution in St. Domingue and Cuba, 1785–1795," *Journal of Negro History* 73, no. 1/4 (1988): 12–32.

25. Philip Curtin, "The Declaration of the Rights of Man in Saint-Domingue, 1788–1791," *Hispanic American Historical Review* 30, no. 2 (1950): 157–175.

26. "Declaration of the Rights of Man—1789," accessed May 1, 2016, http://avalon.law.yale.edu/18th_century/rightsof.asp.

27. C. L. R. James, *The Black Jacobins: Toussaint L'Ouverture and the San Domingo Revolution* (London: PenguinVintage, 1989).

28. Junius Rodriguez, *Encyclopedia of Emancipation and Abolition in the Transat-*

lantic World (Abingdon, UK: Routledge, 2007), 283; D. Geggus, "Yellow Fever in the 1790s: The British Army in Occupied Saint Domingue," *Medical History* 23 (1979): 38–58.

29. Geggus, "Yellew Fever"; J. R. McNeill, *Mosquito Empires: Ecology and War in the Greater Caribbean, 1620–1914* (Cambridge, UK: Cambridge University Press, 2010).

30. McNeill, *Mosquito Empires.*

31. H. Meziere, *Le General Leclerc et l'expedition de Saint-Domingue* (Paris: Bibliotheque Napoleonienne Tallandier, 1990).

32. John Marr and John Cathey, "The 1802 Saint-Domingue Yellow Fever Epidemic and the Louisiana Purchase," *Journal of Public Health Management Practice* 19, no. 1 (2013): 77–82.

33. John Miller and Mark Molesky, *Our Oldest Enemy: A History of America's Disastrous Relationship with France* (New York: Doubleday, 2004), 104.

34. Lester King, "Sword of Pestilence: The New Orleans Yellow Fever Epidemic of 1853," *Journal of the American Medical Association* 197, no. 6 (1966): 517–518.

35. Molly Crosby, *The American Plague: The Untold Story of Yellow Fever, the Epidemic That Shaped Our History* (New York: Berkley Books, 2007).

36. Glenn Robins, *The Bishop of the Old South: The Ministry and Civil War Legacy of Leonidas Polk* (Macon, GA: Mercer University Press, 2006), 63.

37. Mariola Espinosa, "The Question of Racial Immunity to Yellow Fever in History and Historiography," *Social Science History* 38 (2014): 437–453.

38. Crosby, *American Plague.*

39. Crosby, *American Plague.*

40. Jerrold Michael, "The National Board of Health: 1879–1883," *Public Health Reports* 126, no. 1 (2011): 123–129.

41. *Congressional Record: Proceedings and Debates of the 45th Congress* (Washington, DC: U.S. Government Printing Office, 1879), 2264.

42. *Transactions of the Medical Association of the State of Alabama: The Report of the State Board of Health* (Mobile, AL: Journal of the Medical Association of the State of Alabama, 1879), 65.

43. Michael, "National Board of Health."

44. Cassandra Copeland, Curtis Jolly, and Henry Thompson, "The History and Potential of Trade between Cuba and the US," *Journal of Business and Economics* 2, no. 3 (2011): 163–174.

45. Louis Perez, *The War of 1898: The United States and Cuba in History and Historiography* (Chapel Hill: University of North Carolina Press, 1998).

46. John Stevens, *Sensationalism and the New York Press* (New York: Columbia University Press, 1991), 91–102.

47. Michael Richman, "A 'Splendid Little War' Built America's Empire," *Washington Post*, April 8, 1998.

48. Annie Riley Hale, *Excerpts from Rooseveltian Fact and Fable* (New York: Broadway Publishing, 1908).

49. A. Agramonte, "A Review of Research in Yellow Fever," *Annals of Internal Medicine* 2 (1928–1929): 138–154.

50. Enrique Chaves-Carballo, "Carlos Finlay and Yellow Fever: Triumph Over Adversity," *Military Medicine* 170, no. 10 (2005): 881.

51. C. E. Finlay, *Carlos Finlay and Yellow Fever* (New York: Oxford University Press, 1940).

52. Chaves-Carballo, "Carlos Finlay."

53. Howard Atwood Kelly, *Walter Reed and Yellow Fever* (Baltimore, MD: Medical Standard Book Co., 1906).

54. James Carroll, "A Brief Review of the Etiology of Yellow Fever," *New York Medical Journal* 79 (1904): 211–245.

55. James Carroll, "A Brief Review of the Etiology of Yellow Fever," *New York Medical Journal* 79 (1904): 211–245.

56. James Carroll, "A Brief Review of the Etiology of Yellow Fever," *New York Medical Journal* 79 (1904): 211–245.

57. Laura Cutter, "Walter Reed, Yellow Fever, and Informed Consent," *Military Medicine* 181, no. 1 (2016): 90–91.

58. Walter Reed, James Carroll, and Aristides Agramonte, "The Etiology of Yellow Fever: An Additional Note," *Journal of the American Medical Association* 36 (1901): 431–440.

59. Max Theiler, "Susceptibility of White Mice to the Virus of Yellow Fever," *Science* 71 (1930): 367.

60. M. Theiler and L. Whitman, "The Danger with Vaccination with Neurotropic Yellow Fever Virus Alone," *Bulletin Mensuel de l'Office International d'hygiene Publique* 27 (1935): 1342–1347.

61. M. Theiler and L. Whitman, "Quantitative Studies of the Virus and Immune Serum Used in Vaccination against Yellow Fever," *American Journal of Tropical Medicine* 15 (1935): 347–356.

62. W. A. Sawyer et al., "Jaundice in Army Personnel in the Western Region of the United States and Its Relation to Vaccination against Yellow Fever," *American Journal of Hygiene* 39 (1944): 337–430.

63. M. Theiler and H. H. Smith, "The Use of Yellow Fever Modified by *In Vitro* Cultivation for Human Immunization," *Journal of Experimental Medicine* 65 (1937): 787–800.

64. Erling Norrby, "Yellow Fever and Max Theiler: The Only Nobel Prize for a Virus Vaccine," *Journal of Experimental Medicine* 204, no. 12 (2007): 2779–2784.

Chapter 8

1. George Wood, *A Treatise on the Practice of Medicine*, vol. 1 (Philadelphia, PA: J.B. Lippincott, 1858), 715.

2. A. A. Kousoulis, "Etymology of Cholera," *Emerging Infectious Diseases* 18, no. 3 (2012): 540.

3. R. Pollitzer, "Cholera Studies," *Bulletin of the World Health Organization* 10 (1954): 421–461.

4. R. S. Bray, *Armies of Pestilence: The Impact of Disease on History* (Cambridge,

UK: James Clarke, 1996), 159.

5. C. Macnamara, *A History of Asiatic Cholera* (London: Macmillan, 1876).

6. Pollitzer, "Cholera Studies."

7. J. N. Hays, *Epidemics and Pandemics: Their Impacts on Human History* (Santa Barbara, CA: ABC-CLIO, 2005), 211–225.

8. John Noble Wilford, "How Epidemics Helped Shape the Modern Metropolis," *New York Times*, April 15, 2008.

9. Yury Bosin, "Russia, Cholera Riots of 1830–1831," in *International Encyclopedia of Revolution and Protest*, ed. Immanuel Ness (Hoboken, NJ: Blackwell, 2009), 2877–2878.

10. Wilford, "How Epidemics Helped Shape."

11. John Pintard, *Letters from John Pintard to His Daughter, Eliza Noel Pintard Davidson, 1816–1833*, vol. 4 (New York: New York Historical Society, 1941).

12. R. E. McGrew, *Russia and the Cholera: 1823–1832* (Madison: University of Wisconsin Press, 1965).

13. Aleksandr Nikitenko, *The Diary of a Russian Censor*, ed. and trans. Helen Jacobson (Amherst: University of Massachusetts Press, 1975), 34–35.

14. Aleksandr Nikitenko, *The Diary of a Russian Censor*, ed. and trans. Helen Jacobson (Amherst: University of Massachusetts Press, 1975), 34–35.

15. *Liverpool Mercury*, October 13, 1826.

16. *Liverpool Mercury*, October 26, 1827.

17. B. Bailey, *Burke and Hare: The Year of the Ghouls* (Edinburgh, UK: Mainstream, 2002).

18. Lisa Rosner, *Being the True and Spectacular History of Edinburgh's Notorious Burke and Hare and of the Man of Science Who Abetted Them in the Commission of Their Most Heinous Crimes* (Philadelphia: University of Pennsylvania Press, 2010), 74.

19. A. W. Bates, *The Anatomy of Robert Knox: Murder, Mad Science, and Medical Regulation* (Sussex, UK: Sussex Academic Press, 2010).

20. Geoffrey Gill, Sean Burrell, and Jody Brown, "Fear and Frustration: The Liverpool Cholera Riots of 1832," *Lancet* 358, no. 9277 (2001): 233–237.

21. Geoffrey Gill, Sean Burrell, and Jody Brown, "Fear and Frustration: The Liverpool Cholera Riots of 1832," *Lancet* 358, no. 9277 (2001): 233–237.

22. Geoffrey Gill, Sean Burrell, and Jody Brown, "Fear and Frustration: The Liverpool Cholera Riots of 1832," *Lancet* 358, no. 9277 (2001): 233–237.

23. Geoffrey Gill, Sean Burrell, and Jody Brown, "Fear and Frustration: The Liverpool Cholera Riots of 1832," *Lancet* 358, no. 9277 (2001): 233–237.

24. Dean Kirby, *Angel Meadow: Victorian Britain's Most Savage Slum* (Barnsley, UK: Pen and Sword, 2016), 37–38.

25. Theodore Friedgut, "Labor Violence and Regime Brutality in Tsarist Russia: The Iuzovka Cholera Riots of 1892," *Slavic Review* 46, no. 2 (1987): 245–265.

26. James Harvey Robinson, *Readings in European History: From the Opening of the Protestant Revolt to the Present Day* (Charleston, SC: Nabu Press, 2010), 333–334.

27. Anthony Wild, *The East India Company: Trade and Conquest from 1600* (New York: HarperCollins, 2000).

28. Anthony Wild, *The East India Company: Trade and Conquest from 1600* (New York: HarperCollins, 2000).

29. "Kumbh Mela 2013," accessed July 1, 2016, http://kumbhmelaallahabad .gov.in/english/index.html.

30. "Kumbh Mela 2013," accessed July 1, 2016, http://kumbhmelaallahabad .gov.in/english/index.html.

31. Norman Howard-Jones, *The Scientific Background of the International Sanitary Conferences 1851–1938* (Geneva. CH: World Health Organization, 1975).

32. Samuel Abbot, trans., *Report to the International Sanitary Conference of a Commission from That Body, to Which Were Referred the Questions Relative to the Origin, Endemicity, Transmissibility and Propagation of Asiatic Cholera* (Boston, MA: International Sanitary Conference, 1867).

33. Samuel Abbot, trans., *Report to the International Sanitary Conference of a Commission from That Body, to Which Were Referred the Questions Relative to the Origin, Endemicity, Transmissibility and Propagation of Asiatic Cholera* (Boston, MA: International Sanitary Conference, 1867).

34. David Arnold, "Cholera and Colonialism in British India," *Past and Present* 113 (1986): 118–151.

35. David Arnold, "Cholera and Colonialism in British India," *Past and Present* 113 (1986): 118–151.

36. C. Macnamara, *A History of Asiatic Cholera* (London: Macmillan, 1876), 91–92.

37. David Long, *The Hajj Today: A Survey of the Contemporary Pilgrimage to Makkah* (Albany: State University of New York Press, 1979), 69–73.

38. Achille Proust, *Essai sur l'hygiéne, avec une carte indiquant la marche des épidémies de choléra par les routes de terre et la voie maritime* (Paris: G. Masson, 1873).

39. Howard-Jones, *Scientific Background*.

40. Howard-Jones, *Scientific Background*.

41. Valeska Huber, "The Unification of the Globe by Disease? The International Sanitary Conferences on Cholera, 1851–1894," *Historical Journal* 49, no. 2 (2006): 453–476.

42. M. French Sheldon, *Sultan to Sultan: Adventures Among the Masai and Other Tribes of East Africa* (Norman, OK: Saxon, 1892), 29.

43. "BMJ Readers Choose the 'Sanitary Revolution' as Greatest Medical Advance Since 1840," *British Medical Journal* 334 (2007): 111.

44. Friedrich Engels, *The Condition of the Working Class in England in 1844* (Oxford: Oxford University Press, 2009).

45. *London Gazette*, October 21, 1831.

46. A. Susan Williams, *The Rich Man and the Diseased Poor in Early Victorian Literature* (London: Macmillan, 1987), 9.

47. Michael Brown, "From Foetid Air to Filth: The Cultural Transformation of British Epidemiological Thought, ca. 1780–1848," *Bulletin of the History of Medicine* 82 (2008): 515–544.

48. Southwood Smith, "Contagion and Sanitary Laws," *Westminster Review* 3 (1825): 142.

49. Southwood Smith, "Contagion and Sanitary Laws," *Westminster Review* 3 (1825): 142.

50. Brown, "Foetid Air to Filth."

51. Edwin Chadwick, *Report on the Sanitary Condition of the Labouring Population and on the Means of Its Improvement* (London, 1842).

52. Elizabeth Fee and Theodore Brown, "The Public Health Act of 1848," *Bulletin of the World Health Organization* 83, no. 11 (2005): 866–867.

53. K. Calman, "The 1848 Public Health Act and Its Relevance to Improving Public Health in England Now," *British Medical Journal* 317, no. 7158 (1998): 596–598.

54. Christopher Hamlin and Sally Sheard, "Revolutions in Public Health: 1848, and 1998?," *British Medical Journal* 317, no. 7158 (1998): 587–591.

55. Christopher Hamlin and Sally Sheard, "Revolutions in Public Health: 1848, and 1998?," *British Medical Journal* 317, no. 7158 (1998): 587–591.

56. Stephen Halliday, *The Great Stink of London: Sir Joseph Bazalgette and the Cleansing of the Victorian Metropolis* (Stroud, UK: The History Press, 2001).

57. N. Howard-Jones, "Cholera Treatment in the Nineteenth Century," *Journal of the History of Medicine* 27 (1982): 373–395.

58. W. B. O'Shaughnessy, "Experiments on Blood in Cholera," *Lancet* 17, no. 435 (1831): 490.

59. W. B. O'Shaughnessy, *Report on the Chemical Pathology of the Malignant Cholera* (London: Highley, 1832).

60. W. B. O'Shaughnessy, *Report on the Chemical Pathology of the Malignant Cholera* (London: Highley, 1832).

61. T. Latta, "Malignant Cholera. Documents Communicated by the Central Board of Health, London, Relative to the Treatment of Cholera by the Copious Injection of Aqueous and Saline Fluids into the Veins," *Lancet* 18, no. 457 (1832): 274–280.

62. B. A. Foëx, "How the Cholera Epidemic of 1831 Resulted in a New Technique for Fluid Resuscitation," *Emergency Medicine Journal* 20 (2003): 316–318.

63. *Lancet* 18, no. 457 (1832): 284.

64. Michael Ramsay, "John Snow, MD: Anaesthetist to the Queen of England and Pioneer Epidemiologist," *Baylor University Medical Center Proceedings* 19 (2006): 24–28.

65. Michael Ramsay, "John Snow, MD: Anaesthetist to the Queen of England and Pioneer Epidemiologist," *Baylor University Medical Center Proceedings* 19 (2006): 24–28.

66. John Snow, *On the Mode of Communication of Cholera* (London: Churchill, 1849): 6–9.

67. John Snow, "The Cholera Near Golden-Square, and at Deptford," *Medical Times and Gazette* 209 (1854): 321–322.

68. John Snow, "The Cholera Near Golden-Square, and at Deptford," *Medical Times and Gazette* 209 (1854): 321–322.

69. Edwin Lankester, *Cholera: What Is It? And How to Prevent It* (Abingdon, UK: Gary Routledge and Sons, 1866), 34–35.

70. John Snow, *On the Mode of Communication of Cholera*, 2nd ed. (London: Churchill, 1855).

71. John Snow, *On the Mode of Communication of Cholera*, 2nd ed. (London: Churchill, 1855).

72. John Eyler, "The Changing Assessments of John Snow's and William Farr's Cholera Studies," *Sozial- und Präventivmedizin* 46 (2001): 225–232.

73. John Eyler, "The Changing Assessments of John Snow's and William Farr's Cholera Studies," *Sozial- und Präventivmedizin* 46 (2001): 225–232.

74. James Wakley, ed., "Dr. Farr's Cholera Report," *Lancet* 92, no. 2346 (1868): 223.

75. D. Lippi and E. Gotuzzo, "The Greatest Steps towards the Discovery of *Vibrio cholera*," *Clinical Microbiology and Infection* 20, no. 3 (2014): 191–195.

76. Filippo Pacini, "Osservazioni microscopiche e deduzioni patologiche sul cholera asiatico," *Gazzetta Medica Italiana Toscana* 6 (1854): 397–405.

77. Filippo Pacini, "Osservazioni microscopiche e deduzioni patologiche sul cholera asiatico," *Gazzetta Medica Italiana Toscana* 6 (1854): 397–405.

78. Robert Koch, "Fünfter Bericht der Leiters der deutschen wissenshaftlichen Commission zur Erforschung der Cholera," *Deutsche Medizinische Wochenschrift* 10 (1884): 111–112.

79. "Drinking-Water," accessed August 1, 2016, http://www.who.int/mediacentre /factsheets/fs391/en/.

80. "International Notes Cholera—Peru, 1991," *MMWR Weekly* 40, no. 6 (1991): 108–110.

81. "Cholera Outbreak among Rwandan Refugees—Democratic Republic of Congo, April 1997," *MMWR Weekly* 47, no. 19 (1997): 389–391.

82. Guy Dinmore, "Rwandans Flee Big Rebel Push," *Reuters World Service*, July 11, 1994.

83. "Cholera Outbreak."

84. I. Chirisa et al., "The 2008/2009 Cholera Outbreak in Harare, Zimbabwe: Case of Failure in Urban Environmental Health and Planning," *Review of Environmental Health* 30, no. 2 (2015): 117–124.

85. Renaud Piarroux et al., "Understanding the Cholera Epidemic, Haiti," *Emerging Infectious Diseases* 17, no. 7 (2011): 1161–1168.

86. Renaud Piarroux et al., "Understanding the Cholera Epidemic, Haiti," *Emerging Infectious Diseases* 17, no. 7 (2011): 1161–1168.

87. Jonathan Katzaug, "U.N. Admits Role in Cholera Epidemic in Haiti," *New York Times*, August 17, 2016.

Chapter 9

1. S. L. Knobler et al., eds., *The Threat of Pandemic Influenza: Are We Ready?* (Washington, DC: National Academies Press, 2005).

2. Sandra Opdycke, *The Flu Epidemic of 1918: America's Experience in the Global Health Crisis (Critical Moments in American History)* (Abingdon, UK: Routledge, 2014), 168.

3. T. M. Tumpey et al., "Characterization of the Reconstructed 1918 Spanish Influenza Pandemic Virus," *Science* 310 (2005): 77–80.

4. Bogumiła Kempińska-Mirosławska and Agnieszka Woźniak-Kosek, "The Influenza Epidemic of 1889–90 in Selected European Cities—A Picture Based on the Reports of Two Poznań Daily Newspapers from the Second Half of the Nineteenth Century," *Medical Science Monitor* 19 (2013): 1131–1141.

5. Bogumiła Kempińska-Mirosławska and Agnieszka Woźniak-Kosek, "The Influenza Epidemic of 1889–90 in Selected European Cities—A Picture Based on the Reports of Two Poznań Daily Newspapers from the Second Half of the Nineteenth Century," *Medical Science Monitor* 19 (2013): 1131–1141.

6. Claire Jackson, "History Lessons: The Asian Flu Pandemic," *British Journal of General Practice* 59, no. 565 (2009): 622–623.

7. J. Corbett McDonald, "Between Ourselves," *RCGP Archives* ACE G3–4 (December 1957).

8. Nancy Tomes, "'Destroyer and Teacher': Managing the Masses during the 1918–1919 Influenza Pandemic," *Public Health Reports* suppl. 3, no. 125 (2010): 48–62.

9. Nancy Tomes, "'Destroyer and Teacher': Managing the Masses during the 1918–1919 Influenza Pandemic," *Public Health Reports* suppl. 3, no. 125 (2010): 48–62.

10. "Epidemic Lessons against Next Time," *New York Times*, November 17, 1918.

11. Tomes, "'Destroyer and Teacher.'"

12. R. J. Hatchett, C. E. Mecher, and M. Lipsitch, "Public Health Interventions and Epidemic Intensity during the 1918 Influenza Pandemic," *Proceedings of the National Academy of Sciences USA* 104, no. 18 (2007): 7582–7587; M. C. J. Bootsma and N. M. Ferguson, "The Effect of Public Health Measures on the 1918 Influenza Epidemic in U.S. Cities," *Proceedings of the National Academy of Sciences USA* 104, no. 18 (2007): 7588–7593.

13. "Influenza Spread Causes Mayor to Declare City in Quarantine," *Charlotte Observer*, October 5, 1918, 7.

14. R. D. Fleischmann et al., "Whole-Genome Random Sequencing and Assembly of *Haemophilus influenzae* Rd," *Science* 269, no. 5223 (1995): 496–512.

15. J. K. Taubenberger et al., "Initial Genetic Characterization of the 1918 'Spanish' Influenza Virus," *Science* 275, no. 5307 (1997): 1793–1796.

16. J. K. Taubenberger et al., "Characterization of the 1918 Influenza Virus Polymerase Genes," *Nature* 437 (2005): 889–893.

17. Tumpey et al., "Characterization."

18. J. van Aken, "Is It Wise to Resurrect a Deadly Virus?," *Heredity* 98 (2007): 1–2.

19. "Reviving the Virus," accessed August 20, 2016, http://www.pbs.org/wgbh/nova/sciencenow/3318/02-poll-nf.html.

20. R. Pfeiffer, "Aus dem Institut für Infektionskrankheiten. II. Vorläufige Mittheilungen über die Erreger der Influenza" [From the Institute for Infectious Diseases. II. Provisional communication on the cause of influenza], *Deutsche*

medicinische Wochenschrift 18 (1892): 28; P. Olitsky and F. Gates, "Experimental Study of the Nasopharyngeal Secretions from Influenza Patients," *Journal of the American Medical Association* 74 (1920): 1497–1499.

21. W. Smith, C. H. Andrewes, and P. P. Laidlaw, "A Virus Obtained from Influenza Patients," *Lancet* 222, no. 5732 (1933): 66–68.

22. A. A. Smorodintsev et al., "Investigation on Volunteers Infected with the Influenza Virus," *American Journal of Medical Science* 194 (1937): 59–70.

23. Thomas Francis Jr., "Vaccination against Influenza," *Bulletin of the World Health Organization* 8, no. 5–6 (1953): 725–741.

24. Thomas Francis Jr., "Vaccination against Influenza," *Bulletin of the World Health Organization* 8, no. 5–6 (1953): 725–741.

25. Thomas Francis Jr., "A New Type of Virus from Epidemic Influenza," *Science* 92 (1940): 405–408.

26. Francis, "Vaccination."

27. C. Hannoun, "The Evolving History of Influenza Viruses and Influenza Vaccines," *Expert Review of Vaccines* 12, no. 9 (2013): 1085–1094.

28. "Into the History of Influenza Control . . . ," accessed August 25, 2016, http://www.who.int/influenza/gip-anniversary/en/.

29. Christopher Ambrose and Myron Levin, "The Rationale for Quadrivalent Influenza Vaccines," *Human Vaccines and Immunotherapeutics* 8, no. 1 (2012): 81–88.

Chapter 10

1. Nina Seavey, Paul Wagner, and Jane Smith, *A Paralyzing Fear: The Triumph Over Polio in America* (New York: TV Books, 1998), 19.

2. Michael Underwood, *A Treatise on the Diseases of Children, with General Directions for the Management of Infants from Birth* (London: Printed for J. Mathews, 1789).

3. J. Heine, *Beobachtungen über Lähmungszustände der untern Extremitäten und deren Behandlung* (Stuttgart: Franz Heinrich Köhler, 1840).

4. B. Trevelyan, M. Smallman-Raynor, and A. D. Cliff, "The Spatial Dynamics of Poliomyelitis in the United States: From Epidemic Emergence to Vaccine-Induced Retreat, 1910–1971," *Annals of the Association of American Geographers* 95, no. 2 (2005): 269–293.

5. Richard Rhodes, *A Hole in the World* (Lawrence: University of Kansas Press, 1990), 37.

6. Judith Beatty, "My Polio Story Is an Inconvenient Truth to Those Who Refuse Vaccines," *Huffington Post*, August 15, 2016.

7. A. Yelnik and I. Laffont, "The Psychological Aspects of Polio Survivors through Their Life Experience," *Annals of Physical and Rehabilitation Medicine* 53, no. 1 (2010): 60–67.

8. Neal Nathanson and Olen Kew, "From Emergence to Eradication: The

Epidemiology of Poliomyelitis Deconstructed," *American Journal of Epidemiology* 172 (2010): 1213–1229.

9. Neal Nathanson and Olen Kew, "From Emergence to Eradication: The Epidemiology of Poliomyelitis Deconstructed," *American Journal of Epidemiology* 172 (2010): 1213–1229.

10. M. Martinez-Bakker, A. A. King, and P. Rohani, "Unraveling the Transmission Ecology of Polio," *PLOS Biology* 13, no. 6 (2015): 1–21.

11. Phillip Drinker and Charles F. McKhann III, "The Use of a New Apparatus for the Prolonged Administration of Artificial Respiration: I. A Fatal Case of Poliomyelitis," *Journal of the American Medical Association* 92, no. 20 (1929): 1658–1660.

12. Phillip Drinker and Charles F. McKhann III, "The Use of a New Apparatus for the Prolonged Administration of Artificial Respiration: I. A Fatal Case of Poliomyelitis," *Journal of the American Medical Association* 92, no. 20 (1929): 1658–1660.

13. G. S. Bause, "Emerson Respirator or 'Iron Lung,'" *Anesthesiology* 110, no. 4 (2009): 812.

14. Larry Alexander, "Iron Lung and Other Equipment," accessed September 15, 2016, http://amhistory.si.edu/polio/howpolio/ironlung.htm.

15. Fiona Kelly et al., "Intensive Care Medicine Is 60 Years Old: The History and Future of the Intensive Care Unit," *Clinical Medicine* 14, no. 4 (2014): 376–379.

16. Robert Lindsey, "Francis Ford Coppola: Promises to Keep," *New York Times*, July 24, 1988.

17. "Our History," accessed October 1, 2016, http://www.mars.com/global/about -us/history.

18. "Candyland," accessed October 2, 2016, https://www.hasbro.com/common /instruct/Candy_Land_50th_Anniversary_Edition.PDF.

19. Naomi Rogers, *Polio Wars: Sister Kenny and the Golden Age of American Medicine* (Oxford: Oxford University Press, 2013).

20. Elizabeth Kenny and Martha Ostenso, *And They Shall Walk: The Life Story of Sister Elizabeth Kenny* (New York: Dodd, Mead, 1943).

21. Wallace Cole and Miland Knapp, "The Kenny Treatment of Infantile Paralysis: A Preliminary Report," *Journal of the American Medical Association* 116, no. 23 (1941): 2577–2580.

22. J. F. Pohl and E. Kenny, *The Kenny Concept of Infantile Paralysis and Its Treatment* (Minneapolis, MN: Bruce Publishing, 1943).

23. James Tobin, *The Man He Became: How FDR Defied Polio to Win the Presidency* (New York: Simon and Schuster, 2013).

24. James Tobin, *The Man He Became: How FDR Defied Polio to Win the Presidency* (New York: Simon and Schuster, 2013).

25. James Tobin, *The Man He Became: How FDR Defied Polio to Win the Presidency* (New York: Simon and Schuster, 2013).

26. "Birthday Balls: Franklin D. Roosevelt and the March of Dimes," accessed October 15, 2016, http://docs.fdrlibrary.marist.edu/bdtext.html.

27. Franklin D. Roosevelt, "Radio Address on the President's First Birthday

Ball for Crippled Children," January 30, 1934, accessed from http://www.presi
dency.ucsb.edu/ws/?pid=14728.

28. "Birthday Balls."

29. "Birthday Balls."

30. Franklin D. Roosevelt, "Radio Address for the Fifth Birthday Ball for Crip-
pled Children," January 29, 1938, accessed from http://www.presidency.ucsb
.edu/ws/?pid=15584.

31. "A History of the March of Dimes," accessed November 1, 2016, http://
www.marchofdimes.org/mission/a-history-of-the-march-of-dimes.aspx.

32. William Barrett, "The Largest U.S. Charities for 2016," *Forbes*, December
14, 2016.

33. Mark O'Brien and Gillian Kendall, *How I Became a Human Being: A Disabled
Man's Quest for Independence* (Madison: University of Wisconsin Press, 2003), 3.

34. "Section 504, Rehabilitation Act of 1973," accessed December 16, 2016,
https://www.dol.gov/oasam/regs/statutes/sec504.htm.

35. Maria Fleming, ed., *A Place at the Table: Struggles for Equality in America*
(Oxford: Oxford University Press, 2001), 114.

36. "Remarks of President George Bush at the Signing of the Americans with
Disabilities Act," accessed December 20, 2016, https://www.eeoc.gov/eeoc
/history/35th/videos/ada_signing_text.html.

37. Sydney Halpern and Lesser Harms, *The Morality of Risk in Medical Research*
(Chicago, IL: University of Chicago Press, 2004), 48–72.

38. Sydney Halpern and Lesser Harms, *The Morality of Risk in Medical Research*
(Chicago, IL: University of Chicago Press, 2004), 48–72.

39. Susan Lederer, *Subjected to Science: Human Experimentation in America
Before the Second World War* (Baltimore, MD: Johns Hopkins University Press,
1995), 108–109.

40. A. Sabin and P. Olitsky, "Cultivation of Poliomyelitis Virus *in vitro* in
Human Embryonic Nervous Tissue," *Proceedings of the Society for Experimental
Biology and Medicine* 34 (1936): 357–359.

41. J. F. Enders, T. H. Weller, and F. C. Robbins, "Cultivation of the Lansing
Strain of Poliomyelitis Virus in Cultures of Various Human Embryonic Tissues,"
Science 109 (1949): 85–87.

42. J. E. Juskewitch, C. J. Tapia, and A. J. Windebank, "Lessons from the Salk
Polio Vaccine: Methods for and Risks of Rapid Translation," *Clinical and Transla-
tional Science* 3, no. 4 (2010): 182–185.

43. J. E. Salk, "Studies in Human Subjects on Active Immunization against
Poliomyelitis. I. A Preliminary Report of Experiments in Progress," *Journal of the
American Medical Association* 151 (1953): 1081–1098.

44. J. S. Smith, *Patenting the Sun: Polio and the Salk Vaccine* (New York: William
Morrow, 1990).

45. J. S. Smith, *Patenting the Sun: Polio and the Salk Vaccine* (New York: William
Morrow, 1990).

46. J. S. Smith, *Patenting the Sun: Polio and the Salk Vaccine* (New York: William
Morrow, 1990).

47. Juskewitch et al., "Lessons."

48. C. Carroll-Pankhurst et al., "Thirty-five Year Mortality Following Receipt of SV40-Contaminated Polio Vaccine during the Neonatal Period," *British Journal of Cancer* 85, no. 9 (2001): 1295–1297.

49. C. Carroll-Pankhurst et al., "Thirty-five Year Mortality Following Receipt of SV40-Contaminated Polio Vaccine during the Neonatal Period," *British Journal of Cancer* 85, no. 9 (2001): 1295–1297.

50. Marguerite Rose Jiménez, "Biographical Memoirs: Albert Sabin 1906–1993," National Academy of Sciences, 2014, accessed from http://www.nason line.org/publications/biographical-memoirs/memoir-pdfs/sabin-albert.pdf.

51. A. Sabin and R. Ward, "The Natural History of Human Poliomyelitis: I. Distribution of Virus in Nervous and Non-Nervous Tissues," *Journal of Experimental Medicine* 73, no. 6 (1941): 771–793.

52. Jiménez, "Biographical Memoirs."

53. Dorothy Horstmann, "The Sabin Live Poliovirus Vaccination Trials in the USSR, 1959," *Yale Journal of Biology and Medicine* 64 (1991): 499–512.

54. Dorothy Horstmann, "The Sabin Live Poliovirus Vaccination Trials in the USSR, 1959," *Yale Journal of Biology and Medicine* 64 (1991): 499–512.

55. Dorothy Horstmann, "The Sabin Live Poliovirus Vaccination Trials in the USSR, 1959," *Yale Journal of Biology and Medicine* 64 (1991): 499–512.

56. Dorothy Horstmann, "The Sabin Live Poliovirus Vaccination Trials in the USSR, 1959," *Yale Journal of Biology and Medicine* 64 (1991): 499–512.

57. "Polio Eradication," accessed December 30, 2016, http://polioeradication.org/.

Chapter 11

1. Mary Fisher, "A Whisper of AIDS: Address to the Republican National Convention," August 19, 1992, accessed from http://gos.sbc.edu/f/fisher.html.

2. "Pneumocystis Pneumonia—Los Angeles," *MMWR Weekly Report* 30 (1981): 250–252.

3. M. W. Ross, E. J. Essien, and I. Torres, "Conspiracy Beliefs About the Origin of HIV/AIDS in Four Racial/Ethnic Groups," *Journal of Acquired Immune Deficiency Syndromes* 41, no. 3 (2006): 342–344.

4. Thomas Boghardt, "Operation INFEKTION: Soviet Bloc Intelligence and Its AIDS Disinformation Campaign," *Studies in Intelligence* 53, no. 4 (2009): 1–24.

5. Thomas Boghardt, "Operation INFEKTION: Soviet Bloc Intelligence and Its AIDS Disinformation Campaign," *Studies in Intelligence* 53, no. 4 (2009): 1–24.

6. Alan Cantwell, *AIDS and the Doctors of Death: An Inquiry into the Origin of the AIDS Epidemic* (Los Angeles, CA: Aries Rising Press, 1988).

7. Wolf Szmuness et al., "Hepatitis B Vaccine—Demonstration of Efficacy in a Controlled Clinical Trial in a High-Risk Population in the United States," *New England Journal of Medicine* 303 (1980): 833–841.

8. Ross et al., "Conspiracy Beliefs."

9. M. Worobey et al., "Origin of AIDS: Contaminated Polio Vaccine Theory Refuted," *Nature* 428, no. 6985 (2004): 820.

10. Tuofu Zhu et al., "An African HIV-1 Sequence from 1959 and Implications for the Origin of the Epidemic," *Nature* 391, no. 6667 (1998): 594–597.

11. Paul Sharp and Beatrice Hahn, "Origins of HIV and the AIDS Pandemic," *Cold Spring Harbor Perspectives in Medicine* 1, no. 1 (2011): 1–22.

12. Craig Timberg and Daniel Halperin, *Tinderbox: How the West Sparked the AIDS Epidemic and How the World Can Finally Overcome It* (London: Penguin Press, 2012).

13. Craig Timberg and Daniel Halperin, *Tinderbox: How the West Sparked the AIDS Epidemic and How the World Can Finally Overcome It* (London: Penguin Press, 2012).

14. Paul Volberding, ed., *Global HIV/AIDS Medicine* (Amsterdam: Elsevier, 2008), 758–759.

15. M. Thomas Gilbert et al., "The Emergence of HIV/AIDS in the Americas and Beyond," *Proceedings of the National Academy of Sciences USA* 104, no. 4 (2007): 18566–18570.

16. M. Thomas Gilbert et al., "The Emergence of HIV/AIDS in the Americas and Beyond," *Proceedings of the National Academy of Sciences USA* 104, no. 4 (2007): 18566–18570.

17. "Current Trends Prevention of Acquired Immune Deficiency Syndrome (AIDS): Report of Inter-Agency Recommendations," *MMWR Weekly Report* 32, no. 8 (1983): 101–103.

18. Paul Farmer, *AIDS and Accusation: Haiti and the Geography of Blame* (Berkeley: University of California Press, 1990).

19. Marlise Simons, "For Haiti's Tourism, the Stigma of AIDS Is Fatal," *New York Times*, November 29, 1983.

20. Bruce Lambert, "Now, No Haitians Can Donate Blood," *New York Times*, March 14, 1990.

21. Nicole Bitette and Corky Siemaszko, "New York Attorney General Probes Help Wanted Ad That States 'No Haitians' Need Apply," *New York Daily News*, October 19, 2015.

22. G. M. Herek and E. K. Glunt, "An Epidemic of Stigma: Public Reactions to AIDS," *American Psychologist* 43, no. 11 (1988): 886–891.

23. Sergio Rueda et al., "Examining the Associations between HIV-Related Stigma and Health Outcomes in People Living with HIV/AIDS: A Series of Meta-Analyses," *British Medical Journal Open* 6, no. 7 (2016): 1–15.

24. L. Li et al., "Impacts of HIV/AIDS Stigma on Family Identity and Interactions in China," *Families, Systems, and Health* 26, no. 4 (2008): 431–442.

25. Deepa Rao et al., "Stigma in the Workplace: Employer Attitudes About People with HIV in Beijing, Hong Kong, and Chicago," *Social Science and Medicine* 67, no. 10 (2008): 1541–1549.

26. G. Green and S. Platt, "Fear and Loathing in Health Care Settings Reported by People with HIV," *Sociology of Health and Illness* 19, no. 1 (1997): 70–92.

27. "HIV/AIDS: Discrimination Reported in Health Care in 60% of European Countries," accessed March 5, 2017, http://www.unric.org/en/latest-un-buzz /30493-hivaids-discrimination-reported-in-health-care-in-60-of-european

-countries.

28. "Global Report: UNAIDS Report on the Global AIDS Epidemic 2013," accessed March 10, 2017, http://www.unaids.org/sites/default/files/media_asset /UNAIDS_Global_Report_2013_en_1.pdf.

29. Richard Lawson, "Fatal Inaction: The Reagan Administration's Unearthed Response to the AIDS Crisis Is Chilling," *Vanity Fair*, December 1, 2015.

30. Richard Lawson, "Fatal Inaction: The Reagan Administration's Unearthed Response to the AIDS Crisis Is Chilling," *Vanity Fair*, December 1, 2015.

31. Allen White, "Reagan's AIDS Legacy/Silence Equals Death," *SF Gate*, June 8, 2004.

32. UNAIDS, *Criminalisation of HIV Non-Disclosure, Exposure and Transmission: Background and Current Landscape* (Geneva, CH: UNAIDS, September 2011).

33. UNAIDS, *Criminalisation of HIV Non-Disclosure, Exposure and Transmission: Background and Current Landscape* (Geneva, CH: UNAIDS, September 2011).

34. G. L. Higgins, "History of Confidentiality in Medicine: The Physician-Patient Relationship," *Canadian Family Physician* 35 (1989): 921–926.

35. Ryan White and Ann Marie Cunningham, *Ryan White: My Own Story* (London: Penguin Books, 1992).

36. Michael Specter, "AIDS Victim's Right to Attend Public School Tested in Corn Belt," *Washington Post*, September 3, 1985.

37. "Family in AIDS Case Quits Florida Town After House Burns," *New York Times*, August 30, 1987.

38. "Building Trust: Confidentiality and the Ryan White HIV/AIDS Program," accessed March 15, 2017, https://hab.hrsa.gov/livinghistory/issues/Confidential ity.pdf.

39. "Ryan White HIV/AIDS Program Legislation," accessed March 20, 2017, https://hab.hrsa.gov/about-ryan-white-hivaids-program/ryan-white -hivaids-program-legislation.

40. "Health Insurance Portability and Accountability Act of 1996," accessed March 28, 2017, https://www.congress.gov/104/plaws/publ191/PLAW-104publ191 .pdf.

41. Steven Angelides, "The 'Second Sexual Revolution,' Moral Panic, and the Evasion of Teenage Sexual Subjectivity," *Women's History Review* 21, no. 5 (2012): 831–847.

42. David Carter, *Stonewall: The Riots That Sparked the Gay Revolution* (New York: St. Martin's Press, 2004).

43. David Carter, *Stonewall: The Riots That Sparked the Gay Revolution* (New York: St. Martin's Press, 2004).

44. Peter Braunstein and Michael William Doyle, *Imagine Nation: The American Counterculture of the 1960s and '70s* (Abingdon, UK: Routledge, 2002).

45. Brian Alexander, "Free Love: Was There a Price to Pay?," accessed June 1, 2017, http://www.nbcnews.com/id/19053382/ns/health-sexual_health/t/free-love -was-there-price-pay/#.WU5dhNyQzIU.

46. A. Salem, "A Condom Sense Approach to AIDS Prevention: A Historical

Perspective," *South Dakota Journal of Medicine* 45, no. 10 (1992): 294–296.

47. S. Mboup et al., "HIV/AIDS," in *Disease and Mortality in Sub-Saharan Africa*, ed. D. T. Jamison et al. (Washington, DC: The International Bank for Reconstruction and Development, 2006), 1–24.

48. "HIV/AIDS," accessed January 15, 2017, http://www.who.int/mediacentre/factsheets/fs360/en/.

49. Simon Dixon, Scott McDonald, and Jennifer Roberts, "The Impact of HIV and AIDS on Africa's Economic Development," *British Medical Journal* 324, no. 7331 (2002): 232–234.

50. Simon Dixon, Scott McDonald, and Jennifer Roberts, "The Impact of HIV and AIDS on Africa's Economic Development," *British Medical Journal* 324, no. 7331 (2002): 232–234.

51. "Impact of AIDS on Older People in Africa: Zimbabwe Case Study," accessed January 23, 2017, http://apps.who.int/iris/bitstream/10665/67545/1/WHO_NMH_NPH_ALC_02.12.pdf.

52. "Tuberculosis and HIV," accessed January 25, 2017, http://www.who.int/hiv/topics/tb/about_tb/en/.

53. Stephanie Nolen, *28: Stories of AIDS in Africa* (London: Walker Books, 2007), 199.

54. José Esparza, "What Has 30 Years of HIV Vaccine Research Taught Us?," *Vaccines* 1 (2013): 513–526.

55. Stefano Vella et al., "The History of Antiretroviral Therapy and of its Implementation in Resource-Limited Areas of the World," *AIDS* 26 (2012): 1231–1241.

56. Stefano Vella et al., "The History of Antiretroviral Therapy and of its Implementation in Resource-Limited Areas of the World," *AIDS* 26 (2012): 1231–1241.

57. Stefano Vella et al., "The History of Antiretroviral Therapy and of its Implementation in Resource-Limited Areas of the World," *AIDS* 26 (2012): 1231–1241.

58. S. Van der Borght et al., "The Accelerating Access Initiative: Experience with a Multinational Workplace Programme in Africa," *Bulletin of the World Health Organization* 87 (2009): 794–798.

59. S. Sayana and H. Khanlou, "Maraviroc: A New CCR5 Antagonist," *Expert Review of Anti-infective Therapy* 7, no. 1 (2009): 9–19.

60. J. Novembre, A. P. Galvani, and M. Slatkin, "The Geographic Spread of the CCR5 Δ32 HIV-Resistance Allele," *PLOS Biology* 3, no. 11 (2005): 1954–1962.

Chapter 12

1. C. Lee Ventola, "The Antibiotic Resistance Crisis: Part 1: Causes and Threats," *Pharmacy and Therapeutics* 40, no. 4 (2015): 277–283.

2. B. Spellberg and D. N. Gilbert, "The Future of Antibiotics and Resistance: A Tribute to a Career of Leadership by John Bartlett," *Clinical Infectious Diseases* 59, suppl. 2 (2014): S71–S75.

3. "WHO's First Global Report on Antibiotic Resistance Reveals Serious,

Worldwide Threat to Public Health," accessed February 1, 2017, http://www
.who.int/mediacentre/news/releases/2014/amr-report/en/.

4. C. Lee Ventola, "The Antibiotic Resistance Crisis."

5. "Antimicrobial Resistance: Tackling a Crisis for the Health and Wealth of
Nations," accessed February 5, 2017, https://amr-review.org/sites/default/files
/AMR%20Review%20Paper%20-%20Tackling%20a%20crisis%20for%20
the%20health%20and%20wealth%20of%20nations_1.pdf.

6. C. E. Luyt et al., "Antibiotic Stewardship in the Intensive Care Unit," *Criti-
cal Care* 18, no. 5 (2014): 480.

7. J. G. Bartlett, D. N. Gilbert, and B. Spellberg, "Seven Ways to Preserve the
Miracle of Antibiotics," *Clinical Infectious Diseases* 56, no. 10 (2013): 1445–1450.

8. A. J. Wakefield et al., "Ileal-Lymphoid-Nodular Hyperplasia, Non-specific
Colitis, and Pervasive Developmental Disorder in Children," *Lancet* 351, no. 9103
(1998): 637–641.

9. A. J. Wakefield et al., "Ileal-Lymphoid-Nodular Hyperplasia, Non-specific
Colitis, and Pervasive Developmental Disorder in Children," *Lancet* 351, no. 9103
(1998): 637–641.

10. F. DeStefano, C. S. Price, and E. S. Weintraub, "Increasing Exposure to
Antibody-Stimulating Proteins and Polysaccharides in Vaccines Is Not Associ-
ated with Risk of Autism," *Journal of Pediatrics* 163, no. 2 (2013): 561–567.

11. H. C. Hazlett et al., "Early Brain Development in Infants at High Risk for
Autism Spectrum Disorder," *Nature* 542, no. 7641 (2017): 348–351.

12. T. S. Sathyanarayana Rao and Chittaranjan Andrade, "The MMR Vaccine
and Autism: Sensation, Refutation, Retraction, and Fraud," *Indian Journal of Psy-
chiatry* 53, no. 2 (2011): 95–96.

13. "Measles Cases and Outbreaks," accessed March 15, 2017, https://www
.cdc.gov/measles/cases-outbreaks.html.

14. J. T. Schiller, X. Castellsague, and S. M. Garland, "A Review of Clinical
Trials of Human Papillomavirus Prophylactic Vaccines," *Vaccine* 30, suppl. 5
(2012): F123–F138.

索 引

译后记

《传染病与人类历史：从文明起源到 21 世纪》一书是 2020 年伴随着全球新冠肺炎疫情感染人数日日攀升的曲线翻译的，我们几乎被禁足于所在城市，怀着一种前所未有的复杂心情，时时关注着新冠疫情无情地在我们身边蔓延，一字一句地重温人类历史上触目惊心的十大传染病，不自觉地穿越千年，惴惴地把自己代入每一个瘟疫肆虐的时代，唏嘘人类在自然界中的渺小与同一场场传染病斗争的顽强悲壮。

鼠疫彻底改变了欧洲中世纪的宗教格局；天花的次生影响让欧洲人加速了殖民的步伐；疟疾深深改变了人类的基因；肆虐千年的肺结核催生了人类对抗生素的探索；斑疹伤寒与众多重大战争如影随形，如无形杀手影响着交战各方的成败；小小蚊子掀起的黄热病，为人类开启了疫苗新思路；霍乱让人类正视清洁水源的重要性；直至 21 世纪，大流感、脊髓灰质炎、艾滋病侵扰我们的步伐尚未停止，人类的科学和文明在与传染病的斗争中不断刷新进步。

纵览千年来重击人类的传染病，《传染病与人类历史：从文明起源到 21 世纪》不仅是一本关于医学发展的科普读物，而且是一部全球人类发展的"史记"。传染病是决定人类历史走向的重要因素之一，从某种程度而言，传染病的历史即人类的历史。小小的病毒胜过千军万马，逆转了战争史的许多篇章，让人类在一幕幕病痛死亡的洗礼后，跟跄挣扎，在血泪中改变了生活习惯与意识形态，踏出了一条通往今时今日的文明之路。如果没有鼠疫，没有天花，没有大流感……现在的世界可能是别样的景象。处于和平年代，被现代科学和文明保护得周全健康的我们，是何等地幸运。

同新型冠状病毒正面交锋的我们，与本书中描述的每一场大疫的患者或者幸存者一样，正经历人类的又一次全球集结，与传染病开战。只有加快科技和文明的发展进程，才能超越病毒传播和变异的速率，守护我们来之不易的美满。以史为鉴，可以知兴替；以史为鉴，可以知进退。大疫当前，我们将循着千年的医者、科研人与幸存者一路从传染病中披荆斩棘而缔造的文明之光，以无所畏惧的担当成为这场大疫的勇者和智者。

《传染病与人类历史：从文明起源到 21 世纪》是上海医药大学的译丛之一，大学组成了以李珂、高怡颖、杨婧、单男、张立强为成员的翻译组。译著等工作同时得到了上药集团领导的关心与大力支持。

因本书涉及众多专业领域，为保证图书内容质量，我们还特别邀请了空军特色医学中心心血管外科张红超主任医师、首都医科大学附属北京胸科医院聂理会主任医师、中国社会科学院世界历史研究所王超华副研究员，审读并把关医学与史学知识，他们都提出了许多专业而中肯的建议，使本书增色不少。特此感谢。

译　者

2021 年 4 月 15 日

图书在版编目（CIP）数据

传染病与人类历史：从文明起源到 21 世纪／（美）
约书亚·S. 卢米斯（Joshua S. Loomis）著；李珂等译
. -- 北京：社会科学文献出版社，2021.5（2024.9 重印）
　　书名原文：Epidemics：The Impact of Germs and
Their Power Over Humanity
　　ISBN 978 - 7 - 5201 - 8092 - 4

　　Ⅰ.①传…　Ⅱ.①约…②李…　Ⅲ.①世界史　Ⅳ.
①K1

　　中国版本图书馆 CIP 数据核字（2021）第 059034 号

传染病与人类历史：从文明起源到 21 世纪

著　　者／［美］约书亚·S. 卢米斯（Joshua S. Loomis）
译　　者／李　珂　等

出　版　人／冀祥德
责任编辑／陈　颖　张金勇
责任印制／王京美

出　　版／社会科学文献出版社·皮书分社/甲骨文工作室（分社）
　　　　　　（010）59367127
　　　　　　地址：北京市北三环中路甲 29 号院华龙大厦　邮编：100029
　　　　　　网址：www. ssap. com. cn
发　　行／社会科学文献出版社（010）59367028
印　　装／三河市东方印刷有限公司

规　　格／开本：889mm × 1194mm　1/32
　　　　　　印　张：14.125　字　数：316 千字
版　　次／2021 年 5 月第 1 版　2024 年 9 月第 6 次印刷
书　　号／ISBN 978 - 7 - 5201 - 8092 - 4
著作权合同
登 记 号／图字 01 - 2020 - 7164 号
定　　价／82.00 元

读者服务电话：4008918866